# LA CHAMBRE DES DÉPUTÉS

## (1898-1902)

# DU MÊME AUTEUR

L'Organisation française ( Le Gouvernement. — L'Administration), 2$^{me}$ édition, 1898.... 4 francs.

La Chambre de 1889.

La Chambre de 1893.

Le Sénat de 1894.

Le Sénat de 1897, etc., etc.

CHATEAUROUX. — Imprimerie A. MAJESTÉ ET L. BOUCHARDEAU.

# ALPHONSE BERTRAND

Secrétaire-Rédacteur du Sénat

# LA CHAMBRE DES DÉPUTÉS

## (1898-1902)

# BIOGRAPHIES

## DES 581 DÉPUTÉS

AVEC

AVERTISSEMENT ET DOCUMENTS DIVERS,

LA LISTE DES MINISTÈRES QUI SE SONT SUCCÉDÉ

LA LISTE ALPHABÉTIQUE DES DÉPUTÉS, ETC.

PARIS

SOCIÉTÉ FRANÇAISE D'ÉDITIONS D'ART

L.-Henry MAY

9 ET 11, RUE SAINT-BENOÎT

# AU LECTEUR

---

*Comme ses devanciers — la* Chambre de 1888, *la* Chambre de 1893, *le* Sénat de 1894, *le* Sénat de 17, *— ce livre, consacré à la Chambre des députés élen 1898, est un recueil de documents, impartialent rédigé, sans appréciations, ni commentaires.*

*Et cependant, surtout ici l'on voit le suffra uni-versel avec ses aspirations diverses.*

*Les hommes dont la vie publique est esquiss dans ce volume tiennent des votes du pays de grand droits; ils ont envers lui de grands devoirs.*

*Ces devoirs, les divers groupes de la Ch bre les comprennent souvent d'une manière différen opposée même. Comme leurs électeurs, ils se retrouve ent unis le jour où une menace serait adressée à l'unit ationale.*

*Un grand ennemi de la France, M. de Bismarck, admirait ce patriotisme commun, le cas éant, aux diverses fractions des assemblées français qui se sont succédé. Cette tradition, qui les unit à trar s le temps, restera, il faut l'espérer, leur force, leur nneur.*

*La Chambre actuelle compte plus de de cents mem-*

bres qui jusqu'en *1898* n'avaient jamais fait partie du *Parlement*. Puissent-ils emprunter au passé ses leçons plutôt que ses erreurs !

Ajouterons-nous que ce livre renferme beaucoup de renseignements inédits. L'auteur remercie les correspondants qui, avec une bienveillante amabilité, lui en ont transmis le plus grand nombre. Les autres informations ont été contrôlées aussi soigneusement que possible[1].

Quelques notices sembleront peut-être trop sommaires. Leur brièveté, en ce cas, tient à ce que, malgré des demandes réitérées, — notre tâche a été particulièrement longue et laborieuse, — nous n'avons pas reçu les renseignements sollicités[2].

Toutes les rectifications de faits et informations complémentaires seront accueillies, en vue d'une édition ultérieure.

ALPHONSE BERTRAND.

Février 1899.

---

1. Les passages guillemetés ont un caractère autobiographique.
2. Prière de les adresser 7, rue Saint-Louis, Versailles.

# AIN

—

## 6 DÉPUTÉS

—

1893 : MM. Pochon, Herbet, Giguet, Bizot, Philipon, Alexandre Bérard.

1898 : MM. Pochon, Herbet, Giguet, Bizot, *Alfred Carrier* (décédé et remplacé par Alexandre Bérard.)

## 1

*Première circonscription de Bourg*

### POCHON (Joseph-Alexandre)

M. Pochon est né à Marboz (Ain), le 7 janvier 1840. Il y est propriétaire-agriculteur.

Conseiller municipal de Marboz depuis 1865, il combattit énergiquement l'Empire. Maire de Marboz en 1870, il fut révoqué après le 24 mai 1873, mais réélu en 1874 par le conseil municipal.

En 1877, il fut nommé conseiller général par le canton de Coligny. En 1883, lors d'une élection partielle, il fut élu député de la 1re circonscription de Bourg. En 1885, il fut réélu au scrutin de liste. Il siège à la gauche radicale.

En 1889, toutes les nuances de l'opinion républicaine se rallièrent sur son nom. Il se déclara hostile au boulangisme et s'engagea à poursuivre l'exécution du programme démocratique de 1869 repris en 1885. M. Pochon s'est prononcé pour les droits sur les blés et le bétail, « qui permet-

---

1. Les noms en italique sont ceux des députés élus pour la première fois.

tent à nos agriculteurs de vendre leurs produits à un prix plus rémunérateur, sans pour cela rendre plus cher le pain du travailleur ».

En 1889, M. Pochon fut nommé, au premier tour, par 9,053 voix, contre 4,513 obtenues par M. Grant de Vaux, conservateur.

En 1893, il fut réélu, le 20 août, au premier tour, par 9,410 voix.

Il a été réélu, le 8 mai 1898, au premier tour, par 8,943 voix, contre 4,985 à M. Piquet, ancien gouverneur de l'Indo-Chine, républicain.

## 2

### Deuxième circonscription de Bourg

### HERBET (Hippolyte)

M. Herbet est né à Pont-de-Vaux (Ain), le 27 août 1846. Il est docteur en médecine. Il a toujours défendu dans l'Ain, dont il est originaire, la cause démocratique et la politique de l'Union républicaine. Il est membre du conseil général. Il était maire de Pont-de-Vaux, mais il donna sa démission pour se consacrer exclusivement à l'accomplissement du mandat législatif.

En 1889, M. Herbet fut élu, au premier tour, par 7,974 voix, contre M. de Ballore, revisionniste, qui en obtint 6.931.

En 1893, il fut réélu, au premier tour, le 20 août par 9,063 voix.

Il a été réélu, le 8 mai 1898, par 8,434 voix, contre 5,049 à M. Villefranche, républicain libéral, et 758 à M. Grant de Vaux, conservateur.

## 3

### Arrondissement de Belley

### GIGUET (Anthelme-Honoré)

M. Giguet est né à Corbonod, en 1834. Il est propriétaire-cultivateur. Avocat, il a été procureur de la République à Gex, de novembre 1870 à mai 1873.

Il fut nommé député pour la première fois en 1883, lors d'une élection complémentaire. Il fut réélu au scrutin de liste en 1885.

En 1889, il fut nommé au premier tour, par 13,764 voix, contre 4,874 obtenues par M. Paul Cottin, conservateur.

En 1893, il fut réélu sans concurrent par 13,331 voix.

Il a été réélu, le 8 mai 1898, par 9,891 voix, contre 6,905 à M. Martelin, républicain, et 1,952 à M. Davier, socialiste.

Il appartient à la gauche radicale.

---

## 4

*Arrondissement de Gex*

## BIZOT (Eugène-Jean-Jacques)

M. Bizot, qui est né à Collonges (Ain), le 5 janvier 1855, appartient à une vieille famille républicaine du pays. Lorsqu'il s'est présenté à la députation dans l'arrondissement de Gex, il était substitut à Bourg et conseiller d'arrondissement. En 1889, il l'emporta sur M. Alfred André, ancien député de Paris, régent de la Banque de France, appuyé par l'Union libérale. Il appartient à la gauche radicale.

En 1893, M. Bizot fut réélu, le 20 août, au premier tour, par 3,826 voix.

Il a été réélu, le 8 mai 1898, par 3,974 voix contre 361 à M. Ponsard, républicain.

---

## 5

*Arrondissement de Nantua*

## X...[1]

---

[1]. *M. Alfred Carrier*, décédé. Voir à l'*Appendice*.

## 6

*Arrondissement de Trévoux*

## BÉRARD (Alexandre)

M. Alexandre Bérard est né à Lyon le 3 février 1859. Il est docteur en droit.

Ancien substitut du procureur de la République à Saint-Etienne et à Lyon, ancien substitut du procureur général à Grenoble, ancien chef de cabinet du maire de Lyon, collaborateur, depuis 1876, de divers journaux républicains de Lyon et de Bourg, M. Alexandre Bérard a publié plusieurs livres d'économie politique et d'histoire, entre autre une *histoire des Vaudois*.

Conseiller général de l'Ain depuis 1886, M. Alexandre Bérard a été, pour la première fois, élu député le 20 août 1893.

Pendant la dernière législature il a été vice-président de la gauche progressiste de la Chambre des députés.

Il a notamment pris l'initiative de la loi sur les caisses de retraites et de secours des sapeurs-pompiers.

Il a été réélu, le 8 mai 1898, au premier tour de scrutin, par 12,172 voix, contre MM. Victor Cambon et Rigaud, républicains modérés.

Il est membre de la gauche démocratique et collabore activement au *Bulletin* de l'Association pour les réformes républicaines.

Il a été élu, le 10 novembre 1898, membre de la commission du budget.

# AISNE

---

## 8 DÉPUTÉS

---

1893 : MM. Cuissart (décédé, remplacé par *M. Ermant*), Castelin, Deville (décédé, remplacé par *M. Morlot*), Hugues, Desjardins, Firino, Denêcheau, Moret.

1898 : MM. Ermant, Castelin, *Morlot*, Hugues, Desjardins, *Magniaudé*, Denêcheau, *Fournière*.

## 7

### *Première circonscription de Laon*

### ERMANT (Georges)

M. Ermant est né à Laon.

Il est architecte ; il a exécuté de nombreux travaux publics et particuliers.

Maire de Laon, conseiller général de l'Aisne, officier de l'instruction publique, il a été élu, pour la première fois, député, le 7 février 1897, en remplacement de M. Cuissart, décédé. Il se présenta comme candidat républicain. Il obtint alors 8,884 voix contre 8.244 à M. Bellard, rédacteur en chef de la *Tribune de l'Aisne*, radical socialiste.

Il a été réélu, le 22 mai 1898, au scrutin de ballottage par 9,361 voix, contre 9,002 à M. Bellard.

---

# 8

*Deuxième circonscription de Laon*

## CASTELIN (André-Louis)

M. André Castelin est né à Paris, le 9 juillet 1858.

Il était conducteur des ponts et chaussées en mission près le gouvernement beylical, quand le général Boulanger commandait à Tunis le corps d'occupation.

Il quitta l'administration pour le journalisme et devint rédacteur, puis secrétaire de la rédaction de la *Lanterne*, qui défendait la politique du général. Lorsque la *Lanterne* eût renoncé à cette politique, M. André Castelin écrivit à la *France* et dans divers organes boulangistes. Il a été rédacteur en chef de la *République*, puis rédacteur en chef de la *France* et directeur de la *Cocarde*.

En 1889, M. André Castelin fut élu, au premier tour, par 8,208 voix, contre 5,583 obtenues par M. Doumer, républicain, député sortant.

En 1893, il fut réélu, au premier tour, le 20 août, par 8,917 voix, contre 7,702 à M. Henry, radical.

Le 8 mai 1898, il a été élu, au premier tour, par 9,400 voix, contre 7,000 à M. Grégoire, radical, et 700 à M. Daullé, conservateur.

# 9

*Arrondissement de Château-Thierry*

## MORLOT (Émile)

M. Emile Morlot est né à Charly-sur-Marne, le 10 octobre 1859.

Docteur en droit, ancien auditeur au Conseil d'Etat, sous-chef de bureau au ministère de l'Intérieur et secrétaire du Comité consultatif de la vicinalité, M. Morlot fut élu pour la première fois député, en 1896, par 7,539 voix, au premier tour, lors d'une élection partielle en remplacement de M. Deville, décédé, contre MM. Paillet, républicain rallié, Jehan, monarchiste, et Ringnier, socialiste.

M. Morlot est conseiller général depuis 1886 et maire de Charly-sur-Marne depuis 1888.

Dans sa circulaire, M. Morlot se prononce notamment pour la défense des conquêtes légales de la République mises en péril par le retour offensif de la réaction. Il demande que l'on fasse aboutir « les réformes depuis si longtemps attendues et surtout ces lois de mutualité, de prévoyance et de solidarité, qui assureront aux travailleurs le bien-être et la sécurité d'avenir auxquels ils ont droit, et dont la réalisation sera encore la meilleure défense de la société contre les dangereuses rêveries du collectivisme. » Il estime aussi qu'il importe de plus en plus de briser les cadres de la centralisation administrative et de laisser au département et à la commune la plus grande somme d'indépendance possible. Il est également partisan de la doctrine protectionniste « qui a rendu de si grands services à notre agriculture », de la réforme fiscale, de la transformation « de l'impôt foncier en un impôt de quotité basé sur la valeur actuelle des terres », de la réduction et de l'égalité du service militaire, de modification dans le mode de recrutement et les attributions du Sénat, etc.

M. Morlot appartient au groupe républicain-radical.

Il a été réélu, le 8 mai 1898, par 8,357 voix, contre M. Henriet, républicain rallié, qui obtint 5,105 voix et M. Klotz, socialiste révolutionnaire, qui en eut 30.

---

## 10

*Première circonscription de Saint-Quentin*

### HUGUES (François-Frédéric)

M. François Hugues est né à Saint-Quentin, le 16 mars 1848. Ancien manufacturier, il fut élu en 1886 maire de Saint-Quentin et réélu en 1888 et 1892.

Il a fait la campagne de 1870-71 en qualité de lieutenant et de capitaine de la compagnie franche de Saint-Quentin.

Il est administrateur des hospices depuis 1879, membre

fondateur de la Société industrielle de Saint-Quentin et de l'Aisne, président de la Société de tir des carabiniers, chevalier de la Légion d'honneur.

M. Hugues est républicain. Dans sa circulaire de 1893 il exprimait le vœu de voir la Chambre nouvelle diminuer, par des économies, les impôts et les charges. Il est partisan de la protection du travail national et de l'agriculture.

Pour améliorer le sort des travailleurs des villes et des campagnes, M. Hugues demande que l'on aborde résolument les questions sociales : caisse de retraites pour les ouvriers dotée par l'Etat; assistance aux nombreuses familles ; en un mot, toutes les mesures pouvant augmenter le bien-être des classes laborieuses.

M. Hugues fut élu, le 3 septembre 1893, au scrutin de ballottage par 6,776 voix, contre 6,650 obtenues par M. Brault, socialiste.

Il a été réélu le 22 mai 1898, au second tour de scrutin, par 8,409 voix, contre 7,394 à M. Henri Turot, rédacteur de la *Petite République*, socialiste.

---

## 11

*Deuxième circonscription de Saint-Quentin*

### DESJARDINS (Pierre-Jules)

M. Jules Desjardins est né à Saint-Quentin, le 23 septembre 1845.

Il est docteur en droit et ancien magistrat.

Il fut élu pour la première fois député, le 18 juin 1893, par 8,598 voix comme républicain libéral, en remplacement de M. Ernest Desjardins.

Le 20 août 1893, il fut réélu au premier tour par 9,220 voix, contre 872 à M. Dusantenc, socialiste.

Il a été réélu le 8 mai 1898 par 8,106 voix, contre 6,108 à M. Vatin, républicain, et 1,138 à M. Garbe, radical socialiste.

---

## 12

*Arrondissement de Soissons*

### MAGNIAUDÉ (Émile)

M. Magniaudé est né le 21 février 1851, à Passy.

S'étant créé par lui-même, à la suite de revers de fortune éprouvés par sa famille, une situation industrielle importante, M. Magniaudé est depuis plusieurs années maire de Condé-sur-Aisne. Il s'occupe particulièrement de questions agricoles et de viticulture.

Il s'est présenté comme candidat des Comités républicains-démocrates.

Dans son programme, il demande notamment : la revision de la Constitution dans un sens démocratique ; l'impôt progressif sur le revenu, sans déclaration pour tous les revenus au-dessous de 10,000 francs ; l'augmentation des droits sur les grosses successions avec distraction du passif ; la suppression des impôts de consommation sur les boissons et les aliments de première nécessité ; le dégrèvement de l'agriculture ; la protection du travail national ; les retraites ouvrières pour la vieillesse, la suppression des frais de mutation pour toutes les transactions au-dessous de 1,000 francs, etc.

M. Magniaudé est pour la *première fois* député. Il a été élu, le 22 mai, au scrutin de ballottage par 8,332 voix contre 8,088 à M. Firino, député sortant, républicain modéré.

Au 1er tour, M. Magniaudé avait obtenu 6,580 voix, M. Firino 6,790, M. Chênebenoit 2,924.

---

## 13

*Première circonscription de Vervins*

### DENÊCHEAU (Maurice)

M. Maurice Denêcheau est né à La Roche-sur-Yon (Vendée), le 13 mai 1845.

Fils d'un fonctionnaire des finances, il fit ses études au lycée de Meaux, commença à Poitiers son droit qu'il

1.

vint terminer à Paris et entra au ministère des finances.

Lorsque la guerre éclata, il fut nommé payeur aux armées ; l'armistice voté, il fut désigné pour la délicate et douloureuse mission de compter aux Allemands une partie de l'indemnité de guerre.

M. Maurice Denécheau reprit ensuite son service dans les bureaux du ministère. Il quitta l'administration pour entrer dans la presse, collabora à plusieurs journaux de Paris, s'acquit la réputation d'un publiciste distingué et fonda l'*Eclair*, journal d'informations rapides, qui a conquis rapidement une place très importante.

M. Denécheau, qui avait été élu député lors d'une élection partielle, fut réélu, comme candidat du comité républicain, le 20 août 1893, par 5,996 voix contre 3,641 à M. Piette, rallié, 1,178 à M. Copin, socialiste-chrétien, et 872 à M. de Langautier, républicain.

Il appartient au groupe républicain radical.

Il a été réélu, le 8 mai 1898, par 7,473 voix contre 5,758 à M. le vicomte Foy, républicain, et 109 à M. Brizon, socialiste.

---

## 14

*Deuxième circonscription de Vervins*

### FOURNIÈRE (Joseph-Eugène)

M. Fournière est né à Paris, le 31 mai 1857.

Il est publiciste, professeur au Collège libre des sciences sociales. Il collabore à la *Revue socialiste* depuis sa fondation en 1885. Il a publié chez Lemerre l'*Ame de demain* et chez Alcan l'*Idéalisme social*.

Il a pris une part importante à tous les congrès qui ont eu lieu depuis la réorganisation, en 1879, du parti socialiste et s'est particulièrement occupé, à Paris et en province, de l'organisation de groupes et de syndicats.

Elu en 1894 conseiller municipal de Paris, réélu en 1896, M. Fournière a été nommé député, au second tour de scrutin, le 22 mai 1898, par 6,123 voix contre 5,589 à M. Moret, député sortant républicain, et 414 à M. Laron, indépendant.

---

# ALLIER

—

## 6 DÉPUTÉS

—

1893 : MM. Mathé, Ville, Delaruc, Gacon, Thivrier (décédé, remplacé par *M. Létang*), Sauvanet.

1898 : MM. *Péronneau*, Ville, Delarue, Gacon, Vacher, Sauvanet.

## 15

*Première circonscription de Moulins*

### PÉRONNEAU (Henri-Georges)

M. Henri Péronneau est né le 18 avril 1856 à Châtel-de-Neuvre (Allier).

Avocat au barreau de Moulins, conseiller général, ancien adjoint au maire de Moulins de 1888 à 1898, juge suppléant au tribunal civil de Moulins, officier d'Académie, M. Péronneau a été élu, le 8 mai 1898, comme candidat radical socialiste, en remplacement de M. Félix Mathé qui ne se représentait pas.

Dans sa circulaire, M. Péronneau demande qu'à la politique de réaction, préconisée par les ralliés, on oppose « une politique nettement républicaine, décidée à réaliser les réformes démocratiques et sociales si vivement désirées par le pays : *la revision de la Constitution ; la séparation des Eglises et de l'Etat ; l'impôt progressif sur le revenu ; les lois de prévoyance et d'assistance ; la décentralisation administrative ; la suppression des octrois, etc.*

M. Péronneau est pour la première fois député. Il a été élu, au premier tour, le 8 mai 1898, par 7,561 voix,

contre 4,459 à M. des Lignères, candidat de la droite, et
326 à M. Aupierre-Osty, révolutionnaire.

***

## 16

*Deuxième circonscription de Moulins*

### VILLE (Pierre-Alphonse)

M. Ville est né à Saint-Pierre-le-Moutier (Nièvre), le
20 septembre 1839. Il est négociant.

Conseiller municipal de Moulins depuis 1871, il a été
adjoint en 1882 ; il est maire depuis 1884. Il a été nommé
officier d'Académie en 1887.

M. Ville est républicain radical, « prêt à s'associer à toutes
les mesures qui peuvent affermir la République et donner
satisfaction aux classes laborieuses. »

Il a accepté un programme qui comporte : des réformes
financières et économiques très étendues (impôt sur le
revenu ou le capital accumulé, suppression des octrois et
des taxes de consommation sur les objets de première
nécessité, etc.); la suppression de l'inamovibilité des juges,
la diminution des frais de justice, une réparation morale
et pécuniaire aux victimes des erreurs judiciaires ; la
réforme du personnel administratif ; une loi sur les associations destinée à préparer la séparation des Eglises et de
l'Etat ; le retour à la nation des biens de main-morte.

En 1889, M. Ville fut élu, au scrutin de ballottage, par
7,684 voix, contre 6,790 obtenues par M. de Las Cases, conservateur.

Il fut réélu par 6,108 voix, contre 5,098 à M. Ronde-
leux, ancien député, républicain, et 2,929 à M. Dubresson,
socialiste.

Il a été réélu au scrutin de ballottage, le 22 mai 1898,
par 9,069 voix contre 6,803 à M. Paul Morel, républicain.

***

## 17

*Arrondissement de Gannat*

## DELARUE (Louis-Gabriel)

M. Delarue est né à Gannat, le 14 mars 1846.

Il est docteur en médecine, conseiller général, maire de Gannat.

Républicain radical, il fut élu au scrutin de ballottage, le 3 septembre 1893, par 8,962 voix, contre 6,241 à M. Lesbre, revisionniste.

Il a été réélu, le 8 mai 1898, par 9,925 voix, contre 7,443 à M. Labussière, ancien député, républicain.

---

## 18

*Arrondissement de La Palisse*

## GACON (Jules-Gabriel)

M. Gacon est né à Donjon (Allier), le 8 octobre 1847. Il est docteur en médecine, conseiller général, maire de Donjon.

Il est républicain radical.

Dans sa circulaire de 1889, M. le docteur Gacon déclarait que son premier devoir serait « de sauvegarder la République attaquée par la coalition des partis monarchiste et impérialiste, alliés à un général prévaricateur ».

Il veut, ajoutait-il, une République d'union et de progrès démocratique ; la réforme constitutionnelle faite par une majorité sincèrement républicaine et sur des bases déterminées ;

L'application stricte du Concordat, en attendant sa dénonciation ;

La stabilité ministérielle et un pouvoir mieux armé pour faire respecter le gouvernement ;

Une loi assurant la liberté de l'électeur et la sincérité du vote ;

La loi sur le service militaire complétée ;

La réforme des impôts ;

Des économies et l'équilibre du budget ; la suppression des sinécures ;

L'épuration des fonctionnaires, du haut en bas de l'échelle administrative ;

La diminution des frais de justice ; l'extension de la compétence des juges de paix ;

La revision des tarifs de chemins de fer et une modification des traités de commerce ;

La création de caisses de retraites pour les ouvriers.

En 1889, M. Gacon fut élu, au premier tour, par 12,959 voix, contre 8,021 obtenues par M. Ernest Olivier, boulangiste.

En 1893, il fut réélu par 13,062 voix, contre 5,478 à M. Olivier.

Il a été réélu, le 8 mai 1898, par 16,278 voix, contre 8,443 à M. Paul Debray, républicain.

## 19

*Première circonscription de Montluçon*

### LÉTANG (Stéphane)

M. Létang est né à Montluçon, le 19 février 1859.

Il est représentant de commerce, ancien ouvrier cordonnier.

Il est socialiste blanquiste et a été délégué par son groupe à plusieurs congrès socialistes internationaux.

Il a été élu le 22 mai 1898, au scrutin de ballottage par 9,339 voix contre 9,314 à M. Vacher, député sortant, républicain, qui, par suite d'une erreur, avait tout d'abord été considéré comme élu et siégea à la Chambre jusqu'à la vérification des pouvoirs.

## 20

*Deuxième circonscription de Montluçon*

### SAUVANET (Charles-Pierre)

M. Charles Sauvanet est né à Huriel (Allier), le 27 novembre 1851. Il est de famille républicaine ; son père fut révoqué des fonctions d'adjoint au maire par le gouvernement du Seize-Mai.

M. Charles Sauvanet, élu conseiller municipal le 13 mai 1888, fut nommé maire d'Huriel le 15 mai 1892 et conseiller d'arrondissement, le 30 juillet 1892.

Il est l'un des fondateurs du journal la *Voix du peuple*, de Montluçon.

En 1893, la circulaire du comité républicain socialiste qui appuyait la candidature de M. Sauvanet disait notamment : « Notre candidat connaît les besoins du petit commerçant, du petit industriel, du cultivateur et de l'ouvrier, de tous ceux qui remplissent un rôle utile dans la société. En votant pour Sauvanet, candidat de l'Union des républicains socialistes, vous voterez contre ceux qui ont fait fusiller à Fourmies et assommer en plein Paris hommes, femmes et enfants. Nous sommes le nombre et conséquemment la force ; sachons donc nous unir et la victoire est à la classe productrice. »

M. Charles Sauvanet, qui avait obtenu le 20 août 1893, au premier tour, 4,564 voix, fut élu, au scrutin de ballottage par 6,449 voix, contre 5,431 obtenues par M. Dumas, député sortant radical.

En 1898, M. Sauvanet a été élu, au premier tour, par 8,609 voix, contre 8,036 à M. Bignon, rallié. Indûment mis en ballottage par la Commission de recensement, M. Sauvanet a été de nouveau élu, au second tour, par 8,740 voix.

# BASSES-ALPES

## 5 DÉPUTÉS

1893 : MM. Joseph Reinach, Paul Delombre, François Deloncle, Fruchier (élu sénateur et remplacé par *M. Sicard*), le vicomte d'Hugues.

1898 : MM. *Roux*, Delombre, le *comte Boni de Castellane*, Sicard, *Robert*.

## 21

### *Arrondissement de Digne*

### ROUX (Paul-Joseph-Marie)

M. Roux est né à Mézel (Basses-Alpes), le 28 janvier 1848.

Ancien notaire, conseiller général, maire de Colmars, il a été élu, comme candidat républicain, par 6,075 voix, contre 4,661 à M. Andrieux, ancien préfet de police, ancien député, revisionniste.

Au premier tour, M. Andrieux avait obtenu 3,778 voix, Roux 3,233, Canton, radical, 2,530, Joseph Reinach, député sortant, républicain, 1,213, Suibert 62.

## 22

### *Arrondissement de Barcelonnette*

### DELOMBRE (Paul)

M. Paul Delombre, qui est pour la deuxième fois député, est né à Maubeuge (Nord), le 18 mars 1848.

Ancien avocat à la Cour d'appel de Paris, publiciste, rédacteur, depuis 1878, de la partie économique du journal le *Temps*, où il n'a cessé de publier des articles très remarqués, M. Paul Delombre contribua à fonder, au lendemain des élections de 1885, l'Association républicaine du centenaire de 1789 qui fusionna depuis lors avec l'Association nationale républicaine.

M. Paul Delombre est, en outre, membre du conseil central de la Ligue nationale de la prévoyance et de la mutualité, de la Société d'économie politique de Paris, du Cobden-Club, etc. Il est officier de la Légion d'honneur.

Sous l'Empire, M. Delombre fut rédacteur de la *Cloche* et du *Journal des travaux publics*. Il fut, avec quelques-uns de ses amis, le fondateur de la conférence Henrion de Pansey.

La ligne politique de M. Paul Delombre peut être résumée ainsi : « Défense et application des principes de 1789. Constitution d'un grand parti national ralliant tous les citoyens soucieux de l'avenir de la patrie française. Union sur le terrain des réformes pratiques. Stabilité gouvernementale. République. »

Dans la dernière législature, M. Paul Delombre a été successivement rapporteur du budget des Finances, rapporteur général de la Commission du budget, et deux fois président de cette Commission. Il a pris une part des plus actives à toutes les discussions financières.

Elu en 1893, M. Paul Delombre a été réélu, au premier tour, le 8 mai 1898, par 2,507 voix, contre 19 à M. Bovis.

Il a été appelé à faire partie du cabinet Dupuy (1er novembre 1898), en qualité de ministre du commerce, de l'industrie, des postes et des télégraphes.

---

## 23

*Arrondissement de Castellane*

## CASTELLANE (Comte BONI de)

M. le comte Boni de Castellane est né le 14 février 1867. Il est le fils du marquis de Castellane qui fut député à l'Assemblée nationale de 1871.

Il est propriétaire.

Après avoir terminé ses études au collège Stanislas et accompli son service militaire, il fit de nombreux voyages en Europe, en Asie, en Amérique.

Son mariage avec la fille du richissime Américain M. Jay Gould, eut un très grand retentissement.

M. le comte de Castellane s'est présenté aux élections de 1898, avec un programme modéré, « comme républicain et non comme rallié ».

Il a été élu, au premier tour de scrutin, le 8 mai 1898, par 2,774 voix, contre 1,565 à M. François Deloncle, député sortant, républicain.

## 24

*Arrondissement de Forcalquier*

### SICARD (Laurent-Martial)

M. Martial Sicard est né à Digne, le 5 avril 1848.

Avoué, conseiller général depuis le 31 juillet 1892, maire de Forcalquier depuis le 5 mai 1895, M. Sicard a été élu pour la première fois député le 8 décembre 1895, en remplacement de M. Fruchier, nommé sénateur.

Il s'est présenté comme « républicain de gouvernement ennemi déclaré de toutes les réactions césariennes ou jacobines, voulant une République forte et respectée, laborieuse et économe, tolérante et ouverte, abritant sous les plis de son drapeau tous les enfants de la Nation ».

M. Sicard a été réélu, le 8 mai 1898, au premier tour de scrutin, par 4,217 voix, contre 2,490 à MM. Turin, radical-socialiste, et 117 à M. Isoard, socialiste.

## 25

*Arrondissement de Sisteron*

### ROBERT (Marie-Alexandre-Ludovic)

M. Ludovic Robert est né à Sisteron, le 27 août 1854.

Il est docteur en médecine, conseiller général depuis

1891, membre du Conseil départemental de l'instruction publique.

M. Robert s'est présenté comme républicain radical de gouvernement. Il est partisan de l'impôt sur le revenu d'après les signes extérieurs et la fortune. Il s'est prononcé pour la liberté de conscience « la liberté de tous les cultes, et surtout la liberté de toutes les religions, et, avant tout, de la religion des Français de France. »

Elu par les paysans et les agriculteurs « il est l'ennemi des privilèges et des fonctionnaires à outrance ; il désirerait imposer des limites aux exigences et aux extravagances de l'administration des forêts et modifier son code féodal et draconien. »

En résumé « il veut radicalement la République de France, la République des paysans, des ouvriers et de tous les travailleurs (de France) ».

Il demande le service obligatoire de 2 ans, l'exemption complète pour les soutiens de famille et les dispensés, la suppression des 28 jours et des 13 jours, sauf pour les dispensés et les soutiens de famille, enfin une plus juste répartition des garnisons militaires, surtout dans les départements et les villes frontières.

M. Robert a été élu, le 22 mai 1898, au scrutin de ballottage, par 2,378 voix, contre 1,878 à M. Félix Bontoux, ancien député, percepteur à Avignon, et 1,106 à M. le comte d'Hugues, député sortant, conservateur.

# HAUTES-ALPES

—

## 3 DÉPUTÉS

---

## 26

*Arrondissement de Gap*

### EUZIÈRE (Frédéric)

M. Euzière est né à Saint-Jeannet, arrondissement de Grasse (Alpes-Maritimes), le 20 mai 1842. Il exerce, à Gap, la profession d'avocat. Il prit une part importante sous l'Empire, à l'organisation du parti républicain dans les Hautes-Alpes, où il lutta énergiquement contre M. Clément Duvernois, candidat officiel, plus tard ministre de Napoléon III.

Il est maire de Gap, conseiller général, chevalier de la Légion d'honneur, officier d'Académie. Il se présenta à la députation, en février 1888, lors d'une élection partielle, sous le régime du scrutin de liste, concurremment avec M. Flourens, alors ministre des affaires étrangères. Il obtint une importante minorité.

En 1889, M. Euzière se déclara partisan « de l'union invincible des républicains, pour épargner à notre pays la honte d'une dictature qui serait l'abaissement et la ruine de la patrie elle-même ».

Il se prononça pour des mesures protectrices de l'agriculture nationale contre la concurrence étrangère ; pour le dégrèvement de l'impôt foncier ; pour la poursuite de l'œuvre d'émancipation intellectuelle entreprise par l'instruction populaire ; la liberté de conscience « ce domaine inviolable, source même de la liberté individuelle. »

En 1889, M. Euzière fut élu, le 22 septembre, au premier tour, par 7,601 voix, contre 5,711 obtenues par M. Itier, conservateur.

En 1893, il fut réélu par 7,254 voix, contre 4,484 à M. de Magallon, conservateur, 2,197 à M. Itier, et 183 à M. Antonio, socialiste.

Il a été réélu, le 8 mai 1898 par 8,042 voix, contre 6,197 à M. de Magallon, conservateur, 150 à M. Loubet, socialiste, 88 à M. Prève, radical.

---

## 27

*Arrondissement de Briançon*

## LAURENÇON (Léon)

M. Laurençon est né le 16 octobre 1841, à Saint-Chaffrey (Hautes-Alpes).

Docteur en droit, il exerça à Grenoble la profession d'avocat.

Il fut élu conseiller général en 1869. Il est inexact, comme on l'a dit par erreur, qu'il ait été secrétaire de M. Clément Duvernois. Il n'avait jamais quitté Grenoble avant la guerre. A cette époque, il partit comme engagé volontaire.

Elu député en 1877, il fut réélu en 1881, 1885 et 1889. Il prit la parole sur le tarif général des douanes, la loi militaire, les questions intéressant l'agriculture (reboisement des montagnes, canaux). Républicain modéré, M. Laurençon veut que la République soit ouverte à tous et respectueuse de toutes les libertés. Il se déclare l'adversaire résolu de la dictature. Il réclame la suppression du principal de l'impôt foncier et la protection de l'agriculture contre la concurrence étrangère.

M. Laurençon a été nommé commandeur de l'ordre de François-Joseph à la suite d'une mission remplie, en 1879, en Autriche-Hongrie.

En 1889, il fut élu le 23 septembre, au premier tour, sans concurrent, par 3,772 voix.

En 1893, il fut réélu par 3,536 voix, contre 1,535 à M. Georges Hartmann, républicain.

Il a été réélu, le 8 mai 1898 par 4,000 voix sans concurrent.

## 28

*Arrondissement d'Embrun*

### PAVIE (François)

M. François Pavie est né à Savines, le 2 février 1843, d'une famille de cultivateurs. A 18 ans, il partit pour l'Amérique, s'y adonna au commerce. Revenu en 1869 dans les Hautes-Alpes, il fut élu conseiller municipal de Savines en 1869. Pendant la guerre il fut capitaine de mobilisés. Nommé maire de Savines, le 11 mai 1871, il fut révoqué, le 16 février 1874, à cause de ses opinions républicaines. Il redevint maire peu de temps après et occupe encore ces fonctions. Il est conseiller général du canton de Savines depuis 1874.

M. Pavie a été élu député, le 8 mai 1898, par 4,800 suffrages sur 5.297 votants, en remplacement de M. Flourens, député sortant, ancien ministre des affaires étrangères, qui ne s'est pas représenté dans les Hautes-Alpes.

En 1893, M. Pavie avait obtenu 2,870 voix, contre 2,922 accordées à M. Flourens.

Républicain progressiste, M. Pavie est partisan de la suppression de l'impôt foncier, de la décentralisation des services publics, de l'impôt sur le revenu, de la protection industrielle et agricole, du maintien de Sénat, du respect de la liberté de conscience.

# ALPES-MARITIMES

—

## 4 DÉPUTÉS

—

1893 : MM. Raiberti, Borriglione (élu sénateur et remplacé par M. *Malausséna*), Maurice Rouvier, Bischoffsheim.
1898 : MM. Raiberti, *Poullan*, Rouvier, Bischoffsheim.

## 29

*Première circonscription de Nice.*

### RAIBERTI (Flaminius)

M. Raiberti est né le 13 avril 1862.

Il est avocat.

Il fut élu pour la première fois député, en 1890, en remplacement de M. Bischoffsheim, invalidé.

Lors de la discussion des modifications à apporter à la loi de 1881 sur la presse, M. Raiberti fit adopter un amendement soumettant les journaux publiés en France en langue étrangère au régime qui permet au gouvernement d'interdire, par une décision prise en conseil des ministres, la vente des journaux étrangers.

Il fut réélu, le 20 août 1893, comme candidat radical, par 5.311 voix.

Pendant les dernières législatures, il a pris part à de nombreuses discussions, notamment à celles qui concernent les questions militaires. Il a été membre de la commission du budget.

M. Raiberti a été réélu, le 8 mai 1898, par 9,240 voix, contre 1,161 à M. Robini, radical.

———

## 30

*Deuxième circonscription de Nice*

### POULLAN (Félix)

M. Félix Poullan est né à Nice, le 28 avril 1857.

Il est avocat. Lors de son élection, il était inspecteur du Crédit foncier de France.

Depuis 1884, successivement conseiller général du canton d'Utelle, puis du canton de Saint-Martin-Vésubie, et trois fois nommé à l'unanimité, M. Poullan a été élu, pour la première fois, député, le 8 mai 1898 par 9,750 voix, contre 214 obtenues par M. Genovesi.

Dans sa circulaire il s'exprime ainsi : « Au point de vue politique, partisan d'une République progressiste, je soutiendrai le gouvernement qui donnera satisfaction aux aspirations de la démocratie, non par des projets financiers hasardés ou de dangereuses revisions constitutionnelles, mais par des réformes étudiées et pratiques.

M. Poullan remplace à la Chambre M. Malausséna, député sortant, républicain, qui ne s'est pas représenté.

---

## 31

*Arrondissement de Grasse*

### ROUVIER (Maurice)

M. Maurice Rouvier est né à Aix en Provence, le 17 avril 1842. Il fit ses études au lycée de Marseille et se fit recevoir licencié en droit. Il entra ensuite dans une grande maison de commerce grecque dont il devint très vite un des principaux employés. Il collabora aux feuilles démocratiques le *Peuple*, le *Réveil de Provence*, l'*Égalité* et, après la mort de Berryer, fut l'un des promoteurs de la candidature de M. Gambetta à Marseille.

Après le 4 Septembre, M. Rouvier devint secrétaire général de la préfecture des Bouches-du-Rhône. Après la

démission de M. Esquiros dont il refusa la succession,
M. Rouvier fut chargé d'organiser les mobilisés réunis au
camp des Alpines. Elu député à l'Assemblée nationale, lors
des élections complémentaires du 2 juillet 1871, il y siégea
à l'extrême gauche près de M. Gambetta. Ses débuts à
Versailles provoquèrent un orage, lorsqu'il monta à la tribune pour protester contre l'exécution de son ami, Gaston
Crémieux, fusillé après la Commune en vertu de la loi sur
l'état de siège. Une demande d'autorisation de poursuites
fut déposée contre lui et M. Pierre Lefranc à propos de
deux articles contre la commission des grâces ; M. Maurice
Rouvier demanda à être renvoyé devant le jury ; mais
l'Assemblée, sur la proposition du général Changarnier,
prononça « l'amnistie du dédain ».

M. Rouvier prit dès cette époque une part importante à
toutes les questions économiques et financières, commerciales, maritimes ; il défendit les doctrines libre-échan-
gistes. En 1874, il proposa l'établissement d'un impôt sur
le revenu.

Réélu en 1876, en 1877, en 1881, M. Rouvier fut nommé
ministre du commerce et des colonies dans le ministère
formé par M. Gambetta. Il se retira avec lui. Il redevint
ministre du commerce dans le cabinet présidé par M. Jules
Ferry. Il fut presque constamment depuis 1876 membre,
rapporteur général ou président de la commission du budget.

En 1885, M. Rouvier ne fut pas réélu par le département
des Bouches-du-Rhône, mais sa candidature posée au
scrutin de ballottage dans le département des Alpes-
Maritimes y réunit la majorité.

A la chute du ministère Goblet, M. Rouvier fut appelé à
constituer le cabinet. Il devint ministre des finances et président du Conseil (30 mai 1887). Il fut en butte à de très
vives attaques de la part de l'extrême gauche.

Le cabinet Rouvier donna sa démission à la suite d'un
vote de la Chambre en novembre 1887 ; mais aucun autre
ministère n'ayant pu être constitué, le cabinet démissionnaire était encore en fonctions lors de la crise gouvernementale qui se termina par la démission de M. Jules
Grévy et l'élection de M. Carnot à la présidence de la
République, le 3 décembre 1887. Le ministère Rouvier fut
alors remplacé par le premier ministère Tirard ; après le

renversement du cabinet Floquet (février 1889), M. Rouvier fut chargé de nouveau (.u portefeuille des finances. Il fut alors élu et il est resté depuis cette époque président du Conseil général des Alpes-Maritimes.

En 1889, M. Rouvier fut réélu député le 22 septembre par 10,000 voix contre 2,500 obtenues par M. Paulet, revision-niste boulangiste.

M. Rouvier conserva le portefeuille des finances dans les ministères Freycinet et Loubet et dans le premier cabinet Ribot. Pendant cette période il fit voter trois budgets, effec-tua la conversion du 5 p. 100 et prit une part des plus actives à toutes les discussions financières et économiques. Il quitta le ministère par suite de divers incidents relatifs à l'affaire du Panama. Il fut alors compris dans la demande en autorisation de poursuites déposée contre dix sénateurs et députés. Il protesta avec une grande énergie. Une ordonnance de non-lieu fut ultérieurement rendue en sa faveur.

En 1893, M. Rouvier fut réélu au premier tour, le 20 août, par 8,805 voix, contre 5,044 à M. Baron, avocat, socialiste.

M. Rouvier a été réélu, le 8 mai 1898, par 8,803 voix, contre 7,404 à M. Andrieu, conseiller à la Cour de Paris, radical.

Il a été réélu membre de la commission du budget, le 10 novembre 1898.

---

## 32

*Arrondissement de Puget-Théniers*

### BISCHOFFSHEIM (Raphaël-Louis)

M. Raphaël Bischoffsheim est né à Amsterdam (Hollande). Il appartient à une famille de riches banquiers. Il fut natu-ralisé Français par décret présidentiel du 24 avril 1880, à la suite d'importantes libéralités faites en faveur d'établis-sements scientifiques français. Il dépensa notamment 1,500,000 fr. pour la création d'un observatoire à Nice.

M. Bischoffsheim a été député des Alpes-Maritimes en 1881 et 1885.

Il est chevalier de la Légion d'honneur, officier de l'Instruction publique, commandeur de la Rose du Brésil, de la Couronne d'Italie, de Charles III d'Espagne, de l'Ordre du Mérite du Portugal.

En 1889, M. Bischoffsheim se présenta dans la première circonscription de Nice ; il fut élu, au premier tour, par 5,064 voix contre 4,366 obtenues par M. Raiberti, mais son élection fut invalidée, et M. Raiberti fut élu.

M. Bischoffsheim fut élu le 20 août 1893, au premier tour, par 2,874 voix dans l'arrondissement de Puget-Théniers, contre 2,393 accordées à M. Malausséna, député sortant, républicain.

Il a été réélu, le 8 mai 1898, par 4,754 voix, contre 96 à M. Paul Rouvier, radical socialiste.

# ARDÈCHE

## 5 DÉPUTÉS

1893 : MM. Fougeirol (élu sénateur et remplacé par *M. Perrin*), Dindeau, Sauzet, le vicomte Melchior de Vogüé, Odilon Barrot.
1898 : MM. Perrin, *Astier*, Sauzet, *Jules Roche*, Odilon Barrot.

## 33

*Première circonscription de Privas*

### PERRIN (Isaac)

M. Perrin est né à Privas en 1842.
Il est propriétaire.
Maire de Baix, conseiller général, il fut pour la première fois élu député, le 7 juin 1896, en remplacement de M. Fougeirol, nommé sénateur. Il se présenta comme candidat agricole. Il est républicain.
Il a été réélu, le 8 mai 1898, par 7.158 voix, contre 4.585 à M. Nicolas, radical.

## 34

*Deuxième circonscription de Privas*

### ASTIER (Placide-Alexandre)

M. Astier est né à Aubignas (Ardèche), le 23 février 1856.
Ancien interne des hôpitaux, il exerce la profession de pharmacien à Paris.

Il fut élu conseiller municipal de Paris et conseiller général de la Seine, par le quartier de Chaillot, le 10 mai 1896. Il a été vice-président du Conseil municipal.

Il appartient au groupe radical-socialiste.

Il a été élu député de la deuxième circonscription de Privas, le 22 mai 1898, au scrutin de ballottage, par 8,525 voix, contre MM. Chabert, Chalamet, Meunier, républicains.

<hr>

## 35

*Première circonscription de Tournon*

### SAUZET (Marc)

M. Marc Sauzet, est né à Tournon (Ardèche), le 18 février 1852.

Avocat à la Cour d'appel de Paris (1875-1880), M. Marc Sauzet fut professeur agrégé à la Faculté de droit de Lyon de 1881 à 1891, puis de 1891 à 1893 à la Faculté de droit de Paris. Il a publié de nombreux ouvrages juridiques et économiques : *la Responsabilité du patron dans les accidents industriels* (1883) ; — *la Situation des ouvriers dans l'assurance* (1886) ; — *la Personnalité civile des syndicats professionnels* ; — *la Juridiction des Conseils de prud'hommes* (1889) ; — *le Livret obligatoire des ouvriers* (1889) ; — *le Nouvel Article 1780 du Code civil* (1892) ; — *Essai historique de la législation industrielle de la France* (1891), etc.

M. Marc Sauzet est capitaine de réserve du service d'état-major.

Dans sa circulaire électorale de 1893, M. Marc Sauzet disait notamment : « Aux ralliés, ces revenants déguisés du passé monarchique, opposons la notion du gouvernement que nous saurons défendre contre toutes les attaques.

« Nous voulons :

« La République nationale, c'est-à-dire indépendante de toute influence extérieure, n'attendant pas de l'étranger son investiture ni sa direction.

« La République pacifique, sans faiblesse ni forfanterie, trouvant dans son admirable armée et dans la certitude qu'elle a des amis en Europe, la pleine garantie de sa sécurité et de sa dignité.

« La République progressiste, soucieuse :

« D'établir la répartition la plus juste des charges publiques : la réforme de l'impôt des boissons, par exemple, doit aboutir, mais il faut que l'exercice, si vexatoire pour les débitants, disparaisse sans qu'on le reporte sur les propriétaires bouilleurs de cru ;

« De maintenir l'énergique protection des libertés individuelles, depuis la liberté de conscience jusqu'à la liberté du travail, qui doivent être aussi bien à l'abri des tyrannies syndicales que de l'autocratie patronale ;

« De réaliser, enfin, la pacification des âmes françaises et leur union dans un effort commun, au profit des faibles et des humbles, contre les misères et les infortunes sociales. »

Dans sa profession de foi de 1898, M. Marc Sauzet s'est maintenu sur le même terrain, aspirant à « affermir et à étendre, par la République et pour la République, cette réconciliation politique de tous les Français, qui est la condition essentielle du progrès social et de la grandeur nationale ».

Et, après avoir développé son programme au point de vue économique, industriel et agricole, M. Sauzet ajoute :

« Quand notre puissance militaire est en jeu, quand le drapeau, quand les intérêts de notre admirable armée sont engagés, l'esprit de sacrifice et d'union patriotique nous anime tous. Il doit nous inspirer aussi ardemment pour la bataille qu'on nous livre... Sachons assurer la marche en avant de la démocratie, sans perdre à la poursuite de chimères, le bienfait du progrès possible, — sans compromettre en des aventures politiques, et des expériences fiscales ou militaires irréparables, la force de la République, le crédit de la France. »

M. Marc Sauzet fut élu, en 1893, au scrutin de ballottage, le 3 septembre, par 9,723 voix, contre 9,466 à M. le marquis de La Tourette, conservateur.

Dans la législature de 1893 à 1898, M. Marc Sauzet a fait partie de la commission de l'armée, de celle de la réforme judiciaire, de celle du budget, etc. Il a été chargé de plusieurs rapports, notamment du rapport sur le projet de loi relatif à la trahison et à l'espionnage, du rapport sur le budget des cultes pour l'exercice 1898, etc.

Il a été réélu le 8 mai 1898, par 9,878 voix contre 8,627 obtenues par M. Gailhard-Bancel, de la Drôme.

En juin 1898, M. Marc Sauzet a été élu secrétaire de la Chambre des députés.

Il a été réélu, le 10 novembre 1898, membre de la commission du budget.

---

## 36

*Deuxième circonscription de Tournon*

### ROCHE (Jules)

M. Jules Roche est né à Serrières (Ardèche), le 12 mai 1841. Il fit ses études au collège Stanislas.

Reçu licencié en droit, il devint avocat à Lyon et participa aux manifestations contre l'Empire. En 1869, il se présenta comme candidat de l'opposition dans l'Ardèche, mais il échoua.

Après le 4 Septembre 1870, il fut nommé secrétaire général de l'Ardèche. En février 1871, il se présenta aux élections à l'Assemblée nationale, mais il ne fut pas élu. Il fut alors nommé secrétaire général du Var; peu après il quitta l'administration.

M. Jules Roche entra alors dans la presse parisienne et collabora au *Siècle*, au *Rappel*, au *Petit Parisien*. Lorsque M. Clémenceau eut fondé la *Justice*, M. Jules Roche devint un de ses collaborateurs. En 1879, il se présenta, comme candidat radical, aux élections municipales dans le quartier de Bercy et fut élu. Réélu en 1881, il fut nommé vice-président du Conseil municipal de Paris.

Le 21 août 1881, M. Jules Roche fut élu député de l'arrondissement de Draguignan, comme candidat radical, mais à partir de 1882 il se rapprocha des républicains de gouvernement et vota avec l'Union républicaine.

Il prit une part très importante à toutes les discussions financières et économiques et fit presque sans interruption partie de la Commission du budget dont il a été le rapporteur général en 1883, 1884, 1888. En 1882, il fit rejeter l'élection des juges une première fois votée par la Chambre.

En 1885, il se présenta, au scrutin de liste, dans le Var, l'Ardèche et la Seine, où il ne fut pas nommé ; mais il fut élu par le département de la Savoie.

De 1885 à 1889, M. Jules Roche prit part à presque toutes les discussions importantes. Il fut président et rapporteur de la commission contre le projet Peytral (impôt général sur le revenu).

En 1887, il avait combattu la proposition Yves Guyot sur l'enregistrement et les contributions indirectes. Il fut le rapporteur du projet de loi relatif à l'Exposition universelle de 1889, du projet de loi concernant la convention monétaire, etc.

En 1889, M. Jules Roche fut président de la Commission du budget.

L'un des premiers, il prit hautement parti contre le général Boulanger, alors ministre de la guerre.

Dans sa circulaire de 1889, après avoir rappelé ses nombreux travaux, M. Jules Roche demandait l'établissement définitif d'un gouvernement stable et fort qui fit respecter et exécuter la volonté nationale.

Il fut réélu, dans la 1re circonscription de Chambéry, par 10,299 voix, contre 5,928 obtenues par M. Descottes, conservateur.

M. Jules Roche fut appelé à faire partie du cabinet Freycinet (17 mars 1890) en qualité de ministre du commerce, de l'industrie et des colonies jusqu'au 5 décembre 1892, date de la formation du premier cabinet Ribot.

Durant cette période, M. Jules Roche prit part à de nombreuses discussions soit au Sénat, soit à la Chambre. Il fut le créateur de l'Office du travail.

Peu de jours après sa sortie du ministère, M. Jules Roche fut compris dans la demande en autorisation de poursuites visant 5 députés et 5 sénateurs, relativement à l'affaire du Panama (20 décembre 1892). Il protesta dans les termes les plus véhéments et les plus indignés (21 décembre).

Une ordonnance de non-lieu fut rendue en sa faveur.

Aux élections générales d'août 1893, M. Jules Roche, en se représentant, insistait surtout dans sa circulaire sur la nécessité d'un gouvernement homogène, « composé de ministres animés du même esprit, ayant la conscience et le courage de leur responsabilité, s'appliquant à unir dans la République toutes les bonnes volontés et toutes les forces de la France plutôt qu'à complaire aux artisans de discordes civiles, plus résolus à leur devoir qu'attentifs à leur portefeuille, cherchant les mobiles de leur conduite non point dans la terreur de toute difficulté parlementaire, mais dans l'examen sérieux des réalités et dans le souci des intérêts permanents de ce noble pays qui s'appelle la France, et dont l'histoire est le patrimoine du genre humain ».

M. Jules Roche fut réélu dans la première circonscription de Chambéry, le 22 août, au premier tour, par 6.808 voix, contre 3,857 à M. Jules Carret, ancien député, radical socialiste, et 2,867 à M. César Bouchage, revisionniste.

Depuis lors, M. Jules Roche a continué, dans la presse et dans le Parlement, à lutter avec ardeur contre le parti socialiste. Il a très vivement combattu l'impôt sur le revenu proposé par le ministère Bourgeois. Il est intervenu à la tribune dans plusieurs discussions financières, notamment en faveur de la prorogation du privilège de la Banque de France.

Aux élections de 1898, M. Jules Roche, qui ne s'est pas représenté en Savoie, a été élu député, dans l'arrondissement de Tournon, par 9,138 voix, contre 7.593 à M. Albert Le Roy, républicain. Il remplace M. le vicomte Melchior de Vogüé qui ne s'est pas représenté.

---

## 37

*Arrondissement de Largentière*

### BARROT (Jean-André-Georges-Odilon)

M. Odilon Barrot, qui est pour la deuxième fois député, est né à Manille (îles Philippines), le 3 janvier 1841. Il est avocat à Largentière.

Conseiller général, depuis le 12 juin 1870, maire en 1871, il fut deux fois révoqué après le 24 mai 1873 et après le 16 mai 1877.

Il a été secrétaire du Conseil général de l'Ardèche et président de la commission départementale.

Il est ancien secrétaire d'ambassade et chevalier de la Légion d'honneur.

Il est président de la Société historique et archéologique de Vans et a publié divers travaux sur l'archéologie et l'histoire de sa région.

M. Odilon-Barrot s'est présenté comme républicain progressiste.

Il a été réélu par 11,448 voix, contre 11,216 à M. Duclaux-Monteil, rallié.

# ARDENNES

## 5 DÉPUTÉS

1893 : MM. le comte de Wignacourt, Linard, Dunaime, Bourgoin (décédé, remplacé par *M. Hubert*), Philippoteaux (décédé, remplacé par *M. Villain*).

1898 : *MM. Poulain, Ternaux-Compans*, Dunaime, Hubert, *Lassalle*.

## 38

### Arrondissement de Mézières

### POULAIN (Gaëtan-Albert)

M. Poulain est né à Angers, le 18 juin 1866.

Il est ouvrier mécanicien, ancien secrétaire général de la Fédération nationale des ouvriers métallurgistes de France, rédacteur en chef du *Socialiste Ardennais*.

Il est socialiste.

Il a été élu, pour la première fois, député au scrutin de ballottage, le 22 mai 1898, par 11,886 voix, contre 9,461 à M. le comte de Wignacourt, député sortant, républicain. Au premier tour, M. Poulain avait obtenu 9,675 voix, M. de Wignacourt, 5,517, M. Corneau, directeur du *Petit Ardennais*, radical socialiste, 4,576.

## 39

### Arrondissement de Rethel

### TERNAUX-COMPANS (Maurice)

M. Maurice Ternaux-Compans est né le 30 janvier 1846, à Paris.

Il est ancien conseiller d'ambassade, chevalier de la Légion d'honneur, conseiller général des Ardennes.

Il se présenta à la députation en 1889 et en 1893, mais ne fut pas élu.

Il est républicain.

Il a été nommé, le 22 mai 1898, au scrutin de ballottage, en remplacement de M. Linard, élu sénateur le 6 février 1898 et décédé peu après.

M. Ternaux-Compans obtint 7,101 voix, contre 5.638 à M. Chappe, avoué à Rethel, républicain.

---

## 40

*Arrondissement de Rocroi*

### DUNAIME (Eugène-Henri)

M. Henri Dunaime est né à Charleville, le 11 octobre 1855.

Docteur en droit, avoué à Vervins, conseiller général du canton de Fumay depuis 1888, M. Dunaime se présenta comme républicain progressiste, « voulant une république juste pour tous, ouverte à toutes les adhésions loyales, respectueuse de toutes les croyances ».

M. Dunaime estime que la nouvelle Chambre devra notamment reprendre et faire aboutir : la réforme de l'impôt des boissons, la suppression de l'exercice ; la suppression de l'impôt des portes et fenêtres ; la diminution des frais de justice et la simplification de la procédure.

Il demande aussi qu'on simplifie les rouages de l'administration en réduisant l'état-major des fonctionnaires et en rétribuant mieux les petits employés.

« Il faudra, ajoute-t-il, se hâter de constituer une caisse nationale de retraites pour les invalides du travail.

« C'est une loi difficile, mais c'est une loi nécessaire ; la société a le devoir d'assurer à ceux qui ont consacré leur vie à la prospérité de la nation la sécurité de leurs vieux jours.

« Il ne faut pas se faire d'illusion, si l'on veut sincèrement donner au pays toutes les satisfactions morales, matérielles, qu'il est en droit d'attendre de la République, il faudra trouver de nouvelles ressources budgétaires.

« Pour aborder la première, l'indispensable réforme qui s'impose à l'attention des législateurs, c'est de mieux répartir les charges sociales, c'est d'établir un régime fiscal moins dur aux pauvres, moins contraire au développement agricole, industriel et commercial de notre pays. »

M. Dunaime fut élu, au scrutin de ballottage, le 3 septembre 1893, par 6,458 voix.

Au premier tour, M. Dunaime avait obtenu 4,093 voix ; M. Jacquemart, député sortant, radical, 3,546 ; M. Dupont, socialiste, 2,025.

En 1898, M. Dunaime a été réélu le 22 mai, au scrutin de ballottage, par 5,749 voix, contre 5,672 à M. Lartigue, maire de Givet, radical-socialiste.

------

## 41

*Arrondissement de Sedan*

### LASSALLE (Jean-Baptiste-Elisée)

M. Lassalle est né à Fresnois (Ardennes), le 22 novembre 1856.

Il est ouvrier mécanicien, vice-président du Conseil des prud'hommes, conseiller municipal de Sedan.

Il appartient à l'opinion socialiste.

Il a été élu député, le 8 mai 1898, par 7,724 voix contre 6,992 à M. Charpentier, radical. Il remplace M. Villain qui ne s'est pas représenté et qui, au cours de la législature, avait succédé à M. Philippoteaux, décédé.

------

## 42

*Arrondissement de Sedan*

### HUBERT (Lucien)

M. Lucien Hubert est né le 27 août 1868, au Chesne (Ardennes).

Il est publiciste, homme de lettres, ancien élève de l'Ecole coloniale. Il a fait paraître plusieurs volumes de poésies et diverses brochures sur des questions économiques et coloniales.

Il appartient à l'opinion républicaine radicale.

Il fut élu, pour la première fois, député, le 14 avril 1897, lors d'une élection partielle, en remplacement de M. Bourgeois, décédé, par 9,100 voix, contre 2,700 à M. Germont, 5,350 à M. Lepointe.

Il a été réélu le 8 mai 1898, par 8,154 voix, contre 4,350 à M. Gérard.

# ARIÈGE

—

## 3 DÉPUTÉS

—

1893 : MM. Delcassé, Sentenac, Julien Dumas.
1898 : MM. Delcassé, *Galy-Gasparrou*, Julien Dumas.

## 43

*Arrondissement de Foix*

### DELCASSÉ (Théophile)

M. Delcassé est né à Pamiers (Ariège), le 1er mars 1852. Il est licencié ès lettres. Rédacteur à la *République française* et au *Paris* où il traitait les questions de politique étrangère, M. Delcassé fut nommé chevalier de la Légion d'honneur sur la proposition du ministre des affaires étrangères en 1887.

M. Delcassé est, depuis 1888, conseiller général du canton de Vicdessos.

Dans sa circulaire, M. Delcassé disait : « Vous savez qui je suis, un disciple fidèle de Gambetta, un républicain pour qui la République est indissolublement unie à la France, pour qui les ennemis de la République sont forcément les ennemis de la patrie. » M. Delcassé se déclarait favorable au maintien et, au besoin, à la surélévation des droits protecteurs sur le bétail étranger, au dégrèvement de l'impôt foncier, à l'union de tous les républicains sans distinction de groupes.

En 1889, M. Delcassé fut élu, au premier tour, par 10,691 voix, contre 7,986 obtenues par M. de Narbonne, conservateur.

Lors de la formation du 2e cabinet Ribot (1er janvier 1893),

M. Delcassé fut appelé à succéder à M. Jamais au sous
secrétariat des colonies rattaché à la marine. Il prononça
plusieurs discours remarqués sur la politique coloniale et
sur le budget des colonies. Il conserva dans le premier
cabinet Dupuy (5 avril-3 décembre 1893), ses fonctions de
sous-secrétaire d'État des colonies.

M. Delcassé fut réélu, au premier tour, le 20 août 1893,
par 14,171 voix, contre 100 à M. Théron, socialiste-revision-
niste.

Ministre des colonies dans le second ministère Dupuy
(30 mai 1894), M. Delcassé lança, notamment dans la bou-
cle du Niger, des missions nombreuses qui eurent un
plein succès ; il organisa notre nouvelle conquête du
Dahomey et s'efforça de déterminer un vaste mouvement
pour l'exploitation de notre empire d'Outre-Mer.

Le discours qu'il prononça le 2 mars 1895 et qui obtint
l'adhésion de la Chambre est un programme complet de
politique coloniale.

M. Delcassé est intervenu ensuite dans les discussions
sur notre marine ; ses discours des 12 décembre 1896
et 1er février 1898 ont eu un grand retentissement.

Il y exposa la politique maritime de la France et traça
le programme de la flotte qui doit être l'instrument de
cette politique.

Dans la politique intérieure, M. Delcassé est demeuré le
partisan résolu de l'union des républicains qu'il a défendue notamment dans l'interpellation du 29 mai 1897.

Réélu, le 8 mai 1898, par 9,241 voix contre 8,296 accordées à M. R. Lafayette, radical socialiste, M. Delcassé est
entré dans le cabinet Brisson (28 juin 1898) comme ministre
des affaires étrangères.

Questionné le 11 juillet par M. Denys Cochin, il s'est
montré résolu à défendre en Orient le protectorat religieux
de la France. On sait le résultat heureux de sa médiation
entre l'Espagne et les Etats-Unis. Les remerciements
publics des gouvernements de Washington et de Madrid, et
le choix qu'ils ont fait de Paris pour les négociations du
traité de paix, sont la preuve manifeste que les Américains,
aussi bien que les Espagnols, ont apprécié le caractère élevé
de l'intervention de la France et le tact avec lequel elle
s'est exercée. Il a eu également à traiter avec l'Angle-

terre la délicate affaire de Fachoda (voir le *Livre Jaune* d'octobre 1898).

Lors de la formation du 3ᵉ cabinet Dupuy, M. Delcassé a conservé le portefeuille des affaires étrangères.

---

## 44

*Arrondissement de Saint-Girons*

### GALY-GASPARROU (Pierre-Marie-Georges-Léon)

M. Galy-Gasparrou est né à Massat (Ariège), le 20 juillet 1850.

Il est propriétaire, ancien notaire, licencié en droit.

Conseiller municipal de la commune de Massat, sans interruption, depuis le 6 janvier 1878, conseiller général du canton de Massat depuis le 6 avril 1879, également sans interruption, il est maire de Massat, membre de la commission départementale, président du comice agricole de l'arrondissement de Saint-Girons.

Il est républicain sans épithète.

Il a été élu député, au scrutin de ballottage, le 22 mai 1898, par 9,152 voix, contre 9,050 obtenues par M. Bernère, radical. Au premier tour, M. Bernère avait obtenu 8,371 voix, M. Sentenac, député sortant, républicain, 5,904, M. Galy-Gasparrou, 3,164.

---

## 45

*Arrondissement de Pamiers*

### DUMAS (Julien)

M. Julien Dumas est né à Sèvres (Seine-et-Oise) le 1ᵉʳ octobre 1857. Son père était premier président de la cour d'appel d'Orléans. Il est avocat. Il a plaidé en Belgique, en 1883, la célèbre affaire Boland et à Toulouse, en 1890 l'affaire Redier de la Villate.

Il se présenta plusieurs fois dans l'Ariège et dans le Loiret; il ne fut pas élu, mais obtint de nombreux suffrages.

Dans sa circulaire de 1893 il s'engageait à « s'attacher spécialement aux réformes sociales intéressant la classe ouvrière ».

Il fut élu au scrutin de ballottage, le 3 septembre, par 8,911 voix, contre 8,765 obtenues par M. Wickersheimer, député sortant, radical.

M. Julien Dumas a été réélu, comme républicain radical, par 9,841 voix, contre 8,360 à M. Albert Tournier, républicain.

Au premier tour, M. Dumas avait obtenu 6,742 voix, M. Tournier 5,868, M. Roubichon, républicain, 4,546.

# AUBE

—

## 6 DÉPUTÉS

—

1893 : MM. Charonnat, Dutreix, Castillard, Thierry-Delanouc, Michou, Casimir-Perier (élu président de la République et remplacé par *M. Bachimont*).

1898 : MM. Charonnat, Dutreix, Castillard, Thierry-Delanoue, *Albert Guyard*, Bachimont.

## 46

### *Première circonscription de Troyes*

### CHARONNAT (Jean-Baptiste-Jules)

M. Charonnat est né à Maizières-la-Grande-Paroisse (Aube), le 4 novembre 1834.

Il est notaire honoraire et membre honoraire du comité des notaires des départements.

Le 20 février 1887, lors d'une élection partielle motivée par le décès de M. le marquis des Roys, M. Charonnat fut élu au scrutin de liste.

Il proposa, au budget de 1890, un amendement qui fut voté par la Chambre et qui portait :

1° Exemption de la patente pour le fabricant travaillant exclusivement à façon, dont le droit fixe n'excède pas 21 francs en principal ; 2° exemption du droit proportionnel de patente pour tous les fabricants travaillant exclusivement à façon, sans exception ; 3° augmentation de la patente des grands magasins doublée au-dessus de 200 employés et triplée au-dessus de 1,000.

Aux élections générales de 1889, M. Charonnat échoua

dans l'arrondissement de Nogent-sur-Marne, où il s'était présenté contre M. Casimir-Perier.

Dans sa circulaire adressée en 1893 aux électeurs de la première circonscription de Troyes, M. Charonnat déclare que son programme est celui des réformes radicales. Il demande notamment la réforme financière, comprenant l'impôt progressif sur la fortune, en prenant pour base le capital et le revenu, avec exemption complète pour les revenus inférieurs à 1,500 francs ; la suppression de tous les monopoles ; le retour à l'État des chemins de fer et des mines ; l'établissement du crédit agricole ; le vote de la proposition Bovier-Lapierre, sur les syndicats professionnels ; la création de caisses de secours et de retraites ; la réduction de la journée de travail dans les mines et les manufactures etc.

M. Charonnat fut élu au scrutin de ballottage, le 3 septembre, par 6,292 voix, contre 4,543 à M. Bordet.

Il a été réélu, le 22 mai 1898, au scrutin de ballottage, comme radical socialiste, par 6,755 voix, contre 6.323 à M. le comte de Launay, républicain.

Au premier tour M. de Launay avait obtenu 5,820 voix, M. Charonnat 5,090, M. Lozach, socialiste, 1,568.

---

## 47

*Deuxième circonscription de Troyes*

### DUTREIX (Charles)

M. Charles Dutreix est né le 10 juin 1848, à Bar-sur-Aube. Il est manufacturier.

Il a fondé et dirige à Troyes une très importante fabrique de bonneterie.

Depuis plusieurs années il est président d'une importante société coopérative d'alimentation.

Il a été et est encore directeur de la Caisse d'épargne de Troyes. Depuis plus de 11 ans il préside une nombreuse société de secours mutuels. Il a été conseiller-prud'homme.

Depuis 1885 M. Dutreix a pris une part active à toutes les luttes électorales.

Aux élections législatives de 1893, il se présenta comme candidat radical socialiste. Il demandait : la souveraineté absolue du peuple exercée par ses mandataires directs ; la dénonciation du Concordat et la suppression du budget des cultes ; la refonte de notre système financier ; l'impôt sur le capital et le revenu ; l'établissement de caisses de retraites pour les ouvriers des villes et des campagnes ; l'organisation de l'assistance publique ; la suppression de tous les monopoles financiers ; le retour des chemins de fer et des mines à l'Etat pour qu'il les exploite directement ; la protection, sous toutes les formes du travailleur.

Il fut élu au second tour de scrutin par 6,419 voix, contre 4,619 à M. Rambourgt, député sortant, républicain, 910 à M. Pedon, socialiste, et 399 à M. François, indépendant.

S'étant toujours beaucoup occupé des questions ouvrières, M. Dutreix, pendant la législature de 1893 à 1898, a fait partie de la commission du travail qui l'a nommé secrétaire-rapporteur du projet relatif à la nouvelle législation concernant les prud'hommes. Il a été également rapporteur de la proposition de loi de M. Vaillant tendant à la création d'un ministère du travail. Il a pris part notamment à la discussion du projet de loi tendant à modifier la loi de 1892 sur le travail des enfants et des femmes dans les usines et manufactures et proposé de nombreux amendements. Il a demandé pour les femmes et les enfants la réduction à 10 heures de la journée de travail.

M. Dutreix, après la réunion de la nouvelle Chambre, a de nouveau été nommé membre et vice-président de la commission du travail.

Il a été réélu, le 8 mai 1898, au premier tour, par 6,505 voix, contre 3,887 à M. Jacquinot, républicain et 1,380 à M. Corgeron, socialiste.

---

## 48

*Arrondissement d'Arcis-sur-Aube*

### CASTILLARD (Henry)

M. Castillard est né à Woinville (Meuse), le 3 septembre 1847.

3.

Docteur en droit, ancien procureur de la République à Troyes, ancien substitut à Paris, démissionnaire, il fut élu, comme républicain, au premier tour, le 20 août 1893, contre M. le comte Armand, député sortant, conservateur.

Il a été réélu le 22 mai 1898, au second tour de scrutin, par 4,363 voix, contre 4,352 à M. le vicomte Armand, rallié.

---

## 49

*Arrondissement de Bar-sur-Aube*

## THIERRY-DELANOUE (Paul-Edmond)

M. Thierry-Delanoue est né à Paris, le 17 mars 1843. Propriétaire à Saint-Victor-Soulaines, il fut élu conseiller municipal et maire en 1878, conseiller d'arrondissement en 1878, conseiller général en 1880. Dans la plupart de ces diverses fonctions il succéda à son père, maire de Soulaines de 1871 à 1878.

M. Thierry-Delanoue est membre du conseil départemental de l'instruction primaire, président de la Société d'encouragement de l'agriculture de l'arrondissement de Bar-sur-Aube ; membre et secrétaire de la commission départementale pendant sept ans, il fut élu secrétaire du Conseil général en août 1889.

Dans sa profession de foi de 1889, M. Thierry-Delanoue s'engage à défendre la République contre toute tentative de renversement : royauté, empire, dictature. Il se déclarait l'ennemi des interpellations oiseuses. Il réclamait l'adoption d'une série de mesures en faveur de l'agriculture, la revision des tarifs dits de pénétration favorables à la concurrence étrangère, la diminution des frais de justice, le maintien de la liberté des bouilleurs de cru, etc.

M. Thierry-Delanoue fut élu, le 22 septembre 1889, par 5,423 voix, contre 4,692 obtenues par M. Piot, conservateur.

En 1893, il fut réélu, au premier tour, par 5,969 voix, contre 3,536 accordées à M. Bonvalot, explorateur, républicain.

Il a été réélu, le 8 mai 1898, au premier tour, par 6,240 voix, contre 2,512 à M. Thomas, socialiste.

---

## 50

### *Arrondissement de Bar-sur-Seine*

### GUYARD (Albert-Gabriel-Henri)

M. Albert Guyard est né à Bar-sur-Seine, le 18 février 1846.

Docteur en droit, il a été de 1866 à 1888 avocat à la Cour d'appel de Paris.

Propriétaire-agriculteur, M. Guyard est administrateur du syndicat central des Agriculteurs de France et président du syndicat agricole de Bar-sur-Seine.

Il est républicain modéré, progressiste et libéral.

Il a été, élu député au scrutin de ballottage, le 22 mai 1898, par 6,369 voix, contre 4,601 à M. Baudoin, socialiste.

Au premier tour, M. Guyard avait obtenu 4,985 voix, M. Baudoin 2,668, M. Michou, député sortant, radical, 1,730, Sainton, 1,320.

---

## 51

### *Arrondissement de Nogent-sur-Seine*

### BACHIMONT (François-Charles-Ferdinand)

M. Bachimont est né à Courcelles-sous-Moyencourt (Somme), le 10 octobre 1844.

Il est docteur en médecine, maire de Nogent-sur-Seine depuis 1885.

Il appartient à l'opinion radicale socialiste.

Il fut élu, pour la première fois député, en 1894, en remplacement de M. Casimir-Perier, élu président de la République.

M. Bachimont a été réélu, le 22 mai 1898, au scrutin de ballottage, par 5,147 voix, contre 4.686 à M. Gillot, républicain.

Au premier tour M. Gillot avait obtenu 4,159 voix, M. Bachimont 3,892, M. Millet, socialiste, 1,291.

---

# AUDE

## — 

## 4 DÉPUTÉS

1893 : MM. Marty, Mir (élu sénateur et remplacé par *M. Marfan*), Dujardin-Beaumetz, Rouzaud, Turrel.

1898 : *MM. Théron, Saba,* Dujardin-Beaumetz, *Bartissol,* Turrel (invalidé et remplacé, le 2 octobre 1898, par *M. Paul Narbonne*).

## 52

### *Arrondissement de Carcassonne*

## THÉRON (Ferdinand)

M. Théron est né le 5 mai 1834 à Moux (Aude)..

Il est propriétaire-viticulteur.

Il appartient au groupe radical-socialiste.

En 1885, il fut élu député de l'Aude au scrutin de liste. Après le rétablissement du scrutin uninominal il fut, en 1889, élu par la deuxième circonscription de Carcassonne. En 1893, l'arrondissement de Carcassonne ne formant plus qu'un arrondissement M. Théron s'y présenta contre M. Marty, député sortant de la première circonscription qui fut élu ; M. Théron obtint alors 8,209 voix, contre 8,815 à M. Marty.

Le 8 mai 1898, M. Théron a été élu par 11,197 voix, contre 6,932 à M. Marty, député sortant, ancien ministre, républicain, et 3,838 à M. de Belfortès, conservateur.

## 53

*Arrondissement de Castelnaudary*

### SABA (Edmond)

M. Edmond Saba est né à Saint-Denis, le 17 novembre 1848.

Ancien agent voyer conducteur, ancien secrétaire en chef de mairie, ancien administrateur de l'exploitation aurifère du Mataroni (Guyane française), directeur d'une imprimerie lithographique à Toulouse, ancien greffier du tribunal civil, M. Saba a été successivement élu conseiller municipal, premier adjoint, maire de Castelnaudary.

Appartenant à l'opinion radicale démocratique, il a été élu député, le 22 mai 1898, au deuxième tour de scrutin, par 5,834 voix, contre 5,471 obtenues par M. le marquis de Laurens-Castelet (droite).

Au premier tour, M. Saba avait eu 4,239 voix, M. de Laurens-Castelet 4,063, M. Durand, radical, 2,518.

Il est pour la première fois député et remplace M. Marfan qui ne s'est pas représenté.

---

## 54

*Arrondissement de Limoux*

### DUJARDIN-BEAUMETZ (Henry-Charles-Etienne)

M. Dujardin-Beaumetz est né le 29 septembre 1852, à Paris.

Fils de l'ancien préfet républicain du Puy-de-Dôme en 1848, et frère du directeur actuel du service de santé au ministère de la guerre, M. Dujardin-Beaumetz est artiste peintre. Il a été médaillé au Salon de peinture, en 1880.

Il fut élu conseiller général du canton de Limoux en 1887. Il est républicain radical.

Aux élections législatives de 1889 ; il fut élu, au premier tour, par 7,745 voix, contre 5,365 à M. Condé de Niort, conservateur, et 513 à M. Oscar Rougé, revisionniste.

En 1893, M. Dujardin-Beaumetz fut réélu à une forte majorité.

Il a été réélu, le 8 mai 1898, par 11,016 voix, contre 4,629 à M. Ferrouil de Mongaillard, rallié.

Il a été nommé membre de la commission du budget de 1899 et rapporteur du budget des beaux-arts (novembre 1898).

---

## 55

*Première circonscription de Narbonne*

### BARTISSOL (Edmond)

M. Edmond Bartissol est né à Portel (Aude), le 20 décembre 1841. Il est ingénieur constructeur.

Après avoir fait ses études à Perpignan, il débuta dans les travaux publics à Collioure, à Argelès et à Port-Vendres. Il quitta l'administration des ponts et chaussées en 1886 pour travailler au percement de l'isthme de Suez. Rentré en France après l'inauguration du Canal en janvier 1870, il prit part aux opérations du siège de Paris, en faisant son service au 260e bataillon de la garde nationale. Après la guerre, M. Bartissol étudia en Autriche divers lignes de chemins de fer. Depuis 1874, il s'occupe de travaux publics en Espagne et en Portugal. Il y a construit plusieurs lignes de chemins de fer dont il a dirigé les travaux.

Il a construit en Espagne le chemin de fer de Plazencia à Astorga, ligne de 350 kilomètres de longueur, le port de Leixoes, près de Porto, en Portugal, ainsi que le chemin de fer métropolitain de Lisbonne. L'ensemble de ces derniers travaux s'est élevé à plus de cent millions de francs.

M. Bartissol a été promu chevalier de la Légion d'honneur en 1887, commandeur du Christ de Portugal en 1878, et commandeur de la Conception de Portugal en 1882.

Il est propriétaire du vaste domaine de Cabanes, au centre de la plaine du Tech (arrondissement de Céret), et du château de Fleury-Merogis (Seine-et-Oise), qui comprend plus de 500 hectares; il y a réalisé des progrès agricoles importants.

Actuellement il construit le port de Salonique dont il est le concessionnaire. Il construit également pour son compte une usine hydro-électrique de 2,500 chevaux à Vinça, à 32 kilomètres de Perpignan, pour assurer l'éclairage électrique de cette ville et pour donner de la force motrice à sa manufacture de papier à cigarettes « le Suez ».

Républicain, il dit notamment dans sa circulaire :

« Je réprouve nettement toute compromission avec les ennemis, quels qu'ils soient, de l'ordre républicain, avec ceux qui, sous prétexte de refaire la société, jettent l'inquiétude dans les affaires, compromettent la fortune du pays au risque de le conduire aux pires aventures.

« Je crois à la nécessité d'une réforme sérieuse de nos institutions parlementaires actuelles. Il faut obtenir plus de stabilité gouvernementale en dégageant le pouvoir ministériel de l'influence souvent abusive des législateurs ; ceux-ci doivent faire des lois et non pas gouverner. »

M. Bartissol, qui avait été député de l'arrondissement de Céret de 1889 à 1893, s'est présenté, en mai 1898, comme candidat républicain progressiste dans la première circonscription de Narbonne. Il a été élu, au scrutin de ballottage le 22 mai, par 6,233 voix, contre 6,174 à M. Ferroul, ancien député, socialiste.

Au premier tour, M. Bartissol avait obtenu 5,213 voix, M. Cros-Bonnel, député sortant de l'Hérault, radical, 5.202, M. Ferroul 1,128.

La Chambre a décidé que l'élection de M. Bartissol serait soumise à une enquête.

---

# 56

*Deuxième circonscription de Narbonne*

## NARBONNE (Paul)

M. Paul Narbonne a remplacé M. Turrel, ancien ministre des travaux publics, qui avait été réélu député en mai 1898 et qui, ayant été invalidé le 8 juillet, ne s'est pas représenté.

M. Paul Narbonne est radical socialiste. Il s'était présenté, le 8 mai, contre M. Turrel et avait obtenu 4,000 voix.

Il a été élu le 2 octobre 1898, par 7,403 voix, contre 1.861 à M. Olive, républicain, et 562 à divers candidats.

---

# AVEYRON

—

## 7 DÉPUTÉS

———

1893 : MM. Louis Lacombe, Caussanel, Labarthe, Clausel de Coussergues (décédé et remplacé par *M. Vidal de Saint-Urbain*), Fournol, Cibiel, Maruéjouls.

1898 : MM. *Joseph Monsservin, Gaffier, Massabuau,* Vidal de Saint-Urbain, Fournol, Cibiel, Maruéjouls.

## 57

*Première circonscription de Rodez*

### MONSSERVIN (Joseph-Pierre-Charles-Émile-Aimé)

M. Joseph Monsservin est né à Rodez, le 8 mai 1864. Il est fils de M. Monsservin, sénateur de l'Aveyron.

Ancien procureur de la République, propriétaire-agriculteur, M. Monsservin s'est présenté comme républicain.

Dans sa circulaire, M. Monsservin se prononce pour un large développement des institutions d'assistance et de mutualité, la suppression graduelle de l'impôt foncier, l'allégement du droit d'octroi, le dégrèvement des petites patentes, etc.

Il demande aussi la simplification des formalités judiciaires, la réduction de la durée du service militaire.

En ce qui concerne les questions religieuses et les questions d'enseignement, il s'exprime ainsi : « Je ne veux pas que les lois militaire et scolaire soient appliquées dans un esprit de persécution et de combat contre les convictions religieuses des catholiques, et j'entends que les pères de famille ne soient pas privés des moyens et des facilités de faire donner à leurs enfants l'éducation religieuse qui leur convient. »

M. Joseph Monsservin a été élu, au premier tour, par 7,292 voix, contre 6,369 obtenues par M. Lacombe, radical, député sortant.

## 58

*Deuxième circonscription de Rodez*

### GAFFIER (Marie-Edouard)

M. Gaffier est né à Rodez, le 17 octobre 1861.

Docteur en droit, il est avocat au barreau de Rodez, ancien bâtonnier.

Conseiller général du canton de la Salvetat, il s'est présenté comme républicain libéral.

Il a été élu, le 8 mai 1898, par 7,872 voix, contre 6,105 à M. Caussanel, député sortant, radical.

## 59

*Arrondissement d'Espalion*

### MASSABUAU (Joseph-Pierre-André)

M. Joseph Massabuau est né à Saint-Geniez (Aveyron), le 27 juillet 1862.

Il est avocat et propriétaire-viticulteur.

Il a publié sur l'*Impôt sur le revenu* une brochure éditée chez Guillaumin.

Il s'est présenté, comme républicain indépendant, partisan de la liberté par une large décentralisation : « Liberté pour l'individu de s'associer avec ses semblables pour faire œuvre de religion et de sacrifice, sans être traité plus durement que les autres citoyens; liberté pour le citoyen, après le service militaire, de vivre tranquille à son foyer

sans être inquiété par ces 28 jours aussi ennuyeux qu'inutiles ; liberté pour la commune de décider en souveraine
de ses chemins, de ses écoles, de ses impôts ; liberté pour
la Nation d'approuver ou de désapprouver par son *Referendum* les lois que votent ses représentants. »

M. Massabuau a été élu au second tour, le 22 mai 1898,
par 6,633 voix, contre 6,312 à M. Denayrouze, ancien député,
radical. Il avait eu comme concurrents au premier tour,
MM. Denayrouze, radical, et Labarthe député sortant,
républicain.

---

## 60

### *Arrondissement de Millau*

## VIDAL DE SAINT-URBAIN (Gabriel-Henri-Marcel-Marie)

M. Vidal de Saint-Urbain est né à Rodez, le 9 mars 1854.
Docteur en droit, il entra dans la magistrature et fut
successivement procureur de la République, à Chinon, à
Blois, à Tours, avocat général à Dijon. Il est président de
chambre honoraire.

Membre du Conseil général de l'Aveyron depuis 1880, il
est vice-président de cette assemblée.

Il a, pour la première fois, été élu député, le 11 octobre 1896, en remplacement de M. Clausel de Coussergues,
décédé.

Républicain progressiste, il appuya le ministère Méline.
Dans sa dernière circulaire électorale, M. Vidal de Saint-
Urbain se prononce notamment pour la diminution des
frais de justice, la décentralisation administrative, l'impôt
sur le revenu sans taxation arbitraire, la suppression de
la contribution personnelle et de l'impôt sur les portes et
fenêtres, l'apaisement social et religieux, etc.

M. Vidal de Saint-Urbain a été réélu, le 8 mai 1898, par
8,516 voix, contre 7,820 obtenues par M. Balitrand, radical.

---

## 61

*Arrondissement de Saint-Affrique*

### FOURNOL (Étienne-Victor-Paul)

M. Paul Fournol est né à Saint-Affrique (Aveyron), le 25 septembre 1842. Il est pour la seconde fois député. Il est propriétaire-rentier.

En 1869, M. Fournol fut élu conseiller d'arrondissement contre le candidat officiel de l'Empire.

Après le 4 septembre 1870, il remplit plusieurs fois, à titre tout gracieux, l'intérim de la sous-préfecture de Saint-Affrique.

En 1880, M. Paul Fournol fut élu conseiller général pour le canton de Saint-Rome-du-Tarn et réélu depuis cette époque.

En 1889, désigné comme candidat républicain, il obtint 6,699 voix, contre 7,595 accordées à M. Barascud, candidat de la droite.

M. Paul Fournol est maire de Saint-Jean-d'Alcapiès, président du comice agricole de l'arrondissement de Saint-Affrique ; il est chevalier de la Légion d'honneur et décoré du Mérite agricole.

En 1893, il a été élu au premier tour de scrutin, comme républicain libéral, par 9,771 voix contre 3,064 accordées à M. Barascud, député sortant.

Il a été réélu, le 8 mai 1898, par 7,566 voix, contre 5,267 à M. Blancard, et 532 à M. Belugon, socialiste.

———

## 62

*Première circonscription de Villefranche*

### CIBIEL (Louis-Alfred)

M. Cibiel est né à Rouen, le 11 mai 1841. Il se présenta en 1869 comme candidat officiel, mais fut battu par M. Deseilligny. Il fut nommé maire de Villefranche-de-Rouergue par le gouvernement du maréchal de Mac-Mahon.

N'ayant pas été élu aux élections municipales, il se démit de ses fonctions de maire.

En 1876, M. Cibiel fut élu député. Il a été constamment réélu depuis cette époque. M. Cibiel a toujours voté avec la droite.

En 1893, il a été réélu, au premier tour, par 6,425 voix, contre 5,200 à M. Saldon, républicain.

Le 8 mai 1898, il a été réélu, sans concurrent, par 8,121 voix.

---

## 63

*Deuxième circonscription de Villefranche*

# MARUÉJOULS (Émile)

M. Émile Maruéjouls est né à Villefranche-de-Rouergue, le 4 août 1837. Il est licencié en droit. Lauréat de l'Académie française, il a publié de nombreux travaux dans la *Revue contemporaine*, la *Gazette des Beaux-Arts*, le *Temps*, ainsi qu'un livre sur la Sicile (*Agrigente et Girgenti*), etc. Il était, lors de sa première élection en 1889, vice-président du Conseil de préfecture de la Seine. Il est officier de la Légion d'honneur et officier de l'Instruction publique. Il est membre et président du Conseil général de l'Aveyron.

En 1889, M. Maruéjouls fut élu au premier tour, le 22 septembre, par 7,725 voix, contre 6,833 obtenues par M. Gastambide, conservateur.

M. Maruéjouls a fait partie d'un grand nombre de commissions; il a été le président de plusieurs : notamment la commission du travail, celle des chemins de fer, de la marine, etc. Il a été rapporteur de la commission du travail pour plusieurs projets importants. C'est sur son rapport qu'a été votée la loi qui a créé un *Office du travail*, ainsi que la loi *sur les accidents du travail*.

Il a aussi été rapporteur du projet de loi qui a étendu aux mécaniciens et chauffeurs le bénéfice de la loi de 1848 sur les heures de travail et d'un autre projet *sur la sécurité des chemins de fer*, d'où est sortie la réforme du contrôle qui a été introduite dans le budget de 1894.

En dehors du Parlement, M. Maruéjouls a fait partie de la délégation française au congrès pénitentiaire de Saint-Pétersbourg en 1890, et de la commission de l'Exposition de Chicago.

Il a été nommé successivement :

Membre du conseil supérieur de l'assistance publique (1889) ;

Membre du conseil supérieur du travail (1892) ;

Membre du conseil supérieur des beaux-arts (1893);

De la commission extra-parlementaire de la marine, de la commission de décentralisation, etc., etc.

Dans sa circulaire électorale de 1893, M. Maruéjouls disait notamment :

« Ennemi des violences qui n'ont aucune excuse sous un régime de liberté absolue reposant sur la base du suffrage universel, je poursuivrai de tous mes efforts l'organisation sociale de la République et je chercherai dans les réformes justes, utiles et mûres, cette pacification qui est, à l'heure présente, le vœu général de la grande majorité des Français. »

Au nombre de ces réformes, M. Maruéjouls cite l'assurance contre la vieillesse et la maladie, les lois sur les retraites, la suppression des octrois sur les boissons hygiéniques.

M. Maruéjouls fut réélu, le 20 août 1893, au premier tour, par 7,269 suffrages, contre M. Duc-Quercy, socialiste-révolutionnaire, qui en obtint 5,681.

En 1898, M. Maruéjouls a été réélu au premier tour, par 10,000 voix, contre 4,000 à M. Allemane, socialiste-révolutionnaire.

Il a été ministre du commerce, de l'industrie, des postes et des télégraphes dans le cabinet Brisson (juin-novembre 1898).

# BOUCHES-DU-RHONE

—

## 8 DÉPUTÉS

—

1893 : MM. Peytral (élu sénateur et remplacé par *M. Carnaud*), Bouge, Charles Roux, Chevillon, Antide Boyer, Victor Leydet (élu sénateur et remplacé par *M. Baron*), Camille Pelletan, Lagnel.

1898 : MM. Carnaud, *Bernard-Cadenat*, *Thierry*, Chevillon, Antide Boyer, *Perreau*, Camille Pelletan, *Michel*.

## 64

### Première circonscription de Marseille
### CARNAUD (Maximilien-Albert)

M. Carnaud est né à Paris, le 6 juillet 1863.

Il est ancien instituteur.

Conseiller municipal, puis adjoint au maire de Marseille, il fut élu, pour la première fois, député le 4 mars 1894 en remplacement de M. Peytral, élu sénateur.

Il est socialiste-collectiviste.

M. Carnaud a été réélu, le 22 mai 1898, au scrutin de ballottage, par 6,984 voix, contre 6,678 à M. Vassal, républicain.

---

## 65

### Deuxième circonscription de Marseille
### BERNARD-CADENAT

M. Bernard-Cadenat est né à Pexiora (Aude), le 2 janvier 1853.

Il est socialiste-révolutionnaire.

Conseiller municipal, puis adjoint au maire de Marseille il a été élu député le 22 mai 1898, au scrutin de ballottage par 8,480 voix, contre 8,049 à M. Bouge, député sortant radical dont il avait déjà été le concurrent en 1893.

Il est pour la *première fois* député.

---

## 66

*Troisième circonscription de Marseille*

### THIERRY (Joseph)

M. Thierry est né à Haguenau (Bas-Rhin), le 20 mars 1857.

Il est le fils aîné de M. Joseph Thierry, maire de Haguenau en 1870 qui fut, à cause des services rendus pendant l'invasion à l'armée française, expulsé d'Alsace le 6 septembre 1871, sous peine de 10 ans de forteresse pour lui et chacun des siens, s'ils étaient repris sur le territoire de l'Empire allemand.

M. Joseph Thierry, fils, est avocat à Marseille, membre du Conseil de l'Ordre.

En 1895, M. Thierry, fut candidat au conseil municipal de Marseille sur la liste républicaine battue par la liste radicale-socialiste.

Le 22 mai 1898, au scrutin de ballottage, M. Joseph Thierry a été élu député, par 8,269 voix, avec un programme républicain, progressiste, en remplacement de M. Charles Roux, qui ne s'est pas représenté. Il avait comme concurrent M. le docteur Garnier, adjoint au maire de Marseille, socialiste qui obtint 3,482 voix, au deuxième tour.

Il a été nommé membre de la commission du budget de 1899 et rapporteur du budget du commerce (novembre 1898).

---

## 67

*Quatrième circonscription de Marseille*

### CHEVILLON (Joseph)

M. Chevillon est né à Marseille, le 21 mars 1849. Il est docteur en médecine.

Il est conseiller général et maire d'Allauch.

Il fut, pour la première fois, élu député des Bouches-du-Rhône au scrutin de liste en 1885. Il se présenta ensuite dans le dixième arrondissement de Paris où il obtint 8,000 voix.

En 1893, il se représenta à Marseille avec le même programme radical-socialiste, et fut élu avec plus de 3,000 voix de majorité, en remplacement de M. Granet, ancien ministre.

M. Chevillon a fait partie de toutes les commissions importantes de la chambre : Douanes, Colonies, Armée, Budget.

Le 22 mai 1898, M. Chevillon a été réélu, au second tour de scrutin, par 6,673 voix, contre 5,992 à M. Pierre Roux, socialiste.

## 68

*Cinquième circonscription de Marseille*

### BOYER (Antide)

M. Antide Boyer est né à Aubagne (Bouches-du-Rhône), le 26 octobre 1850.

Il exerça d'abord, tout enfant, la profession de son père, qui était ouvrier potier. Il passa ensuite quelques années dans un collège ecclésiastique, où il passa son examen de grammaire et de belles-lettres. Mais il le quitta, n'ayant pas voulu entrer dans le clergé, et fut successivement homme d'équipe du chemin de fer P.-L.-M., ouvrier dans les ateliers des Messageries maritimes à La Ciotat, puis dans une fabrique d'huiles à Marseille, enfin commis comptable. Passionné pour la politique militante, il devint, à Marseille, l'un des chefs du parti socialiste, prit part au mouvement communaliste de 1871, eut un rôle actif dans les congrès ouvriers de Marseille, du Havre, de Saint-Etienne, du Centre, de Lille, etc.

Elu conseiller municipal de Marseille, en 1884, il fut désigné comme candidat à la députation par le Parti ouvrier en 1885, et élu au second tour par le département des ouches-du-Rhône. Il siège au Groupe socialiste dont il fut un des fondateurs en 1885. Il a collaboré à la plupart des journaux socialistes, notamment à la *Commune libre*, à l'*Autonomie communale* de Montpellier, au *Travailleur*, dont il a été l'un des fondateurs, ainsi qu'à une douzaine de journaux littéraires, décentralisateurs, etc.

Il fut réélu en 1887, au scrutin de ballottage, par 6,551 voix, contre 4,367 accordées à M. Gairard, radical.

M. Antide Boyer, en août 1893, accepta un programme qui porte notamment : revision de la Constitution par une Constituante, suppression du Sénat, droit de paix et de guerre réservé à la nation, élection des juges, séparation de l'Eglise et de l'Etat, suppression du budget des cultes, retour à la nation des biens de main-morte, extension des franchises départementales et communales compatibles avec l'unité nationale, impôt progressif sur le revenu ou sur le capital, etc.

M. Antide Boyer fut réélu, au premier tour, par 7,075 voix, contre 4,409 accordées à M. Eugène Rostand, libéral.

En mai 1898, il a été réélu avec son programme antérieur, par 7,956 voix, contre 4,789 données à M. Saint-Yves, républicain, qui défendait des idées presque analogues.

---

## 69

### Première circonscription d'Aix

### PERREAU (Camille)

M. Perreau est né, le 13 mars 1866, à Rouvray (Côte-d'Or).

Docteur et agrégé en droit, il a été, de 1887 à 1893, avocat au barreau de Dijon. Agrégé à la Faculté de droit d'Aix en 1891, il est depuis 1897 professeur titulaire d'Economie politique à la Faculté de droit d'Aix et à la Faculté des sciences de Marseille.

Il est républicain radical indépendant.

Il a été élu le 22 mai, au scrutin de ballottage, par 4,386 voix, contre 3,990 à M. Dubois, radical-socialiste, et 3,376 à M. Baron, député sortant, socialiste-collectiviste.

---

## 70

*Deuxième circonscription d'Aix*

### PELLETAN (Charles-Camille)

M. Camille Pelletan est le fils d'Eugène Pelletan, l'éminent écrivain, qui fut membre du gouvernement de la Défense nationale en 1870, et qui est mort questeur du Sénat en 1886. Il est né à Paris le 23 janvier 1846.

Après avoir fait de brillantes études, M. Camille Pelletan entra comme élève à l'Ecole des chartes et fut reçu archiviste paléographe. Il est licencié en droit.

De très bonne heure, il se consacra à la défense de la cause républicaine et collabora, sous l'Empire, à la presse d'opposition. Il écrivit notamment au *Rappel*, où ses lettres quotidiennes sur l'Assemblée de Versailles furent très remarquées.

En 1880, il fonda la *Justice* avec M. Clémenceau, et devint le rédacteur en chef de ce journal.

Elu à la fois à Aix et à Paris, le 21 août 1881, M. Camille Pelletan opta pour Aix.

En 1885, il fut porté sur la liste radicale des Bouches-du-Rhône et fut élu au second tour.

Après la rupture de M. Clémenceau avec le général Boulanger, M. Camille Pelletan eut de vives polémiques avec M. Henri Rochefort.

En 1889, M. Camille Pelletan fut élu au scrutin de ballottage le 6 octobre, par 6,106 voix, contre 2,358, obtenues par M. Hornbostel, boulangiste.

M. Camille Pelletan, au cours des dernières législatures, a eu, tant à la Chambre que dans la presse radicale socialiste, un rôle des plus actifs et des plus militants. Il a pris souvent la parole notamment dans les discussions du budget. Il fut un des promoteurs de l'explusion des prétendants. Il a toujours siégé à l'extrême gauche.

M. Camille Pelletan fut réélu le 20 août 1893, au premier tour de scrutin, par 4,160 voix, contre 2,674 à M. Tuaire, radical, et 572 à M. Moisson, républicain.

Il a été réélu, le 8 mai 1898, par 6,360 voix, contre 4,882

à M. Anastay, républicain, et 733 à M. Tressaud, socialiste.

Il a été nommé membre et rapporteur général de la commission du budget de 1899 (novembre 1898).

---

## 71

*Arrondissement d'Arles*

### MICHEL (Henri-Louis)

M. Michel est né à Lambesc (Bouches-du-Rhône), 27 janvier 1857.

Il est professeur au lycée d'Avignon, licencié ès lettres, licencié en droit, officier d'académie.

Il s'est présenté comme radical-socialiste.

Il a été élu, le 22 mai 1898, au scrutin de ballottage, par 11,409 voix, contre 8,789 à M. le comte du Terray, conservateur.

Au 1er tour, M. du Terray avait obtenu 7,802 voix, M. Michel 6,344, M. Hardon, radical, 2,600, M. Sixte Quenin, socialiste-allemaniste, 2,365.

M. Michel remplace M. Lagnel, député sortant, radical, qui ne s'est pas représenté.

---

# CALVADOS

## 7 DÉPUTÉS

1893 : MM. Lebret, Legoux-Longpré (décédé et remplacé par *M. le comte de Saint-Quentin*), le baron Gérard, Charles Paulmier, le comte de Colbert-Laplace (démissionnaire et remplacé par *M. Laniel*), Conrad de Witt, Jules Delafosse.

1898 : MM. Lebret, le comte de Saint-Quentin, le baron Gérard, Charles Paulmier, Laniel, Conrad de Witt, *Chenel*.

## 72

*Première circonscription de Caen*

### LEBRET (Georges)

M. Georges Lebret est né le 7 novembre 1853 à Etampes (Seine-et-Oise), où son père, Normand de naissance, s'était fixé.

Après de brillantes études, il entra dans le notariat où il resta pendant huit années.

Reçu docteur en droit par la Faculté de Paris au mois d'août 1879, il fut envoyé presque aussitôt par le ministre de l'instruction publique en Angleterre et en Ecosse pour étudier la législation et les usages relatifs à la propriété foncière. Au retour de ce voyage, M. Lebret, fut, sur sa demande, attaché comme agrégé à la Faculté de droit de Caen. C'est alors qu'il publia sur les questions agricoles en Angleterre et en Ecosse, un ouvrage très remarqué.

M. Lebret suppléa pendant cinq ans, dans la chaire de code civil, le célèbre jurisconsulte Demolombe. En 1885, il en fut nommé professeur titulaire. Il a été, en outre, chargé pendant deux ans d'un cours de législation financière.

En 1885, M. Lebret fut candidat républicain, aux élections législatives de Seine-et-Oise, sur la même liste que MM. Rameau, Hippolyte Maze, etc. Il obtint 30.000 suffrages, mais ne fut pas élu.

Au mois de mai 1892, M. Lebret fut élu conseiller municipal, puis, presque aussitôt, maire de Caen par 26 voix sur 28 votants.

Candidat républicain aux élections législatives de 1893, M. Lebret, dans sa circulaire, déclarait que, pour appliquer les principes démocratiques sur lesquels repose la République, « il faut à la France un gouvernement stable et ferme ». Il condamnait la coalition des groupes extrêmes qui rendent tout gouvernement impossible et jettent le trouble dans le pays.

Il se prononçait : pour le maintien et l'application loyale du Concordat ; pour le maintien des lois scolaire et militaire ; pour la protection agricole ; pour la réalisation, sous l'égide de la liberté, par le développement de la mutualité, des sociétés ouvrières, de la participation aux bénéfices, etc., du principe démocratique de solidarité et de fraternité ; pour une répression plus efficace de la mendicité et du vagabondage, etc.

M. G. Lebret fut élu, au premier tour, par 6,607 voix, contre 4,888 accordées à M. Engerand, député sortant, qui avait été nommé, en 1889, comme boulangiste.

Pendant la dernière législature, M. Lebret a été rapporteur des commissions de décentralisation départementale et municipale.

Il a pris part aux débats de la Chambre : sur la question des tarifs de transport relatifs à la houille (Interpellation Graux en 1893 ; interpellation Lebret en 1894 ; discussion du budget de 1897) ; sur la suppression des octrois ; sur la loi relative à la margarine ; sur un amendement à la loi concernant le régime fiscal des successions, pour obtenir une tarification de faveur applicable aux dons et legs, aux établissements de bienfaisance, etc.

M. Georges Lebret a été membre du comité consultatif des chemins de fer.

Il a été réélu, au second tour, le 22 mai 1898, par 5,726 voix contre 5,653 à M. Delarbre, rallié.

Au 1er tour, M. Lebret avait obtenu 4,619 voix, M. Delarbre 4,165, M. Hervieu, républicain 1,855, M. Lecarpentier socialiste 559.

M. Lebret a été appelé à faire partie du cabinet Dupuy, en qualité de garde des sceaux, ministre de la justice et des cultes (1er novembre 1898).

---

## 73

*Deuxième circonscription de Caen*

### SAINT-QUENTIN (comte de)

M. le comte de Saint-Quentin est né à Caen, le 14 octobre 1850.

Il est propriétaire-agriculteur,

Maire de Garcelles-Secqueville (Calvados), M. de Saint-Quentin est membre du Conseil supérieur de l'agriculture et du Conseil supérieur des Haras, vice-président de la Société d'encouragement pour l'amélioration du cheval de demi-sang, président de la Société d'agriculture et de commerce de Caen.

Il fut élu pour la première fois député, le 7 octobre 1894, en remplacement de M. Legoux-Longpré, décédé.

Il obtint 5,146 voix, contre 3,928 à M. Joret-Desclosières, et 467 à M. le vicomte de Milhau, tous deux appartenant à la droite.

Son programme se résumait ainsi :

« Sur le terrain économique, protection des intérêts agricoles ;

» Sur le terrain politique, résistance aux partis révolutionnaires, adhésion loyale au gouvernement de la République. »

M. le comte de Saint-Quentin s'est représenté avec le même programme, en insistant sur la nécessité « de mettre un terme à l'abus des interpellations inutiles et de restreindre l'initiative des députés en matière de dépenses budgétaires ».

Pendant la dernière législature, M. de Saint-Quentin s'est surtout occupé des intérêts de l'agriculture et de l'élevage français « prenant une part directe au maintien de la liberté des bouilleurs de cru et au vote des lois sur la répression de la falsification des beurres, la réorganisation des Halles centrales de Paris, l'accroissement du jury des chevaux de remonte, la surélévation des droits de douane sur les chevaux étrangers. »

M. le comte de Saint-Quentin a été réélu, au premier tour, le 8 mai 1898, sans concurrent, par 7,168 voix.

----

## 74

### *Arrondissement de Bayeux*

## GÉRARD (Henri-Alexandre, baron)

M. le baron Gérard est né à Orléans le 22 mai 1818. Il est le neveu du célèbre peintre de la *Bataille d'Austerlitz* et de l'*Entrée d'Henri IV à Paris*.

Grand propriétaire, maire de Barbeville, conseiller général du canton de Balleroy, il a été élu député, pour la première fois, en 1881, et réélu, en 1885, sur la liste conservatrice. Il est protectionniste.

En 1889, il fut nommé, au premier tour, le 22 septembre, par 9.108 voix, sans concurrent.

En 1893 et 1898, M. le baron Gérard a été réélu, au premier tour, sans concurrent.

C'est à tort que les journaux ont dit qu'il avait, lors des dernières élections, été remplacé par son fils.

----

## 75

### *Arrondissement de Falaise*

## PAULMIER (Charles-Ernest)

M. Charles Paulmier est né à Caen le 2 avril 1848. Il a été inscrit, comme avocat, pendant quelques années, au barreau de Paris. Durant la guerre il a servi, en qualité d'officier, dans les mobiles du Calvados. Il a été maire de Bretteville-sur-Laize de 1875 à 1894. Il fut élu conseiller d'arrondissement en 1874, conseiller général en 1883, député en 1885, sur la liste conservatrice du Calvados, et, en 1889, député de l'arrondissement de Falaise.

Il s'est principalement occupé, à la Chambre, des questions agricoles intéressant plus spécialement son département (protection de l'agriculture, perfectionnement de l'industrie chevaline, maintien du privilège des bouilleurs de cru, allègement des charges militaires, etc.).

En 1889, M. Paulmier demandait la revision de « la Constitution bâtarde » qui nous régit, la désignation du chef de l'Etat « enlevée aux coteries parlementaires et rendue à la nation librement consultée ».

M. Paulmier a adressé au gouvernement une interpellation qui a eu pour résultat de faire rétablir le pari mutuel aux courses.

Il fait partie du bureau du groupe agricole dont il est le secrétaire.

En 1893, M. Ch. Paulmier se présenta comme conservateur libéral, affirmant son désir d'assurer à la France une ère de concorde et de paix, sans discuter la forme du gouvernement. Il demandait qu'on laissât de côté les discussions vaines et irritantes pour s'occuper des réformes et des affaires qui intéressent le pays : l'allégement des impôts fonciers; la diminution des frais de justice et des droits de mutation ; l'organisation du Crédit agricole ; les questions des octrois, des prestations et des retraites ouvrières ; les économies budgétaires.

« Nous voulons, ajoute-t-il, la liberté pour tous, à l'abri de la loi, et nous ne voulons pas voir pour certaines associations toutes les tolérances, pour les autres toutes les persécutions.

» Nous voulons un gouvernement fort, décidé à lutter contre les empiétements du socialisme et les revendications de l'anarchie.

» Nous voulons l'amélioration du sort des classes ouvrières par un ensemble de lois sachant mettre en harmonie le travail et le capital. »

M. Ch. Paulmier fut élu, au premier tour, par 6,032 voix, contre 5,118 à M. Le Comte, républicain.

En 1898, M. Paulmier s'est présenté avec le programme des républicains libéraux.

Il a été élu, le 8 mai, au premier tour, par 6,590 voix, contre 4,065 à M. Bellenger, républicain.

---

# 76

*Arrondissement de Lisieux*

## LANIEL (Henri)

M. Henri Laniel est né à Vimoutiers (Orne), le 9 janvier 1857.

Il est manufacturier.

Il se destina d'abord à la carrière militaire et fut, à 18 ans, admis avec le n° 6 à l'Ecole spéciale militaire de Saint-Cyr, mais cédant au vœu de son père, propriétaire de l'important tissage de Beuvillers, il devint son collaborateur, puis son successeur.

Maire de Beuvillers, M. Henri Laniel fut élu, pour la première fois, député le 12 janvier 1896, comme républicain libéral, par 6,720 voix, contre 5,704 obtenues par M. Chéron, maire de Lisieux, républicain radical.

Dans sa circulaire de 1898, il exprimait le vœu que le pays envoyât à la Chambre « une majorité solide de bons et sages républicains, aussi intègres que libéraux, aussi éloignés du piétinement sur place que des utopies démagogiques ».

Il rappelait qu'au cours de la dernière législature, il avait obtenu pour les sociétés de secours mutuels un accroissement de libertés civiles propre à faciliter leur essor et travaillé à la propriété de l'agriculture « en obtenant la prohibition légale des cidres artificiels, en provoquant une réduction sur le droit d'entrée de cidres à Paris et en prenant l'initiative de tarifs protecteurs sur la viande de porc. »

M. Henri Laniel a été réélu le 8 mai 1898, au premier tour, par 7,261 voix, contre 5,942.

Il avait le même concurrent que lors de sa précédente élection.

---

## 77

*Arrondissement de Pont-l'Evêque*

## DE WITT (Conrad)

M. Conrad de Witt est né à Paris, le 15 novembre 1824. Propriétaire-agriculteur dans le Calvados, M. Conrad de Witt est le frère de l'ancien député à l'Assemblée nationale, sous-secrétaire d'Etat au ministère de l'intérieur, sous la présidence du maréchal de Mac-Mahon.

M. Conrad de Witt a épousé la fille aînée de M. Guizot (Henriette), qui s'est fait connaître, ainsi que sa sœur Pauline (M^me Cornélis de Witt), par un grand nombre d'ouvrages d'histoire et d'éducation et par des traductions de l'anglais.

M. Conrad de Witt habite le Val-Richer, ancienne résidence de M. Guizot.

Il est conseiller général du canton de Cambremer depuis 1862 et maire de Saint-Ouen-le-Pin depuis vingt-trois ans. Il a été élu, pour la première fois député en 1885. Il préside depuis près de vingt ans la Société d'agriculture de Pont-l'Evêque. La *Société d'Agriculture de France* lui décerna, en 1864, sa grande médaille d'or.

En 1889, M. Conrad de Witt fut élu, au premier tour, par 6,972 voix, contre M. Landry, républicain, qui en obtint 5,189. Il siège au centre droit ; il est protectionniste.

En 1893, M. Conrad de Witt dit notamment dans sa circulaire : « Vous m'aviez nommé comme libéral et comme conservateur défenseur des libertés politiques et de la liberté religieuse. Mes préférences vous étaient connues, mais vous saviez que je ferais toujours passer le grand nom de la France avant les questions de parti... Préoccupé comme vous de la crise sociale qui nous menace, j'ai toujours protégé et je protégerai toujours les véritables intérêts des travailleurs contre les revendications insensées et coupables des meneurs anarchistes qui prêchent la guerre sociale. »

M. Conrad de Witt fut élu, au premier tour, par 6,361 voix, contre 3,401 obtenues par M. Paul Bénard, républicain.

En 1898, M. Conrad de Witt s'est représenté avec le même programme que précédemment.

« J'ai déploré, ajoute-t-il notamment, l'initiative abusive laissée aux membres du Parlement, lorsqu'il s'agit d'engager des dépenses nouvelles à imposer au pays. Par de simples amendements et sans étude suffisamment approfondie, bien souvent contre l'avis du gouvernement, nous avons vu les budgets s'accroître sans cesse.

« Il y a là une réforme qui s'impose et que réclament les gens soucieux de l'avenir financier de ce pays.

« Ennemi en principe de tout impôt ayant un caractère inquisitorial, *j'ai combattu la loi sur les chaudières et l'impôt progressif et global sur le revenu*, ces deux taxes étant faites l'une et l'autre pour exciter à la fraude et à la délation. »

M. Conrad de Witt a été réélu, le 8 mai 1898, au premier tour de scrutin, sans concurrent.

---

## 78

### Arrondissement de Vire

### CHENEL (Émile-Victor)

M. Chenel est né à Vire, le 23 octobre 1847.

Il est avocat, maire de Vire, conseiller général.

Il est républicain.

Il a été élu, pour la première fois, député le 8 mai 1898, par 8,792 voix, contre 7,793 à M. Jules Delafosse, député sortant, conservateur.

# CANTAL

—

## 4 DÉPUTÉS

—

1893 : MM. Adrien Bastid, Lascombes, Francis Charmes, Bory.
1898 : *MM. Cazals, Fernand Brun, Peschaud, Hugon.*

## 79

*Arrondissement d'Aurillac*

### CAZALS (Noël)

M. Cazals est né le 24 décembre 1861.

Il est docteur en médecine, maire d'Aurillac, conseiller général.

Il est républicain radical.

Il a été élu, pour la première fois, le 8 mai 1898, par 9,223 voix, contre 7,061 à M. Adrien Bastid, député sortant, républicain, et 1,827 à M. Bancherel, radical.

—

## 80

*Arrondissement de Mauriac*

### BRUN (Fernand)

M. Fernand Brun est né à Riom-ès-Montagnes, le 2 octobre 1867.

Il est pour la *première fois* député.

Avocat à la Cour d'appel de Paris, propriétaire à Riom-ès-Montagnes, M. Fernand Brun fut, en juillet 1895, candidat au conseil général pour le canton de Riom-ès-Montagnes et obtint 900 voix.

Avant de se faire inscrire au barreau de Paris, M. Brun avait été successivement attaché au ministère de l'Instruction publique et à la préfecture de la Seine de 1888 à 1891.

Il s'est présenté avec un programme démocratique réclamant notamment la réforme générale des impôts, la substitution aux impôts directs d'un impôt progressif sur le revenu et les successions, la réforme des frais de justice. a réduction du service militaire à deux ans, plus d'indépendance et d'autonomie pour les assemblées locales, la création de caisses de crédit agricole et de caisses de retraites pour la vieillesse, la revision de la Constitution comportant une réduction des prérogatives du Sénat surtout en matière finale, etc.

M. Brun a été élu député, au premier tour, le 8 mai, par 7,570 voix, centre 3,142 obtenues par M. Lascombes, député sortant, républicain.

---

## 81

*Arrondissement de Murat*

### PESCHAUD (Gabriel)

M. Peschaud est né à Murat le 2 avril 1861.

Il est docteur en médecine.

Maire de Murat, conseiller général, il a été élu député. le 22 mai 1898, par 4,931 voix.

Il est républicain radical.

Au premier tour, M. Peschaud avait obtenu 3.205 voix, M. Francis Charmes, député sortant, républicain, 2,256, M. le marquis de Castellane, conservateur, 1,639.

Il est pour la première fois député.

---

## 82

*Arrondissement de Saint-Flour*

### HUGON (Pierre)

M. Hugon est né à Clavières (Cantal), le 28 août 1851.

Il est docteur en médecine, conseiller général, officier de l'instruction publique.

Il est républicain radical.

Il a été élu pour la première fois député, le 8 mai 1898, par 6,370 voix, contre 4,999 à M. Bory, député sortant, républicain.

# CHARENTE

## 6 DÉPUTÉS

1893 : MM. Laroche-Joubert, Gellibert des Seguins, Babaud-Lacroze, Arnous, Cuneo d'Ornano, René Gautier.
1898 : MM. Laroche-Joubert, *Paul Déroulède*, Babaud-Lacroze, Arnous, Cuneo d'Ornano, *Limouzain-Laplanche*.

## 83

### Première circonscription d'Angoulême

### LAROCHE-JOUBERT (Edgard)

Fils de M. Edmond Laroche-Joubert, ancien membre du Corps législatif sous l'Empire et de la Chambre des députés de 1876 à 1884, date de sa mort, M. Edgard Joubert le remplaça à la Chambre, en juillet 1884. Il fut réélu le 14 octobre 1885, en tête de la liste conservatrice.

M. Edgard Laroche-Joubert a été l'un des principaux collaborateurs de son père, qui fut, comme on le sait, le fondateur de la grande papeterie coopérative d'Angoulême, qui associe sous diverses formes les ouvriers aux bénéfices de son exploitation. Il est président du Comité central des fabricants de papier de France.

Ancien adjoint au maire d'Angoulême, M. Edgard Laroche-Joubert représente, au Conseil général de la Charente, le premier canton de cette ville.

Gendre de M. Ferdinand Barrot, ancien grand référendaire du Sénat sous l'Empire. M. Edgard Laroche-Joubert est et a toujours été un plébiscitaire convaincu. Il a affirmé en toutes circonstances depuis 1892 son adhésion sans réserve à la République. Il demande qu'on rende au peuple l'élection du chef de l'Etat et que l'on introduise le *Referendum* dans toutes les grandes questions intéressant la nation, le département, la commune.

« Le suffrage universel, disait M. E. Laroche-Joubert, en 1889, a seul qualité pour mettre fin à nos divisions politiques; il est le seul juge entre les partis, et ceux-là seulement pourraient provoquer la guerre civile qui, moins respectueux que je ne le suis de son droit souverain, s'insurgeraient contre son verdict. »

A la Chambre, M. Laroche-Joubert a pris plusieurs fois la parole dans la discussion des questions économiques et financières, notamment sur les droits de douane, sur les céréales et sur les bestiaux.

Depuis la mort de son père, M. E. Laroche-Joubert a créé, dans ses usines, des crèches où les mères peuvent mettre leurs enfants, ce qui leur permet de travailler et de ne pas perdre leurs journées. Des secours sont distribués aux mères nécessiteuses pour les aider à élever leurs familles, les militaires appelés sous les drapeaux pour 28 ou 13 jours reçoivent des indemnités proportionnelles à leurs charges de famille. Dans ses usines les ouvriers sont assurés contre les accidents de toute sorte, sans qu'il soit fait aucune retenue sur le salaire.

L'œuvre de MM. Laroche-Joubert père et fils a été récompensée à l'Exposition universelle de 1889 par une part de grand prix et deux médailles d'or.

En 1889, M. Laroche-Joubert fut élu, au premier tour, par 9,629 voix, sans concurrent.

En 1893, il a été réélu, au premier tour, par 8,154 voix, contre 5,614 obtenues par M. Jarton, républicain radical.

En 1898, il a été réélu, au premier tour, par 8,481 voix, contre 6,618 à M. Le Ricablais, candidat radical socialiste.

---

## 84

*Deuxième circonscription d'Angoulême*

### DÉROULÈDE (Paul)

M. Paul Déroulède est né à Paris le 2 septembre 1846. Il est le neveu de l'illustre auteur dramatique Emile

Augier. Il fit son droit, fut reçu licencié, puis s'engagea dans l'armée. Il prit part à la guerre franco-allemande, fut grièvement blessé, puis interné en Belgique, après Sedan. Il fut, pour sa vaillante conduite, décoré de la Légion d'honneur.

Après la guerre il quitta l'armée en qualité de lieutenant, publia un volume de vers, les *Chants du soldat*, qui eut un succès retentissant et qui fut couronné par l'Académie française. Il fit représenter à l'Odéon un drame en cinq actes et en vers, l'*Hetman*. A l'occasion de l'Exposition de 1878, il écrivit un hymne patriotique, *Vive la France*, dont M. Gounod fit la musique. En 1880, il présenta au Théâtre-Français un drame biblique, la *Moabite*, qui, après avoir été reçu, ne fut pas joué. En 1881, il publia *Marches et sonneries*, suite aux *Chants du soldat*. Tout en déclarant qu'il voulait se consacrer exclusivement au culte de l'idée de revanche, M. Paul Déroulède manifesta une vive sympathie, sinon pour la politique, du moins pour la personnalité de M. Gambetta, à la mémoire duquel il consacra, lors de sa mort, des strophes émues. En mai 1882, M. Paul Déroulède organisa la Ligue des patriotes, ayant pour objet la propagation de l'éducation militaire et patriotique, et pour effet le groupement de toutes les bonnes volontés françaises : « Républicain, bonapartiste, légitimiste, ce ne sont chez nous que des prénoms. C'est « patriote » qui est le nom de famille ». M. Déroulède consacra son activité et sa fortune au développement de la Ligue qui eut, en province, de nombreux sous-comités et à Paris un organe spécial, le *Drapeau*, avec cette devise : « Qui vive ? France ! »

En 1885, il fonda les concours nationaux de tir.

Mais peu à peu la politique s'introduisit dans la Ligue, des dissentiments y éclatèrent. En 1885, après avoir figuré aux obsèques de Victor Hugo en qualité de président d'honneur de la Ligue, M. Déroulède se présenta, en 1885, à Paris, comme candidat républicain patriote, et, tout en ne réussissant pas à être élu, obtint un grand nombre de voix. A dater de ce moment, il imprima un caractère politique à la Ligue des patriotes dans le sein de laquelle on vit bientôt se produire une scission ; il devint un des principaux amis du général Boulanger, dont il embrassa la cause avec une ardeur enthousiaste. Il prit part à toutes les manifestations qui eurent lieu en l'honneur du général, notamment à la gare de Lyon, aux revues du 14 juillet, lors de la crise présidentielle, etc. En juin 1888, il se présenta comme candidat boulangiste dans la Charente, mais il échoua contre M. Gellibert des Seguins, candidat du bonapartisme local.

M. Paul Déroulède continua à mettre l'organisation de la Ligue des patriotes au service du général Boulanger et eut une part importante à l'élection du 27 janvier 1889.

Lorsqu'après la chute du ministère Floquet, le gouvernement eut décidé de dissoudre la Ligue des patriotes, M. Déroulède fut impliqué dans les poursuites et condamné à 100 francs d'amende.

Il se présenta aux élections générales en déclarant que l'important aujourd'hui est de fermer l'entrée de la Chambre « à tous les hommes quels qu'ils soient, qui osent encore se réclamer de l'opportunisme et du parlementarisme et qui combattent contre la volonté nationale, pour le maintien de cet état de choses ruineux et tyrannique qui s'appelle la République parlementaire ».

M. Déroulède fut élu, le 22 septembre 1889, au premier tour, par 9,407 voix, contre 3,685 obtenues par M. Donzole, républicain, et 607 par M. Navarre, socialiste.

Il ne se représenta pas en 1893, et se tint assez longtemps à l'écart de la politique militante. Il y est récemment rentré.

Il s'est présenté aux élections de mai 1898, comme républicain plébiscitaire, partisan absolu du pouvoir exécutif et du pouvoir législatif.

Il a pris aussi une part active à l'agitation suscitée par l'affaire Dreyfus, contre la revision de laquelle il n'a cessé de manifester, en toutes occasions.

Tout récemment (septembre 1898), il a annoncé la reconstitution de la Ligue des patriotes.

M. Paul Déroulède, a été élu député de la deuxième circonscription d'Angoulême, au premier tour, le 8 mai 1898, par 7,763 voix, contre 5,873 à M. Mulac, républicain, et 1,168 à M. Legrand, socialiste.

## 85

*Arrondissement de Confolens*

### BABAUD-LACROZE (Antoine)

M. Babaud-Lacroze est né à Confolens, le 29 novembre 1846. Il est avocat.

Il a été rédacteur des *Lettres charentaises* et de la *Gironde* et chef de cabinet des préfets de la Charente et des Pyrénées-Orientales.

Conseiller général et ancien maire de Confolens, il fut élu pour la première fois député, lors de l'élection partielle du 19 octobre 1890, en remplacement de M. Duclaud.

Il obtint alors 9.764 suffrages contre 4.000 donnés à son concurrent bonapartiste. A la Chambre, il a fait partie de nombreuses commissions.

Il fut réélu, le 20 août 1893, au premier tour, par 8,583 voix, contre 5,926 accordées à M. Corderoy, conseiller général, républicain.

Il a été réélu, le 8 mai 1898, par 12,278 voix sans concurrent.

---

## 86

*Arrondissement de Barbezieux*

### ARNOUS (Marie-Gustave-Louis-Eugène)

. Fils d'un général d'artillerie, M. Arnous est né à Toulouse, le 30 juin 1846. Il possède d'importantes propriétés et habite le château de Montchaude, près Barbezieux. Ancien auditeur au Conseil d'Etat, il y a fait partie des sections de l'intérieur, du contentieux, des finances et de la guerre. Il a été capitaine des mobiles en 1870 ; il fit la campagne du siège de Paris. Il est gendre de M. André, sénateur de la Charente, et beau-frère de M. Jules André, député de l'arrondissement de Barbezieux, décédé le 28 novembre 1883.

Il est conseiller général depuis 1884.

Élu député en janvier 1884, il fut, en qualité de représentant de la droite, nommé secrétaire de la Chambre en 1886 et 1887. Il a été le secrétaire de l'Union des droites.

A la Chambre, M. Arnous a prononcé plusieurs discours sur le contrôle des finances, le budget de l'Algérie, les octrois, la dette flottante, les pensions civiles, la décentralisation administrative, etc.

Dans sa circulaire de 1889, il disait :

« Le suffrage universel est un tribunal que ne sauraient intimider les décisions d'une Haute Cour, à la fois odieuse et ridicule : le pays saura juger, lui aussi, et demander compte de leur gestion à ceux qui ont gaspillé sa fortune et son honneur.

« Reviser la Constitution, rendre la parole à la France, consulter la volonté nationale devant laquelle tout bon citoyen devra s'incliner, tel doit être notre but à l'heure actuelle : tel sera, nous l'espérons, le résultat de l'élection prochaine. »

M. Arnous fut alors élu, le 22 septembre, au premier tour, par 7,351 voix, contre M. Boutelleau, républicain, qui en obtint 3,889.

En 1893, M. Arnous s'est présenté comme rallié et a été élu, au premier tour, le 20 août, par 6,386 voix, contre 5,400 à M. Meslier, maire de Barbezieux, républicain.

Le 8 mai 1898, M. Arnous a été réélu, au premier tour de scrutin, par 6,571 voix, contre 5,331 à M. Laroche, ancien résident général à Madagascar, républicain.

---

## 87

*Arrondissement de Cognac*

## ORNANO (Gustave Cuneo d')

M. Cuneo d'Ornano est né à Rome, le 17 novembre 1845, de parents corses. Il descend d'une famille qui a compté plusieurs maréchaux de France.

M. Cuneo d'Ornano a servi pendant la guerre de 1870-71, comme lieutenant de mobiles de la Seine.

Avocat et journaliste, après avoir collaboré au *Courrier*

*de France*, à *la Presse*, il prit la direction du *Charentais*, puis il fonda *le Suffrage universel des Charentes*. M. Cuneo d'Ornano se présenta comme candidat de l'appel au peuple aux élections du 20 février 1876 ; élu au scrutin de ballottage du 5 mars, il fut invalidé, puis réélu en mai, à une plus forte majorité, contre M. Planat, député républicain. Réélu aux élections générales de 1877 et de 1881, il fut élu, en 1885, au scrutin de liste, avec 48,000 voix, par le département de la Charente.

A la veille de sa première élection en 1876, M. Cuneo d'Ornano, écrivait : « Avons-nous été assez dupés, le 4 septembre 1870, lorsqu'une poignée de mauvais drôles a chassé l'Empire fondé par le peuple ! — Avons-nous été assez dupés, le 25 février dernier, lorsque les députés royalistes se sont joints aux républicains pour voter une Constitution qui a la prétention de barrer la route à l'Empire ! »

Dans sa circulaire de 1889 aux électeurs de Cognac, il disait : « Je veux arriver à la victoire avec vous, bonapartistes, mes fidèles de la première heure, dont j'arbore plus que jamais, et sans masque, le grand principe d'appel au peuple, qui est le droit et qui est le salut ; — avec vous, monarchistes, dont j'ai hautement défendu les idées conservatrices et religieuses ; — avec vous, républicains démocrates, qui déclarez patriotiquement que la République actuelle n'est pas celle dont vous concevez l'idéal, et qui avez salué dans le général Boulanger le champion populaire d'une République nouvelle dont le gouvernement serait soumis à l'arbitrage du *referendum* national, avec vous, j'entends marcher pour chasser du pouvoir l'opportunisme corrompu et corrupteur. »

M. Cuneo d'Ornano fut réélu en 1889, au premier tour, dans l'arrondissement de Cognac, par 8,812 voix, contre 7,705 obtenues par M. le général Tricoche, républicain.

Dans la dernière Chambre comme dans les précédentes, M. Cuneo d'Ornano, tout en continuant de défendre le principe de l'appel au peuple, qu'il considère comme la base d'une République démocratique, s'est particulièrenent occupé de la réforme des boissons sur laquelle il a souvent pris la parole pour défendre la liberté des bouilleurs de cru et combattre la surtaxe de l'alcool et l'exercice de la régie.

5.

Il a notamment fait adopter des dispositions législatives qui autorisent les tribunaux à modérer le montant des amendes et confiscations de régie, grâce à l'admission des circonstances atténuantes, quand le contrevenant est de bonne foi.

En 1893, M. Cuneo d'Ornano fut élu le 20 août, au premier tour, par 7,955 voix, contre 7,749 obtenues par M. Robin, républicain, et 130 par M. Rousseau, socialiste.

En 1898, il a été réélu, par 8,854 voix, contre 7,763 à M. Robin, républicain.

---

## 88

*Arrondissement de Ruffec*

## LIMOUZAIN-LAPLANCHE (Pierre-Emard)

M. Limouzain-Laplanche est né à Mansle (Charente), le 19 août 1845.

Il est pharmacien de 1<sup>re</sup> classe, ancien maire de Mansle, conseiller général.

Il est républicain.

Il a été élu pour la *première fois* député, le 22 mai 1898, par 6,326 voix, contre 6,198 à M. Touzaud, monarchiste-antisémite.

Au premier tour, M. Touzaud avait obtenu 5,046 voix, M. Limouzain-Laplanche 3,798, M. Félix Marot, républicain, 3.159.

# CHARENTE-INFÉRIEURE

—

## 7 DÉPUTÉS

—

1893 : MM. Charruyer, Dupon (décédé, remplacé en 1897 par M. *Pommeray*), Frédéric Garnier, Braud, le comte Lemercier (décédé, remplacé par M. Lauraine), Gabriel Dufaure, Bourcy.

1898 : MM. Charruyer, Pommeray, Garnier, *amiral Rieunier*, Lauraine, *Denis, Roy de Loulay*.

## 89

*Arrondissement de La Rochelle*

### CHARRUYER (Édouard)

M. Édouard Charruyer est né à Paris le 25 avril 1861. Il est ingénieur des arts et manufactures, directeur d'usines à gaz.

Il s'est présenté, en 1893, comme républicain indépendant, voulant « la République ouverte et accessible à tous », et comme ennemi de l'opportunisme.

Il demandait notamment : la création d'un crédit agricole, la suppression de l'impôt foncier sur les propriétés rurales non bâties, la suppression des octrois, la création d'une caisse de prévoyance ou de retraites pour les travailleurs, la gestion intègre et prudente de nos deniers publics.

M. Charruyer fut élu, au premier tour, le 20 août 1893, par 9,700 voix, contre 8,605 voix à M. Emile Delmas député sortant, républicain.

Il a été réélu, le 8 mai 1898, par 10,025 voix, contre 8,702 à M. Delmas, ancien député, récemment décédé, qu'il avait déjà eu comme concurrent en 1893.

—

## 90

*Arrondissement de Jonzac*

### POMMERAY (Léon)

M. Pommeray est né à Talmont (Vendée), le 21 octobre 1858.

Il est avocat, docteur en droit, ancien sous-préfet de Jonzac, puis de Cognac.

Il fut, pour la première fois, élu député le 4 octobre 1897, en remplacement de M. Dupon, décédé.

Il est républicain progressiste.

Il a été réélu le 8 mai par 9,282 voix, contre 6,892 à M. Alcide Robert, radical-socialiste et 280 à M. Vaillant, socialiste.

----

## 91

*Arrondissement de Marennes*

### GARNIER (Frédéric-Jean-François-Gustave)

M. Frédéric Garnier est ne le 24 février 1836, à Rochefort-sur-Mer: Il est propriétaire.

Candidat de l'opposition, pour le canton de Royan, en juin 1864, il représente depuis cette époque ce canton au Conseil général.

Conseiller municipal de Vaux-sur-Mer du 23 juillet 1865 à 1870, il fut, en 1870, nommé conseiller municipal de Royan. Il est maire de Royan depuis le 11 juin 1871. Sous son administration, la station balnéaire de Royan s'est considérablement développée. D'importants travaux ont été faits : promenades, abattoir, casino, jetée, débarcadère, distribution d'eau et éclairage électrique, etc., etc. Royan est aujourd'hui une des plus importantes stations de bains de l'Océan et reçoit annuellement plus de 100.000 baigneurs.

Président de la délégation cantonale depuis dix-huit ans, il a été nommé officier d'Académie le 1er juin 1885.

Fondateur et président des comices agricoles des cantons de Royan et de la Tremblade (1879), il a été le promoteur de l'Union des comices de l'arrondissement de Marennes (1884).

Membre du comité fondateur du chemin de fer de la Seudre, M. Garnier a été membre du Conseil d'administration de ce chemin de fer, compris aujourd'hui dans le réseau de l'Etat.

Candidat du Congrès républicain aux élections législatives de 1885, M. Garnier obtint dans le département de la Charente-Inférieure 61,390 suffrages.

Il fut nommé chevalier de la Légion d'honneur au mois de janvier 1887.

M. Garnier disait dans sa circulaire de 1889 :

« Ennemi des agitations stériles, blâmant la politique dissolvante des groupes, voulant le progrès et non la réaction, la liberté et non la dictature, je désire une République qui donne à la France l'assurance du lendemain...

« Je serai surtout un député d'affaires, demandant l'économie des finances, des lois de prévoyance et de protection pour les travailleurs, c'est-à-dire des lois de justice sociale. »

En 1893, M. Garnier a été réélu, au premier tour, le 20 août, par 8,741 voix, sans concurrent ; il fut également réélu, au premier tour, le 8 mai 1898, sans concurrent.

---

## 92

*Arrondissement de Rochefort-sur-Mer*

### RIEUNIER (Adrien-Barthélemy-Louis-Henri)

M. le vice-amiral Henri Rieunier est né, le 6 mars 1833, à Castelsarrazin (Tarn-et-Garonne).

Admis à l'Ecole navale le 1er octobre 1851, il fut promu aspirant le 1er août 1853. Envoyé en Crimée, il fit tout le siège de Sébastopol et il y fut blessé. A 22 ans, il fut nommé chevalier de la Légion d'honneur.

De 1857 à 1863, comme aspirant, enseigne et lieutenant de vaisseau, il fit la campagne de Chine sous les ordres de l'amiral Rigault de Genouilly et participa à la prise de Canton, des forts de Takou, de Tourane et de Saïgon.

Aide de camp du vice-amiral Bonard, gouverneur de la Cochinchine, il fut chargé, de 1862 à 1863, de la direction des affaires indigènes et reçut la mission de conduire en France l'ambassade annamite.

De 1865 à 1867, embarqué sur la frégate la *Thémis*, le lieutenant de vaisseau Rieunier fit la campagne du Mexique. De 1868 à 1870, il commanda l'*Argus*, école de pilotage des côtes ouest de France.

Lorsque la guerre de 1870 éclata, il quitta ce commandement, et, promu capitaine de frégate le 22 juillet 1870, il prit, sous le commandement de l'amiral Thomasset, les fonctions de chef d'état-major de la flottille de la Seine. A l'affaire de Champigny, il fut blessé en établissant, sous le feu de l'ennemi, les ponts de bateaux sur la Marne. Pendant le deuxième siège de Paris, il commanda les canonnières, et fut de nouveau blessé, en 1871, au pont d'Austerlitz.

Promu, pour faits de guerre, capitaine de vaisseau, le 4 juin 1871, à l'âge de 38 ans, il occupa le poste de major de la marine à Cherbourg et commanda le *La Clocheterie*, pendant trois ans, dans les mers de Chine et du Japon, puis le cuirassé la *Jeanne-d'Arc* dans la division navale du Levant.

Nommé commandeur de la Légion d'honneur en 1881, il obtint, l'année suivante, le grade de contre-amiral et devint major général de la marine à Brest. En 1885, il fut appelé à un commandement en sous-ordre dans l'escadre de l'Extrême-Orient, et, après la mort de l'amiral Courbet, exerça jusqu'en 1887 le commandement en chef de la division navale de l'Extrême-Orient.

Elevé au grade de vice-amiral, le 25 mai 1889, il fut nommé préfet maritime à Rochefort. Frappé de la situation admirable de ce port, et désireux d'en tirer pour la Marine tout le profit possible, il soumit au ministre de la marine un projet d'approfondissement de la Charente, pour lequel il obtint, quatre ans plus tard, lorsqu'il fut devenu lui-même ministre, la sanction du Parlement.

De la préfecture de Rochefort il passa à celle de Toulon, et reçut ensuite, pour le garder de 1891 à 1892, le commandement en chef de l'escadre de la Méditerranée. Au cours de ce commandement, il fut nommé à la dignité de grand-officier de la Légion d'honneur.

En 1893, le Gouvernement de la République lui confia le portefeuille de la Marine, qu'il conserva du 1er janvier au 3 décembre (2e cabinet Ribot et 1er cabinet Dupuy).

Enfin, de 1894 au 6 mars 1898, l'amiral Rieunier exerça les fonctions de président du Comité des inspecteurs généraux de la Marine. La médaille militaire et la dignité de grand'croix de la Légion d'honneur furent pour lui la récompense de sa longue et brillante carrière.

Passé en mars 1898 dans la 2e section de l'Etat-major général de la marine, l'amiral Rieunier, sollicité par de nombreux électeurs de Rochefort, s'est présenté aux élections du 8 mai 1898 avec un programme où il dit notamment :

« Libéral et progressiste, je poursuivrai la réalisation de toutes les réformes pratiques, m'attachant spécialement à celles qui intéressent les classes laborieuses, mais repoussant, d'où qu'elles viennent, les solutions révolutionnaires.

» C'est par la prévoyance, l'économie, l'esprit d'initiative, que les peuples, comme les individus, arrivent à dominer les situations difficiles. La question sociale trouvera une solution dans la liberté d'association, la mutualité, l'assistance par le travail, la création de caisses de retraites. Sur ces bases doit se faire la marche en avant. »

Dans sa circulaire il s'est prononcé pour une politique d'économie et de dégrèvements, contre le cumul des fonctions électives, pour la suppression totale de l'impôt sur les boissons hygiéniques, etc. Il insiste tout particulièrement sur la nécessité du prochain achèvement des améliorations et des agrandissements du port de Rochefort, en faveur duquel il fit voter une loi importante lorsqu'il était ministre de la marine.

L'amiral Rieunier a été élu pour la première fois député, le 8 mai 1898, par 8,570 voix, contre 6,459 à M. Ernest Braud, député sortant, radical.

## 93

*Première circonscription de Saintes*

### LAURAINE (Jean-Octave)

M. Octave Lauraine est né le 3 octobre 1864 à Burie (Charente-Inférieure).

Avocat, docteur en droit, propriétaire-viticulteur, conseiller municipal de Saintes depuis 1893, M. Lauraine, qui se présentait pour la première fois, a été élu, comme républicain démocrate, par 6,779 voix, contre 5,575 obtenues par M. Genet, maire de Saintes, républicain.

Il remplace le comte Lemercier, récemment décédé.

---

## 94

*Deuxième circonscription de Saintes*

### DENIS (Gabriel)

M. Gabriel Denis est né à Cognac le 23 novembre 1853.

Il est propriétaire-viticulteur, chevalier de la Légion d'honneur.

Conseiller général du canton de Sauzon, M. Denis a été élu député, le 22 mai 1898, au scrutin de ballottage, par 7,384 voix, contre 6,294 à M. Gabriel Dufaure, député sortant, conservateur.

Il est républicain.

---

## 95

*Arrondissement de Saint-Jean-d'Angely*

### ROY DE LOULAY (Louis)

M. Louis Roy de Loulay est né à Loulay le 8 août 1848. Il est le fils de l'ancien député au Corps législatif de l'Em-

pire, qui fut membre de l'Assemblée nationale, puis sénateur de la Charente-Inférieure.

Il est licencié en droit; il a été officier dans la garde
mobile de son département en 1870. Il a fait partie du
conseil général de la Charente.

Il fut élu pour la première fois député, en 1876, par
l'arrondissement de Saint-Jean-d'Angely, dont son père,
qui le recommanda aux électeurs comme son successeur,
avait été longtemps le représentant

M. Louis Roy de Loulay fit alors partie du groupe de
l'Appel au peuple.

Il fut réélu en 1877; 1881, 1885.

En 1889, il se présenta comme revisionniste, ce qu'il a
d'ailleurs toujours été.

Il fut élu, le 22 septembre 1889, au premier tour, par
11,384 voix, contre 10,657 obtenues par M. Bourcy, républicain.

Non réélu en 1893, M. Roy de Loulay a été réélu, le
22 mai 1898, au scrutin de ballottage par 10,778 voix, contre
9,816 à M. Réveillaud, républicain radical.

Au premier tour, M. Roy de Loulay avait obtenu 9,778
voix, M. Réveillaud 6,230, M. Bourcy, député sortant,
4,028.

# CHER

—

## 5 DÉPUTÉS

—

1893 : MM. le prince d'Arenberg, Eugène Baudin, Pajot, Lesage, Henri Maret.

1898 : MM. le prince d'Arenberg, *Breton*, Pajot, Lesage, Henri Maret.

## 96

*Première circonscription de Bourges*

### ARENBERG (Auguste-Albéric-Louis, prince d')

M. le prince d'Arenberg est né à Paris le 15 septembre 1837. Il appartient à la branche française d'une maison souveraine médiatisée, dont la branche aînée s'est fixée en Belgique. Il est le fils du prince Pierre d'Arenberg, ancien pair de France, mort en 1877.

Grand propriétaire, M. le prince d'Arenberg a été, pendant la guerre, commandant des mobilisés du Cher. Il est conseiller général depuis 1871. Il est président de la Société philanthropique de Paris.

En 1889, il se présenta comme revisionniste et fut élu par 7,972 voix, contre 6,436, obtenues par M. Eugène Brisson, républicain.

Dans la dernière Chambre M. le prince d'Arenberg a été l'un des fondateurs de la droite républicaine.

Il s'est beaucoup occupé des questions relatives à la colonisation de l'Afrique. Il est président de la société du canal de Suez. Il a été élu membre libre de l'Académie des Beaux-Arts en remplacement du duc d'Aumale.

En 1893 il fut réélu au premier tour, le 20 août, par 8,979 voix, contre 8,326 à M. Debeaune, conseiller général, républicain.

Il a été réélu, le 22 mai 1898, au scrutin de ballottage, par 9,587 voix, contre 8,742 à M. Gaston Cougny, socialiste.

Au premier tour M. d'Arenberg avait obtenu 8,591 voix, M. Cougny 5,477, M. Chédin, républicain, 4,029.

Il a été nommé membre de la commission de l'armée (novembre 1898).

---

## 97

*Deuxième circonscription de Bourges*

### BRETON (Jules-Louis)

M. J.-L. Breton est né à Courrières (Pas-de-Calais), le 1er avril 1872. Il est pour la première fois député.

Il est ingénieur.

Très jeune, M. Breton prit part au mouvement socialiste.

Directeur du *Parti socialiste*, il fut pour un article publié dans ce journal condamné à deux ans de prison et 1.000 francs d'amende. Interné à Clairvaux, il en sortit lors de l'amnistie de 1895.

M. Breton est l'auteur de nombreux ouvrages ou publications scientifiques : la *Revue scientifique et industrielle de l'année*; le *Carbone de calcium et l'Acétylène*; la *Chromolithographie*; les *Machines motrices*; la *Traction mécanique*, etc.; *Rayons catholiques* et *Rayons X*, etc.

Il succède à M. Eugène Baudin; l'un des chefs du parti blanquiste, qui l'a chaleureusement recommandé aux électeurs, ainsi que MM. Vaillant, Jaurès, Gérault-Richard, Camille Pelletan, etc.

M. Breton s'est présenté avec le programme identique à celui de M. Baudin.

Il a été élu le 22 mai au deuxième tour de scrutin par 9,082 voix, contre 7,876 obtenues par M. Monnier, républicain.

---

## 98

*Première circonscription de Saint-Amand*

### PAJOT (François-Christophe)

M. Pajot est né à Ainay-le-Vieil (Cher) le 30 juin 1844. Il exerce la profession de vétérinaire.

Conseiller municipal de Saint-Amand de 1872 à 1885, conseiller d'arrondissement de 1884 à 1885, conseiller général depuis 1884, député depuis 1885, il a toujours appartenu à l'extrême gauche et voté dans le sens le plus avancé.

M. Pajot fut réélu le 20 août 1893, au premier tour, par 7,348 voix, contre 5,781 à M. Meslet, républicain, et 2,068 à M. Benoist, socialiste.

Il a été réélu le 8 mai 1898, par 9,711 voix.

---

## 99

*Deuxième circonscription de Saint-Amand*

### LESAGE (Casimir)

M. Casimir Lesage est né à Vornay (Cher), le 19 décembre 1855. Il est agriculteur.

Il a été député de 1885 à 1889.

Il est conseiller général du canton de Dun-sur-Auron (Cher) depuis 1880.

Républicain radical socialiste, il déclare, dans sa circulaire électorale, qu'il repousse « avec une égale énergie la révolution violente et la dictature ». Il estime que pour réaliser les réformes démocratiques que le pays attend, la revision de la Constitution doit être résolue par une Assemblée nommée à cet effet.

Il demande notamment le service militaire de 2 ans, la suppression de droit sur le blé, l'impôt progressif sur le capital et le revenu, la revision du cadastre, l'organisation d'un crédit agricole et d'un crédit du travail, la création d'une caisse de retraite avec garantie de l'Etat pour les ouvriers âgés et les invalides du travail ; la liberté absolue de conscience, la séparation des Eglises et de l'Etat et la suppression du budget des cultes ; l'épuration du personnel administratif, la suppression des sinécures et la réduction des gros traitements, etc.

M. Lesage fut élu, au premier tour, le 20 août 1893, par 7,458 voix, contre 5,428 obtenues par M. de Montsaulnin, député sortant, rallié.

Il a été réélu le 22 mai 1898, au deuxième tour de scrutin, par 8,535 suffrages, contre 1,700 à M. Estève, républicain.

Au premier tour, M. Lesage avait obtenu 5,816 voix, M. Berthoulat, républicain 3,901, M. Mauger, socialiste 3,172, M. Estève 123.

---

## 100

### Arrondissement de Sancerre

### MARET (Henri)

M. Henri Maret est né à Sancerre en 1838. Il fut d'abord employé à la préfecture de la Seine, mais il quitta de bonne heure l'administration pour s'occuper de travaux littéraires, puis pour entrer dans la presse d'extrême gauche. Il encourut, à ce titre, plusieurs condamnations pour délits de presse. Pour un article publié, pendant le siège au *Mot d'ordre*, il fut condamné à cinq ans d'emprisonnement, mais cette peine fut commuée pour raison de santé.

Après la guerre et la Commune, M. Henri Maret, tantôt sous son nom, tantôt sous des pseudonymes, collabora au *Corsaire*, à l'*Avenir national* que dirigeait M. Portalis, mais qu'il quitta lorsque ce journal fut accusé de s'être rallié au prince Napoléon. Il écrivit alors aux *Droits de l'homme*, à la *Lanterne*, au *Réveil*, à la *Marseillaise*, à la *Vérité*. En 1881, il devint rédacteur en chef du *Radical*, et il l'est encore.

Nommé, en 1878, conseiller municipal de Paris et réélu en janvier 1881, M. Henri Maret se présenta aux élections générales législatives de la même année comme candidat d'extrême gauche, dans la deuxième circonscription du

XVII° arrondissement. Il fut élu, le 4 septembre 1881, au scrutin de ballottage.

Le programme de M. Henri Maret demandait notamment : la revision intégrale, l'autonomie communale, l'obligation pour le gouvernement de consulter la nation avant de déclarer la guerre, le retour à la nation des biens de mainmorte, la séparation de l'Eglise et de l'Etat, l'incompatibilité du mandat de député avec des fonctions publiques ou celles de membre des compagnies industrielles ou financières ; l'assimilation du mandat civil au mandat politique, etc. Mais en même temps, M. Henri Maret repoussait toute solidarité avec « les opinions extravagantes de tous ceux qui déshonorent le radicalisme et le socialisme par un tas de turpitudes dignes de Charenton et de Bedlam».

A la Chambre et dans la presse, M. Henri Maret combattit très vivement, à cette époque, la politique et la personnalité de M. Gambetta, notamment lorsque celui-ci fut devenu le chef du cabinet du 14 novembre. En 1885, élu simultanément député de la Seine et député du Cher, M. Henri Maret opta pour ce dernier département, son pays natal. En juin 1886, il protesta, au nom de la liberté, contre l'expulsion des prétendants. En cette question comme en plusieurs autres, il se sépara de M. Clémenceau et de ses amis. Ennemi persistant du pouvoir personnel, il fut, dans les rangs de la gauche, un des premiers à s'élever contre l'attitude prise par le général Boulanger, dont il ne cessa de combattre, dans le *Radical*, la politique et les visées dictatoriales.

M. Henri Maret appartient à l'extrême gauche, mais il est avant tout un indépendant.

En 1889, M. Henri Maret fut élu, au premier tour, le 22 septembre, par 11,282 voix, contre 10,462 obtenues par M. le marquis de Vogüé, conservateur.

Il a été réélu, en 1893, comme candidat radical, par 12,249 voix, contre 9,133 à M. Georges Picot, de l'Institut, républicain libéral, et 364 à M. Auroy, socialiste.

Inculpé dans les poursuites relatives au Panama, M. Henri Maret protesta avec la plus grande énergie et fut acquitté.

Il fut réélu, le 8 mai 1898, par 13,164 voix, contre 8,812 à M. Georges Picot qui avait déjà été son concurrent en 1893.

# CORRÈZE

—

## 5 DÉPUTÉS

—

1893 : MM. Descubes, Delpeuch, Mielvacque de Lacour, Labrousse (élu sénateur et remplacé par *M. le comte de Lasteyrie*), M. Dellestable (élu sénateur et remplacé par *M. Delmas*).
1898 : MM. *Borie, Vacher, Lachaud, Bussière,* Delmas.

## 101

*Première circonscription de Tulle*

### BORIE (Etienne-Léon)

M. Borie est né à Dourgna (Tarn), le 21 mars 1843. Ancien receveur de l'enregistrement, ancien industriel, ancien maire de Tulle, conseiller général du canton de Tulle-Nord, il fut élu député, pour la première fois, en 1885.

Fils d'une victime du 2 décembre et républicain depuis qu'il est entré dans la vie politique, M. Borie déclarait « qu'il est l'ennemi acharné de l'opportunisme qu'il regarde comme plus dangereux pour la République que dans l'accomplissement des réformes économiques et sociales ; il est d'avis que le danger n'est pas dans la rivalité des partis politiques, mais dans le chiffre énorme des impôts, leur mauvaise répartition et la situation financière ».

En présence d'une situation qu'il jugeait si critique, il s'était, disait-il, rallié immédiatement au programme du général Boulanger, estimant que « c'est en lui que résidaient et le salut de la France et l'avènement d'une République d'économies, de réformes, de concorde et surtout d'honnêteté. »

En 1889, M. Borie fut élu, au premier tour, par 7,464 voix, contre 4,797 obtenues par M. Vachal, ancien député républicain.

Il ne fut pas réélu en 1893.

En 1898, M. Borie a été élu le 22 mai, par 8,008 voix, contre 6,886 à M. Descubes, député sortant, républicain. Au premier tour, M. Descubes avait eu 5.897 voix, M. Borie 5,011, M. Tavé, socialiste 2,472, M. Chambas, socialiste, 1,376.

---

## 102

*Deuxième circonscription de Tulle*

### VACHER (Léon-Cléry)

M. Vacher est né à Treignac (Corrèze), le 9 mars 1832. Il est docteur en médecine mais n'exerce pas. Elève de Moreau de Jonnès, il s'est beaucoup occupé de questions ayant trait à la statistique, à l'économie politique, à l'hygiène publique. Il a été président de la Société de statistique de Paris. Depuis 30 ans il dirige un grand établissement industriel.

Conseiller général du canton de Treignac, il a été élu député pour la première fois en 1876 ; il signa le manifeste des 363 et fut réélu en 1877. Depuis lors il fut réélu en 1881, 1887, 1889.

A la Chambre des députés, il fit notamment partie des commissions de chemins de fer et fut, avec M. Lesguiller, le promoteur, dès 1881, du réseau vicinal ferré de la France qui est en voie de réalisation, 65 départements étant pourvus de chemins de fer à voie étroite.

En 1893, M. Vacher échoua contre M. Delpeuch.

Il a été élu le 22 mai 1898, comme candidat républicain indépendant, par 8,259 voix à M. Delpeuch, député sortant, épublicain. Au premier tour, M. Delpeuch avait eu 6,109 voix, M. Vacher 5,870, Combastet, radical, 1,865.

---

## 103

*Première circonscription de Brive*

### LACHAUD (Edouard)

M. Lachaud est né à Brive (Corrèze), le 7 juin 1857.

Il est docteur en médecine.

Il succède à M. Mielvacque de Lacour qui ne s'est pas représenté.

Il est républicain radical.

Il a été élu, le 22 mai 1898, au premier tour de scrutin, par 9,257 voix, contre 5,470 à M. Dumas, professeur à la Faculté des lettres de Toulouse, républicain.

---

## 104

*Deuxième circonscription de Brive*

### BUSSIÈRE (Etienne-Eugène)

M. Bussière est né à Beaulieu (Corrèze), le 1er novembre 1858.

Ancien juge de paix, propriétaire, président du comice agricole de Donzenac.

Il est républicain radical. Son programme est celui du *Comité d'action des réformes républicaines :* Défense de la République contre la coalition cléricale ; revision de la Constitution pour assurer la prépondérance du suffrage universel et la réalisation des réformes démocratiques ; impôt progressif sur le revenu ; lois de prévoyance et de solidarité sociales, etc.

M. Bussière a été élu, au premier tour, par 9,224 voix, contre 5,105 à M. le comte de Lasteyrie de Saillant, député sortant, républicain progressiste.

---

6

## 105

*Arrondissement d'Ussel*

### DELMAS (Arthur-Vincent)

M. Delmas est né à Ambrugeat (Corrèze), le 27 juillet 1853.
Il est maire de Meymac, conseiller général.
Il est républicain radical.
Il a été élu pour la première fois député, le 4 mars 1894, en remplacement de M. Dellestable, nommé sénateur.
Il a été réélu, le 8 mai 1898, par 8,097 voix, contre 4,034 à M. Coudert, radical.

# CORSE

—

## 5 DÉPUTÉS

—

1893 : MM. Ceccaldi (décédé et remplacé par *M. Emmanuel Arène*), Antoine Gavini, Luce de Casabianca, Emmanuel Arène, Sébastien Gavini.

1898 : MM. Emmanuel Arène, *Astima, Giacobbi, le comte Pozzo di Borgo, Malaspina.*

## 106

### *Arrondissement d'Ajaccio*

### ARÈNE (Emmanuel)

M. Emmanuel Arène est né à Ajaccio le 1er janvier 1856.

Après avoir fait son droit à Paris, il devint secrétaire de M. Edmond About, et rédacteur du *XIXe Siècle*, et collabora à plusieurs journaux de Paris.

Il fut élu, à vingt-cinq ans, conseiller général de la Corse, après avoir été, en 1879, chef du secrétariat particulier du ministère de l'intérieur et des cultes.

En 1881, il fut élu député de Corse et appuya la politique de M. Jules Ferry.

Après avoir échoué, en 1885, avec la liste républicaine de la Corse, il fut élu député, le 14 février 1886, par 25,695 voix, les élections de 1885 ayant été invalidées.

Il soutint, comme journaliste, à différentes reprises, des polémiques ardentes; il eut plusieurs duels, un avec M. Ernest Judet, alors rédacteur de la *France*, en juin 1884, et un autre à la suite d'un article véhément signé par lui dans le *Matin*, avec M. Granet. Enfin un article, paru dans la *Lanterne*, le 6 juin 1887, semblant rendre les députés corses solidaires du banditisme, une nouvelle rencontre eut lieu entre M. Mayer, rédacteur de ce journal, et M. Arène. Cette fois M. Mayer fut blessé.

M. Arène est l'auteur d'un recueil de nouvelles intitulé : *le Dernier Bandit*.

M. Emmanuel Arène a collaboré et collabore encore à un grand nombre de journaux, à la *République française*, au *Matin*, au *Paris*, à l'*Eclair*, etc.

En 1889, M. Arène fut élu dans l'arrondissement de Sartène, par 4,134 voix, contre 2,975 obtenues par M. Jacques Abbatucci, bonapartiste-revisionniste, et 251, par M. Quenza, républicain.

En 1893, il fut réélu, au premier tour, par 4,293 voix, contre 3,513 à M. Rocasserra, conservateur.

En 1897, M. Emmanuel Arène donna sa démission de député de l'arrondissement de Sartène et se fit élire aussitôt député de l'arrondissement d'Ajaccio en remplacement de M. Ceccaldi, décédé.

Il a été réélu député d'Ajaccio, le 8 mai 1898, par 8,407 votants, contre 2,249 à M. Rouher, bonapartiste, et 1,414 à M. Poggioli, républicain.

Il a été nommé membre de la commission de la marine (novembre 1898).

---

## 107

*Arrondissement de Bastia*

### ASTIMA (lieutenant-colonel)

M. Astima est lieutenant-colonel en retraite, officier de la Légion d'honneur.

Il est républicain.

Maire de Cervione, conseiller général, M. Astima fut élu, le 8 mai, par 6,406 voix, contre 6,403 à M. Antoine Gavini, député sortant, républicain.

Son élection ayant été invalidée, M. Astima a été réélu, le 2 octobre 1898, par 7,129 voix, contre 6,751 à M. Gavini.

## 108

*Arrondissement de Calvi*

## MALASPINA (Toussaint)

M. Malaspina est né le 9 novembre 1853 à Belgodese (Corse).

Il est propriétaire.

Membre du Conseil général de la Corse, dont il est le vice-président depuis 1895, M. Malaspina, qui avait été candidat aux élections législatives de 1889, est pour la première fois député.

Il s'est présenté comme « radical de gouvernement ».

Il a été élu, par 3,300 voix, contre 2,479 à M. Sébastien Gavini, député sortant, républicain.

---

## 109

*Arrondissement de Corte*

## GIACOBBI (Marius)

M. Giacobbi est né à Corte en 1846.

Il est avocat.

Conseiller général et maire de Venaco, il a été élu comme républicain, le 8 mai 1898, par 6,841 voix, contre 4,891 à M. Luce de Casabianca, député sortant, républicain.

---

## 110

*Arrondissement de Sartène*

## POZZO DI BORGO (comte)

M. le comte Pozzo di Borgo, qui appartient à l'une des plus célèbres familles de la Corse, est né à Paris le 27 février 1858.

Il est propriétaire.

Il a été élu, comme candidat républicain, le 8 mai 1898, par 5,658 voix contre 1,867 à M. le docteur Balesi, républicain.

En octobre 1897, M. Eramanuel Arène avait donné sa démission de député de l'arrondissement de Sartène pour se présenter à Ajaccio en remplacement de M. Ceccaldi, décédé, et n'avait pas été remplacé.

# COTE-D'OR

—

## 6 DÉPUTÉS

—

1893 : MM. Pierre Vaux, Delanne, Henri Ricard, le docteur Gueneau (décédé, remplacé par *M. Ernest Carnot*), Arthur Leroy, Bizouard-Bert (décédé le 27 avril 1898 et non remplacé).

1898 : MM. Pierre Vaux, *Muteau*, Henri Ricard, *J.-B. Gueneau*, Arthur Leroy, *Debussy*.

## 111

### *Première circonscription de Dijon*

### VAUX (Pierre-Armand)

M. Armand Vaux, est né à Longepierre (Saône-et-Loire), le 22 février 1848.

Il est cafetier-cultivateur à Labergement-les-Seurre (Côte-d'Or).

Il est le fils de Pierre Vaux, l'instituteur qui fut, quoique innocent, condamné aux travaux forcés à perpétuité, comme incendiaire, après le 2 décembre 1851.

En se présentant aux élections de 1893, M. Armand Vaux s'exprimait ainsi :

« J'avais quatre ans au Coup d'Etat, quand des juges infâmes, qui rendaient des services et non des arrêts, me privèrent de mon protecteur naturel...

« L'ayant rejoint à Cayenne, à l'âge de 13 ans, j'ai partagé, pendant quinze années, et jusqu'à sa mort, l'exil de ce juste crucifié comme le Christ pour son amour du peuple.

« Dans les forêts du nouveau monde, au milieu des

splendeurs de la nature tropicale, dans ses solitudes, où l'âme n'est pas troublée et faussée par les luttes et les haines politiques, j'ai suivi ses leçons, il m'enseignait un socialisme qui n'avait rien de scientifique, car, disciple de Lamennais, sa bonté, sa pitié pour tous ceux qui souffrent étaient tout son socialisme.

« Aujourd'hui, le parti ouvrier, se souvenant seul de ce généreux citoyen, a offert la candidature à son fils. Je remercie les ouvriers, mes frères, au nom de cette mémoire vénérée et j'espère bien rester toujours digne et du nom du forçat que j'ai l'honneur de porter et de leur confiance. »

Après le vote de la loi, à laquelle il a beaucoup contribué permettant désormais la revision des procès criminels et la réparation des erreurs judiciaires, M. Armand Vaux et sa famille ont obtenu de la Cour de cassation un arrêt annulant la condamnation de Pierre Vaux et réhabilitant sa mémoire.

M. Pierre-Armand Vaux fut élu au scrutin de ballottage, le 3 septembre 1893, par 7,395 voix, contre 4,505 à M. Gaffarel, républicain, et 1,183 à M. Martin, républicain.

Il est membre de l'Union socialiste de la Chambre.

Il a été réélu le 22 mai 1898, par 7,960 voix, contre 5,726 à M. Savat, républicain et 4,176 à M. Messner, républicain.

---

## 112

### Deuxième circonscription de Dijon

### MUTEAU (Alfred)

M. Alfred Muteau est né à Dijon, le 1er mars 1850.

Ancien officier du commissariat de la marine, publiciste, secrétaire général de l'Alliance française et de la Société internationale pour l'étude des questions d'assistance, officier de la Légion d'honneur et de l'Instruction publique, membre du Conseil général de la Côte-d'Or, M. Muteau a été élu pour la première fois député, le 8 mai 1898, par 9,548 voix, contre 4,742 à M. Paris, rallié. Il succède à M. Delanne, député sortant, qui ne s'est pas représenté.

Il est républicain.

**113**

*Première circonscription de Beaune*

## RICARD (Henri)

M. H. Ricard, né à Cézy (Yonne) le 26 août 1849. Il a fait ses études au lycée de Sens.

Docteur de la Faculté de médecine de Paris et ancien interne de l'asile Sainte-Anne, il a exercé de 1879 à 1891 la médecine à Beaune où il était membre du comité d'hygiène de l'arrondissement, médecin du Parquet, des hospices, etc.

Pendant douze ans, il siégea sans interruption au Conseil municipal et, pendant dix ans, fut président du comité républicain des deux cantons de Beaune. Après la mort de M. Victor Prost, M. le docteur H. Ricard fut élu député par plus de 5,000 voix, le 31 mai 1891.

Depuis cette époque, M. H. Ricard a été membre de commissions importantes; il a pris la parole dans plusieurs discussions, notamment sur le régime des boissons, sur la loi relative au classement et au traitement des instituteurs, etc.

Dans sa circulaire de 1893, M. Ricard se prononçait pour la discussion rapide d'une loi sur les associations, assuran le respect de la liberté de conscience en même temps que tous les droits de l'Etat laïque. Il demandait ainsi une répartition plus équitable des charges publiques, la suppression de l'exercice et des octrois, l'organisation du crédit agricole, la création d'assurances contre les inondations, gelées, grêle, etc., un système économique intermédiaire entre le protectionnisme à outrance et le libre échange absolu, le rapprochement du travail et du capital par des moyens pacifiques, légaux, et non par des violences.

M. Henri Ricard fut réélu, le 20 août 1893, au premier tour, par 6,852 voix, contre 5,749 à M. Bouhey, socialiste revisionniste.

Pendant la dernière législature M. Henri Ricard a été membre de la commission d'assurance et de prévoyance, président du groupe viticole du Centre et de l'Est, vice-président de la gauche démocratique.

Il a été réélu, le 8 mai 1898, au premier tour, par 7,777 voix, contre 4,189 à M. Bouhey, socialiste, et 2,838 à M. Guerrier, rallié.

Elu membre de la commission du budget de 1899, il a été désigné comme rapporteur du budget de l'agriculture (novembre 1898).

---

## 114

*Deuxième circonscription de Beaune*

### GUENEAU (Jean-Baptiste)

M. Jean-Baptiste Gueneau né à Dezize près Nolay (Côte-d'Or), le 11 février 1849. Il est le frère du docteur Gueneau, qui fut élu par la même circonscription, le 10 juillet 1892 et le 20 août 1893 et qui, étant mort au cours de la dernière législature, le 1er décembre 1894, fut remplacé par M. Ernest Carnot, l'un des fils de l'ancien président de la République, lequel ne s'est pas représenté en 1898.

M. Gueneau, agrégé de l'Université, est professeur de mathématiques au lycée Michelet, officier de l'Instruction publique.

Il s'est présenté comme candidat républicain-radical, avec le programme qui était celui de son frère qui disait en 1892 : « Ce que mon nom représente, c'est l'action républicaine, ce sont les réformes démocratiques, c'est le progrès social. »

Il demande notamment : le respect de toutes les croyances religieuses à condition qu'elles ne sortent pas du domaine des consciences pour s'immiscer dans la politique, l'Etat ayant le devoir de défendre la société civile contre toutes les influences qui tendraient à combattre les traditions de la Révolution française ; la simplification des rouages administratifs ; la réduction des gros traitements ; la diminution des frais de justice ; le développement et l'amélioration des diverses institutions relatives à l'assistance publique ; la protection de l'agriculture ; le développement de l'enseignement laïque ; la suppression des impôts indirectes sur les objets de première nécessité ; l'impôt progressif sur la fortune acquise ; le respect absolu de la propriété « qui est la meilleure garantie d'ordre et de travail », etc.

M. J.-B. Gueneau qui avait obtenu 5.489 voix, au premier tour, contre MM. Bouzerand, républicain conservateur, et Vallet, républicain, a été élu, au deuxième tour, le 22 mai 1898, par 6.893 voix, contre M. Bouzerand.

---

## 115

### Arrondissement de Châtillon

### LEROY (Paul-Arthur)

M. Arthur Leroy est né à Châtillon-sur-Seine (Côte-d'Or), le 8 juillet 1828.

Licencié en droit, ancien élève de l'École d'administration, ancien avoué, ancien sous-préfet de l'arrondissement de Châtillon en 1870, M. Leroy a été conseiller municipal de Châtillon pendant trente ans ; il est membre, depuis 1874, du Conseil général de la Côte-d'Or dont il est vice-président.

Elu député en 1877, il n'a cessé depuis lors d'être réélu. Il a fait successivement partie de la gauche républicaine, du groupe des républicains de gouvernement et des républicains progressifs et de l'Union des gauches. Il a été plusieurs fois membre de la commission du budget. Il a fait partie de beaucoup de commissions, dont il a été très souvent le rapporteur. Nous citerons notamment les rapports de M. Leroy sur le titre complémentaire du livre premier du code rural, sur la modification du tableau des circonscriptions électorales, sur le service colonial, sur la création d'un service maritime entre la France et la côte occidentale d'Afrique, etc. Il a pris la parole sur l'élection de M. de Mun, sur le chemin de fer de Dakar à Saint-Louis sur les crédits demandés pour la création de nouveaux ministères, sur les crédits du Tonkin, etc.

Dans sa circulaire de 1889, M. Leroy déclarait que la

République est plus que jamais le gouvernement nécessaire. Il ajoutait qu' « il ne fait pas songer en ce moment à la revision de la Constitution que les partis les plus divers et les plus opposés inscrivent sur leur drapeau ». Il veut que la République soit un gouvernement stable et fort qui soit fidèlement servi et sache se faire respecter.

Il réclamait une plus équitable répartition de certains impôts (prestations, impôt foncier, boissons, etc.), les réformes qui peuvent efficacement venir en aide à notre agriculture et à notre industrie, celles qui concernent nos lois de procédure, enfin toutes les mesures qui intéressent la classe des travailleurs (responsabilité des accidents, travail des femmes et enfants, caisses de retraite, sociétés de secours mutuels, etc.).

En 1889, M. Arthur Leroy fut élu, le 22 septembre, par 5,959 voix, contre 5,820 obtenues par M. Darcy, conservateur.

En 1893, il fut réélu par 6,482 voix, sans concurrent. Durant cette législature, il a fait partie de diverses commissions, notamment de celles relatives aux assurances agricoles, à la réforme de notre organisation judiciaire et du Code de procédure civile, à l'organisation de l'Algérie, etc. Il a pris la parole sur l'organisation de l'inspection de l'instruction publique, etc.

Dans sa dernière circulaire M. Arthur Leroy insiste en faveur d'un large amortissement, sur les dangers que l'initiative parlementaire illimitée entraîne pour l'équilibre de nos budgets, sur le remaniement de notre système fiscal, la réforme de notre procédure judiciaire, la décentralisation administrative, la protection et la représentation de l'agriculture, etc.

En mai 1898, M. Arthur Leroy a été réélu, au scrutin de ballottage, par 4,935 voix, contre 4,766 obtenues par le candidat, radical-socialiste.

## 116

*Arrondissement de Semur*

### DEBUSSY (Alfred)

M. Alfred Debussy est né à Montbard, le 9 février 1847. Il est négociant.

Il s'est présenté comme candidat républicain radical « représentant la vieille politique républicaine d'union et de concorde comme aussi celle de réformes et de progrès social ».

Il demande notamment la revision de la Constitution avec prépondérance de la Chambre issue du suffrage universel en matière budgétaire et modification du mode d'élection du Sénat; l'établissement de l'impôt sur le revenu; la protection de l'agriculture; la réduction à deux ans du service militaire; la diminution des frais de justice; l'extension des libertés communales, etc.

M. Debussy a été élu, le 8 mai 1898, par 8,138 voix, contre 7,203 à M. Philippe Bouhey, industriel, républicain.

# COTES-DU-NORD

—

## 9 DÉPUTÉS

—

1893 : MM. Armez, le vicomte de La Nouë, Jacquemin, de Largentaye (décédé, remplacé par *son fils*), le comte de Tréveneuc, Le Moign, de Kergariou (décédé, remplacé par *M. Derrien*), Le Troadec, Le Cerf.

1898 : MM. Armez, *Philippe*, Jacquemin, *de Largentaye fils*, *Riou, le marquis de Keroüatz*, Derrien, Le Troadec, *Mando*.

## 117

*Première circonscription de Saint-Brieuc*

### ARMEZ (Louis)

M. Armez est né à Paris le 19 août 1838. Il est ingénieur des arts et manufactures. Il est depuis longtemps dans les Côtes-du-Nord l'un des chefs du parti républicain.

Depuis le mois de juin 1870, M. Armez fait partie, sans interruption du Conseil général des Côtes-du-Nord.

M. Armez fut élu pour la première fois député en 1876. Après le 16 Mai, il fut l'un des 363. Réélu en 1878 et en 1881, il se prononça pour une politique résolument démocratique, notamment pour la gratuité et l'obligation de l'enseignement primaire, mais contre la séparation de l'Eglise et de l'Etat. Il siégea constamment à l'Union républicaine.

En 1885, il échoua, au scrutin de liste, avec la liste républicaine.

En 1889, après le rétablissement du scrutin de liste, M. Armez, qui avait été le 28 juillet nommé conseiller général du canton de Paimpol, fut élu député par son ancienne circonscription électorale. M. Armez a été, pendant trois ans, l'un des secrétaires de la Chambre. Il s'est particulièrement occupé des questions maritimes et agricoles.

En 1893, M. Armez fut nommé, au premier tour, par 9,015 voix, contre 6,020 obtenues par M. Joubert, candidat de la droite.

Il a été réélu, le 8 mai 1898, sans concurrent, par 10,945 voix, sur 13,143 inscrits.

Il a été élu membre de la Commission de la marine (novembre 1898).

---

## 118

### Deuxième circonscription de Saint-Brieuc

### PHILIPPE (Ambroise)

M. Ambroise Philippe est né à Quintin, le 22 avril 1871. Il est négociant, tanneur à Quintin.

Conseiller municipal de Quintin, il a été, pour la première fois, élu député, le 8 mai 1898, comme républicain-progressiste, par 9,597 voix, contre 9,105 à M. le vicomte de La Nouë, député sortant, conservateur.

---

## 119

### Première circonscription de Dinan

### JACQUEMIN (Albert)

M. Jacquemin est né à Dinan, le 15 mars 1847.

Fils d'un avocat, qui mourut en 1878, étant maire de Dinan, avocat lui-même à Dinan, pendant vingt ans, — il a cessé de professer pour se consacrer exclusivement à son mandat de député, — M. Jacquemin est membre du conseil municipal de cette ville depuis 1869. Il s'est surtout consacré aux questions d'affaires.

Il a été élu, pour la première fois, député le 22 septembre 1889. Républicain libéral et indépendant, M. Jacquemin s'est prononcé, à cette époque, pour la pacification

religieuse, le maintien du Concordat loyalement appliqué
la liberté d'enseignement et contre la laïcisation des hôpitaux. Il s'est déclaré également partisan des lois protectrices de l'agriculture, de la réduction des frais de justice,
d'économies dans le budget, etc. Il est opposé aux expéditions lointaines.

En 1889, M. Jacquemin fut élu, par 5,491 voix, contre
5,361 obtenues par M. Larère, député sortant, légitimiste,
qui s'était prononcé pour la revision.

En 1893, M. Jacquemin a déclaré maintenir purement et
simplement son programme de 1889.

Il fut réélu, au premier tour, par 9,404 voix, contre 782
à M. l'abbé Georges.

Le 8 mai 1898, il a été réélu, en 1898, par 9,713 voix,
sans concurrent.

---

## 120

*Deuxième circonscription de Dinan*

### LARGENTAYE (Marie-Ange, RIOUST de)

M. de Largentaye est né à Saint-Brieuc, le 6 mars 1854.

Il possède dans les Côtes-du-Nord de grandes propriétés.
Maire de Saint-Lormel, conseiller général du canton de
Plancoët, il est le fils de l'ancien député à l'Assemblée
nationale de 1871.

Il fut élu, pour la première fois en 1884, en remplacement de son père, décédé.

Il fut réélu en 1885, 1889, 1893.

Il a été réélu, le 8 mai 1898, sans concurrent, par
8,801 voix.

Il siège à droite.

---

## 121

*Première circonscription de Guingamp*

### RIOU (Hippolyte-Jean-Yves-Marie)

M. Yves Riou est né à Guingamp, le 18 mai 1849.
Il est avocat.

Maire de Guingamp depuis mai 1882, conseiller général depuis 1886, M. Riou a été élu député, le 8 mai 1898, par 6,879 voix, contre 5,224 obtenues par M. le comte Christian de Tréveneuc qui avait été élu, en 1893, sans concurrent, par 5,759 voix.

M. Riou est républicain progressiste.

---

## 122

*Deuxième circonscription de Guingamp*

### KEROUARTZ (Frédéric, marquis de)

M. le marquis de Keroüartz est né le 6 mai 1858 à Guingamp.

Il est propriétaire.

Conseiller général depuis 1885, il s'est présenté aux élections législatives de 1898 comme « libéral, indépendant gouvernemental ». Il a été élu le 8 mai, par 6,918 voix, contre M. Quéré, républicain, qui en a obtenu 5.644.

---

## 123

*Première circonscription de Lannion*

### DERRIEN (Henri-Gabriel-Marie)

M. Derrien est né à Sizun (Finistère), le 23 juillet 1857.

Il est avocat, docteur en droit, capitaine démissionnaire d'infanterie territoriale.

Maire de Lannion depuis 1892, conseiller général depuis 1896, il a été élu pour la première fois député, sans concurrent, par 7,651 voix, le 30 mai 1897, en remplacement de M. le marquis de Kergariou, décédé.

Il appartient à l'opinion conservatrice.

Il a été réélu, le 8 mai 1898, par 6,871 voix, contre 1,136 à M. Rolland, républicain.

## 124

*Deuxième circonscription de Lannion*

### LE TROADEC (Paul-Louis-Marie)

M. Paul Le Troadec est né à Lézardrieux (Côtes-du-Nord), le 28 avril 1860.

Il fut élu conseiller général, sans concurrent, le 28 juillet 1889, par le canton de Lézardrieux, et conseiller municipal et maire en 1892.

Républicain sans épithète et protectionniste, il est « de ceux qui voudraient que le Parlement se décidât à faire dans le budget de sérieuses économies. »

En 1893, M. Le Troadec fut élu, au scrutin de ballottage, par 5,585 voix, contre 4,850 obtenues par M. Le Provost de Launay, député sortant, membre de la droite.

Il a été réélu, le 8 mai 1898, par 5,694 voix, contre 4,785 à M. de Champagny, conservateur.

---

## 125

*Arrondissement de Loudéac*

### MANDO (Eugène)

M. Mando est né à Langast, canton de Plouguenast (Côtes-du-Nord), le 23 août 1855.

Cultivateur, conseiller général, vice-président de la Société hippique de Loudéac, M. Mando s'est présenté comme républicain progressiste.

Partisan d'une sage décentralisation, il réclamera, dit-il, plus de libertés pour nos assemblées départementales et communales. Il se prononce « pour la République, loyalement affirmée et pour le drapeau tricolore franchement arboré ».

Il a été élu, le 8 mai 1898, par 11,413 voix, contre 8,283 obtenues par M. Limon, conservateur.

Il remplace M. Le Cerf, député sortant, conservateur, qui ne s'est pas représenté. Il est pour la *première fois* député.

---

# CREUSE

—

## 4 DÉPUTÉS

—

1893 : MM. Defumade, Lacote, Desfarges, Martinon, Emile Cornudet, Tardif.

1898 : MM. *Breton*, Cornudet, Desfarges, *Aucouturier*.

*Le département de la Creuse, par suite de la diminution de sa population n'a plus que 4 députés au lieu de 6*, les arrondissements de Guéret et d'Aubusson ne formant plus chacun qu'une circonscription.

## 126

*Arrondissement de Guéret*

### BERTON (Oscar-Armand)

M. Berton est né à Genté, près Cognac (Charente), le 12 mars 1859.

Il est ancien avoué de 1re instance, propriétaire à Crozant (Creuse).

Conseiller d'arrondissement depuis 1875, maire de Crozant, révoqué sous le ministère Méline et deux fois réélu à l'unanimité, délégué cantonal, président du Comité agricole de Dun-le-Palleteau.

Il est radical-socialiste.

Les deux circonscriptions de l'arrondissement de Guéret ayant été réunies en une seule par suite de la diminution du chiffre de la population, M. Breton a été élu, au deuxième tour de scrutin, le 22 mai 1898, par 10,075 voix, contre 9,730 à M. Defumade, député sortant de la première circonscription et 3,945 à M. Lacôte, député sortant de la deuxième, tous deux républicains.

## 127

*Arrondissement d'Aubusson*

## CORNUDET (Louis-Joseph-Emile)

M. Emile Cornudet est né à Crocq (Creuse), le 19 février 1855.

Ancien officier de cuirassiers, agriculteur, capitaine de réserve du service d'état-major, vice-président du Conseil général, maire de Crocq, M. Cornudet fut élu député pour la première fois, en février 1882, après la mort de M. Amédée Le Faure. Il fut réélu en 1885 et en 1889.

M. Emile Cornudet a été membre de la commission du budget pour les exercices 1891 et 1894, membre de la commission de la réforme hypothécaire, de la commission des chemins de fer et de la commission de la réforme administrative, et, en cette qualité, chargé d'importants rapports.

En 1890, il déposait, sur les travaux de chemins de fer, un rapport très remarqué. En 1892, il présentait un rapport important sur la fusion des services de voirie.

Pour l'exercice 1894, M. Cornudet a été chargé par la commission du budget du rapport sur les garanties d'intérêt et sur les travaux de chemins de fer ainsi que sur la réforme des impôts directs.

Dans sa circulaire de 1893, M. Cornudet demandait que la République entrât enfin sérieusement dans la voie des réformes. Il proposait des modifications constitutionnelles importantes. Il voudrait notamment que le président de la République fût nommé par le Sénat, la Chambre des députés, les conseils généraux, les conseils d'arrondissement et les conseils municipaux.

Il se prononce pour une large décentralisation administrative, pour une réforme très étendue de notre système financier et administratif, pour une loi sur les associations qui permettra de préparer la séparation de l'Eglise et de l'Etat, pour la réduction à deux ans du service militaire actif dans l'infanterie, l'artillerie et la cavalerie recevant pour trois ans les jeunes gens qui voudront voir diminuer leurs obligations militaires ultérieures, etc.

En 1893, M. Cornudet a été réélu, le 20 août, par 6,254 voix, au premier tour.

En 1898, il a été réélu, comme républicain radical, par 13,017 voix, contre 5,792 à M. Martinon, député sortant de la première circonsciption d'Aubusson, supprimée.

---

## 128

*Arrondissement de Bourganeuf*

### DESFARGES (Antoine)

M. Antoine Desfarges est né à Saint-Pierre-le-Bost (Creuse), le 14 août 1851. Il a exercé tour à tour la profession de maçon et celle de cultivateur.

Il vint à Paris en 1867, à l'âge de 16 ans, débuta par servir les maçons, se fit ensuite maçon, et après son service militaire au 99e de ligne, revint travailler à Paris dans le bâtiment. Il fut alors un des membres les plus militants des groupements ouvriers, notamment de la corporation des maçons, qui le nomma son délégué pour la représenter, aux Congrès du Centre en 1881, et à celui de Saint-Etienne en 1882.

La même année, M. Desfarges fut élu à Paris conseiller prud'homme, et successivement réélu en 1885, alors qu'il avait donné sa démission, et pour la troisième fois en 1890.

Il fut élu vice-président, et un peu plus tard président du conseil du bâtiment ; il donna sa démission à la suite de son élection de député.

Il se présenta tour à tour, dans les quartiers Saint-Victor et du Val-de-Grâce aux élections municipales de Paris, mais il échoua.

En 1885, lors du scrutin de liste, il se rendit dans la Creuse, tint des réunions publiques, et sans être présenté sur aucune des listes en présence, sans affiches et sans bulletins, il obtint plus de 3.000 voix.

En 1889, au scrutin d'arrondissement, il fit une déclaration de candidature pour l'arrondissement de Bourganeuf, mais il tint à peine quelques réunions publiques et n'adressa ni manifeste, ni bulletins de vote aux électeurs, il réunit seulement 463 voix lors du scrutin de ballottage, il se retira et publia un appel vigoureux en faveur de Martin-Nadaud, tenu en échec par M. Emile Coutisson, qui fut élu au deuxième tour.

En 1893, vingt jours à peine avant les élections, Desfarges quitte le chantier où il travaillait. en qualité d'ouvrier maçon et se rend dans la Creuse, où il pose à nouveau sa candidature dans l'arrondissement de Bourganeuf.

Il est candidat républicain socialiste, mais non collectiviste.

Il fut élu au second tour de scrutin, par 4,467 voix, contre 2,891 obtenues par M. Coutisson, député sortant, républicain modéré.

Au premier tour, M. Desfarges avait obtenu 2,391 voix, M. Coutisson 2,362, M. Champeaux, 1,461, M. Simon, 1,091.

En 1886, M. Desfarges fonde un journal hebdomadaire, « Le Vigilant », mais c'est à peine s'il peut vivre quelques semaines.

En 1895, alors qu'il est député, il fonde « La Jeune Creuse », organe républicain-socialiste, dont il est rédacteur en chef et directeur politique depuis sa fondation.

Au cours de la dernière législature, il a pris plusieurs fois la parole à la Chambre, notamment dans une interpellation au Ministre de l'agriculture, au sujet de la mévente des porcs, et dans une autre interpellation au Ministre du commerce, au sujet des conditions dans lesquels étaient occupés les ouvriers du bâtiment travaillant dans les chantiers de l'Exposition de 1900.

Il a déposé et défendu à la tribune plusieurs amendements ayant pour but de soumettre les études des notaires aux inspecteurs des Finances ; de maintenir des crédits destinés à une rigoureuse inspection et à la stricte application des lois de protection en faveur de la classe ouvrière ; de supprimer le poste de commissaire spécial à Bourganeuf, etc.

M. Desfarges a été réélu le 8 mai 1898, au premier tour de scrutin, par 5,530 voix, contre 2,134 à M. Germain Champeaux, maire de Bourganeuf, radical.

## 129

*Arrondissement de Boussac*

### AUCOUTURIER (Siméon)

M. Aucouturier (Siméon) est né à Boussac (Creuse) en 1835.

Il y exerce la profession de maître d'hôtel.

Conseiller municipal de Boussac depuis 1870, il en est maire depuis vingt ans. Membre du Conseil général de la Creuse, il a donné sa démission le 6 juillet 1898.

Il est *pour la première fois député.*

Il s'est présenté comme républicain-radical et a été élu, le 8 mai 1898, par 6,020 voix, contre M. Alfred Tardif, républicain, député sortant.

# DORDOGNE

—

## 7 DÉPUTÉS

—

1893 : MM. Saumande, Chavoix, de la Batut, Clament, Theulier, Pourteyron, Denoix (élu sénateur et remplacé par *M. Sarrazin*), Gendre.

1898 : MM. Saumande, *Napoléon Magne*, de la Batut, Clament, Theulier, Pourteyron, Sarrazin.

En 1898, le département de la Dordogne ne compte plus que 7 députés au lieu de 8, l'arrondissement de Sarlat, par suite de la diminution de la population, ne formant plus qu'une circonscription.

## 130

*Première circonscription de Périgueux*

### SAUMANDE (Gabriel-Georges)

M. Georges Saumande est né à Cubzac (Dordogne), le 21 janvier 1851.

Avoué, président de la chambre de discipline, M. Saumande a été successivement conseiller municipal de Chancelade, puis de Périgueux. Il a été de 1887 à 1893 maire de la ville de Périgueux.

Il s'est présenté comme républicain sans épithète ; il veut le maintien intégral de toutes les conquêtes démocratiques réalisées. Il est d'avis que les questions politiques cèdent le pas à l'étude des questions sociales. Il réclamera avec insistance l'institution du crédit agricole, l'organisation complète de l'assistance publique dans les campagnes, la création d'une caisse des retraites, des réductions budgétaires, des réformes dans la base et la répartition de certains impôts, notamment de l'impôt foncier et des prestations pour l'agriculture, la diminution des frais de justice par la refonte du Code de procédure, etc.

Le 20 août 1898, M. Saumande fut élu, au premier tour, par 6,802 voix, contre 6,699 obtenues par M. Maréchal, député sortant, qui appartenait à la droite.

Il a été réélu le 22 mai 1898, au second tour de scrutin par 8,481 voix, contre 4,100 à M. Guillier, maire de Périgueux, républicain, 1,199 à M. Dion, socialiste, 138 à M. Parat, antisémite.

Il a été élu membre de la Commission de la marine (novembre 1898).

––––––––

## 131

*Deuxième circonscription de Périgueux*

### MAGNE (Napoléon)

M. Napoléon Magne est né à Reims, le 2 juin 1865. Il est le petit-fils de l'ancien ministre des finances de Napoléon III. Il est ancien capitaine de cavalerie.

Il est bonapartiste.

M. Napoléon Magne a été élu, au deuxième tour, le 22 mai 1898, par 7,212 voix, contre 6,762 à M. Chavoix, député sortant, républicain.

Il a été élu membre de la Commission de l'armée (novembre 1898).

––––––––

## 132

*Première circonscription de Bergerac*

### LA BATUT (Anne-Charles-Ferdinand de la Borie, vicomte de)

M. de la Batut est né à Bergerac, le 9 mai 1854.

Docteur en droit, il est juge honoraire au tribunal de la Seine. Il est maire de Montbazillac et vice-président du Conseil général. Il est l'auteur d'un ouvrage sur les institutions de bienfaisance en France.

Il a été élu, pour la première fois, député en 1885, au scrutin de liste. Il est républicain.

Il est hostile à tout bouleversement politique. Il estime que la Chambre devrait surtout s'occuper des questions économiques et sociales, assurer la stabilité ministérielle, modifier les impôts dans un sens démocratique, réaliser la diminution des frais de justice, rendre à la France sa liberté économique lors de l'expiration des traités de commerce, favoriser de tout son pouvoir les sociétés et les institutions de bienfaisance et de secours mutuels, supprimer les fonctions inutiles, etc. Il réclame le respect de toutes les opinions religieuses, en exigeant cependant leur soumission aux lois de l'Etat.

En 1889, M. de la Batut fut nommé, au premier tour, par 9,136 voix, contre 7,532 obtenues par M. le comte de la Panouse, conservateur.

En 1892, 1893, 1894, il a été l'un des secrétaires de la Chambre des députés.

En 1893, il fut réélu, par 11,096 voix, sans concurrent.

Le 8 mai 1898, il a été réélu par 9,776 voix, contre 6,254 obtenues par M. Delpit, ancien officier de marine.

Il a été élu membre de la Commission des colonies (novembre 1898).

------

## 133

*Deuxième circonscription de Bergerac*

### CLAMENT (Clément)

M. Clament est né à Laforce (Dordogne), en 1853.

Il est docteur en médecine.

Conseiller général, maire de Laforce, il fut élu pour la première fois député en 1890, après l'invalidation de M. Thirion-Montauban. Il est républicain.

En 1893, il fut réélu, le 20 août, au premier tour, par 8,021 voix.

Il a été réélu, le 8 mai 1898, par 7,625 voix, contre 4,256 à M. Raymond de Lortal, conservateur, et 569 à M. Dardineau, radical-socialiste.

------

## 134

*Arrondissement de Nontron*

## THEULIER (Albert)

M. Theulier est né à Thiviers en 1842. Il est docteur en médecine. Il est maire de Thiviers, membre et président du conseil général de la Dordogne.

Il a été élu député en 1881, au scrutin d'arrondissement, à Périgueux, et en 1885, au scrutin de liste, dans la Dordogne.

Dans sa circulaire de 1893, il disait : « Il faut que le Parlement, ne perdant plus son temps à faire et à défaire les ministères sans profit pour le peuple, aborde enfin les questions économiques, sociales et administratives, dont la démocratie française attend depuis si longtemps la solution. »

Tout en reconnaissant que le gouvernement républicain a déjà beaucoup fait, il demandait que la République porte une main hardie sur le vieux moule des institutions monarchiques et impériales.

En 1889, M. Albert Theulier fut élu, au premier tour, par 10,129 voix, contre 8,637 accordées à M. Sarlande, conservateur, et 1,132 à M. Ribeyrol, boulangiste.

En 1893, il fut réélu, au premier tour, par 12,186 voix, contre 2,383 à M. l'abbé Segonzac et 1,991 à M. Rezou, conservateur.

Dans sa dernière circulaire électorale M. Theulier, après avoir dit qu'il reste toujours partisan, aussi convaincu de l'union des républicains contre les révolutionnaires de droite et de gauche, contre les monarchistes et contre les collectivistes, réclame de nouveau une économie rigoureuse dans les finances publiques, la réforme de l'impôt de manière à rendre moins lourd le fardeau qui pèse sur le travail sous toutes ses formes, le prompt achèvement des lois de solidarité et de fraternité sociales, etc.

M. Albert Theulier a été réélu au premier tour, le 8 mai 1898, par 13,183 voix, contre 4,999 à M. Réjou, bonapartiste.

## 135

*Arrondissement de Ribérac*

## POURTEYRON (Paul)

M. Pourteyron est né le 30 mars 1846 à Saint-Vincent-de-Connezac.

Elève du lycée de Périgueux, il a fait ses études médicales à Bordeaux, puis à Paris. Il est docteur en médecine de la Faculté de Paris, ancien interne des hôpitaux de Bordeaux, lauréat de l'Ecole de médecine et des hôpitaux, lauréat de la Faculté de Paris, membre correspondant de la Société anatomique de Paris et de la Société de médecine de Bordeaux, etc.

Il est maire de Saint-Vincent-de-Connezac depuis 1878, et conseiller général du canton de Neuvic depuis 1883. Il est officier d'Académie.

Républicain modéré et progressiste, il fut en 1893, acclamé, à l'unanimité, par les 400 délégués du congrès d'arrondissement et, dans la circonscription que représentait précédemment M. de Fourtou, n'eut pas de concurrent. Il fut élu au premier tour de scrutin, par 10,241 voix.

M. Pourteyron considère la stabilité ministérielle comme une condition « du gouvernement fort et honnête qui nous assure l'ordre à l'intérieur et au dehors une paix compatible avec l'honneur national ».

Il demande notamment :

La diminution des frais de justice, des droits de mutation des propriétés, la revision du cadastre, l'établissement du Crédit agricole, la suppression de l'impôt des portes et fenêtres et de l'impôt sur les boissons hygiéniques, la création d'une armée coloniale, la décentralisation administrative.

Il se prononce pour le maintien d'une sage protection de l'agriculture, pour un large développement de l'assistance publique et la création de bureaux de bienfaisance dans chaque commune.

Opposé à la revision de la Constitution, M. Pourteyron reste partisan de la diminution du nombre des membres du Parlement et du renouvellement partiel de la Chambre.

Il exprime le vœu que la législature prochaine étudie et applique un système de contributions autre que l'impôt global et progressif sur le revenu, qui sans vexations, sans mesures inquisitoriales ou arbitraires, assurera une meilleure répartition des charges publiques, en soulageant les contribuables et frappant la richesse acquise.

Dans la dernière Chambre, il a fait partie des commissions de la revision des patentes, du conseil supérieur de l'instruction publique, de la loi sur la pharmacie, etc.

M. Pourteyron a été réélu le 22 mai 1898, au deuxième tour de scrutin, par 8,476 voix, contre 7,304 obtenues par M. Lanauve, rallié.

---

## 136

### Arrondissement de Sarlat

### SARRAZIN (Pierre)

M. Sarrazin est né à Saint-Médard-de-Guizières, le 5 avril 1854.

Il est docteur en médecine, licencié en droit, officier d'académie.

Conseiller général et maire de Sarlat, il fut pour la première fois nommé député de la première circonscription de Sarlat, le 28 juin 1896, en remplacement de M. Denoix, élu sénateur.

Il est républicain.

En 1898, l'arrondissement de Sarlat ne formant plus qu'une circonscription électorale, M. Sarrazin a été élu député, le 22 mai, au deuxième tour de scrutin, par 11,089 voix, contre 9,754 à M. Gendre, député sortant, de la première circonscription, radical, et 4,232 à M. de Boysson, conservateur. Au premier tour, M. Sarrazin avait obtenu 10,168 voix, M. de Boysson, 5,729, M. Gendre, 5,404, et M. de Molènes 3,753.

# DOUBS

—

## 5 DÉPUTÉS

———

1893 : MM. Beauquier, le comte de Jouffroy d'Abbans, le marquis de Moustier, Viette (décédé, remplacé par *M. Huguet*), Dionys Ordinaire (décédé, remplacé par M. le docteur Grenier).

1898 : MM. Beauquier, *Tramu*, de Moustier, *Borne, Maurice Ordinaire.*

## 137

*Première circonscription de Besançon*

### BEAUQUIER (Charles)

M. Beauquier est né, à Besançon, le 19 décembre 1833.

Licencié en droit, il suivit les cours de l'Ecole des chartes, d'où il sortit avec le diplôme d'archiviste-paléographe. Il se livra à des études d'esthétique et de critique musicale, puis entra dans le journalisme vers 1858. Il écrivit d'abord au *Figaro*, alors purement littéraire, puis devint un collaborateur de M. Pelletan à la *Tribune* et de Delescluze au *Réveil*. Il a aussi publié de curieuses études relatives à la Franche-Comté (*Dictionnaire étymologique des provincialismes franc-comtois ; chansons populaires* de Franche-Comté, etc,).

En 1869, M. Beauquier fonda à Besançon le journal hebdomadaire le *Doubs* ; lors du plébiscite, il fut condamné à la prison et à une forte amende.

Après le 4 Septembre, il fut nommé sous-préfet de Pontarlier, mais il donna sa démission en 1871, et revint à Besançon, où il prit la direction du *Républicain de l'Est*, puis de la *Fraternité*. Il est syndic-fondateur de l'Association des journalistes républicains. Il a été conseiller général du Doubs et conseiller municipal de Besançon.

En 1880, il fut élu député.

A la Chambre, il siège à l'extrême gauche.

Il proposa notamment la loi sur la liberté des funérailles. Il demanda aussi la suppression des titres de noblesse, et, pour amener cette réforme, il rédigea une proposition de loi qui donnait à chacun le droit et la permission de se parer d'un titre nobiliaire.

Réélu en 1881, en 1885 et en 1889, M. Beauquier, qui est vice-président de la Ligue pour la décentralisation présidée par M. de Marcère et membre de la commission extra-parlementaire de décentralisation, s'est particulièrement occupé de la réforme administrative.

Dans ses circulaires de 1893 et de 1898, M. Beauquier se prononçait de nouveau pour la revision de la Constitution dans un sens démocratique et pour la décentralisation administrative ; il demande que la société garantisse aux valides l'existence par le travail et à tous ceux qui ne peuvent travailler l'assistance publique ; il a voté et votera la séparation de l'Eglise et de l'Etat et la suppression du budget des cultes, l'impôt sur le revenu, la suppression des octrois, la protection de l'agriculture, la réduction des frais de justice, la réduction du service militaire à 2 ans, etc.

M. Beauquier fut élu le 2 août 1893, au premier tour, par 3,949 voix, contre 1,242 à M. Alvizet de Maizières, revisionniste.

Le 8 mai 1898, M. Beauquier a été réélu, au premier tour, par 5,202 voix, contre 1,883 à M. Vuillecard, maire de Besançon, républicain, 1,585 à M. Beyer, conservateur, 597 à M. Bredillot socialiste revolutionnaire, etc.

---

## 138

*Deuxième circonscription de Besançon*

### TRAMU (Charles)

M. Tramu est né, à Saint-Vit (Doubs), le 17 juin 1838. Il est négociant.

Il est maire de Saint-Vit depuis 1871; il fut révoqué de ses fonctions après le 16 mai 1877.

Il appartient à la gauche radicale.

Il a été élu pour la première fois député, le 8 mai, au premier tour de scrutin, par 6,399 voix contre 5,757 à M. le comte de Jouffroy d'Abbans, député sortant, républicain.

---

## 139

*Arrondissement de Baume-les-Dames*

### MOUSTIER (marquis de)

M. le marquis de Moustier est né le 16 février 1850.

Il descend d'une ancienne famille franc-comtoise, alliée aux Mérode, aux Montalembert, aux Marmier. Son grand-père fut membre de la Chambre des pairs, et son père, député du Doubs à l'Assemblée législative en 1849, fut, sous Napoléon III, ambassadeur à Vienne et à Constantinople, puis ministre des Affaires étrangères de 1866 à 1868.

M. de Moustier, qui habite le château de Bournel, fut élu conseiller général par le canton de Rougemont, le 4 novembre 1877. Depuis lors, il a été constamment réélu.

En 1889, lorsqu'il se présenta pour la première fois à la députation, M. de Moustier déclara qu'il acceptait la Constitution républicaine et sa candidature fut appuyée par les comités républicains de l'arrondissement de Baume-les-Dames.

Dans sa circulaire, M. le marquis de Moustier disait notamment : « La politique que j'entends défendre est une politique d'apaisement, de paix religieuse, de liberté pour tous, la seule à laquelle je puisse associer mon nom. J'ai toujours été partisan des institutions démocratiques et je demande que la République soit libérale et ouverte à tous... Je n'entends coopérer ni directement, ni indirectement, par mon action politique, aux manœuvres des partis qui, sous prétexte de reviser la Constitution, ne tendent, qu'ils le veuillent ou non, qu'au renversement de nos institutions, au profit d'une dictature de rencontre. »

M. de Moustier fut élu, au premier tour, par 7,856 voix,

contre 5,269 obtenues par M. Estignard, revisionniste, ancien député, invalidé après le 16 mai.

En 1893, il fut réélu au premier tour.

En 1898, M. de Moustier a été réélu, le 8 mai, par 8,498 voix contre 5,142 à M. Bütterlin, radical.

## 140

### *Arrondissement de Montbéliard*

### BORNE (Charles-Marie-Joseph.)

M. Borne est né à Saint-Hippolyte (Doubs, le 15 février 1850.

Il est docteur-médecin, ancien élève des hôpitaux et lauréat de la Faculté de Paris, chevalier de la Légion d'honneur. Maire de Saint-Hippolyte, conseiller général, président de comité et de syndicat agricole, il a été deux fois candidat au Sénat en 1895 et en 1897.

Dans sa profession de foi, il dit qu'il s'appliquera à suivre les traditions républicaines de ses deux prédécesseurs à la députation dans l'arrondissement de Montbéliard, MM. Viette et Huguet. Voici les points principaux de son programme.

« Défense de la propriété individuelle et réformes sociales ; lois de prévoyance, d'assurances, de mutualité et d'assistance ; caisse de retraite pour la vieillesse.

« Respect des droits de la société civile comme de la liberté de conscience ; résistance sans compromission ni faiblesse contre les empiétements et les attaques des adversaires coalisés de la République.

« Réformes fiscales : impôt sur l'ensemble des revenus de chacun avec une progression limitée ménageant les produits du travail, frappant surtout la richesse acquise : impôt sur les successions.

« Revision partielle de la Constitution pour éviter tout conflit et garantir l'harmonie des pouvoirs.

« Développement des assurances et des caisses de crédit agricole. Revision du cadastre. Réduction du service militaire à deux ans.

« Lois de protection équitablement appliquées à toutes les branches de notre commerce et de notre industrie dont la prospérité est la base fondamentale de l'amélioration du sort des travailleurs.

« Économies, dégrèvements d'impôts, suppression du personnel inutile, décentralisation des services publics se traduisant par une large extension des pouvoirs des assemblées départementales et communales sans rompre l'unité des forces nationales ; referendum municipal pour toutes les questions de nature à engager sérieusement l'avenir au point de vue des intérêts matériels, liberté d'association, affranchissement des initiatives privées. »

M. Borne a été élu, le 8 mai 1898, par 9,196 voix contre 4,900 à M. de Morville, conservateur, 3,020 à M. Jeanperrin, radical, etc.

## 141

## ORDINAIRE (Charles-François-Maurice)

M. Maurice Ordinaire est né, le 7 février 1862, à Saint-Quentin. Il est le fils de M. Dionys Ordinaire qui fut député de l'arrondissement de Pontarlier de 1880 à 1896 et qui, décédé au cours de la dernière législature, fut remplacé le 6 décembre 1896, par M. le docteur Grenier.

Ancien chef de cabinet aux ministères des colonies et du commerce et à la présidence du Sénat, ancien de chef service au ministère des colonies, chevalier de la Légion d'honneur, M. Maurice Ordinaire a aussi collaboré à la *République française*, à la *Revue bleue*, à la *Revue de Paris*.

Dans son programme électoral, M. Maurice Ordinaire demande notamment :

« *La Réforme fiscale*, effectuée non point au moyen de l'impôt global qui entraîne forcément (sans qu'on ose vous l'avouer) l'inquisition et la taxation du produit du travail, mais bien par l'impôt sur le revenu atteignant la richesse acquise et appliqué de façon à dégrever les petits et à décharger la terre.

« *Les Réformes sociales*, comprenant les encouragements à la mutualité, source féconde de toute amélioration à la campagne comme à la ville, toutes les mesures propres à hâter le développement du crédit et des assurances agricoles, à compléter nos lois d'assistance, de retraite pour la vieillesse et de protection du travail, à faciliter la transmission de la propriété rurale actuellement si onéreuse pour les petits, à améliorer définitivement notre système successoral par la déduction du passif et la surtaxation des successions en ligne non-directe.

» *Une Politique de sévère économie*, reposant principalement sur une décentralisation hardie, sur la diminution du nombre des fonctionnaires et sur la simplification de nos rouages administratifs. »

M. Maurice Ordinaire ajoute :

« Je m'efforcerai de rétablir le prestige et l'autorité du pouvoir exécutif et de renfermer le parlement dans ses attributions qui sont : le vote du budget, la confection des lois et un contrôle non tracassier des actes du gouvernement. C'est le meilleur moyen d'assurer la stabilité ministérielle. Convaincu que la véritable revision doit être opérée dans nos mœurs politiques, je suis opposé à celle qui serait un acheminement hypocrite vers la suppression du Sénat. »

Il a été élu, le 22 mai 1898, au scrutin de ballottage, par 6,325 voix contre 3,814 à M. Th. Simon, libéral, et 1,575 à M. le docteur Grenier, député sortant, radical.

M. Maurice Ordinaire a été élu, lors de la constitution du bureau, secrétaire de la Chambre des députés (juin 1898) et membre de la Commission des colonies (novembre 1898).

# DROME

—

## 5 DÉPUTÉS

———

1893 : MM. Maurice Faure, Bizarelli, Louis Blanc, Gras, le baron Boissy d'Anglas.

1898 : MM. Maurice Faure, Bizarelli, Louis Blanc, Gras, le comte d'Aulan.

## 142

### Première circonscription de Valence

### FAURE (Maurice)

M. Maurice Faure est né à Sallans (Drôme), en 1850. Sa famille était alliée à celle de Barnave ; son père, ami particulier de Bancel est l'un des chefs du parti républicain de l'arrondissement de Die, fut arrêté après le coup d'Etat, emprisonné à la tour de Crest, et obligé de quitter la France pour échapper aux persécutions du gouvernement impérial.

M. Maurice Faure, élève à Alais, y fonda, dès 1869, une société républicaine qui prit une part active à la lutte contre la candidature officielle et contre le plébiscite. Il collabora alors à l'*Indépendant du Midi*, que dirigeait M. Yves Guyot.

Attaché à la délégation de Bordeaux en qualité de rédacteur au ministère de l'intérieur, il était chef de bureau à la direction pénitentiaire, lorsqu'il fut élu député de la Drôme, sur la liste républicaine, en 1885.

L'honorariat lui fut conféré par le ministre de l'intérieur.

Lors de la discussion soulevée par la droite, à propos de la suppression du traitement d'ecclésiastiques qui avaient transformé la chaire en tribune politique, il proposa un ordre du jour *invitant le gouvernement à faire respecter par tous les institutions de la République*. Cet ordre du jour fut adopté à une très forte majorité.

Lors des débats relatifs à l'expulsion des princes, il fit voter par la Chambre une motion ayant pour objet de faire déclarer l'urgence en même temps que la discussion immédiate.

Membre du bureau de la gauche radicale, il fit partie des commissions d'initiative, des ouvriers mineurs, des programmes électoraux, de l'enseignement primaire, du budget des exercices clos, des pensions militaires, etc.

M. Maurice Faure a déposé un projet de réformes administratives, qu'il continue à réclamer.

Il a été plusieurs fois membre de la Commission du budget.

M. Maurice Faure est conseiller général de la Drôme. Il a été l'un des promoteurs des sociétés de patronage destinées à venir en aide aux libérés repentants. Il a consacré à ces associations une étude dans le *Dictionnaire d'Administration française*, de Maurice Block.

Membre de l'Association syndicale de la presse républicaine, depuis sa fondation, il a collaboré à plusieurs journaux, notamment au *Petit Méridional*. Grand admirateur de la littérature provençale, il est l'un des fondateurs de la Société littéraire la Cigale, qui réunit l'élite intellectuelle des méridionaux habitant Paris.

Dans sa circulaire de 1889, M. Maurice Faure disait qu'il faut, avant tout, que les républicains, oubliant leurs anciennes discordes, considèrent comme un impérieux devoir de renoncer à la politique de coterie, aux intrigues de couloir, aux interpellations continuelles, aux crises sans cesse renouvelées, en un mot à l'agitation stérile.

M. Maurice Faure est partisan du vote, aussi prompt que possible, des réformes que n'ont pu achever les Chambres de 1885, de 1889 et de 1893.

M. Maurice Faure a fait partie des commissions les plus importantes et a prononcé de nombreux discours, notamment pour réclamer une politique d'économie, de décentralisation et d'amélioration du sort des ouvriers, notamment de ceux des chemins de fer et de l'agriculture.

8

En 1889, M. Maurice Faure fut élu par 12,143 voix.

En 1893 et 1898, il a été réélu sans concurrent ; le 6 mai 1898 il a obtenu 12 046 voix.

Il a été élu, le 6 juillet 1898, vice-président de la Chambre des députés.

Il a été nommé membre de la commission du budget de 1899 (novembre 1898.)

---

## 143

*Deuxième circonscription de Valence*

### BIZARELLI (Louis)

M. Bizarelli est né à Saint-Florent (Corse), le 25 juillet 1836. Il fit ses études à Bastia, puis vint à Montpellier suivre les cours de la Faculté de médecine.

Reçu docteur, il exerça d'abord la médecine dans son pays natal, puis se fixa dans la Drôme, au Grand-Serre, où il se maria et où il habite encore.

Il prit une part des plus actives à la lutte soutenue contre l'Empire par la démocratie participa à la création du journal l'*Indépendant de la Drôme* et fit contre le plébiscite une campagne des plus vives.

Après le 4 septembre 1870, M. Bizarelli fut président de la commission d'armement de la Drôme, puis contracta, bien que marié et père de famille, un engagement pour la durée de la guerre. Nommé médecin des mobilisés de la Drôme, il fit partie de l'armée de l'Est.

Il ne cessa de faire la plus vive opposition au gouvernement du 24 mai 1873 et du 16 mai 1877.

Conseiller municipal du Grand-Serre, il fut élu membre du Conseil général de la Drôme, dont il a été successivement secrétaire, vice-président, puis président.

A la mort de M. Isidore Christophle, député de Romans, il fut élu, le 14 septembre 1879, par 10,332 voix, contre 1,962 accordées à son concurrent, également républicain.

Aux élections du 21 août 1881, il fut réélu par 12,000 suffrages. Il fut, lors de la constitution du bureau, nommé secrétaire de la Chambre des députés.

Le programme qu'il accepta alors comprenait de nombreuses réformes politiques, économiques et financières, notamment la séparation des Eglises et de l'Etat, la réforme de la magistrature et la suppression de l'inamovibilité, l'épuration complète du personnel administratif, les fonctions publiques données aux citoyens justifiant trois ans de séjour dans un établissement universitaire, interdiction à tout député de se servir de son titre dans les sociétés financières, etc.

En 1885, M. Bizarelli fut réélu au scrutin de liste.

M. Bizarelli a fait partie des diverses commissions du budget. Il a pris part à plusieurs discussions.

Il a été président de la gauche radicale, dont il fut successivement le candidat à la vice-présidence, puis à la questure de la Chambre des députés.

Partisan de la revision constitutionnelle, mais seulement dans un sens démocratique et républicain, M. Bizarelli combattit énergiquement le général Boulanger.

En 1889, il fut élu par 9,835 voix, contre 7,951 obtenues, par M. Bonnet, républicain.

Dans sa circulaire de 1893 et de 1898, M. Bizarelli confirme les précédentes.

« Il faut, dit-il, donner au pays une organisation plus républicaine, une justice plus prompte et moins coûteuse, une plus équitable répartition de l'impôt, encore plus de libertés si c'est possible, encore plus d'égalité devant la loi, la laïcisation complète de l'Etat; il faut poursuivre l'œuvre d'amélioration du sort des travailleurs et faciliter plus encore le développement de l'agriculture, de l'industrie et du commerce. »

M. Bizarelli considère aussi comme indispensable le maintien des lois militaire et scolaire.

En 1893, il fut réélu, sans concurrent le 20 août au premier tour, par 11,536 voix.

Pendant les deux dernières législatures, M. Bizarelli a été questeur de la Chambre des députés.

Le 8 mai 1898, au premier tour, il a été réélu sans concurrent par 11,390 voix.

## 144

*Arrondissement de Die*

## BLANC (Louis)

M. Louis Blanc est né à Bourdeaux (Drôme), le 14 avril 1838. A été élu pour la première fois député lors d'une élection partielle, le 1ᵉʳ janvier 1893. Il est conseiller général.

Partisan d'une politique vraiment démocratique il s'est présenté comme candidat radical avec un programme qu'il a maintenu dans sa récente profession de foi et dont les principaux articles sont les suivants :

1° Le maintien des lois scolaires, c'est-à-dire la laïcité, la gratuité et l'obligation de l'enseignement ;

2° L'égalité de tous devant l'impôt du sang et la réduction à deux ans du service militaire ;

3° La séparation des Eglises et de l'Etat et la suppression du budget des cultes ;

4° La réforme administrative et l'épuration du personnel ;

5° La réforme judiciaire et la réduction des frais de justice ;

6° L'étude des lois comportant l'amélioration du sort des travailleurs ;

7° La création d'une caisse des retraites pour les ouvriers infirmes ou âgés ; encouragement aux sociétés de secours mutuels et la protection ;

8° L'encouragement de l'agriculture et l'organisation d'un crédit agricole ;

9° La réforme des impôts ;

10° La limitation de la politique coloniale à la conservation des possessions actuelles sans conquêtes nouvelles ;

11° Renouvellement partiel de la Chambre des députés.

Il fut réélu au premier tour, le 20 août 1893, par 7,580 voix, contre 6,535, à M. Reynaud, républicain.

Il a de nouveau été réélu, au premier tour, le 8 mai 1898, par 7,991 voix contre 3,600 à M. de Fontgalland, rallié, et 3,145 à M. Grand, républicain.

## 145

*Arrondissement de Montélimar*

### GRAS (Denis-Antoine)

M. Gras est né, le 2 mars 1847, à Rochegude (Drôme).

Après avoir appartenu au barreau, M. Gras a été succes-sivement conseiller et vice-président du conseil de préfec-ture de la Nièvre, juge d'instruction à Clamecy, juge à Valence, président du tribunal à Ussel, puis à Beaune (Côte-d'Or).

M. Gras s'est présenté comme républicain radical. Il s'est prononcé pour une répartition plus équitable de l'impôt, pour l'amélioration du sort de l'ouvrier, pour l'institution du crédit agricole.

En 1893, il obtint au premier tour, 4,760 voix; M. Aymé Martin, républicain, 4,140; M. Bérenger, libéral, 3,734.

Au second tour, il fut élu par 9,443 voix, contre 4,654 à M. Bérenger.

En 1898, M. Gras a été réélu au second tour de scrutin, le 22 mai, par 7,702 voix contre 7,410 à M. Chancel, con-servateur.

Au premier tour, M. Gras avait obtenu 6,260 voix, M. Chancel, conservateur 4,987, M. Chapon, républicain progressiste, 4,368.

---

## 146

*Arrondissement de Nyons*

### AULAN (François de SUAREZ, comte d')

M. le comte d'Aulan est né à Livourne (Italie), le 7 juin 1864. Son père fut longtemps député de la Drôme.

Il est propriétaire, bachelier ès lettres, lieutenant de cavalerie de réserve au 19e régiment de dragons.

Nationaliste plébiscitaire, M. le comte d'Aulan s'est pré-senté comme candidat indépendant « démocrate sincère, patriote ardent. »

« D'une république régénérée fondée, dit-il sur le respect
de la souveraineté du suffrage universel et purifiée de ses
éléments corrompus et démoralisateurs j'attends l'Ordre,
la Justice, la Probité, la Concorde, la protection du Travail
et de l'Epargne. »

Il réclame la liberté de conscience, la liberté d'enseignement, la liberté de vote qu'il considère comme n'exis-
tant pas actuellement.

Il se prononce pour de nombreuses réformes économiques et sociales, pour la protection efficace de l'agriculture
en faveur de laquelle il réclame l'organisation de Chambres
d'agriculture la représentant officiellement, la suppression
des emplois inutiles, etc.

M. le comte d'Aulan a été élu au deuxième tour par
4,390 voix contre 3,607 à M. le baron Boissy d'Anglas,
député sortant, républicain.

# EURE

—

## 6 DÉPUTÉS

---

1893 : MM. Isambard, Modeste Leroy, Louis Passy, Fouquet, Thorel, Loriot.
1898 : Les mêmes.

## 147

*Première circonscription d'Evreux*

### ISAMBARD (Louis-Édouard)

M. Isambard est né à Pacy-sur-Eure le 8 mars 1845. Il est docteur en médecine.

Étant étudiant M. Isambard fut détenu préventivement à Mazas pour opposition à l'Empire.

En 1870-71, il fut successivement soldat, sergent et médecin aide-major au 1er bataillon des mobilisés de l'Eure.

Il a été le fondateur du comité républicain du canton de Pacy, du comice agricole, de plusieurs sociétés démocratiques.

Il est conseiller municipal de Pacy-sur-Eure depuis 1878, conseiller général depuis 1880, maire depuis 1883.

Outre de nombreux articles dans la *Vallée d'Eure* et dans d'autres journaux, M. Isambard a publié une *Histoire de la Révolution à Pacy-sur-Eure*, en 2 vol. (1884-1887), les Gazettes rimées de la *Vallée d'Eure*, etc.

Il fut élu pour la première fois député le 11 mai 1890, au deuxième tour, en remplacement de M. Bully, décédé.

A la Chambre des députés, M. Isambard a pris à diverses

reprises la parole, nota·nment dans les discussions sur l'exercise de la médecine et le rachat des lignes de l'Eure.

Le programme de M. Isambard, « c'est le programme républicain et qui comprend depuis la séparation des Églises et de l'État jusqu'à un mode plus démocratique de l'élection du Sénat, toutes les revendications radicales et toutes les améliorations sociales compatibles avec la défense de nos intérêts régionaux, la protection de notre agriculture et de notre industrie, l'équilibre de nos finances, le maintien de la liberté individuelle, l'affermissement de la Républiqne et la sécurité de la Patrie. »

M. Isambard fut réélu le 20 août 1893, au premier tour, par 7,513 voix, contre 4,736 à M. Maurice Halay, républicain libéral.

Il a été réélu le 8 mai 1898, au premier tour, par 7,634 voix, contre 3,127 à M. Tyssandier et 2,833 à M. Maurice Halay.

---

## 148

*Deuxième circonscription d'Évreux*

### LEROY (Louis-Modeste)

M. L.-Modeste Leroy est né à Évreux le 22 mars 1855.

Il fut reçu docteur en droit en 1881 et fut successivement attaché au cabinet de M. Girerd, sous-secrétaire d'État au ministère de l'agriculture, puis secrétaire particulier de M. Develle, alors sous-secrétaire d'État au ministère de l'intérieur.

Conseiller municipal de Francheville, président de la délégation cantonale de Breteuil, conseiller d'arrondissement du canton de Verneuil, M. Leroy s'est présenté aux élections de 1893, en se prononçant pour le maintien intégral de toutes les lois républicaines. Ce qu'il veut « c'est la politique d'un gouvernement fort, d'un gouvernement qui gouverne et, par suite, la politique de la stabilité ministérielle. »

Dans sa circulaire, M. Leroy demande encore plus de sécurité pour l'épargne, plus d'économie dans la gestion de nos finances, la simplification de notre administration et de notre justice de façon à les rendre plus rapides et moins coûteuses, l'institution d'un crédit agricole, et d'une chambre d'agriculture, l'extension des institutions de prévoyance et de mutualité, la protection de nos campagnes contre le vagabondage, etc.

M. L.-Modeste Leroy fut élu, au premier tour, par 6,747 voix, contre 5,718 obtenues par M. Olry, député sortant.

Il a été réélu en 1898, au scrutin de ballottage, le 22 mai, par 6,418 voix, contre 5,356 à M. Olry, ancien député conservateur.

Au premier tour, M. Leroy avait obtenu 5,8(3 voix, M. Olry 4,062, et M. Grostillay, radical, 2,781.

---

## 149

### Arrondissement des Andelys

### PASSY (Louis-Paulin)

M. Louis Passy est né à Paris, le 4 décembre 1830. Il est fils de M. Antoine Passy, membre de l'Institut, qui fut préfet de l'Eure en 1830, député, et sous-secrétaire d'État au ministère de l'intérieur avec M. Duchâtel, — et neveu de M. Hippolyte Passy, membre de l'Institut, ancien pair de France et ministre sous Louis-Philippe.

Docteur en droit, sorti de l'École des chartes avec le diplôme d'archiviste-paléographe, lauréat de plusieurs concours académiques, M. Louis Passy a collaboré au *Journal des Débats*, à la *Revue des Deux-Mondes*, au *Journal des Économistes*. Il a écrit plusieurs ouvrages. Il est secrétaire perpétuel de la Société nationale d'agriculture.

Aux élections de 1863, M. L. Passy recueillit un grand nombre de voix, comme candidat indépendant.

Il se présenta de nouveau, en 1869, en déclarant que, s'il s'inclinait loyalement devant les institutions consacrées par les volontés souveraines du suffrage universel, il prétendait faire servir sa conduite et ses paroles au triomphe des idées libérales.

Pendant la guerre de 1870, M. Louis Passy, en sa qualité de conseiller municipal de Gisors, se distingua par sa courageuse attitude devant l'ennemi et par son dévouement aux intérêts de ses concitoyens.

Aux élections du 8 février 1871, M. Louis Passy fut élu député à l'Assemblée nationale sur la liste conservatrice. Il se consacra surtout à l'étude et à la discussion des questions financières et fit partie de la commission du budget. Inscrit au centre droit, il vota, le 24 mai, contre M. Thiers.

Le 2 août 1874, M. Louis Passy fut nommé sous-secrétaire d'État au ministère des finances. Il conserva ce poste lorsque M. Léon Say succéda à M. Mathieu-Bodet. Il collabora à la réforme postale, au règlement des services financiers de la ville de Paris, à la création du bureau de statistique et de législation du ministère des finances.

M. L. Passy était encore sous-secrétaire d'État lors du 16 mai. Il démissionna avec le cabinet Jules Simon, mais il vota pour le maréchal contre les 363.

M. Louis Passy n'a jamais cessé d'être réélu depuis 1876. Il fut nommé, le premier, au scrutin de liste, en 1885.

Dans sa circulaire de 1889, M. Louis Passy, en s'élevant contre la majorité républicaine du Parlement qui « cherche à conserver le pouvoir qu'elle a compromis par ses divisions, ses querelles et ses fautes », indiquait la nécessité d'imprimer à toute la politique une direction nouvelle. Il ajoutait « que tout patriote doit avoir deux buts : défendre la sécurité extérieure par l'exercice d'une administration honnête et d'un gouvernement respecté, et défendre le travail de l'agriculture et de l'industrie nationale par la suppression des traités de commerce et l'équilibre des charges publiques ».

En 1889, M. Louis Passy fut élu, au premier tour, par 7,500 voix, contre 6,156 obtenues par M. Milliard, député sortant, républicain.

En 1893, M. L. Passy a été réélu par 7,244 voix, contre 6,087 obtenues par M. Milliard, sénateur, républicain.

En 1898, M. Passy a été réélu par 9,172 voix, sans concurrent. Il est actuellement un des doyens du Parlement.

## 150

*Arrondissement de Bernay*

### FOUQUET (Louis-Camille)

M. Camille Fouquet est né le 13 janvier 1841 à Rugles (Eure). Il est non pas, comme on l'a dit par erreur, le fils, mais le cousin de M. Philémon Fouquet, député sous l'Empire.

Reçu à l'École polytechnique, il en sortit dans l'artillerie.

Il fit en Allemagne plusieurs voyages qui lui permirent de signaler la force militaire de l'armée prussienne, avant la guerre de 1870.

Après la guerre, M. Fouquet, alors capitaine, donna sa démission et s'occupa d'agriculture.

En 1877, il fut nommé conseiller général de l'Eure et, pendant quatorze années de suite, rapporteur de la commission des finances départementales. Il a publié, sur les finances du département de l'Eure, une étude qui lui a valu une récompense à l'Exposition de 1889.

Aux élections législatives de 1885, il fut élu, sur la liste conservatrice, le 2e sur 6 et réélu en 1889, au premier tour, par l'arrondissement de Bernay. Il se fit inscrire au groupe de l'Appel au peuple.

A la Chambre, M. Camille Fouquet s'est surtout occupé des questions financières, agricoles et militaires; il a été membre de la commission du budget. Il a pris la parole dans de nombreuses discussions.

Il a soutenu les mesures relatives à la protection de l'agriculture et de l'industrie; il a combattu toutes les dispositions contraires aux bouilleurs de cru et demandé le rejet de l'impôt sur les fruits à pressoir. Il a demandé que la situation officielle de la dette de l'État fût dressée chaque année et apportée au Parlement; il a lui-même entrepris l'exécution de ce travail depuis 1869. Il a combattu la captation des eaux de l'Avre par la ville de Paris. Il a enfin développé plusieurs amendements relatifs à des questions militaires et demandé notamment que les pontonniers fussent maintenus dans le corps de l'artillerie.

A plusieurs reprises M. Fouquet a déclaré qu'il ne fait pas d'opposition systématique et ne demande pas le renversement des institutions qui nous régissent ; il se réserve toutefois, si la question de revision était posée devant les Chambres, de voter pour l'élection du Président de la République par le Peuple.

En 1893, M. Fouquet fut élu par 8,577 voix, contre 5,050 accordées à M. Génie, ancien sous-préfet de Bernay, républicain.

Le 8 mai 1898, il a été réélu au premier tour de scrutin, par 7,951 voix, contre 5,691 à M. Puel, maire de Bernay, républicain.

---

## 151

*Arrondissement de Louviers*

### THOREL (Jules-Ernest)

M. Thorel est né à Louviers, le 9 septembre 1842.

Il a continué la profession de vannier exercée dans sa famille depuis un siècle et demi.

En 1870, bien que libéré du service militaire, il s'engagea au début de la guerre et fit la campagne comme simple soldat.

Dès 1871, il créa à Louviers un comité républicain démocratique.

En 1874, M. Thorel fut élu conseiller municipal de Louviers.

Il contribua à doter Louviers d'un important établissement scolaire.

Élu conseiller d'arrondissement en 1883, M. Thorel est maire de Louviers depuis 1887. Il fut nommé conseiller général aux élections de juillet 1889.

Il a créé successivement à Louviers les sociétés suivantes dont il est le président :

Bibliothèque populaire, 1878. — Société de Libre pensée, 1880. — Société républicaine d'instruction, 1882. — Harmonie municipale, 1882. — Société de gymnastique de la Jeune France, 1883. — Section des Prévoyants de l'avenir, 1889.

En 1889, M. Thorel se présenta comme républicain, il fut élu, au premier tour, par ',406 voix, contre 6,890 obtenues par M. Sevaistre, conservateur.

En 1893, il a été réélu, sans concurrent, par 8,474 voix.

Le 8 mai 1898, il a été de nouveau réélu, au premier tour de scrutin, par 7,545 voix contre 2,538 à M. Berthemet, radical, 2,316 à M. Haudos, radical socialiste, et 145 à M. Haize, républicain.

## 152

*Arrondissement de Pont-Audemer*

### LORIOT (Charles)

M. Loriot est né le 27 mars 1850.

Ancien magistrat, propriétaire à Pont-Audemer, M. Loriot fut, pour la première fois, élu député en 1889 par 8,007 voix, contre 6,667 obtenues par M. de la Ferrière, député sortant conservateur.

Il est républicain.

En 1893, M. Loriot fut réélu, sans concurrent, par 10,332 suffrages.

Il a été réélu le 8 mai 1898, également sans concurrent, par 9,398 voix.

# EURE-ET-LOIR

—

## 5 DÉPUTÉS

—

1893 : MM. Lhopiteau, Milochau, Isambert, Louis Terrier (décédé, remplacé par *M. Victor Dubois*), Paul Deschanel.
1898 : MM. Lhopiteau, *Bordier*, Isambert, Victor Dubois, Paul Deschanel.

## 153

*Première circonscription de Chartres*

### LHOPITEAU (Gustave)

M. Gustave Lhopiteau, élu pour la première fois en 1893, est né à Ecrosnes (Eure-et-Loir), le 26 avril 1860. Il succéda à l'un des vétérans de nos assemblées, M. Noël Parfait, qui ne s'était pas représenté.

Elève du lycée de Chartres, M. Lhopiteau fit ses études de droit à Paris, s'y fit inscrire au barreau, puis vint à Chartres en 1886 exercer la profession d'avoué. Il est actuellement avocat à la Cour de Paris.

En 1892, il fut élu conseiller général pour le canton de Maintenon.

Dans sa profession de foi, M. Lhopiteau déclare qu'il veut un gouvernement franchement progressiste, libéral, tolérant des opinions adverses, mais inflexible sur la stricte observation des lois. Il pense que l'Etat doit rester étranger à toutes les religions, sans en protéger ni en opprimer aucune, et que la séparation des Églises et de l'État se produira par la seule impulsion des mœurs et des idées. Il défendra avec obstination les progrès réalisés jusqu'à ce jour et surtout la loi militaire et la loi scolaire. Tout en gardant son indépendance, il ira grossir cette majorité de républicains de gouvernement, partisans de la stabilité ministérielle, ennemis de toute compromission avec les ralliés.

Protectionniste, il votera le maintien des tarifs douaniers, la revision du cadastre, la création du crédit agricole, la suppression des prestations et de l'impôt des portes et fenêtres, le remaniement du régime des boissons, la suppression des octrois, la création d'une caisse des retraites pour les ouvriers vieux et infirmes, etc., l'impôt global et progressif sur les revenus, la revision limitée, les réformes sociales.

M. Gustave Lhopiteau a été réélu, au premier tour, le 8 mai 1898 par 7,200 voix contre 5,237 à M. Henry Bonuel, républicain rallié, et 203 à M. Bureau, collectiviste.

Il a été élu secrétaire de la Chambre des députés lors de la constitution du bureau (juin 1898).

---

## 154

*Deuxième circonscription de Chartres*

### BORDIER (Émile-Louis-Alexandre)

M. Émile Bordier est né à Épernon (Eure-et-Loir), le 28 janvier 1855.

Il est notaire à Gommerville (Eure-et-Loir), suppléant de juge de paix, président de la délégation cantonale de Banville.

Il est républicain.

Dans son programme il demande une réforme générale de notre système d'impôts, comprenant notamment la suppression de l'impôt foncier, des prestations, de la cote personnelle et de l'impôt des portes et fenêtres ; l'égalité du service militaire pour tous avec réduction à deux ans; le maintien intégral des lois scolaires ; la décentralisation administrative ; le maintien des droits protecteurs ; l'extension de la mutualité ; la réorganisation de la police rurale contre le vagabondage ; a réforme des droits de succession; la liberté de conscience la plus absolue.

M. Emile Bordier a été élu, au 1ᵉʳ tour, le 8 mai 1898, par 8,376 voix contre 4,662 à M. Milochau, député sortant, républicain.

---

## 155

*Arrondissement de Châteaudu*

### ISAMBERT (Gustave)

M. Gustave Isambert est né à Saint-Avit (Eure-et-Loir), le 20 octobre 1841. Il est publiciste.

L'un des amis personnels de Gambetta, il lutta avec énergie dans la presse républicaine contre le régime impérial, fut à Tours et à Bordeaux attaché à la délégation de la Défense nationale et contribua, en 1872, à la création de la *République française*, dont il devint un des principaux rédacteurs, puis le rédacteur en chef. Il a toujours défendu la politique de l'Union républicaine.

M. Isambert fut élu pour la première fois député en 1889.

« Le grand besoin de la situation présente, disait M. Isambert, c'est une majorité unie, capable de donner à un ministère un appui durable. On ne l'obtiendra pas en favorisant les adversaires mortels de nos institutions, ceux qu'on a vus depuis quatre ans rechercher uniquement le tapage et multiplier les crises par des coalitions inavouables. Elle ne peut être formée que sur le terrain de la République ordonnée, mais résolument réformatrice et progressive... »

M. Isambert, depuis 1889, a défendu à la Chambre, comme il a continué à le faire dans la presse, cette politique, l'union des républicains sur ce terrain. Il est favorable à toutes les mesures protectrices de l'agriculture et de l'industrie, à l'impôt sur le revenu, à la réforme du régime des boissons, etc.

En 1893, M. Isambert fut réélu par 6,798 voix contre 4,269 à M. le comte de Lévis-Mirepoix, conservateur, et 2,450 à M. Pascal, rallié.

Dans la dernière Chambre, M. Isambert a soutenu le ministère Bourgeois et combattu le ministère Méline.

Il a été vice-président de la Chambre des députés de 1896 à 1898.

Il a été réélu le 8 mai 1898, au 1er tour de scrutin, par 7,691 voix, contre 6,116 à M. Méritte, républicain, et 900 à M. Hateau, radical.

---

## 156

*Arrondissement de Dreux*

### DUBOIS (Victor)

M. Victor Dubois est né à Dreux, le 4 novembre 1837. Il est ancien négociant en vins.

Conseiller municipal de Dreux depuis 1870, ancien maire de Dreux, ancien président du tribunal de commerce, président de la société de secours mutuels de Dreux, conseiller général, M. Victor Dubois a été élu pour la première fois député, lors du remplacement de M. Terrier, décédé, par 7,676 voix contre 6,317 à M. Maujan, ancien député de la Seine, radical.

M. Victor Dubois s'est présenté comme républicain progressiste, partisan d'une politique d'apaisement et de progrès démocratique.

Il se prononce notamment pour l'application loyale du Concordat, qui assure la suprématie de l'Etat et de la société civile, le referendum communal, la représentation des minorités, le vote obligatoire, la réforme du règlement de la Chambre, la solution progressive de la question sociale par les institutions de prévoyance et de mutualité, la protection de l'agriculture et du travail national, la réglementation de l'initiative parlementaire en matière du relèvement de crédits, la revision générale de notre système d'impôts et notamment la transformation de la contribution personnelle mobilière en un impôt général et dégressif sur les revenus, sans taxation arbitraire ni déclaration de la fortune totale, la simplication de la procédure, la réduction du service militaire, la création d'une armée coloniale, etc.

M. Victor Dubois a été réélu le 8 mai 1898, au 1er tour, par 8,150 voix contre 7,957 à M. Maujan, radical-socialiste.

---

## 157

### Arrondissement de Nogent-le-Rotrou

## DESCHANEL (Paul-Eugène-Louis)

M. Paul Deschanel est le fils d'Émile Deschanel, l'éminent professeur qui fut proscrit après le 2 décembre 1851. Il est né à Bruxelles, pendant l'exil de son père, en 1857. Après de brillantes études à Sainte-Barbe, puis au lycée Condorcet, il fut reçu licencié ès-lettres en 1872, et licencié en droit en 1875.

Secrétaire de M. de Marcère, ministre de l'intérieur, en 1876, puis de M. Jules Simon, président du conseil, en 1876 et en 1877, il fut nommé sous-préfet de Dreux, secrétaire général de Seine-et-Marne, puis sous-préfet de Brest et de Meaux ; il donna sa démission pour accepter la candidature à la députation qui lui était offerte par ses anciens administrés de l'arrondissement de Dreux.

Soutenu aux élections générales, en 1881, par Gambetta, il obtint 7,469 suffrages, contre M. Gatineau, député sortant, qui fut réélu avec 8,686 voix. Aux élections du 4 octobre 1885, M. Deschanel, inscrit sur la liste républicaine, fut élu, au scrutin de ballottage, par 37,605 voix, sur 63,940 votants.

M. Paul Deschanel débuta à la tribune de la Chambre le 28 juin 1886, en défendant les droits sur les céréales. Ce fut un brillant début oratoire, la presse fut unanime à le constater.

M. Paul Deschanel prononça encore plusieurs autres discours très remarqués, notamment sur les intérêts de la France en Orient (février 1888). A la suite de ce discours le sultan le nomma grand-croix de Medjidié et grand-officier de l'Osmanié.

Dans la discussion du budget de la marine, M. Paul

Deschanel signala les principaux abus de cette administration et l'insuffisance de notre flotte en croiseurs, éclaireurs et torpilleurs (23 octobre 1888).

Lors du mouvement auquel le général Boulanger a donné son nom, M. Deschanel fut l'un des premiers à signaler les périls « que cette popularité malsaine faisait courir à l'armée, aux libertés publiques, à la patrie ».

Réélu, sans concurrent, aux élections du 22 septembre 1889, dans l'arrondissement de Nogent-le-Rotrou, par 6,458 voix, sur 7,647 votants, M. Deschanel prit la parole, le 20 mai 1890, en faveur de la liberté de la presse à propos du projet de loi voté par le Sénat et tendan substituer la juridiction des tribunaux correctionnels à celle du jury dans la répression des délits d'injure et de diffamation, par la voie de la presse et de la parole, contre les hommes publics. Parlant, dans ce débat, de la centralisation administrative exagérée qui règne encore en France, le jeune orateur insista sur ce qu'il y a d'anormal à poursuivre cette chimère de vouloir fonder le régime parlementaire et la liberté politique sur les assises du césarisme.

« Voilà, concluait-il, ce qu'il y a d'inquiétant aujourd'hui encore dans la situation de ce pays : c'est que toutes les institutions sont prêtes, tout est en place pour le despote inconnu. »

Le 9 mai 1891, dans la discussion du nouveau tarif général des douanes, M. Deschanel prononça sur la politique économique de la France un discours qui eut un grand retentissement.

Le 19 octobre suivant, dans la discussion générale du budget, M. Paul Deschanel proposa tout un ensemble de réformes pour hâter l'achèvement de l'unification budgétaire.

A la fin de la même année, il reçut du gouvernement une mission officielle aux États-Unis.

Lors de la grève de Carmaux, après l'attentat qui se produisit à la porte des bureaux de la Compagnie, à Paris, M. Paul Deschanel réclama au ministère Loubet l'application des lois et le respect de la liberté du travail. « La grève, disait-il, c'est le bouillon de culture du politicien. » Il protestait contre les doctrines collectivistes « qui, par un double défi à notre raison et à notre fierté nationale, reviennent aujourd'hui sous la livrée allemande, comme si l'Allemagne voulait asservir notre esprit, après avoir conquis nos provinces » (16 novembre 1892).

Dans la crise du Panama, M. Jules Delahaye, député d'Indre-et-Loire, ayant déclaré devant la commission d'enquête qu'il avait vu une liste contenant cent cinquante noms de parlementaires compromis, mais qu'il s'était engagé à ne pas révéler la source de ses informations, M. Deschanel, dans une éloquente apostrophe et aux acclamations réitérées de la Chambre, le somma de se faire délier de son serment et de parler (26 janvier 1893). Quelques jours après, dans l'interpellation Leydet sur la politique générale, il adjurait le ministère Ribot de gouverner avec la majorité de trois cents républicains qui n'avaient cessé de le soutenir, et non avec l'extrême-gauche, qui, « tout en s'éliminant elle-même de la concentration, continuait cependant d'en arborer le nom et d'en recueillir les profits, et qui, tout en se mettant, depuis seize ans, en dehors de la majorité gouvernementale, continuait d'exercer sur la politique de cette majorité et du gouvernement une influence plus grande peut-être que si elle votait avec eux ».

Dans sa circulaire de 1893, M. Paul Deschanel demandait que le pays ne fût gouverné ni par un homme, ni par une assemblée, mais par un ministère responsable, homogène et solidaire, sous le contrôle des Chambres.

« Par là seulement, disait-il, sera obtenue cette stabilité gouvernementale indispensable pour consolider nos alliances au dehors et pour pratiquer une politique résolument progressiste et réformatrice. »

Le 20 août 1893, M. Deschanel fut élu, au premier tour, par 6,661 voix sur 7,486 votants, sans concurrent.

Dès le début de la nouvelle législature, il intervint dans l'interpellation de MM. Jaurès et Millerand sur la politique générale (23 novembre 1893), pour opposer le programme des républicains progressistes à celui du parti radical-socialiste.

Le 12 mai 1894, M. Paul Deschanel, répondant à M. Goblet dans la discussion sur la revision des lois constitutionnelles, opposa à la revision radicale la réforme parlementaire.

Il prit également une part importante à la discussion du projet de loi contre les menées anarchistes (25 juillet 1894). A la suite de cette discussion, M. Paul Deschanel eut un duel avec M. Clémenceau.

Le 20 novembre 1894, à propos d'une interpellation de M. Jules Guesde sur l'annulation des délibérations du Conseil municipal de Roubaix, M. Deschanel prononça un grand discours contre le collectivisme. Il poursuivit cette campagne, soit dans des réunions, à Paris et en province, soit à la tribune de la Chambre où il fit notamment, le 29 juin 1895, une éloquente réplique aux théories socialistes développées par M. Jaurès.

En janvier 1896, M. Deschanel fut élu vice-président de la Chambre. Lors de la constitution du cabinet Méline, il refusa le portefeuille des colonies, mais il soutint le nouveau ministère de sa parole et de ses votes.

Le 23 juin 1896, dans le débat relatif à la loi sur le travail des femmes et des enfants dans les manufactures, M. Deschanel, répondant à la fois à M. de Mun et aux socialistes, développa les idées qu'il avait émises à la tribune et déclara qu'il n'était « ni avec le collectivisme, ni avec le socialisme chrétien, ni avec l'école du laisser faire ».

A la fin de 1896, M. Paul Deschanel commença dans le pays une nouvelle campagne de propagande contre les idées socialistes. C'est ainsi qu'il fut appelé à prendre la parole à Marseille (26 octobre 1896), à Carmaux (27 décembre 1896), à Nogent-le-Rotrou (14 mars 1897), à Roubaix (10 avril).

Le 10 juillet 1897, la Chambre des députés, par acclamation, vota l'affichage du discours prononcé par M. Deschanel en réponse à M. Jaurès, dans l'interpellation du leader socialiste sur la crise agricole.

Le 2 mars 1898, au banquet de l'Association du commerce et de l'industrie, et le 1er mai, à Lyon, il défendit le programme électoral des républicains progressistes. Le 29 du même mois, à Saint-Mandé, au banquet des Associations coopératives ouvrières de production, il développa leur programme social.

M. Paul Deschanel est vice-président du Conseil général d'Eure-et-Loir, vice-président du Conseil supérieur des colonies, membre du Conseil supérieur de l'agriculture, de la Commission extra-parlementaire de la Marine, de la commission extra-parlementaire de décentralisation, de la Commission des archives diplomatiques au ministère des affaires étrangères, etc.

Réélu dans l'arrondissement de Nogent-le-Rotrou le 8 mai 1898, par 6,682 voix sur 7,995 votants, sans concurrent, M. Paul Deschanel, qui avait été élu premier vice-président de la Chambre dans la dernière session de la précédente législature, a été élu président, le 9 juin, par 287 suffrages contre 277 à M. Henri Brisson.

M. Paul Deschanel a publié : *la Question du Tonkin* (1883); *la Politique française en Océanie* (1884) ; *les Intérêts français dans l'océan Pacifique* (1885), ouvrages couronnés par la Société de géographie commerciale de Paris; *Orateurs et Hommes d'État* (1888), couronné par l'Académie française ; *Figures de femmes* (1889), également couronné par l'Académie; *Figures littéraires* (1889) ; *Questions actuelles*, recueil de ses principaux discours (1891) ; la *Décentralisation* (un vol., 1895) ; la *Question sociale* (1898) ; la *République nouvelle* (1898). Il a collaboré au *Journal officiel*, à la *Nouvelle Revue*, à la *Revue de Paris*, à la *Revue Bleue ;* il appartient, depuis 1877, à la rédaction littéraire du *Journal des Débats* ; il a donné aussi au journal *le Temps*, en janvier 1891, une série de remarquables études sur la réforme administrative.

# FINISTÈRE

—

## 10 DÉPUTÉS

—

1893 : MM. Hémon, Cosmao-Dumenez, amiral Vallon (décédé et remplacé par M. *Pichon*), Villiers, d'Hulst (décédé et remplacé par *M. l'abbé Gayraud*), Le Borgne, Gourvil, Vichot, de Kermenguy (décédé et remplacé par *M. le comte de Mun*), de Kerjégu.

1898 : MM. Hémon, Cosmao-Dumenez, *Isnard*, Villiers, Gayraud, *Miossec*, *Dubuisson*, *Jaouen*, le comte de Mun, de Kerjégu.

## 158

*Première circonscription de Quimper*

### HÉMON (Louis)

M. Louis Hémon est né à Quimper, le 24 février 1844. Il a exercé dans cette ville la profession d'avocat. Il a été l'un des adversaires déclarés de l'Empire; il combattit énergiquement le plébiscite en 1870. Il a toujours défendu, au premier rang, la cause républicaine. Pendant la guerre, il partit comme engagé volontaire dans les mobiles du Finistère, qui prirent part à la défense de Paris.

Aux élections à l'Assemblée nationale, en 1871, M. Hémon obtint un nombre de voix important, mais sans être cependant élu. En 1876, 1877, 1881, il fut nommé député. Il échoua, en 1885, avec la liste républicaine tout entière, contre la liste monarchique.

En 1889, au scrutin d'arrondissement, M. Louis Hémon fut élu député de la première circonscription de Quimper, par 6,954 voix, contre 4,782 obtenues par M. de Grilleau, boulangiste. Il fut réélu, le 20 août 1893, au premier tour, par 7,256 voix.

M. Hémon, qui a toujours défendu la politique républicaine gouvernementale, a pris avec succès la parole à la Chambre; il fait partie de nombreuses et importantes commissions.

Il est conseiller général du canton de Fouesnant.

Il a publié quelques études de politique et d'histoire locale.

Pendant la dernière législature, M. Louis Hémon, dans la discussion à laquelle donna lieu la vérification des pouvoirs de M. l'abbé Gayraud, a prononcé, sur l'ingérence du clergé dans les élections, un discours dont la Chambre ordonna l'affichage (4 mars 1897).

M. Hémon a été réélu, le 8 mai 1898, au premier tour de scrutin, par 7,934 voix, contre 5,155 à M. de Chabre, avocat, conservateur.

---

## 159

*Deuxième circonscription de Quimper*

### COSMAO-DUMENEZ (Sélim)

M. Cosmao-Dumenez est né à Pont-l'Abbé (Finistère), le 28 février 1840. Il habite cette ville, où il exerce la médecine depuis 1865; il y est conseiller municipal depuis 1874. Il fut élu conseiller général en 1887, puis réélu en 1892 et en 1898. Il est républicain.

Docteur en médecine de la Faculté de Paris, vice-président de l'Association médicale du Finistère, ancien médecin volontaire à l'armée de la Loire pendant la campagne de 1870-71, il a obtenu la croix des ambulances. Il a reçu aussi plusieurs médailles en récompense de son dévouement dans les épidémies cholériques et varioliques, 1866, 1880, 1887. Il a publié de nombreux mémoires originaux dans les journaux de médecine et de chirurgie.

M. Cosmao-Dumenez a été médecin de l'hospice de Pont-l'Abbé pendant vingt-quatre ans et aussi du bureau de bienfaisance pendant plusieurs années.

Elu député de la deuxième circonscription de Quimper pour la première fois en 1889, il a fait, à la Chambre, partie de plusieurs commissions, notamment de l'importante commission du travail et de la commission qui a élaboré la revision de la loi sur l'exercice de la médecine.

M. Cosmao-Dumenez a été réélu, au premier tour de scrutin, en 1893, par 9,714 voix, contre 7,984 accordées à M. Béléguic, candidat de la droite, et en 1898, par 9,587 voix, contre 8,770 à M. Le Bail, avocat à Quimper, républicain.

---

## 160

### Première circonscription de Brest

### ISNARD (Auguste)

M. Isnard est né à Philippeville, le 23 décembre 1856. Il est fils d'un déporté politique de 1851.

Il est avocat à Brest.

Il a collaboré à de nombreux journaux de province.

Il a été élu par 7,101 voix, contre 6,621 voix à M. Pichon, député sortant, républicain, qui lui-même avait remplacé, le 27 avril 1897, M. l'amiral Vallon, décédé.

M. Isnard est républicain radical progressiste.

---

## 161

### Deuxième circonscription de Brest

### VILLIERS (Émile)

M. Emile Villiers est né à Brest en 1852. Il est fils de M. Villiers, député du Finistère de 1876 à 1885, époque de sa mort, et gendre de M. Pihoret, ancien préfet des Bouches-du-Rhône.

En 1870, M. Emile Villiers fit la campagne comme engagé volontaire dans la Légion des volontaires de l'Ouest. Après avoir terminé ses études de droit, il fut attaché au cabinet du préfet du Finistère, puis chef de cabinet du préfet de la Loire et des Bouches-du-Rhône. Nommé ensuite conseiller de préfecture, M. Villiers donna sa démission lorsque le maréchal de Mac-Mahon quitta le pouvoir.

En 1892, M. Emile Villiers fut élu conseiller général par le canton de Daoulas avec 213 voix de majorité. Invalidé, il fut réélu avec une majorité de 500 voix.

M. Villiers succéda à la Chambre à M. Boucher, qui appartenait à la droite et qui ne s'était pas représenté.

Dans sa circulaire M. Villiers disait notamment : « Ennemi des révolutions, je ne ferai pas d'opposition systématique. Catholique, je demanderai le retrait des lois sectaires et particulièrement de la loi scolaire, qui porte une si grave atteinte aux droits des pères de famille. Le choix des instituteurs doit appartenir aux communes et non à l'Etat. »

Il se prononçait aussi contre l'augmentation des impôts et pour la protection de l'agriculture et de l'industrie nationale contre la concurrence étrangère.

M. Emile Villiers fut élu, au premier tour, par 7,479 voix, contre 4,460 obtenues par M. Maissin, républicain.

Pendant la dernière législature, il a pris, à différentes reprises, la parole dans la discussion du budget de la marine et dans celle du budget de l'agriculture.

Le 8 mai 1898, M. Villiers a été réélu, sans concurrent, par 9,389 voix, sur 10,384 votants.

---

## 162

### *Troisième circonscription de Brest*

### GAYRAUD (Hippolyte)

M. l'abbé Gayraud est né à Lavit (Tarn-et-Garonne), le 13 août 1856.

Prêtre, missionnaire apostolique, ancien professeur de théologie à l'Institut catholique de Toulouse, auteur de plusieurs ouvrages de théologie et de sociologie, collaborateur de plusieurs journaux et revues catholiques, M. l'abbé Gayraud fut élu député, le 24 janvier 1897, dans la troisième circonscription de Brest, en remplacement de

M. d'Hulst, décédé, par 7,326 voix contre 5,976 obtenues par M. le comte de Blois, candidat monarchiste, et 146 par M. Loisel. Invalidé à la suite d'une enquête législative, il fut réélu le 29 août par 7,980 voix contre 5,706 accordées à M. de Blois.

Il se présenta comme « républicain catholique et démocrate chrétien ».

Il a été réélu, le 8 mai 1898, par 10,107 voix contre 41 accordées à M. Théodore Lefèvre.

---

## 163

*Première circonscription de Châteaulin*

### MIOSSEC (Gabriel)

M. Gabriel Miossec est né à Dinéault, près Châteaulin, le 15 mars 1839.

Il est commerçant et agriculteur.

Après un court séjour au collège de Quimper, M. Miossec s'occupa de culture jusqu'à l'âge de 22 ans. De 1861 à 1865 il fut employé de commerce et clerc de notaire. Il s'établit ensuite marchand d'engrais et de liquides. En 1890, il fut nommé conseiller municipal de Châteaulin.

Le 8 mai 1898, M. Miossec, qui s'est présenté comme républicain progressiste, fut élu par 6,650 voix contre 5,570 obtenues par M. Le Borgne, député sortant, républicain.

---

## 164

### DUBUISSON (Louis-Charles-Aimé)

M. Dubuisson est né, le 12 février 1842, à Lesneven (Finistère).

Il est docteur en médecine, ancien élève des hôpitaux de Paris et lauréat de la Faculté de médecine.

Conseiller général du canton de Châteauneuf-du-Faoû, ancien conseiller d'arrondissement, adjoint au maire de

Châteauneuf dont il est conseiller municipal depuis 23 ans, délégué cantonal, président de l'Association des médecins du Finistère et du Syndicat des médecins du Sud-Finistère, M. le docteur Dubuisson s'est beaucoup occupé, notamment au sein du Conseil général du Finistère, de toutes les questions relatives à l'hygiène, à l'assistance publique, à l'organisation de l'assistance médicale gratuite dans les campagnes, au développement des voies de communication.

Républicain de la veille, « il trouve regrettables les divisions qui existent actuellement, et s'il veut un gouvernement ferme et capable de maintenir l'ordre, il désire aussi que ce gouvernement s'efforce d'effectuer tous les progrès réalisables ». Opposé à toutes les théories socialistes ou collectivistes « ennemies de la famille, de la propriété et de la liberté individuelle », il pense que de grands devoirs restent à remplir envers les malheureux. Il réclame la diminution de l'impôt foncier et des droits de mutation, la justice plus prompte et moins coûteuse, la suppression des formalités administratives et plus de liberté aux départements et aux communes pour régler les affaires locales. « La liberté des opinions, dit-il, doit être complète, qu'il s'agisse de religion ou de politique ; mais il faut que le prêtre s'occupe de son seul ministère et le maire des affaires municipales. »

M. Dubuisson a été élu, sans concurrent, comme républicain progressiste, le 8 mai 1898, par 8,446 voix. Il remplace M. Gourvil, député sortant, républicain, qui ne s'est pas représenté.

---

## 165

*Première circonscription de Morlaix*

### JAOUEN (Armand)

M. Armand Jaouen est né à Plouigneau (Finistère), le 5 décembre 1832.

Il est propriétaire-cultivateur.

Conseiller d'arrondissement du canton de Plouigneau en 1871, conseiller général du même canton de 1874 à 1895, maire de Plouigneau depuis 1871, révoqué après le Vingt-quatre mai et le Seize mai, M. Armand Jaouen a fait partie de la législature de 1889, ayant été élu député en remplacement de M. Roully, décédé.

Il est républicain progressiste indépendant.

Il a été élu le 8 mai 1898, au premier tour, par 7,646 voix, contre 6,860 à M. le comte de Guerdavid, conservateur. Il remplace M. Vichot, député sortant, républicain, qui ne s'est pas représenté.

---

## 166

*Deuxième circonscription de Morlaix*

### MUN (Adrien-Albert-Marie, comte de)

Né à Lumigny (Seine-et-Marne), le 28 février 1841, M. le comte Albert de Mun est l'arrière-petit-fils du philosophe Helvétius.

Elève de l'Ecole spéciale militaire, il entra dans la cavalerie, devint capitaine adjudant-major au 2e régiment de cuirassiers, fit partie, en 1870, de l'armée de Metz et fut envoyé prisonnier en Allemagne. De retour en France, il fut nommé officier d'ordonnance du général de Ladmirault, gouverneur de Paris.

Ce fut à cette époque qu'il commença à attirer sur lui l'attention par ses conférences politiques et religieuses et par les nombreux discours qu'il prononça dans les cercles catholiques d'ouvriers, à la fondation desquels il s'était dès lors consacré. C'est pour collaborer plus activement à cette œuvre qu'il donna sa démission d'officier en novembre 1875.

La candidature lui fut offerte dans l'arrondissement de Pontivy aux élections législatives du 20 février 1876. Soutenu par le clergé, l'évêque de Vannes, l'archevêque de Paris et le Pape lui-même qui, à la veille de l'élection, lui envoya l'ordre de Saint-Grégoire-le-Grand, M. de Mun publia une profession de foi dans laquelle il s'engageait avant tout « à défendre les principes de la foi catholique ». Il obtint au premier tour de scrutin, 7,508 voix, contre 7,087 à M. l'abbé Cadoret, ancien aumônier de la marine, candidat bonapartiste, et 4,768 au docteur Le Maguet, candidat républicain. Ce dernier s'étant désisté, M. de Mun fut élu le 5 mars par 10,725 voix, contre 8,734 accordées à l'abbé Cadoret. Un rapport concluant à une enquête fut déposé, discuté, et le 24 mars, l'enquête fut votée par 310 voix contre 168.

Invalidé en juillet 1876, M. de Mun fut réélu, le 2 août suivant, par 9,969 voix contre 9,466 à son concurrent républicain. Il vota avec la minorité monarchiste, et après le 16 mai 1877, fut un des 158 députés qui accordèrent un vote de confiance au cabinet de Broglie.

Candidat officiel dans le même arrondissement aux élections du 14 octobre, il fut réélu par 12,292 voix, contre 9,817 obtenues par M. Le Maguet. Invalidé de nouveau le 16 décembre, il se présenta aux élections complémentaires du 2 février 1879 et échoua contre le même concurrent républicain.

M. de Mun fut réélu aux élections législatives de 1881 et de 1885.

En toutes circonstances, M. Albert de Mun a protesté contre « un gouvernement qui consiste à déchristianiser la France pour mieux l'asservir, à mettre partout l'Etat à la place de Dieu ». A maintes reprises aussi, il a développé, à la Chambre, son système du socialisme chrétien et soutenu cette thèse qu'il faut revenir à l'ancien régime des corporations, à la « famille industrielle », dont les patrons sont les chefs naturels et les ouvriers les enfants ou les pupilles.

En 1885, M. de Mun projeta, sous le nom d'*Union catholique*, la formation d'un parti qui exercerait dans toutes les communes de France une active propagande en faveur du programme social et religieux qu'il n'a cessé de défendre. Mais en présence des difficulté soulevées par ce projet, M. de Mun y renonça dans une lettre adressée à la *Gazette de France* (9 novembre 1885).

M. de Mun prit souvent la parole à la Chambre, notamment contre les lois sur l'enseignement, contre l'expulsion des prétendants, contre la loi militaire, etc. Il est un des plus éloquents orateurs du Parlement.

Les discours politiques prononcés par M. le comte Albert de Mun dans les différentes législatures, ainsi que ses discours sur les questions sociales et sur la fondation de l'Œuvre des *Cercles catholiques*, prononcés dans les différentes assemblées générales de l'Œuvre des Cercles, des Congrès des œuvres sociales ou de l'Association catholique, ont été réunis en trois volumes publiés à la librairie Poussielgue.

En 1889, M. le comte de Mun, qui s'était associé au mouvement boulangiste, se présenta comme revisionniste. Il fut nommé le 22 septembre, par 5,236 voix.

Il échoua en 1893, dans la deuxième circonscription de Pontivy, mais un siège étant devenu vacant dans la deuxième circonscription de Morlaix, par suite de la mort du vicomte de Kermenguy, M. le comte de Mun s'y présenta, comme catholique constitutionnel, et y fut élu le 21 janvier 1894.

Il a été réélu le 8 mai 1898, au premier tour, par 12,030 voix, sans concurrent.

En 1897, M. le comte de Mun a été élu membre de l'Académie française en remplacement de M. Jules Simon, décédé.

Il est chevalier de la Légion d'honneur depuis 1870.

Il a été de nouveau nommé membre de la commission de l'armée (novembre 1898).

---

## 167

*Arrondissement de Quimperlé*

### KERJÉGU (James-Marie-Antoine MONJARET de)

M. James de Kerjégu est né le 27 février 1846, au château de Trévarez-Saint-Goazec (Finistère).

Il est fils de M. Monjaret de Kerjégu, député à l'Assemblée nationale de 1871, puis sénateur du Finistère, décédé, et neveu de l'amiral de Kerjégu, député, puis sénateur des Côtes-du-Nord, décédé, et de M. L. de Kerjégu, député du Finistère, décédé.

Entré dans la diplomatie comme attaché en Amérique, puis à Vienne, M. James de Kerjégu fit partie, comme secrétaire, de la mission de M. de Saint-Vallier au quartier général allemand et, plus tard, fut chargé d'affaires en Serbie, puis secrétaire à Saint-Pétersbourg. Il est chevalier de la Légion d'honneur.

Il est conseiller général du canton de Scaër depuis 1882 et président du conseil général du Finistère depuis quatre ans. Il est président de la société hippique de l'arrondissement de Brest, président du comice agricole de Scaër, vice-président du *Herd-Book breton*.

En 1889, M. J. de Kerjégu se présenta comme républicain. Il fut élu, au premier tour, sans concurrent, par 7,561 voix.

Dans les deux dernières législatures, M. J. de Kerjégu a été membre des commissions du budget, de la marine, etc. Il est l'auteur de plusieurs rapports importants, notamment sur l'inscription maritime, et s'occupe particulièrement des questions économiques et financières.

Le 20 août 1893, il fut réélu, sans concurrent, par 8,339 voix.

Depuis lors, M. de Kerjégu a été deux fois de suite rapporteur du budget de la marine et des crédits extraordinaires demandés pour l'amélioration de la flotte.

Il a été réélu, le 8 mai 1898, au premier tour de scrutin, par 10,414 voix, sans concurrent.

Il a été de nouveau nommé membre de la commission de la marine (novembre 1898).

# GARD

—

## 6 DÉPUTÉS

—

1893 : MM. le comte de Bernis, Emile Jamais (décédé, remplacé par *M. Doumergue*), Desmons (élu sénateur, remplacé par *M. Malzac*), de Ramel, Fernand Crémieux, Frédéric Gaussorgues.

1898 : MM. *Delon-Soubeyran*, Doumergue, *Marius Devèze*, de Ramel, *Léonce Pascal*, *Pastre*.

## 168

*Première circonscription de Nîmes*

### DELON-SOUBEYRAN (Jules)

M. Delon-Soubeyran est né à Nîmes, le 21 novembre 1837.

Il est propriétaire-viticulteur.

Conseiller général du canton de Lédignan, président de la commission départementale du Gard, deux fois président de la délégation municipale de Nîmes, il se présenta aux élections législatives de 1893, contre M. de Bernis, député sortant, monarchiste, mais ne fut pas élu. Il est radical-socialiste ; sa profession de foi comprend la séparation des Églises et de l'État, l'impôt sur le revenu, l'instruction gratuite à tous les degrés, la revision constitutionnelle, etc.

Il a été élu, le 22 mai, au deuxième tour de scrutin, contre MM. de Bernis, Arnaud, Falgairolle, Fournier, Godard.

## 169

*Deuxième circonscription de Nîmes*

## DOUMERGUE (Gaston)

M. Gaston Doumergue est né à Aiguesvives (Gard), le 1er août 1863.

Il est avocat, ancien magistrat en Cochinchine et en Algérie.

Il fut élu pour la première fois député, le 17 décembre 1893, par 10,101 voix, en remplacement de M. Jamais, réélu en août 1893, mais décédé le 10 novembre 1893, avant la réunion de la Chambre.

M. Doumergue est radical-socialiste.

Il a été secrétaire de la Chambre des députés en 1895 et en 1896.

Il a été réélu, le 8 mai 1898, au premier tour par 11,549 voix, contre 4,795 à M. de Nesme-Desmaret, conservateur, et 1,096 à M. Gille, socialiste.

Il a été nommé membre de la commission des colonies (novembre 1898).

---

## 170

*Première circonscription d'Alais*

## DEVÈZE (Marius)

M. Marius Devèze est né à Alais (Gard), le 21 mai 1863. Il est professeur libre, licencié en philosophie. Il est socialiste.

Il a été élu au second tour de scrutin, le 22 mai 1898, par 8,273 voix contre 6,043 à M. Gaussorgues, radical-socialiste.

Au premier tour, il avait obtenu 3,934 voix, M. Malzac, député sortant, radical, 2,800, M. Deloy, socialiste, 2,763, M. Gaussorgues, radical-socialiste, 4,764.

---

## 171

*Deuxième circonscription d'Alais*

## RAMEL (Augustin-Fernand de)

M. de Ramel est né à Alais (Gard), le 27 mars 1847. Il appartient à l'une des plus anciennes familles de cette ville. Engagé pour la durée de la guerre 1870-1871, promu sous-lieutenant, puis lieutenant de mobiles pendant la campagne, il fut nommé chevalier de la Légion d'honneur pour faits de guerre en décembre 1870. Après s'être fait recevoir docteur en droit, il fut successivement sous-préfet d'Apt et de Castelnaudary, secrétaire général d'Ille-et-Vilaine, etc. Il donna sa démission en 1879; il entra au barreau de la Cour de cassation et du Conseil d'État en février 1881.

Il est l'auteur de plusieurs ouvrages de droit, notamment d'un commentaire de la loi sur l'organisation municipale. Il est le directeur de la *Revue du contentieux des travaux publics*, recueil de jurisprudence et de doctrine qu'il a fondé. Il est officier d'Académie.

Il comprend, disait-il, la monarchie comme les républicains libéraux pourraient l'accepter, et il ne comprend la République que comme les monarchistes libéraux pourraient la servir. En un mot, « s'il est attaché aux idées monarchiques, il place les intérêts du pays au-dessus des questions de parti ».

En 1889, M. de Ramel fut élu, au premier tour, par 9,389 voix, contre 6,130 obtenues par M. Alfred Silhol, républicain, ancien député, et 1,954 accordées à M. Andibert, revisionniste.

Pendant les dernières législatures, M. de Ramel a fait partie de plusieurs commissions importantes et a pris souvent la parole.

Il est un des fondateurs de la droite constitutionnelle.

En 1893, il a été réélu par 11,155 voix, sans concurrent.

Le 22 mai 1898, M. de Ramel a été réélu, au deuxième tour de scrutin, par 9,741 voix, contre 7,888 à M. Rouquette, socialiste.

Au premier tour, M. Rouquette avait obtenu 7,030 voix, M. de Ramel 6,872, M. le baron Rougault, bonapartiste, 1.851.

Dans la précédente législature, il était vice-président de la droite, présidée par M. le duc de Doudeauville ; il est actuellement président de ce groupe.

---

# 172

*Arrondissement d'Uzès*

## PASCAL (Léonce-François)

M. Léonce Pascal est né à Uzès (Gard), le 7 août 1835.

Il est agriculteur, ancien administrateur des magasins du Bon Marché à Paris.

Conseiller général du Gard depuis juillet 1895, maire d'Uzès le 17 mai 1896, président du comice agricole d'Uzès, officier d'académie.

M. Pascal s'est présenté comme démocrate républicain-progressiste.

I a été élu, le 22 mai 1898, au deuxième tour de scrutin, par 10,968 voix, contre M. Fernand Crémieux, radical, député sortant.

---

# 173

*Arrondissement du Vigan*

## PASTRE (Ulysse-Rosohilde)

M. Ulysse Pastre est né à Gallargues (Gard), le 19 janvier 1864.

Sorti de l'Ecole normale du Gard en 1883, il débuta, à 19 ans 1/2, comme instituteur à Nîmes, puis fut nommé en 1886 professeur à l'École militaire de Saint-Hippolyte-du-Fort où il est resté jusqu'au 2 août 1897 ; ses notes étaient irréprochables, mais il la quitta par suite de difficultés imputables à ses opinions politiques.

Il s'est présenté aux élections législatives de mai 1898 comme « candidat de la discipline républicaine-radicale-socialiste » avec le programme du Parti ouvrier comprenant notamment : la revision de la Constitution ; la suppression du budget des cultes ; le mandat impératif ; la magistrature élective, la réduction du service militaire à deux ans pour tous, en attendant la suppression des armées permanentes ; l'instruction intégrale et gratuite à tous les degrés ; le retour à l'État des mines, canaux, chemins de fer, banques ; l'impôt progressif sur les revenus dépassant 3.000 francs, etc.

M. Pastre a été élu, au deuxième tour de scrutin, par 8,093 voix, contre 5,563 à M. Frédéric Gaussorgues, député sortant, républicain-progressiste, et 4,076 à M. Laurès, radical.

# GARONNE (HAUTE-)

—

## 7 DÉPUTÉS

—

1893 : MM. Raymond Leygue, Calvinhac, Mandeville, Pierre de Rémusat, Bepmale, Abeille (élu sénateur, remplacé par *M. Ruau*), Edmond Caze.

1898 : MM. Raymond Leygue, Calvinhac, *Cruppi, Honoré Leygue, Piou,* Ruau, Edmond Caze. .

---

## 174

*Première circonscription de Toulouse*

### LEYGUE (Raymond)

M. Raymond Leygue est né à Saint-Orens (Haute-Garonne), le 8 avril 1850.

Il est ancien capitaine au long cours. Il fut élu pour la première fois député en 1890. Il était adjoint au maire de Toulouse lorsqu'il remplaça M. Constans, élu sénateur. Il est conseiller général de la Haute-Garonne.

Il est républicain radical.

En 1883, M. Raymond Leygue fut élu, le 20 août, au premier tour, par 6,747 voix, contre 4,355 à M. Latapie, républicain.

Il a été réélu, le 8 mai 1898, par 9,693 voix contre 3,294 à M. Rey, républicain, et 2,929 à M. Daussonne, conservateur.

Il a été nommé membre de la commission de la marine (novembre 1898).

---

## 175

*Deuxième circonscription de Toulouse*

# CALVINHAC (Louis-Gustave-François)

M. Louis Calvinhac est né à Toulouse, le 24 juin 1849.
Il était étudiant en médecine à Toulouse lorsque éclata
la guerre de 1870. Il fit la campagne en qualité de médecin-
major. La guerre terminée, il regagna l'Algérie, où il avait
fondé l'année précédente le premier journal républicain :
*la Jeune République*. Il fut alors choisi par les radicaux
d'Algérie pour aller protester, auprès de l'Assemblée nationale, contre la signature de la paix et contre l'invalidation
du mandat conféré à Garibaldi par les électeurs français.
Cette protestation n'ayant pas été écoutée, M. Calvinhac
prit part au mouvement révolutionnaire de la Commune.
Arrêté le 8 juin 1871, interné durant six mois à Versailles,
il fut condamné par le Conseil de guerre à un an de prison
et 500 francs d'amende. A peine libéré, il se fit le défenseur
de l'amnistie. Le 16 juillet 1876, il fut nommé conseiller
municipal de Paris, par les électeurs du quartier de
Charonne. L'élection fut cassée, parce qu'il n'avait point
les deux années de domicile effectif alors imposées par la
loi. M. Calvinhac revint alors à Toulouse, où il fut élu
conseiller municipal en 1879.

Présenté comme candidat aux élections législatives de
1885, par les comités radicaux de la Haute-Garonne, il ne
fut pas élu ; mais le 1er mai 1887, il fut nommé par
56,000 voix, en remplacement de M. Duportal, décédé.

Il est membre du groupe socialiste. Il soumit à la
Chambre plusieurs projets de loi, notamment un projet
financier sur les marchés à terme, un autre sur le canal
des Deux-Mers, dont il a été l'un des plus ardents promoteurs. Il se prononça énergiquement contre le général
Boulanger.

En 1889, il fut élu, au premier tour de scrutin, par
7,744 voix, contre 6,132 à M. Léopold Labat, conservateur,
797 à M. Nassans, boulangiste, et 756 à M. de Fitte, socialiste.

Réélu en 1893, il l'a été de nouveau, le 22 mai 1898, au deuxième tour de scrutin, par 9,212 voix, contre 5,406 à M. Favarel, républicain.

Au premier tour, M. Calvinhac avait eu 6,246 voix, M. Féral, radical-socialiste, 3,472, M. d'Elissagaray, antisémite, 2,734, M. Favarel 2,415, M. Canton 2,259.

---

## 176

*Troisième circonscription de Toulouse*

### CRUPPI (Charles-Marie-Jean)

M. Jean Cruppi est né à Toulouse, le 22 mai 1855.

Il fit ses études au lycée de Toulouse ; licencié en droit en 1875, il se fit inscrire au barreau de Paris.

Secrétaire de la Conférence des avocats, il obtint le prix Paillet en 1878 et prononça alors un discours très remarqué : *Lacordaire à l'audience.*

En 1879, à 24 ans, il fut nommé substitut du Procureur de la République près le tribunal de la Seine.

Successivement substitut du procureur général, avocat général près la Cour d'appel de Paris, avocat général près la Cour de cassation, il prononça des réquisitoires particulièrement remarqués.

En 1896, M. Cruppi a publié sous ce titre : *Un avocat au dix-huitième siècle*, un ouvrage qui fut couronné par l'Académie française. Il a fait paraître dans la *Revue des Deux-Mondes* plusieurs articles indiquant la nécessité de réformes urgentes et libérales dans notre procédure criminelle, notamment en ce qui concerne l'instruction secrète, dont la suppression a été votée récemment par le Sénat et la Chambre des députés.

Conseiller général du canton de Cadours, M. Jean Cruppi s'est présenté aux élections législatives comme républicain progressiste « indépendant, dégagé de toute coterie ».

Il demande la protection la plus étendue pour l'agriculture ; l'impôt sur les revenus, ceux du travail étant taxés moins rigoureusement que ceux du capital ; la suppression de la cote mobilière, celle de l'impôt des portes et fenêtres, le dégrèvement de l'impôt foncier ; des économies nombreuses ; une justice « à jamais séparée de la politique », plus simple, plus rapide, moins coûteuse ; l'application loyale du Concordat, avec interdiction de l'ingérence du clergé dans la politique.

M. Jean Cruppi a été élu, au premier tour de scrutin, le 8 mai 1898, par 10,137 voix, contre 6,224 à M. Mandeville, député sortant, radical.

---

## 177

### *Arrondissement de Muret*

## LEYGUE (Honoré)

M. Honoré Leygue est né à Toulouse, le 9 juillet 1856.
Ancien élève de l'École polytechnique, ancien officier d'artillerie, ancien sous-préfet, maire de Fauga, il est pour la première fois député.

Il est radical-socialiste.

Il a été élu, le 8 mai 1898, au premier tour, par 12,246 voix, contre 9,872 à M. Pierre de Rémusat, député sortant, républicain.

---

## 178

### *Première circonscription de Saint-Gaudens*

## PIOU (Jacques)

M. Jacques Piou est né à Angers, le 6 août 1838. Son père fut premier président de la Cour d'appel de Toulouse et membre de l'Assemblée nationale en 1871, qui siégeait à droite.

Pendant la guerre, M. Jacques Piou a commandé un bataillon de mobilisés de la Haute-Garonne. Il a été avocat à Toulouse et conseiller général.

M. Jacques Piou a été élu pour la première fois député au scrutin de liste en 1885.

Il fut réélu le 6 octobre 1889, au scrutin de ballottage, contre M. Cruppi, républicain.

M. Jacques Piou fut, à la Chambre, de 1885 à 1893, un des principaux orateurs de la droite. L'un des premiers il se prononça en faveur du ralliement à la République et fut un des fondateurs de la droite constitutionnelle.

Il échoua aux élections d'août 1893.

Il a été élu, le 8 mai 1898, par 7,319 voix, contre 6,495 à M. Bepmale, député sortant, radical socialiste.

## 179

*Deuxième circonscription de Saint-Gaudens*

### RUAU (Joseph)

M. Joseph Ruau est né à Paris, le 5 juin 1865.

Il est avocat.

Maire d'Aspet (Haute-Garonne), conseiller général, il fut élu pour la première fois député par 10,225 voix, le 30 mai 1897, en remplacement de M. Abeille, nommé sénateur.

Il appartient à l'opinion radicale (nuance Léon Bourgeois).

Il avait, au premier tour, obtenu 7,072 voix, contre 3,954 à M. Claverie, 2,191 à M. Capéran, 1,494 à M. Larrieu.

Il a été réélu, le 8 mai 1898, par 8,814 voix, contre 6,151 à M. Léon Cohn, ancien préfet de la Haute-Garonne, républicain.

Il a été élu, en juin 1898, secrétaire de la Chambre des députés et membre de la commission de l'armée (novembre 1898).

## 180

*Arrondissement de Villefranche*

### CAZE (Edmond-Marie-Justin)

M. Edmond Caze est né à Toulouse, le 16 septembre 1839. Il est fils d'un conseiller à la Cour d'appel. Docteur en droit, avocat au barreau de Toulouse, il a été conseiller général du canton de Fronton.

Candidat indépendant en 1869, il ne fut pas élu.

Nommé député en 1876, comme candidat républicain, M. Edmond Caze siégea à gauche.

Après le 16 mai 1877, M. Caze fut l'un des 363. Il fut réélu le 14 octobre 1877 et le 21 août 1881. Il fit partie du groupe de l'Union républicaine.

M. Caze fut sous-secrétaire d'État au ministère de l'agriculture dans le cabinet du 14 novembre 1887, présidé par Gambetta.

M. Caze ne fut pas réélu en 1885, au scrutin de liste.

En 1889, il fut nommé au premier tour par 7,842 voix, contre M. Gaffary, conservateur, qui en obtint 6,706.

En 1893, il fut réélu, au premier tour, par 7,640 voix, contre 5,765 à M. le comte d'Auberjon, rallié.

Le 8 mai 1898, M. Edmond Caze a été réélu, au premier tour de scrutin, par 6,919 voix, contre 3,387 à M. Brocqua, républicain, et 3,369 au colonel Boutié, conservateur.

# GERS

—

## 5 DÉPUTÉS

—

1893 : MM. Decker-David, Lannelongue, Thierry-Cazes, Thoulouze, Bascou.
1898 : MM. Decker-David, *Lazies, Delpech-Cantaloup, Delieux, Paul de Cassagnac.*

## 181

*Arrondissement d'Auch*

### DECKER-DAVID (Paul-Henri)

M. Decker-David est né à Commercy (Meuse), le 27 septembre 1865. Il est le gendre de M. Jean David, ancien député du Gers, mort en 1885. Propriétaire, conseiller municipal d'Auch depuis 1889, il fut élu conseiller général du canton de Montesquiou en juillet 1892. Il fut reçu en 1882 ingénieur agronome, avec le diplôme de l'enseignement supérieur de l'agriculture (Institut agronomique de Paris). M. Decker-David a été, en 1893, décoré du Mérite agricole. Depuis 1889, il dirige la ferme-école du Gers ; il a été, en 1891, élu président du syndicat et de la Société d'agriculture du Gers.

M. Decker-David est républicain radical et partisan de la revision de la Constitution « dans un sens qui permette à la Chambre d'opérer les réformes réclamées par la nation ».

A la Chambre, il a défendu avant tout les intérêts de l'agriculture. Pendant quatre ans il a fait une campagne des plus actives en faveur de l'assurance des récoltes par l'État. Il est protectionniste et partisan de la suppression de l'impôt foncier.

M. Decker-David fut élu, au scrutin de ballottage, le 3 septembre 1893, par 8,320 voix, contre 5,258 obtenues par M. Peyrusse, député sortant, bonapartiste.

Il a été secrétaire de la Chambre des députés en 1897 et 1898.

Il a été réélu député, le 8 mai 1898, par 7,046 voix, contre 6,046 à M. Peyrusse, son ancien concurrent de 1893.

---

## 182

*Arrondissement de Condom*

### LASIES (Joseph)

M. Lasies est né au Houga (Gers), le 21 février 1862.

Lieutenant de cavalerie démissionnaire, il est propriétaire, ancien maire de Mormès.

Il est pour la *première fois* député ; il s'est présenté comme plébiscitaire-antisémite.

Il a pris une part très active à la campagne dont M. Edouard Drumont est le promoteur et aux manifestations auxquelles a donné lieu l'affaire Dreyfus.

Il a, à ce propos, interpellé le gouvernement (18 novembre 1898) sur les mesures qu'il comptait prendre pour empêcher la divulgation de secrets intéressant la sûreté de l'Etat.

M. Lasies a été élu, au scrutin de ballottage le 22 mai, par 8,662 voix, contre 7,942 à M. Jegun, radical.

Au premier tour, M. Lasies avait obtenu 7,913 voix, M. Jegun, 5,630, M. Larnaude, républicain, 2,994.

Il remplace M. le docteur Lannelongue, député sortant, qui ne s'est pas représenté.

---

## 183

*Arrondissement de Lectoure*

### DELPECH-CANTALOUP (Jules)

M. Delpech-Cantaloup est né à Saint-Clar (Gers) le 25 février 1848.

Il est agriculteur.

Avocat, maire de Saint-Clar, conseiller général du canton de ce nom, ancien président du Conseil général du Gers, M. Delpech-Cantaloup a toujours défendu la doctrine plébiscitaire de la souveraineté nationale par l'Appel au peuple, en faveur de laquelle il a fait de nombreuses conférences. Il a été dans le Gers « le lieutenant le plus en vue et le plus écouté de M. Paul de Cassagnac ».

M. Delpech-Cantaloup a été élu au scrutin de ballottage, le 22 mai 1898, par 5,665 voix, contre 5,519 à M. Thierry-Cazes, républicain-socialiste, député sortant.

Au premier tour, M. Thierry-Cazes avait obtenu 4,115 voix, M. Delpech-Cantaloup 4,185, M. Aylies, publiciste, républicain, 2,821.

---

## 184

*Arrondissement de Lombez*

### DELIEUX (André)

M. André Delieux est né à Lombez, le 7 septembre 1850. Il est propriétaire.

Il est pour la *première fois* député. Il s'est présenté comme radical socialiste.

Il a été élu, le 22 mai 1898, au scrutin de ballottage, par 3,821 voix, contre 3,151 à M. Thoulouse, député sortant, républicain, et 1,600 à M. Fauré, ancien député, conservateur.

Au premier tour, M. Delieux avait obtenu 3,583 voix, M. Thoulouse, 3,059, M. Fauré, 2,916.

---

## 185

### *Arrondissement de Mirande*

### GRANIER DE CASSAGNAC (Paul)

M. Paul Granier de Cassagnac est né à la Guadeloupe, le 2 décembre 1843. Il est le fils aîné du journaliste qui, pendant près de quarante ans, attira par ses écrits et ses polémiques l'attention publique.

Entré très jeune dans la presse, M. Paul de Cassagnac suivit la voie que lui avait tracée son père. C'est en 1866 qu'il débuta au *Pays*, qui portait alors le titre de *Journal de l'Empire*, et dont il devint peu de temps après le rédacteur en chef. Presque aussitôt, il eut de nombreux duels avec MM. Aurélien Scholl, Gustave Flourens, Rochefort, Lissagaray, Ranc, etc.

Le 15 août 1868, M. Paul de Cassagnac fut nommé chevalier de la Légion d'honneur, et l'impératrice envoya un de ses chambellans lui porter ses félicitations.

Le *Pays* continua à soutenir avec ardeur la cause de l'Empire ; il serait long d'énumérer toutes les polémiques auxquelles se mêla M. Paul de Cassagnac dans ses articles quotidiens. Dès cette époque, il se distingua par son hostilité contre le prince Napoléon. A l'occasion d'un discours prononcé par le cousin de l'Empereur, les attaques de M. de Cassagnac furent si vives que le *Journal officiel* affirma que « le gouvernement avait vu avec un profond regret les attaques violentes dirigées par le *Pays* contre un prince de la famille impériale ».

En juillet 1869, M. Paul de Cassagnac fut nommé conseiller général du Gers, par le canton de Plaisance.

Il mena une très vive campagne contre le ministère Ollivier, et après le meurtre de Victor Noir, prit la défense du prince Pierre Bonaparte. Il se prononça pour la guerre contre la Prusse : « Pour nous, disait-il, la guerre est impérieusement réclamés par les intérêts de la France et les besoins de la dynastie. »

Après la déclaration de guerre, M. Paul de Cassagnac s'engagea comme volontaire dans le 1er régiment de zouaves. Il prit part à la bataille de Sedan. Fait prisonnier, il resta enfermé pendant huit mois dans la forteresse de Posel (Silésie).

En octobre 1871, il fut réélu conseiller général par le canton de Plaisance (Gers), conseiller municipal et maire de cette commune.

En janvier 1872, il reprit la rédaction en chef du *Pays* et le cours de ses ardentes polémiques. En même temps, il fondait dans le Gers, un journal, l'*Appel au Peuple*. Vers cette époque, il eut un duel avec M. Edouard Lockroy.

Il commença alors à recommander l'alliance entre les bonapartistes et les royalistes en vue de détruire la République, qu'il continua à combattre de la manière la plus violente, sans paraître autrement se soucier des poursuites dirigées contre lui. A propos d'un discours prononcé à Belleville, en novembre 1875, il fut traduit devant la Cour d'assises et acquitté par le jury.

Aux élections du 20 février 1876, M. Paul de Cassagnac fut nommé député de l'arrondissement de Condom, sans concurrent, et son père fut élu, à la même époque, député de l'arrondissement de Mirande, que M. Paul de Cassagnac représente encore aujourd'hui. Sa profession de foi commençait ainsi : « Ma devise est en deuil, elle est veuve de l'Empereur. »

Dès son entrée à la Chambre, M. Paul de Cassagnac se signala par de bruyantes interruptions et par des discours passionnés qui lui valurent l'application des pénalités du règlement. C'est vers cette époque cependant que M. Paul de Cassagnac écrivit à M. Clémenceau qui cherchait une rencontre avec lui : « Il y a dans la vie, Monsieur, différentes phases. J'ai parcouru la première, celle de la fougue. J'en inaugure une autre, celle du travail qui amène le triomphe d'une grande idée et d'une sainte cause. »

Après la mort du prince impérial, M. Paul de Cassagnac prit ouvertement parti pour le prince Victor contre le prince Jérôme qui fut, de sa part, l'objet de nouvelles et violentes attaques.

Aux élections du 21 août 1881, il se présenta dans l'arrondissement de Mirande (son père était mort en 1880), en déclarant qu'il n'était le candidat d'aucune dynastie, l'heure des compétitions dynastiques n'ayant pas encore sonné, mais qu'il se posait comme « le candidat de la haine contre la République ». Il fut élu par 11,304 voix contre 8,811 obtenues par M. Adrien Lannes de Montebello.

Le 15 août 1882, M. Paul de Cassagnac organisa une réunion publique, à la salle Wagram, pour sonner, disait-il, « le réveil de l'Empereur. »

M. de Cassagnac, pendant cette législature, prit très souvent la parole, notamment lors de l'examen des propositions relatives à l'expulsion des princes. En juillet 1883, au cours d'une discussion sur les affaires du Tonkin, il traita M. J. Ferry de « dernier des misérables et de dernier des lâches ». Sur la proposition du président Brisson, la Chambre prononça contre le député du Gers la censure avec exclusion temporaire.

En 1885, après la rupture définitive du prince Victor avec son père, M. Paul de Cassagnac quitta la rédaction du *Pays*, devenu la propriété d'un ami du prince Jérôme, M. de Loqueyssie.

Aux élections générales il préconisa l'union de tous les ennemis du gouvernement de la République. Il fut élu, dans le Gers, en tête de la liste bonapartiste et obtint un assez grand nombre de voix dans l'Aude et dans la Seine.

Pendant cette législature et après la mise en retraite du général Boulanger, M. Paul de Cassagnac prit ouvertement le parti du général et soutint de toutes ses forces l'alliance des monarchistes, des bonapartistes et des boulangistes, la revision étant, d'après lui, la meilleure des *platforms* électorales, chacun pouvant, disait-il, y voir ce qu'il veut.

Aux élections de 1889, M. Paul de Cassagnac fut nommé, sans concurrent, au premier tour, par 11,529 voix.

Pendant toute la législature de 1889 à 1893, soit comme rédacteur en chef, soit comme député, il continua à prendre une part des plus actives aux luttes politiques et parlementaires.

Il ne fut pas reélu en août 1893. Il obtint alors 9,301 voix, contre M. Olivier Bascou qui fut nommé par 9,940 voix.

M. Paul de Cassagnac a de nouveau été élu le 22 mai 1898,

au scrutin de ballottage, par 9,801 voix contre 8,602 à M. Bascou, député sortant.

Au premier tour M. de Cassagnac avait obtenu 8,273 voix, M. Bascou, 4,799, M. Laudet, républicain, 3,985, M. Dourrieu, radical socialiste, 1,127.

———

# GIRONDE

—

## 11 DÉPUTÉS

—

1893 : MM. Labat (décédé, remplacé par *M. Chiché*), Gruet, Jourde, Raynal (élu sénateur, remplacé par *M. Decrais*), Duvigneau, Constant, Goujon, Laroze, le comte du Périer de Larsan, Surchamp, Obissier Saint-Martin (élu sénateur et remplacé par *M. Chastenet*).

1898 : MM. Cliché, *Charles-Bernard*, Jourde, Decrais, *René Cazauvieilh*, Constant, Goujon, Laroze, du Périer de Larsan, Surchamp, Chastenet.

## 186

*Première circonscription de Bordeaux*

### CHICHÉ (Albert)

M. Albert Chiché est né à Bordeaux, le 12 septembre 1854.

Il a fait ses études au lycée de Bordeaux et son droit à Paris. Avocat à la Cour d'appel, il est resté inscrit pendant deux ans au barreau de Paris, qu'il a quitté en 1888 pour celui de sa ville natale. Il a publié plusieurs études et fait de nombreuses conférences à la Bastide sur le *Canal des Deux-Mers*, sur la *Compétence des juges de paix*, sur *Louis Blanc*. Il est aussi l'auteur d'un roman : *Don Juan assassin*, qui a d'abord paru dans le *Petit Boulanger*, sous le pseudonyme de Louis Masquedor, et où il a dépeint la figure de Prado.

Choisi par M. Laguerre comme président du comité républicain national de Bordeaux et chargé de désigner les candidats revisionnistes, il dirigea la campagne électorale contre les républicains de l'ancienne Chambre, provoqua M. Raynal, ancien ministre, dans une réunion publique, et se battit en duel avec lui.

Il fit partie du groupe boulangiste et déclara dans sa profession de foi qu'il voulait la revision de la Constitution par une Constituante dont l'œuvre serait soumise à la sanction populaire, la suppression du Sénat, le retour du général Boulanger.

M. Chiché fut élu au scrutin de ballottage par 6,288 voix, contre 5,815 à M. Monis, député sortant, républicain.

M. Chiché ne fut pas réélu en 1893, mais il rentra à la Chambre, lors d'une élection partielle, en remplacement de M. Labat, décédé.

Il a été réélu, le 22 mai 1898, au scrutin de ballottage, par 7,805 voix, contre 6,886 à M. Chaumet, républicain.

## 187

### Deuxième circonscription de Bordeaux

## CHARLES-BERNARD (Jean)

M. Charles-Bernard est né à Bordeaux le 14 juin 1856.

Publiciste, rédacteur en chef de la *Revanche*, conseiller général, il s'est présenté comme socialiste.

Il a été élu, le 22 mai 1898, au scrutin de ballottage, par 8,050 voix, contre 7,052 à M. Gruet, député sortant, républicain.

Au premier tour, M. Bernard avait eu 7,183 voix, M. Gruet, 6,674, M. Rocques, radical-socialiste, 296.

## 188

### Troisième circonscription de Bordeaux

## JOURDE (Antoine)

Né à Saint-Merd (Corrèze), le 23 septembre 1848, M. Antoine Jourde, employé de commerce, servit pendant la guerre de 1870-71, comme sergent. Il eut la poitrine traversée par une balle, le 19 septembre 1870, à Villejuif ; ramassé sur le champ de bataille par les Allemands, il s'échappa des mains de l'ennemi le 19 janvier 1871, et rejoignit son régiment ; il fut décoré de la médaille militaire, puis nommé adjudant-commandant de compagnie au Prytanée militaire de La Flèche.

En 1889, candidat de l'alliance de tous les groupes revisionnistes de Bordeaux, M. Jourde se présenta comme républicain socialiste et boulangiste, adversaire du régime parlementaire et partisan de la revision de la Constitution par une Assemblée constituante.

Il l'emporta, au scrutin de ballottage, par 7,117 voix, contre 6,437 à M. Fernand Faure, républicain sortant.

M. Jourde a fait partie de nombreuses commissions. Il a proposé et fait voter l'impôt sur les opérations de bourse, s'est occupé de l'unification des pensions de retraite et a pris part à toutes les discussions concernant les lois ouvrières.

En 1893, M. Jourde s'est présenté en qualité de républicain collectiviste. Il s'est prononcé de nouveau en faveur du *referendum*, d'une Chambre unique, de l'impôt progressif sur les revenus dépassant 3,000 francs et du retour au Trésor public de l'héritage en ligne collatérale à partir du quatrième degré, de la création d'une caisse de retraite pour les travailleurs, de l'abrogation de la loi contre l'Internationale, de l'annulation de tous les contrats ayant aliéné la propriété publique : Banque de France, chemins de fer, mines, pour faire retour à la nation, etc. Pour que les électeurs pussent suivre, de la manière la plus complète, les travaux de leur mandataire, il a réclamé la mise en vente, au prix de 5 centimes le numéro, du compte rendu des Chambres publié par le *Journal officiel*. Cette mesure a été adoptée.

M. Jourde fut réélu, au scrutin de ballottage, le 3 septembre, par 6,854 voix, contre 5,299 à M. Fernand Faure.

Il a été secrétaire de la Chambre des députés, en 1897 et 1898.

Il a été de nouveau réélu, le 8 mai 1898, au premier tour de scrutin, par 8,353 voix, contre 3,416 à M. de Vittré, conservateur, 2,691 à M. Bordes, républicain, 1,376 à M. Delboy, radical.

M. Jourde a de nouveau été élu secrétaire de la Chambre des députés, en juin 1898.

---

## 189

*Quatrième circonscription de Bordeaux*

### DECRAIS (Albert)

M. Albert Decrais est né à Paris le 18 septembre 1838.

Il était avocat à la Cour d'appel de Paris, quand il fut attaché à la mission dont M. Tachard fut chargé à Bruxelles, après le 4 septembre 1870.

Après la guerre, M. Albert Decrais fut successivement préfet d'Indre-et-Loire, des Alpes-Maritimes, de la Gironde. Il fut nommé conseiller d'Etat, le 16 mars 1879.

Envoyé comme ministre plénipotentiaire à Bruxelles, le 8 mai 1880, il fut appelé à la direction des affaires politiques le 4 février 1882. Il fut nommé ambassadeur de la République française près le roi d'Italie, le 11 novembre 1882, puis à Vienne en 1886, à Londres de 1893 à 1894. En 1895, il fut nommé grand-officier de la Légion d'honneur. Il est membre du Conseil de la Légion d'honneur.

Candidat républicain dans la quatrième circonscription de Bordeaux, le 21 février 1897, lors d'une élection partielle en remplacement de M. Raynal, élu sénateur, M. Decrais fut élu par 10,103 voix, contre 7,475 à M. Benon, et 884 à M. Surgand, socialiste.

M. Decrais a pris part, à la Chambre des députés, à plusieurs discussions relatives à la politique étrangère.

Il a été réélu député, le 8 mai 1898, par 14,868 voix, contre 3,718 à M. Surgand, socialiste.

---

## 190

*Cinquième circonscription de Bordeaux*

### CAZAUVIEILH (René)

M. René Cazauvieilh est né à Belin (Gironde), le 26 juillet 1859.

Il est docteur en médecine.

Conseiller général de la Gironde depuis 1872, il s'est présenté comme républicain et a été élu, le 8 mai 1898, au premier tour, par 11,368 voix, contre 2,186 à M. Dufourg, socialiste.

Il remplace M. Duvigneau qui ne s'est pas représenté.

---

## 191

*Arrondissement de Bazas*

### CONSTANT (Jean-Louis-Emile)

M. Emile Constant est né le 20 juillet 1861, à Bazas.

Avocat et journaliste, il a été bâtonnier de l'ordre des avocats de Bazas en 1892. Il est conseiller municipal de Bazas depuis 1884.

Républicain de gouvernement, M. Constant est partisan de la stabilité ministérielle, mais avec un programme progressiste répondant aux *desiderata* du pays. D'après lui, « le meilleur moyen de combattre le socialisme menaçant est encore de voter de bonnes lois sociales, mettant la vieillesse de l'ouvrier à l'abri de la misère, ou améliorant la situation des populations agricoles ».

M. Constant est un protectionniste modéré. Il réclame le dégrèvement de la propriété foncière et l'institution, avec le concours de l'Etat, du crédit agricole. Il se consacre spécialement « à l'étude des réformes qui peuvent apporter une amélioration dans le sort des classes laborieuses, mais il est l'adversaire résolu de ces théories décevantes qui, en supprimant la propriété individuelle, amèneraient la ruine générale ».

En 1893, M. Emile Constant fut élu, au premier tour de scrutin, le 20 août, par 7,646 voix, contre 5,919 obtenues par M. le marquis de Lur-Saluces, député sortant, monarchiste.

Le 22 mai 1898, il a été réélu, au deuxième tour de scrutin, par 7,174 voix, contre 7,079 à M. Darquey, républicain.

Au premier tour, M. Darquey avait eu 6.909 voix, M. Constant 6.426, M. Lacoste 563.

---

## 192

*Arrondissement de Blaye*

## GOUJON (Jean-Éloi-Théophile)

M. Théophile Goujon est né à Gauriac (Gironde), le 1er décembre 1835. Il est propriétaire.

Ancien vice-président du Conseil de préfecture de la Gironde, chevalier de la Légion d'honneur, M. Goujon est maire de Gauriac et conseiller général.

Républicain opportuniste, M. Th. Goujon fut deux fois révoqué de ses fonctions de conseiller de préfecture de la Gironde, par le gouvernement du 24 mai 1873 et par celui du 16 mai 1877. Deux fois réintégré, il donna sa démission en juillet 1889 pour se présenter au Conseil général dont il est membre depuis cette époque.

M. Th. Goujon fut élu au scrutin de ballottage, le 3 septembre 1893, par 7,395 voix, contre 5,805 à M. Alcée Froin, boulangiste, député sortant.

Il a été réélu au premier tour de scrutin, le 8 mai 1898, par 7,652 voix, contre 5,470 à M. le marquis de Luppé, conservateur, et 2,013 à M. Gireau, socialiste.

---

## 193

*Arrondissement de la Réole*

## LAROZE (Pierre)

M. Pierre Laroze est né à Libourne (Gironde) le 25 mai 1861. Il est entré à la Chambre en 1893. Il y a remplacé M. Robert Mitchell.

Il était alors auditeur au Conseil d'Etat.

Dans sa profession de foi, M. Pierre Laroze se déclarait partisan d'une république progressiste, libérale, tolérante, assurant la stabilité gouvernementale, la paix sociale et la paix religieuse, sans qu'il puisse jamais être question de revenir sur les lois militaire et scolaire.

« La prochaine Chambre, disait-il, aura à réaliser les réformes fiscales depuis si longtemps attendues : réforme de. boissons, réforme des octrois, réforme des prestations, suppression de l'impôt des portes et fenêtres, suppression graduelle de l'impôt foncier.

« Elle aura à compléter les lois ouvrières votées sous la précédente législature par : les lois sur la participation aux bénéfices, les pensions du travail, la responsabilité des accidents, les habitations à bon marché.

« Elle devra s'occuper activement de nos populations agricoles, trop souvent délaissées, et organiser le crédit agricole, l'assistance publique dans les campagnes, réorganiser les chambres consultatives d'agriculture, diminuer les droits de mutation des propriétés immobilières et maintenir nos tarifs douaniers pour permettre aux cultivateurs de lutter contre la concurrence étrangère toujours grandissante. »

M. Pierre Laroze fut élu, le 20 août 1893, au premier tour, par 7,619 voix, contre 5,436 obtenues par M. Robert Mitchell, député sortant, rallié, et 87 à M. Jeantier, socialiste.

Il a été réélu, le 8 mai 1898, au premier tour de scrutin, par 8,134 voix, contre 4,069 à M. H. Duc, conservateur, et 408 à M. Sudrault, socialiste.

----

## 194

### *Arrondissement de Lesparre*

### DU PÉRIER DE LARSAN (Henri, comte)

M. le comte du Périer de Larsan est né à Bordeaux, le 29 février 1844.

Il appartient à une des plus vieilles familles de France, originaire de Bretagne, fixée en Guyenne depuis le xv⁰ siècle. C'est à l'un des membres de cette famille que Malherbe adressa la poésie que tout le monde connaît :

> Ta douleur, Du Périer, sera donc éternelle.

En 1870, M. du Périer de Larsan s'engagea dans les tirailleurs girondins.

Entré dans la magistrature en 1872, il donna sa démission en 1880, non à cause de l'exécution des décrets, comme on l'a avancé, mais à cause de l'arrêt du tribunal des conflits qui dessaisissait les tribunaux ordinaires de la connaissance des réclamations élevées par les religieux expulsés.

Rentré dans la vie privée, M. du Périer de Larsan, qui avait épousé, en 1873, la fille du marquis de Carbonnier de Marzac, député de la Dordogne à l'Assemblée nationale, se retira à Soulac-sur-Mer. Il possède en Médoc d'importants vignobles.

Choisi comme candidat républicain par le Congrès républicain de Lesparre, il fut élu pour la première fois député le 22 septembre 1889.

Pendant les deux dernières législatures il a été membre de la commission des douanes; il a soutenu le relèvement des droits à l'entrée des vins étrangers, fait voter comme rapporteur la loi sur les vins artificiels, déposé une proposition de loi pour la protection des petits oiseaux, auxiliaires de l'agriculture.

Il fait aussi partie de la commission de l'agriculture et de la commission de la chasse.

Dans sa circulaire de 1893, M. du Périer de Larsan se déclare l'adversaire implacable de toute restauration monarchique; il veut la République protectrice de tous les droits, respectueuse de toutes les libertés. Il est nettement hostile à la séparation de l'Eglise et de l'Etat, et à la suppression du budget des cultes. Il demande que les finances publiques se règlent par un contrôle sévère dans les dépenses, la suppression des emplois inutiles et, dans une certaine mesure, la réduction des gros traitements. Il est partisan de la réforme de l'impôt sur les boissons, du dégrèvement des boissons hygiéniques, de toutes les mesures favorables à l'agriculture.

M. du Périer de Larsan a été réélu, le 8 mai 1898, au premier tour, par 7,397 voix, contre 1,587 à M. Ollivier, socialiste.

## 195

*Première circonscription de Libourne*

### SURCHAMP (Abel)

M. Surchamp est né en 1849.

Il est négociant et maire de Libourne, chevalier de la Légion d'honneur.

M. Abel Surchamp fut élu pour la première fois député en 1889. Il n'était pas candidat au premier tour. Les voix s'étaient alors ainsi réparties : MM. Joseph Brisson, conservateur, 6,346 ; Jules Steeg, républicain, député sortant, 6,634 ; Frédéric Lacroix, radical, 738.

Au second tour, M. Surchamp fut élu, le 6 octobre, par 7,579 voix, contre 7,199 accordées à M. Joseph Brisson.

En 1893, M. Surchamp fut réélu, le 20 août, au premier tour, par 7,200 voix, contre 2,755 à M. Elie Moty, candidat ouvrier.

En 1898, il a été réélu, au second tour de scrutin, le 22 mai, par 7,130 voix, contre 7,109 à M. Joseph Brisson, rallié.

---

## 196

*Première circonscription de Libourne*

### CHASTENET (Guillaume)

M. Guillaume Chastenet est né à Saint-Médard-de-Guizières (Gironde), en 1859.

Il est docteur en droit, avocat à la Cour d'appel de Paris.

Il est l'auteur de plusieurs ouvrages de législation et d'économie politique. Il fut directeur du contentieux de l'Exposition universelle de 1889. Il est chevalier de la Légion d'honneur et décoré de plusieurs autres ordres français et étrangers.

M. Chastenet fut, pour la première fois, élu député le 21 février 1897, par 7,815 voix, en remplacement de M. Obissier Saint-Martin, nommé sénateur.

Il est républicain sans épithète.

Les lignes principales de son programme sont :

« Dans l'ordre constitutionnel, la crainte de toute innovation qui, en diminuant la légitime autorité du Sénat, serait de nature à compromettre la sécurité de nos institutions républicaines ;

« Dans l'ordre politique, la garantie de toutes les libertés, le respect de toutes les consciences, un haut esprit de tolérance, sous l'absolu maintien des lois fondamentales de la République, telles que la loi scolaire et la loi militaire ;

« Dans l'ordre gouvernemental, la stabilité ministérielle sans laquelle il ne peut y avoir d'action progressiste vraiment efficace ; et, dans l'ordre administratif, une réaction prudente et méthodique contre les abus d'une centralisation excessive ;

« Dans l'ordre financier, une plus équitable répartition des charges sociales, recherchée en dehors de l'impôt global et progressif sur le revenu ; l'arrêt des dépenses, l'équilibre sincère du budget avec amortissement progressif de la dette, une économie étroite pour dégrever notre production nationale et surtout notre agriculture surchargée ;

« Dans l'ordre économique, la préoccupation dominante de nos intérêts agricoles, qui constituent le meilleur du patrimoine de la nation ;

« Enfin, dans l'ordre législatif, toutes les réformes dont la table des matières prêterait à une énumération trop facile, et qu'il faut faire prudentes ou hardies, suivant les progrès à réaliser ou le mal à combattre. »

M. Chastenet a pris, à plusieurs reprises, la parole à la Chambre des députés. Il a été le rapporteur du projet de loi sur les warrants agricoles.

Il a été réélu, au premier tour de scrutin, le 8 mai 1898, par 9,503 voix, contre 2,453 à M. Carron de Lacarrière, conservateur, 1,003 à M. Bousquet, socialiste, etc.

# HÉRAULT

—

## 6 DÉPUTÉS

—

1893 : MM. Cousin, Salis, Mas, Cot, Vigné, Cros-Bonnel.
1898 : MM. *Bénézech*, Salis, *Lafferre*, *Augé*, Vigné, *Razimbaud.*

## 197

*Première circonscription de Montpellier*

### BÉNÉZECH (Jean-Baptiste)

M. Bénézech est né à Montpellier, le 6 avril 1852.
Il est ouvrier typographe.

Conseiller municipal de Montpellier, président de l'Union litho-typographique de Montpellier, trésorier de la Bourse du travail, il a été élu, au second tour de scrutin, le 22 mai 1898, par 12,203 voix, contre 7,234 à M. de Girard, conservateur.

Au premier tour M. Cousin, député sortant radical-socialiste, avait obtenu 7,465 voix, M. Bénézech, 6,642, M. Audebert, radical, 4,422.

M. Bénézech est inscrit au groupe socialiste.

—

## 198

*Deuxième circonscription de Montpellier*

### SALIS (Jacques-Michel)

M. Salis est né à Cette, le 21 mars 1848. Il est avocat.

Il a été maire de Cette. Il est membre du Conseil général de l'Hérault.

Il fut élu pour la première fois député le 21 août 1881, avec un programme qui était celui de l'extrême gauche.

Réélu en 1885, au scrutin de liste, M. Salis fit partie de nombreuses commissions et notamment de la commission du budget ; il s'est tout particulièremeut occupé des questions ayant trait aux intérêts de la viticulture et du commerce des vins.

En 1889, il fut élu par 10,550 voix, contre 8,704 obtenues par M. Roland, revisionniste.

En 1893, il fut réélu par 11,837 voix, contre 3,034 à M. Paul Nalon, républicain.

Pendant la dernière législature il fut notamment rapporteur des projets de loi relatifs au régime des boissons.

Il a été réélu, le 8 mai 1898, par 12,539 voix, contre 7,330 à M. Doumet, républicain.

Il a été élu membre, puis vice-président de la commission du budget (novembre 1898).

## 199

*Première circonscription de Béziers*

### LAFFERRE (Louis)

M. Lafferre est né à Pau le 10 mai 1861.

Il est professeur de l'Université.

Conseiller municipal de Narbonne, le 3 mai 1896, il a été élu député au scrutin de ballottage, le 22 mai 1898, par 12,749 voix contre 5.834 à M. Gayraud, conservateur.

Au premier tour, M. Lafferre avait eu 7,049 voix, M. Mas, député sortant, radical, 4,911, M. Gayraud 3,918, M. Sébastian, socialiste, 1,928.

M. Lafferre a été, dans cette circonscription, le candidat de l'union des radicaux socialistes et des socialistes.

## 200

*Deuxième circonscription de Béziers*

## AUGÉ (Justin)

M. Augé est né à Béziers le 31 mars 1850. Il est propriétaire viticulteur, ancien secrétaire du comice agricole de Béziers, vice-président de l'Alliance française, ancien conseiller général. Il s'occupe spécialement des questions économiques et agricoles.

Il fut pour la première fois élu député le 28 février 1897, en remplacement de M. Cot, démissionnaire, par 9,076 voix, contre 7,658 à M. Cathala.

Il a été réélu au scrutin de ballottage le 28 mai 1898, par 11,219 voix contre 2,947.

---

## 201

*Arrondissement de Lodève*

## VIGNÉ (Paul)

M. Paul Vigné (en littérature P. Vigné d'Octon) est né à Montpellier, le 8 septembre 1859.

Homme de lettres, il a publié de nombreux romans, et, sous divers pseudonymes, a collaboré à la *Revue bleue*, au *Temps*, au *Figaro*, à l'*Illustration*, etc.

Radical socialiste, il demande, dans sa circulaire électorale, la revision de la Constitution dans un sens plus démocratique. Il est l'adversaire absolu de l'expansion coloniale à outrance, qu'il considère comme stérile et ruineuse, et partisan de la mise en valeur de notre domaine colonial. Il est favorable aux lois sur les syndicats, à une loi plus démocratique sur la chasse et la pêche, à la suppression des octrois. Il votera les lois sur l'assurance mutuelle, sur les caisses des retraites pour la vieillesse, sur les délégnés mineurs, sur l'hygiène de l'usine et de l'atelier, ainsi que l'impôt sur le revenu.

En 1893, M. Vigné fut élu, au scrutin de ballottage, le 3 septembre, par 7,250 voix, contre 6,302 obtenues par M. P. Leroy-Beaulieu.

En 1898, M. Vigné a été réélu, au premier tour, par 7,768 voix, contre 4,764 à M. Eugène Lautier, républicain.

---

## 202

*Arrondissement de Saint-Pons*

## RAZIMBAUD (Jules-Antoine-Louis-Barthélemy)

M. Razimbaud est né à Ginestas (Aude), le 24 août 1837.

Il est propriétaire, ancien notaire de 1863 à 1880. Conseiller municipal de Saint-Chinian depuis 1865, conseiller général de l'Hérault depuis 1874, maire de Saint-Chinian de 1871 à 1885, puis en 1896, M. Razimbaud a été député de 1885 à 1893.

Républicain démocrate, voulant la marche en avant, sans aucune compromission ni avec les prétendus ralliés, ni avec les conservateurs, il a toujours lutté, depuis 1863, pour la République et pour les réformes.

Il a été élu député, au premier tour, le 8 mai 1898, par 5,465 voix, contre 4,119 à M. Jean Miquel, conservateur, et 802 à M. Calas, socialiste.

# ILLE–ET–VILAINE

—

## 8 DÉPUTÉS

—

1893 : MM. Le Hérissé, René Brice, Pontallié, Porteu, Récipon (décédé, remplacé par *M. le lieutenant-colonel du Halgouët*), Brune, Demalvilain (démissionnaire, remplacé par *M. Hervoches*), le comte Le Gonidec de Traissan.

1898 : MM. Le Hérissé, René Brice, *Bazillon*, Porteu, du Halgouët, Brune, *Robert Surcouf*, le comte Le Gonidec de Traissan.

## 203

*Première circonscription de Rennes*

### LE HÉRISSÉ (René-Félix)

M. Le Hérissé est né à Antrain (Ille-et-Vilaine), le 14 décembre 1857. Il est sorti de l'école militaire de Saint-Cyr en 1878. Il était lieutenant de dragons lorsqu'il donna sa démission.

A la suite de la démission de M. de Lariboisière, M. Le Hérissé fut, le 14 février 1886, au scrutin de liste, nommé député d'Ille-et-Vilaine par 57,000 voix.

M. Le Hérissé a été directeur politique du journal *La Cocarde*. Membre du comité républicain national, il fut l'un des principaux lieutenants du général Boulanger. Ce fut lui notamment qui dirigea dans le département de l'Aisne la propagande qui aboutit à la première élection législative de M. Boulanger. Depuis lors, à la Chambre, dans la presse et dans le pays, M. Le Hérissé fut mêlé activement à la campagne revisionniste. Son programme électoral, en 1889, fut identiquement celui du général

Boulanger : Revision — Constituante — Referendum.

A cette époque M. Le Hérissé fut élu, sans concurrent, par 11,250 voix.

Depuis la mort du général Boulanger, le rôle de M. Le Hérissé a été plus effacé. Il s'est cantonné systématiquement dans l'étude des questions militaires et coloniales.

En 1893, il se présenta avec un programme revisionniste et fut réélu par 6,533 voix, contre 4,001 à M. Pinaud, ancien député républicain, et 4,060 à M. Manier, socialiste.

Aux élections de 1898, M. Le Hérissé a été réélu, au premier tour de scrutin, par 8,839 voix, contre 3,512 à M. Grivart, conservateur, 2,344 à M. Pinaud, républicain, 1,397 à M. Ménard, antisémite, etc.

Il est membre du Conseil supérieur des colonies, où il représente la Côte d'Ivoire. Il a accompli, en 1897, un long voyage au Sénégal, au Soudan, à la Guinée et à la Côte d'Ivoire.

M. Le Hérissé, qui siège, depuis 1886, au Conseil général d'Ille-et-Vilaine, est vice-président de cette assemblée.

Il a été nommé membre de la commission du budget (novembre 1898).

---

## 204

*Deuxième circonscription de Rennes*

### BRICE (René)

M. René Brice est né à Rennes le 23 juin 1837.

Avocat, il fut, en 1871, élu membre de l'Assemblée nationale ; il y siégea dans les rangs du centre gauche avec lequel il vota en toutes circonstances. Il fut l'un des 363.

De 1876 à 1885 M. René Brice fut député de l'arrondissement de Redon, et de 1885 à 1889, après le rétablissement du scrutin de liste, député d'Ille-et-Vilaine.

En 1889, il échoua contre le candidat des droites, M. Barbotin.

En 1893, M. René Brice s'est présenté dans la deuxième circonscription. Il fut élu, au premier tour de scrutin, le 20 août, par 8,802 voix, contre 6,274 obtenues par M. Paul Carron, député sortant, membre de la droite.

M. René Brice est vice-président du Conseil général d'Ille-et-Vilaine.

Il est administrateur du Crédit lyonnais et de la Compagnie des chemins de fer de l'Ouest et censeur du Crédit foncier.

Dans sa circulaire de 1893, M. René Brice disait notamment : « Républicain, j'ai toujours pensé que la République devait être ouverte à tous, pacifique, économe, tolérante... Je ne cesserai pas de réclamer la diminution des dépenses publiques ; la réduction des charges qui sous tant de formes pèsent sur les agriculteurs ; l'organisation du crédit agricole et des assurances contre les risques des récoltes ; l'amélioration du sort des ouvriers par la création de caisses de retraites et de prévoyance; la suppression de l'exercice chez les débitants », etc.

Il a été réélu le 8 mai 1898, sans concurrent, par 12,035 voix.

## 205

### Arrondissement de Fougères

### BAZILLON (Alfred)

M. Bazillon est né à Saint-Aubin d'Aubigné, le 10 janvier 1847.

Il est propriétaire, maire de Fougères.

Il est républicain progressiste.

Il fut élu député, le 8 mai 1898, par 10,403 voix, contre 9,316 à M. Jenouvrier, avocat à Rennes, conservateur. Il remplace M. Pontallié, député sortant, qui ne s'est pas représenté.

## 206

### Arrondissement de Montfort

### PORTEU (Armand)

M. Armand Porteu est né à Rennes le 9 novembre 1839. Entré dans l'administration à l'âge de 21 ans, M. Porteu fut successivement attaché au ministère de l'intérieur, conseiller de préfecture, secrétaire général, sous-préfet de Ploërmel et de Lisieux. Dans cette dernière ville, il se distingua par son courage pendant une terrible inondation et fut nommé, par dépêche télégraphique du maréchal de Mac-Mahon, chevalier de la Légion d'honneur.

Il fut ensuite préfet du Lot, puis préfet de la Creuse pendant la période du 16 mai 1877.

Il offrit alors sa démission plutôt que de consentir à frapper des cantonniers, des facteurs, de modestes fonctionnaires, faussement accusés, dont on lui demandait la révocation.

Après avoir quitté l'administration, il devint maire de Talensac et conseiller d'arrondissement. Il a pris à Rennes la direction d'une importante filature.

En 1885, il se présenta comme candidat à la députation, mais, inscrit sur la liste conservatrice, il échoua avec celle-ci, bien qu'ayant obtenu personnellement la majorité dans l'arrondissement de Montfort, où sa famille habite depuis longtemps.

En 1889, il fut élu par 7,251 voix, contre 5,408 obtenues par M. Pinaud, républicain, député sortant, et 1,101 accordées, à M. de Ricaudy, boulangiste.

M. Armand Porteu siège à droite.

En 1893, il fut réélu le 20 août, au premier tour, par 8,888 voix, contre 5,609 à M. du Mesnil, ancien sous-préfet, républicain.

Il fut réélu le 8 mai 1898, par 7,751 voix, contre 6,384 à M. Alfred Durand, républicain.

---

## 207

*Arrondissement de Redon*

### DU HALGOUET (Maurice-Marie-Joseph)

M. du Halgouët est né à Renac (Ille-et-Vilaine), le 11 décembre 1847.

Ancien élève de l'École polytechnique, il est lieutenant-colonel d'artillerie en retraite. Il a fait la campagne de 1870-1871. Il est chevalier de la Légion d'honneur.

Il appartient à la droite.

Il a été élu pour la première fois député, le 5 mai 1895, en remplacement de M. Récipon, décédé, par 10,915 voix, contre 9,910 à M. Guérin, républicain.

M. le lieutenant-colonel du Halgouët a été réélu, le 8 mai 1898, au premier tour de scrutin, par 13,338 voix, sans concurrent.

---

## 208

### *Première circonscription de Saint-Malo*

### BRUNE (François-Jean)

M. Brûne est né à Pleine-Fougères le 1er avril 1835.

Notaire à Pleine-Fougères de 1867 à 1884, conseiller municipal et suppléant de la justice de paix depuis juillet 1870, vice-président du comice agricole, maire de Pleine-Fougères depuis 1877, conseiller général depuis 1870, chevalier de la Légion d'honneur du 20 juillet 1892, M. Brune se présenta à la députation, comme candidat républicain en 1889; il ne fut pas élu, mais il obtint 5,285 voix, contre 6,067 accordées à M. La Chambre, membre de la droite qui fut élu.

En 1893 M. Brune, dans sa circulaire, réclamait une stabilité ministérielle plus grande, une répartition de l'impôt plus équitable, une protection encore plus efficace du marché français, l'institution du Crédit agricole, une sérieuse organisation de l'assistance publique dans les campagnes.

Il fut élu par 7,513 voix, contre 3,277 à M. Léouzon-Leduc, revisionniste.

Il a été réélu le 8 mai 1898, au premier tour, par 7,952 voix, contre 4,502 obtenues par M. Houitte de la Chesnais, candidat de la droite.

---

## 209

### *Deuxième circonscription de Saint-Malo*

### SURCOUF (Robert-Henri-Marie-Joseph)

M. Robert Surcouf est né à Saint-Servan (Ille-et-Vilaine), le 30 octobre 1868.

Il est petit-neveu du célèbre corsaire Robert Surcouf et descendant de Duguay-Trouin et de Porcon de la Barbinais, surnommé le Régulus malouin.

Il est républicain libéral.

Il a été élu, au scrutin de ballottage, le 22 mai, par 6,750 voix, contre MM. Rousseau, Raoul Resse et Grousseau.

---

## 210

*Arrondissement de Vitré*

## LE GONIDEC DE TRAISSAN (Olivier-Marie-Mériadec, comte)

M. le comte Le Gonidec de Traissan est né à Vitré, le 21 février 1839. Ancien officier aux zouaves pontificaux, il combattit pour la cause du Saint-Siège à Castelfidardo et à Mentana. Pendant la guerre de 1870, il servit en qualité de commandant des volontaires de l'Ouest, sous les ordres du général de Charette. Il est chevalier de la Légion d'honneur et de Saint-Grégoire-le-Grand. Conseiller municipal de Vitré, il fut pour la première fois élu député en 1876. Il siégea à la droite légitimiste. Il a été l'un des secrétaires élus par la Chambre des députés en qualité de représentants de la droite. Réélu en 1877 et en 1881, il n'a cessé de se prononcer contre les institutions et les réformes républicaines.

Il ne fut pas réélu en 1885 au scrutin de liste.

En 1889, M. Le Gonidec de Traissan, qui a toujours obtenu dans l'arrondissement de Vitré de très fortes majorités, fut élu au premier tour, le 22 septembre, par 12,174 voix, sans concurrent.

En 1893, il a été réélu également, au premier tour, par 10,092 voix, contre 5,582 à M. Garreau, républicain.

Il a été réélu, le 8 mai 1898, au premier tour, sans concurrent, par 11,916 voix, sans concurrent.

# INDRE

—

## 5 DÉPUTÉS

—

893 : MM. Charles Balsan, Alban David, Moroux (élu sénateur, remplacé par *M. Savary de Beauregard*), de Saint-Martin
Valogne, Leconte.

1898 : MM. Balsan, Alban David, *Leglos*, de Saint-Martin Valogne, *Dufour*.

## 211

### *Première circonscription de Châteauroux*

### BALSAN (Charles)

M. Charles Balsan est né à Paris, le 16 août 1838. Son
frère, M. Auguste Balsan, récemment décédé, a été député
de l'Indre en 1871 ; il siégeait au centre droit.

Tous deux ont été fabricants d'étoffes de laine à Châteauroux. Ils y ont dans ces dernières années créé une sucrerie.

M. Charles Balsan est ingénieur civil, régent de la Banque de France, chevalier de la Légion d'honneur. Il a été
longtemps président du Tribunal de commerce de Châteauroux ; il y a été conseiller municipal, conseiller général.
Il est président de la Chambre consultative.

Il appartient à l'opinion conservatrice et vote avec les
modérés.

Il a été élu, pour la première fois, en se présentant seulement au scrutin de ballottage, le 6 octobre 1889, par
9,201 voix, contre 8,241 à M. A. Ratier, républicain.

Il a été réélu, le 20 août 1893, au premier tour, par
8,448 voix, contre 8,402 à M. Patureau-Francœur, maire de
Châteauroux, radical.

## 212

*Deuxième circonscription de Châteauroux*

### DAVID (Alban-Bernard)

M. Alban David est né à Levroux (Indre), le 18 octobre 1839.

Propriétaire à Ecueillé, M. Alban David a été élu conseiller d'arrondissement en 1884, conseiller général en 1886, conseiller municipal et maire d'Ecueillé en 1888.

Il a pris une part active aux luttes de l'opinion républicaine, notamment pendant la période du 16 mai 1877.

M. Alban David fut élu pour la première fois député en 1889, contre M. Dufour, député sortant boulangiste. Dans sa circulaire, il promettait de continuer à s'associer à toutes les mesures qui auront pour but de maintenir ou de consolider les institutions républicaines.

Il veut la République « forte à l'intérieur contre tous les factieux, pacifique, mais respectée à l'extérieur ».

Désireux de poursuivre, en dehors de toute coterie, sans restrictions comme sans mesquines vexations, l'exécution du programme démocratique, il s'engageait à voter toutes les mesures aptes à améliorer le sort de la population agricole et ouvrière : institutions de crédit, développement de l'enseignement agricole, etc.

M. Alban David fut réélu, le 20 août 1893, au premier tour, sans concurrent, par 7,246 voix.

Il a été de nouveau réélu, le 22 mai 1898, au deuxième tour de scrutin, contre 4,690 voix à M. le comte Louis de Talleyrand-Périgord, républicain libéral. Au premier tour, M. David avait obtenu 4,247 voix, le comte de Périgord 3,162, M. Champigny, radical, 2,252, M. Henri Dufour, rallié, 1,645.

## 213

*Arrondissement du Blanc*

### LEGLOS (Joseph)

M. Leglos est né à Nemours (Seine-et-Marne), le 4 février 1864.

Il est agriculteur, maire de Paulmay, conseiller d'arrondissement du canton de Mézières-en-Brenne.

Il est républicain.

Il a été élu député, le 8 mai 1898, par 7,454 voix, contre 7,233 à M. Savary de Beauregard, député sortant, conservateur, et 53 voix à M. Baudin, socialiste.

---

## 214

*Arrondissement de La Châtre*

### SAINT-MARTIN VALOGNE (Marie-Etienne-Aimé de)

M. Aimé de Saint-Martin Valogne est né à Guéret (Creuse), le 14 septembre 1831.

Il est le petit-fils de M. de Saint-Martin Valogne, député de l'Aveyron, et petit-neveu de M. de Boëry, député du Berry aux Etats généraux et aux Cinq-Cents.

M. de Saint-Martin Valogne est licencié en droit. Propriétaire agriculteur, il est depuis 1870 conseiller général pour le canton de Neuvy-Saint-Sépulcre, qu'il a toujours représenté depuis cette époque. Il est maire de la commune de Cluis où il habite le château de Puy-d'Auzon.

En 1870, il fut révoqué de ses fonctions de maire pour avoir protesté contre le gouvernement du 4 septembre.

Entré à la Chambre en 1876, il a été réélu en 1877, en 1881, en 1885, enfin en 1889, par 10,415 voix, contre 3,232 obtenues par M. Alizard, républicain.

En toutes circonstances, M. de Saint-Martin réclama l'évacuation du Tonkin, s'opposa au vote et aux mesures d'exécution des nouvelles lois scolaires et demanda la revision de la Constitution.

Dans sa circulaire électorale de 1893, M. de Saint-Martin disait que « si le régime actuel dure encore quelques années, le pays sera livré sans défense à la ruine et à l'anarchie… Au lieu d'une coterie qui exploite le pouvoir à son profit, il faut un gouvernement fort et libéral, basé sur la souveraineté nationale, avec le chef de l'Etat nommé par le peuple ».

Au cours des dernières législatures, M. de Saint-Martin a pris la parole dans les discussions budgétaires sur la réforme de l'impôt foncier. Il a obtenu le rétablissement de la date d'expédition sur les télégrammes et l'augmentation du crédit de secours pour les anciens militaires. Il a demandé le maintien des prêts à intérêt réduit faits par l'Etat aux départements et aux communes pour les chemins vicinaux.

M. A. de Saint-Martin fut réélu, le 20 août, au premier tour, par 8,357 voix, contre 6,273 obtenues par M. G. Périgois, républicain radical.

Il a été réélu, le 8 mai 1898, par 8,654 voix, contre 7,594 à M. Périgois.

---

## 215

### Arrondissement d'Issoudun

## DUFOUR (Jacques)

M. Dufour est né à Issoudun (Indre), le 31 décembre 1849.

Il est négociant à Issoudun.

Conseiller municipal en 1881, conseiller général en 1889, maire en 1892.

Il a été élu député, le 8 mai 1898, par 6,501 voix, contre 2,044 à M. Dumont, républicain nationaliste, 1,987 à M. Doré, socialiste, 1,518 à M. Labonne, progressiste, 596 à M. Michaud, progressiste.

M. Dufour est républicain socialiste. Il remplace

M. Leconte, député sortant, qui ne s'est pas représenté, et qui appartenait à la même nuance.

Dans son programme, M. Dufour s'est prononcé pour la revision intégrale de la Constitution, l'impôt sur le revenu proportionnel et progressif, le service militaire de deux ans pour tous, la gratuité absolue de la justice, l'organisation de l'assistance publique, etc.

# INDRE-ET-LOIRE

—

## 4 DÉPUTÉS

—

1893 : MM. Drake, Tiphaine, Leffet, Wilson.
1898 : Les mêmes.

## 216

*Première circonscription de Tours*

### DRAKE (Jacques)

M. Jacques Drake est né à Paris, le 1er février 1855.

Il possède en Touraine le château de Candé et d'importants vignobles. Il s'est particulièrement occupé de viticulture, « multipliant les exemples et les encouragements autour de lui dans la période pénible où passe cette source principale de la richesse agricole en Indre-et-Loire ».

Il est maire de Monts, conseiller général du canton de Montbazon.

Il se présenta comme « républicain progressiste libéral, ennemi et du socialisme subversif et des théories sectaires du radicalisme ».

Il fut élu, au scrutin de ballottage, le 3 septembre 1893, par 10,925 voix, contre 7,393 à M. du Saussay, député sortant, élu en 1889 comme boulangiste revisionniste.

Au premier tour, M. J. Drake avait obtenu 8,836 voix ; M. du Saussay, 6,150 ; M. Letertre, radical socialiste, 3,810 ; M. Bidault, républicain radical, 2,735.

En 1898, M. Drake a été élu, au scrutin de ballottage, le 22 mai, par 12,419 voix, contre 11,004 à M. Pic-Paris, ancien maire de Tours, radical.

Au premier tour, M. Drake avait obtenu 11,223 voix, M. Pic-Paris 7,398, M. Le Héno, socialiste, 3,985.

Il a été élu secrétaire de la Chambre des députés (juin 1898).

---

## 217

*Deuxième circonscription de Tours*

### TIPHAINE (Alfred)

M. Tiphaine est né à Saint-Pierre (île de la Réunion), le 30 juin 1836.

Il fut élu pour la première fois député, lors d'une élection partielle, le 19 avril 1891, à la suite du décès de M. Albert Pesson.

M. Tiphaine est maire de Monnaie, conseiller général du canton de Vouvray, président du comice agricole populaire de l'arrondissement de Tours.

Dans sa circulaire de 1893 il déclarait qu'il veut être « un républicain de progrès, allant de l'avant, résolu à donner satisfaction aux légitimes revendications du peuple et à suivre une politique digne de la République, qui doit être autre chose que la continuation des gouvernements monarchiques ».

Il demande « qu'on mette un terme à la lutte incessante entre le capital et le travail, en donnant au travail les moyens de résister aux injustes exigences du capital ».

Il se prononce pour l'institution du crédit agricole, la réforme du régime des boissons, la sauvegarde des intérêts des bouilleurs de cru, la suppression des prestations, le service militaire égal pour tous, le vote des projets relatifs aux caisses d'épargne, aux caisses des retraites, aux sociétés de secours mutuels, pour une répartition plus équitable de l'impôt entre les citoyens, etc.

En 1893, M. Tiphaine fut réélu, au second tour de scrutin, par 9,240 voix, contre 8,760 à M. Moisant (droite républicaine).

Il a été président du Conseil général d'Indre-et-Loire de 1894 à 1898. Candidat à l'élection sénatoriale qui eut lieu en avril 1897, il se désista au deuxième tour en faveur de M. Bidault, candidat radical, qui fut élu.

M. Tiphaine a été réélu, comme candidat républicain radical, le 22 mai 1898, au scrutin de ballottage, par 13,071 voix, contre 9,597.

Au premier tour, M. Moisant avait obtenu 9,073 voix, M. Tiphaine, 7,558, M. Martinet, socialiste, 6,209.

---

## 218

### *Arrondissement de Chinon*

## LEFFET (Eugène-Lucien)

M. Leffet est né à Saumur, le 21 mai 1838.

Il a été pendant seize ans officier de marine. Il fut décoré pour fait de guerre en 1870, et quitta le service en qualité de lieutenant de vaisseau. Il a été pendant six ans membre du Conseil d'arrondissement de Chinon, qu'il a présidé.

M. Leffet se présenta en 1893, avec un programme dont les points principaux étaient les suivants :

« Maintien de la loi militaire et des lois scolaires ;

« Amélioration du sort des travailleurs des villes et des campagnes ;

« Diminution des impôts qui pèsent sur tous les contribuables ;

« Réduction des charges fiscales qui grèvent notre agriculture ; attribution à cette dernière de la plus grande partie des économies qui pourront être réalisées sur le budget ;

« Suppression du principal de l'impôt foncier sur les propriétés rurales non bâties ;

« Diminution de l'impôt des patentes qui frappe si lourdement la petite industrie ;

« Protection de la petite culture contre le vol, la mendicité et le vagabondage. »

M. Leffet fut élu, au premier tour, le 20 août 1893, par 11,540 voix, contre 10,784 obtenues par M. Jules Delahaye, député sortant, nommé en 1889 comme boulangiste.

Il a été réélu, le 22 mai 1898, au scrutin de ballottage, comme républicain radical, par 13,100 voix, contre 7,642 à M. Maurice, président du tribunal de Tours, républicain.

Au premier tour, M. Leffet avait obtenu 10,350 voix, M. Maurice, 7,642, M. Violette, socialiste, 3,898.

---

## 219

### *Arrondissement de Loches*

### WILSON (Daniel)

M. Daniel Wilson est né à Paris, le 6 mars 1840. Il est, par sa mère, le petit-fils d'Antoine Cazenave, qui fut représentant des Basses-Pyrénées à la Convention nationale et au Conseil des Cinq-Cents.

S'étant fixé en Touraine, en 1863, au château de Chenonceaux, M. Wilson fut élu, en 1869, député de la troisième circonscription d'Indre-et-Loire, composée alors de l'arrondissement de Loches et des cantons de Bléré, Amboise et Montbazon, contre M. Mame, candidat officiel.

Au Corps législatif, où il siégea comme secrétaire d'âge, M. Wilson vota constamment avec la gauche, notamment contre le plébiscite et contre la déclaration de guerre.

Après le 4 Septembre, il fut un des anciens députés de la gauche qui, avec MM. Thiers et Grévy, réclamèrent la réunion d'une Assemblée nationale constituante.

Lors de l'appel des mobilisés, il fut élu commandant du 2e bataillon de mobilisés d'Indre-et-Loire.

Elu député à l'Assemblée nationale le 8 février 1871, M. Wilson fut au nombre des signataires de la proposition tendant à conférer à M. Thiers les fonctions de chef du Pouvoir exécutif de la République française.

A l'Assemblée nationale, M. Wilson fut l'un des fondateurs du groupe de la gauche républicaine, dont il resta longtemps le secrétaire.

S'étant spécialement consacré à l'étude des questions financières et économiques, M. Wilson fit, à dater de cette époque, partie de la plupart des commissions du budget et des chemins de fer.

Réélu député le 20 février 1876, il fut, en 1877, l'un des

363 ; il l'emporta dans l'arrondissement de Loches sur M. Paul Schneider, candidat du maréchal. Il fut réélu en 1881 député de l'arrondissement de Loches, et en 1885 député d'Indre-et-Loire au scrutin de liste.

En 1883, M. Wilson fut élu président de la Société de statistique de Paris.

Rapporteur général des budgets des exercices 1879 et 1880, M. Wilson fut nommé sous-secrétaire d'Etat au ministère des finances dans le premier cabinet Freycinet (26 décembre 1879) ; il conserva ces fonctions dans le premier cabinet Ferry et les occupa jusqu'à l'avènement du ministère Gambetta (14 novembre 1881).

Le 22 octobre 1881, il avait épousé Mlle Alice Grévy, fille du président de la République.

Après sa sortie du ministère des finances, M. Wilson fu président de la commission du budget pour l'exercice 1883 et fut de nouveau rapporteur général du budget de l'exercice 1887. Il prononça alors plusieurs discours remarqués sur la situation financière.

Il combattit très vivement le rétablissement du scrutin de liste, les conventions conclues avec les grandes Compagnies, l'extension donnée à la politique coloniale et le boulangisme.

Le nom de M. Wilson fut, à la Chambre des députés (interpellation Cuneo d'Ornano) et au dehors, mêlé aux événements qui amenèrent M. Jules Grévy, réélu en 1885, à donner, le 1er décembre 1887, sa démission des fonctions de président de la République française.

M. Wilson, contre lequel avait déjà été dirigée une instruction qui avait abouti à une ordonnance de non-lieu, fut alors de nouveau poursuivi, à l'occasion de l'affaire dite des décorations. La condamnation prononcée par le tribunal correctionnel fut cassée par la Cour d'appel de Paris, le 28 mars 1888.

En 1889, M. Wilson ne fut pas candidat aux élections législatives. Il fut remplacé comme député de l'arrondissement de Loches par M. Arribat, candidat républicain, qui, décédé peu après, eut lui-même comme successeur à la Chambre, son concurrent, M. Edouard Muller.

En mai 1892, M. Wilson fut élu conseiller municipal, puis maire de Loches.

A la suite d'une interpellation adressée par M. Muller, député de l'arrondissement de Loches, au garde des sceaux, alors M. Ricard, une poursuite pour corruption électorale fut intentée à M. Wilson devant le tribunal de Loches ; elle n'aboutit qu'à une amende, alors que le ministère public requérait l'emprisonnement et la privation des droits civiques.

A la suite de ce procès, en août 1892, M. Wilson fut élu conseiller général d'Indre-et-Loire par le canton de Montrésor.

Aux élections législatives de 1893, M. Wilson se présenta avec un programme démocratique et anticlérical où il demandait la réduction à deux ans de la durée du service militaire, la suppression du monopole des grandes Compagnies, la diminution des dépenses publiques, et notamment de celles de l'armée et de la marine, la réforme des impôts et spécialement celle du régime des boissons, le développement des travaux publics.

Le 20 août, M. Wilson fut élu par 9,505 voix, contre 7,398 obtenues par M. Muller, député sortant, rallié, et 51 par M. Morin, socialiste.

L'élection de M. Wilson ayant été invalidée le 26 février 1894, il fut de nouveau élu, le 6 mai, par 9,337 voix, contre 7,609 à M. Maurice-Raoul Duval, rallié.

En 1898, M. Wilson a été réélu, le 22 mai, au second tour de scrutin, par 9,046 voix, contre 7,808 à M. Raoul Duval.

# ISÈRE

—

## 8 DÉPUTÉS

—

1893 : MM. Gustave Rivet, Aristide Rey, Vogeli, Antonin Dubost (élu sénateur, remplacé par *M. Claude Rajon*), Bovier-Lapierre, Jouffray, Plissonnier, Saint-Romme (élu sénateur, remplacé par *M. Chenavaz*).

1898 : MM. Gustave Rivet, *Zévaès*, *Dufour*, Rajon, Bovier-Lapierre, *Christophle*, *Meyer*, Chenavaz.

### 220

*Première circonscription de Grenoble*

### RIVET (Gustave)

**M.** Gustave Rivet est né à Domène (Isère), le 25 février 1848.

Fils d'un inspecteur de l'enseignement primaire, il commença ses études au lycée de Grenoble, qu'il quitta en rhétorique pour Sainte-Barbe et Louis-le-Grand.

Après la mort de son père, il se fit recevoir licencié ès-lettres et entra dans l'Université comme professeur de rhétorique à Dieppe.

A la suite de la publication d'un volume de vers, *les Voix perdues*, et d'une autre poésie qui était un appel à la commission des grâces, M. Rivet fut, après le 24 mai 1873, révoqué par le ministre de l'instruction publique, M. de Fourtou. En apprenant cette révocation, Victor Hugo lui écrivit ce billet :

« Hélas ! vaillant poète, que vous dire ?

« Cette heure a deux profils, le profil traître et le profil lâche.

« Vous étiez mal vu des deux, vous, le talent loyal et le cœur intrépide. »

M. Gustave Rivet revint alors à Paris, écrivit et donna des leçons.

Réintégré dans l'Université, il resta un an professeur de rhétorique à Meaux, puis revint à Paris, chargé de cours au lycée Charlemagne. Mais peu après il entra dans la presse militante, et sous le 16 Mai, il publia de nombreux articles et plusieurs brochures.

Il collabora ensuite à *l'Homme libre*, que dirigeait Louis Blanc, au *National*, aux *Droits de l'homme*, au *Rappel*, au *Voltaire*, etc.

A la même époque, M. Gustave Rivet a fait paraître diverses œuvres littéraires, volumes de vers et pièces de théâtre : *Victor Hugo chez lui* ; une étude sur les *Dragonnades* ; en 1879, un drame en quatre actes : *le Châtiment*, joué à Cluny, puis à l'Odéon, *Marie Touchet*, drame en vers, et une comédie en vers, *Juana*, à la Comédie française *le Cimetière de Saint-Joseph*, deux tableaux en vers.

M. Rivet, qui est l'auteur d'une proposition de loi sur la *Recherche de la paternité*, a publié sur cette question un livre avec une préface d'Alexandre Dumas fils.

Élu député de l'Isère par la première circonscription de Grenoble, en 1883, par 9,207 voix, — en 1885, au scrutin de liste, le quatrième sur neuf, par 61,000 voix, — M. Rivet débuta à la tribune par un discours sur la loi contre les récidivistes. Il intervint dans la discussion du budget des finances pour réclamer la suppression de l'exercice de la régie à l'égard des débitants, la réforme de l'impôt, la suppression des taxes de consommation, l'établissement de l'impôt sur le revenu, la réduction des tarifs de transport, la péréquation de l'impôt foncier, la création du crédit agricole, les lois capables de favoriser les associations et les syndicats, la suppression du budget des cultes, etc.

Il prit la parole dans le débat sur la revision de la Constitution pour demander que le droit de dissoudre la Chambre fût retiré au Sénat.

La proposition Rivet obtint à la Chambre 201 voix contre

273. Au Congrès de Versailles, où elle fut de nouveau présentée, elle eut 279 voix.

M. Rivet fut nommé rapporteur de la proposition sur l'expulsion des prétendants, des lois protectrices des enfants abandonnés, du projet sur la création du musée des arts décoratifs et industriels.

Dans sa circulaire de 1889, M. Rivet disait : « Lorsque nos traités de commerce seront expirés, nous voulons que la France reprenne toute sa liberté d'action pour la défense de notre agriculture et de nos industries... Nous voulons, par des mesures nécessaires, préparer la dénonciation du Concordat... Nous ferons notre revision à son jour, à son heure, pour améliorer notre organisation politique. C'est dire que nous ne voulons pas la revision comme la souhaitent les ennemis de la République. »

En 1889, M. Rivet fut nommé, au premier tour, par 10,383 voix, contre 363.

En 1893, il fut réélu par 9,232 voix, contre 1,890 à M. Jore, radical, et 1,228 à M. Xavier Roux, rallié.

M. Gustave Rivet a été réélu le 8 mai 1898, au premier tour, par 11,076 voix, contre 3,956 à M. Charbonnier, rallié, conseiller général.

Lors de la constitution du Bureau de la nouvelle Chambre, il a été élu questeur de la Chambre des députés.

---

## 221

*Deuxième circonscription de Grenoble*

### ZÉVAÈS (Alexandre)

M. Alexandre Zévaès est né à Moulins (Allier), le 24 mai 1873.

Socialiste, membre du parti ouvrier français, M. Zévaès a collaboré, d'une manière très active, au *Socialiste* et à la *Petite République,* sous la direction de M. Jules Guesde, dont il partage et défend les opinions.

Il a été élu, au second tour de scrutin, député de la deuxième circonscription de Grenoble, par 9,348 voix, contre

6,840 obtenues par M. Aristide Rey, député sortant, républicain.

M. Zévaès est le plus jeune membre de la nouvelle Chambre. Il n'avait pas encore 25 ans révolus lorsqu'il a été élu. La Chambre l'a néanmoins validé, M. Zévaès ayant atteint l'âge légal lors de sa première séance.

---

## 222

*Troisième circonscription de Grenoble*

### DUFOUR (Eugène-Florentin)

M. Dufour est né à Grenoble, le 31 mars 1844.

Il est docteur en médecine, médecin en chef et directeur de l'asile d'aliénés de Saint-Robert (Isère). Pendant la campagne de 1870-71, il a été médecin-major du 3ᵉ régiment de mobiles. Il est chevalier de la Légion d'honneur.

Maire de la Motte-d'Aveillans, ancien conseiller général, il a été élu pour la *première fois* député le 22 mai 1898, par 7,085 voix, contre 6,250 à M. Vogeli, député sortant, républicain radical.

Au premier tour, M. Vogeli avait obtenu 6,164 voix, M. Georges Jay, républicain libéral, 3,970, M. Merlin, radical, 1,775, M. Lacave, socialiste, 1,733.

M. Dufour est républicain radical.

---

## 223

*Première circonscription de la Tour-du-Pin*

### RAJON (Claude)

M. Claude Rajon est né le 2 juin 1866.

Ancien professeur au collège Chaptal, ancien bibliothécaire à la bibliothèque Sainte-Geneviève, ancien chef-adjoint du cabinet de M. Combes, ministre de l'instruction publique, M. Claude Rajon a été élu pour la *première fois* député, le 7 mars 1897, lors d'une élection partielle, en remplacement de M. Antonin Dubost, nommé sénateur.

Il est républicain radical.

Il a été réélu le 8 mai 1898, par 9,921 voix, contre 6,020 à M. Rabatel, républicain.

---

## 224

### *Deuxième circonscription de la Tour-du-Pin*

### BOVIER-LAPIERRE (Pierre-Marie-Auguste-Amédée)

M. Bovier-Lapierre est né à Grenoble, le 27 mars 1836.

Fils d'un républicain qui fit ses preuves en 1848 dans l'Isère, il fut reçu licencié, puis docteur en droit à 22 ans, et se fit inscrire au barreau de Grenoble.

L'entrée dans la vie politique de M. Bovier-Lapierre date des dernières années de l'Empire, qu'il combattit à outrance, après avoir refusé l'offre qui lui fut faite d'entrer dans la magistrature. Membre du Comité démocratique de Grenoble, qui patronna le candidat de l'opposition aux élections de 1869, il fut l'un des principaux fondateurs du *Réveil du Dauphiné*.

Membre de la commission municipale du 4 Septembre, M. Bovier-Lapierre fut élu conseiller municipal de Grenoble le 30 avril 1871, puis conseiller général de l'Isère pour le canton de Pont-de-Beauvoisin au mois d'octobre de la même année. Pendant la période du 24 Mai, il se mit à la tête des opposants et prit maintes fois devant les tribunaux la défense des journalistes républicains poursuivis par le gouvernement d'alors.

En décembre 1880, M. Bovier-Lapierre fut désigné comme candidat au siège vacant, par suite du décès de M. Ferdinand Raymond. M. Antonin Dubost l'emporta sur lui de 60 voix, mais le 21 août suivant, il fut élu, à son tour, par plus de 12,000 suffrages, comme républicain radical.

Réélu sans interruption depuis cette époque, il est demeuré fidèle à son programme ; ancien secrétaire de la Chambre des députés, il a été président du groupe de la gauche radicale et a pris la parole à propos de l'impôt sur le papier, de la réforme de la magistrature, dans la discussion des questions ouvrières; il a été rapporteur de la réforme du code d'instruction criminelle.

Dans sa circulaire de 1889, il déclarait qu'il restait partisan de la revision, promise dès 1875 par les républicains les plus modérés, et qu'il opposerait cette revision, faite dans les termes de la Constitution, à la revision mise en avant par la coalition des monarchistes et des césariens. Il ajoutait qu'il soutiendrait la séparation des Églises et de l'État, la réforme de l'impôt, la substitution d'un impôt plus équitable à l'impôt des boissons; le dégrèvement des impôts qui frappent lourdement l'agriculture et l'industrie. Il réclamait une modification de la procédure civile et criminelle, le rétablissement du fonds d'amortissement de la dette publique, etc.

M. Bovier-Lapierre fut élu, au premier tour de scrutin, le 22 septembre, par 8,388 voix, contre 3,259 accordées à M. Paviot, républicain.

Au cours des dernières législatures, le nom de M. Bovier-Lapierre a souvent retenti au sujet de nombreuses vicissitudes de la proposition de loi qu'il a déposée concernant la protection des ouvriers, membres des syndicats professionnels, à l'égard de leurs patrons. Plusieurs fois la loi Bovier-Lapierre est venue en discussion à la Chambre et au Sénat; elle n'a pas encore abouti.

En 1893, M. Bovier-Lapierre a été réélu avec le même programme, au premier tour de scrutin, le 20 août, par 8,900 voix, contre 2,541 à M. Lucien Burlet, conservateur.

---

## 225

### Première circonscription de Vienne

### CHRISTOPHLE (Jean-Michel)

M. Christophle est né à Loire (Rhône), le 21 novembre 1851.

Il est propriétaire, agriculteur, viticulteur, chevalier du Mérite agricole, titulaire d'une médaille de sauvetage.

Maire d'Eyzin-Pinet, conseiller général, ex-membre de

la commission départementale, il a été élu député, le 8 mai 1898, par 9,210 voix, contre 5,773 à M. Jouffray, député sortant, radical, 674 à M. Nochary, 550 à M. Dorey, 106 à M. Voganay.

M. Christophle est républicain progressiste.

---

## 226

*Deuxième circonscription de Vienne*

### MEYER (Henri)

M. Meyer est né le 1er septembre 1841.

Il est ancien magistrat.

Juge d'instruction au tribunal de la Seine, il participa notamment, en cette qualité, à l'instruction de l'affaire du Panama.

Maire de la Côte-Saint-André, conseiller général, chevalier de la Légion d'honneur, il fut, pour la *première fois*, élu député le 8 mai 1898, comme républicain, par 8,45 voix, contre 7,289 obtenues par M. Plissonnier, député sortant, radical.

---

## 227

*Arrondissement de Saint-Marcellin*

### CHENAVAZ (Octave-Pierre-Léonce)

M. Octave Chenavaz est né à Saint-Etienne-de-Saint-Geoirs (Isère) le 15 juillet 1855.

Avocat à Grenoble, publiciste, puis attaché au cabinet du Ministre du Commerce et de l'Industrie (1886), conseiller de préfecture en 1888, M. Octave Chenavaz est depuis 1889 conseiller général.

Il a été élu pour la première fois député le 3 mars 1895, en remplacement de M. Saint-Romme, élu sénateur. Il fut nommé, au scrutin de ballottage, par 11,234 voix, contre l'abbé Villard qui en obtint 4,195.

M. Chenavaz est républicain radical anticlérical.

Dans son programme il demande, en même temps que l'organisation méthodique d'une protection efficace de l'agriculture, la concentration à gauche, la consolidation de la République démocratique, l'impôt général et progressif sur le revenu, la séparation des Églises et de l'État, la revision de la Constitution, l'élection du Sénat par le suffrage universel, les économies budgétaires, les réformes démocratiques.

M. Chenavaz a été réélu le 22 mai, au scrutin de ballottage, par 10,883 voix, contre 1,970 à M. Mérit, républicain modéré. Au premier tour, les voix s'étaient réparties ainsi : M. Chenavaz 8,711, M. Mérit 7,816, M. Teulon, socialiste, 2,075.

# JURA

—

## 4 DÉPUTÉS

—

1893 : MM. Trouillot, J.-B. Bourgeois, Victor Poupin, Vuillo1 (élu sénateur, remplacé par *M. Jobez*).
1898 : MM. Trouillot, J.-B. Bourgeois, *Dumont, Emile Cère.*

## 228

*Arrondissement de Lons-le-Saunier*

### TROUILLOT (Georges-Marie-Denis-Gabriel)

M. Trouillot est né à Champagnole (Jura), le 7 mai 1851. Il est avocat à Lons-le-Saunier et a été bâtonnier de l'ordre.

Dès 1870, il prenait part à la campagne antiplébiscitaire. Il collabore depuis cette époque aux journaux républicains ; il fut l'un des fondateurs de l'*Union républicaine du Jura.*

Pendant six ans, M. Trouillot a fait partie du conseil municipal de Lons-le-Saunier.

Il est conseiller général du Jura et président de l'assemblée départementale.

C'est en 1889 que M. Trouillot fut élu député de l'arrondissement de Lons-le-Saunier qu'il représente depuis lors à la Chambre.

Il a pris part à plusieurs des débats importants qui marquèrent les deux dernières législatures.

Parmi les questions qui l'amenèrent le plus récemment à la tribune, il convient de citer :

*La réforme des tarifs en matière de succession; les grands projets de réforme fiscale; la réforme électorale du Sénat; l'Exposition universelle de 1900, etc...*

M. Trouillot a été rapporteur du budget des Beaux-Arts de l'exercice 1895.

Au point de vue de la politique générale, M. Trouillot a toujours soutenu la nécessité d'une action commune de toutes les fractions du parti républicain. Il y voit « non seulement la garantie la plus sûre de la conservation intégrale du patrimoine démocratique, mais aussi l'unique moyen d'accroître ce patrimoine, sans risques et sans heurts, par l'accomplissement des réformes nécessaires ».

Il n'a cessé, au contraire, de dénoncer comme funeste toute scission entre les diverses fractions du parti, toute alliance avec les hommes hostiles aux principes essentiels du régime démocratique.

Cette doctrine a été celle de ses premières professions de foi, et il s'y est tenu « avec une énergique conviction, quels que fussent les hommes au pouvoir, quelles que fussent les combinaisons des partis et des groupes ».

Aussi crut-il devoir combattre le ministère Méline, à qui il reprochait, dans le discours qu'il prononça à la séance du 14 juin 1898, « de pratiquer une politique de division qu'il jugeait être un obstacle à tout progrès ».

Ce fut à la suite de ce débat que le ministère Méline donna sa démission.

M. Trouillot a fait partie, en qualité de ministre des Colonies, du cabinet Brisson (28 juin 1er-novembre 1898).

---

## 229

*Arrondissement de Dôle*

### BOURGEOIS (Jean-Baptiste)

Né à Roubaix (Nord), en février 1831, M. Bourgeois est venu s'établir à Dôle en 1868. Il a dirigé une importante maison de nouveautés. Il prit une part active aux luttes du parti républicain dans l'arrondissement de Dôle.

Fondateur de la Société républicaine d'instruction de

l'arrondissement de Dôle, il est membre du Conseil général de la Ligue française de l'enseignement.

M. Bourgeois a été plusieurs fois élu membre du tribunal de commerce, président du même tribunal, conseiller municipal de Dôle, conseiller général pour le canton de Rochefort.

En 1873, il faisait partie de la délégation envoyée par le Jura pour aller auprès de Thiers, de Gambetta et de Mac-Mahon faire valoir les motifs qui commandaient impérieusement de maintenir la République. Le maréchal refusa de recevoir cette délégation.

Il a été élu pour la première fois député en 1885. Il fait partie de la gauche radicale. Il a déposé une proposition sur la suppression de la prestation, une proposition relative à l'impôt sur le capital assuré, une proposition en faveur des bouilleurs de cru, un projet de résolution relatif aux traités de commerce, etc.

Dans sa circulaire de 1889, M. Bourgeois se prononçait pour une défense énergique du gouvernement républicain, des libertés chèrement conquises, pour la protection des produits agricoles contre la concurrence étrangère, pour une politique de réformes et d'économies. Il a fait partie d'un grand nombre de commissions importantes et pris souvent la parole sur les questions financières, économiques ou sociales.

En 1889, M. Bourgeois fut élu au premier tour, le 22 septembre, par 8,806 voix, contre 7,363 voix obtenues par M. Picot d'Aligny, conservateur.

En 1893, il fut réélu au premier tour, par 8,337 voix, contre 7,210 à M. Bolle-Besson, républicain.

Lors du renouvellement sénatorial, le 3 janvier 1897, M. Bourgeois fut élu sénateur du Jura, sur la liste radicale, au second tour de scrutin. Après avoir pris part au Sénat à la discussion à laquelle donnèrent lieu les élections du Jura (8-9 février 1897), il donna sa démission de sénateur et resta député.

M. Bourgeois a été réélu, le 8 mai 1898, par 8.069 voix, contre 8.017 à M. Léculier, républicain.

## 230

*Arrondissement de Poligny*

### DUMONT (Charles-Emile-Etienne)

M. Dumont est né à Brainans (Jura), le 31 août 1867.

Agrégé de philosophie, licencié en droit, M. Dumont était lors de son élection professeur de philosophie au Lycée de Lons-le-Saulnier.

Il est officier d'Académie et décoré de l'ordre du Mérite civil de Bulgarie. Il a écrit une histoire de la Bulgarie.

Il est pour la *première fois* député.

Il a été élu comme républicain radical le 22 mai 1898, au scrutin de ballottage, par 7,577 voix, contre 7,481 à M. Milcent, rallié.

Au premier tour, M. Milcent avait obtenu 6,678 voix ; M. Dumont, 5,299 ; M. Boilley, radical socialiste, 3,215.

M. Dumont remplace M. Victor Poupin, député sortant, radical, qui ne s'est pas représenté.

Il a été élu membre de la commission du budget (novembre 1898).

---

## 231

*Arrondissement de Saint-Claude*

### CÈRE (Paul-Emile)

M. Emile Cère est né à Paris, le 13 mars 1863.

Il est homme de lettres et journaliste.

Après avoir dès le collège collaboré à divers journaux, il entra, tout jeune, à la *France* dont Emile de Girardin était alors le directeur, et collabora pendant dix ans à ce journal, soit comme secrétaire de la rédaction, soit comme l'un de ses principaux rédacteurs.

En 1881, M. Emile Cère créa l'Association des maîtres répétiteurs des lycées et collèges.

Fondateur du *Progrès universitaire*, journal d'enseignement, il en fut le rédacteur en chef.

M. Cère a publié plusieurs ouvrages : *L'Ecole des Chartes* ;
dans le même ordre d'idées, la *Réforme des Bibliothèques*,
enfin *Madagascar au xvii* siècle*, l'*Histoire des Femmes soldats*, les *Petits Patriotes*, etc.

Rédacteur au *Petit Journal* depuis 1891, syndic de l'Association des journalistes parlementaires, M. Emile Cère fut
décoré de la Légion d'honneur, le 7 février 1897. Il est
officier d'instruction publique. La Société d'encouragement au bien lui a décerné une médaille d'honneur. Il est
membre de la Société des gens de lettres.

Le 8 mai 1898, M. Emile Cère fut élu, comme candidat
républicain, partisan d'un programme de concentration à
gauche, par 5,724 voix, contre 5,294 obtenues par M. Jobez,
député sortant, républicain conservateur, et 1,698 à M. Mar-
paux, socialiste.

Il a été élu membre de la commission du budget et de
la commission de la marine (novembre 1898).

# LANDES

—

## 5 DÉPUTÉS

—

1893 : MM. Dejean, Jumel, Théodore Denis, Léglise, Dulau.
1898 : MM. *le général Jacquey*, Jumel, Théodore Denis, Léglise, Dulau.

## 232

*Première circonscription de Mont-de-Marsan*

### JACQUEY (Général)

M. le général Jacquey est né à Montlouis (Pyrénées-Orientales), le 15 novembre 1834.

Sorti de Saint-Cyr en 1852, il était capitaine lors de la guerre de 1870.

Quand il fut placé dans le cadre de réserve, il commandait, à Mont-de-Marsan, la 71ᵉ brigade d'infanterie. Il est commandeur de la Légion d'honneur.

Il s'est présenté comme républicain et antisémite.

Il a été élu, pour la *première fois*, député, le 8 mai 1898, par 7,823 voix, contre 6,165 à M. Dejean, député sortant, républicain.

———

## 233

*Deuxième circonscription de Mont-de-Marsan*

### JUMEL (Henry)

M. Henry Jumel est né à Mont-de-Marsan, le 5 septembre 1847.

Il est avocat.

Conseiller général, maire d'Ousse-Suzan, il fut élu pour la première fois député en 1886, sur la liste républicaine tout entière nommée alors en remplacement de la liste conservatrice qui l'avait emporté le 4 octobre 1885, et que la Chambre des députés avait invalidée.

En 1889, M. Jumel fut réélu, le 22 septembre, au premier tour, par 6,773 voix, contre M. Lambert de Sainte-Croix, ancien sénateur, monarchiste, depuis lors décédé, qui en obtint 5,449.

M. Jumel a pris une part active aux travaux législatifs; il a été membre du bureau de la Chambre, en qualité de secrétaire.

Il fut réélu, le 20 août 1893, au premier tour, par 8,413 voix.

Il a de nouveau été réélu, le 8 mai 1898, sans concurrent, par 8,493 voix.

-------

## 234

*Première circonscription de Dax*

### DENIS (Théodore)

M. Théodore Denis est né à Dax, le 14 mai 1858.

Avocat, bâtonnier de l'Ordre, ancien adjoint au maire de Dax, M. Denis se présenta pour la première fois, en 1893, comme candidat républicain, concurremment avec M. Loustalot, député sortant.

Il fut élu, au premier tour, le 20 août, par 7,857 voix, contre 5,129 à M. Loustalot.

Il a été réélu, le 8 mai 1898, par 8,812 voix, contre 4,964 à M. Coyola, républicain.

-------

## 235

*Deuxième circonscription de Dax*

### LÉGLISE (Félix)

M. Léglise est né à Bayonne, le 19 novembre 1843.
Il est industriel.
Il a été nommé député, pour la première fois, en 1881,

comme républicain, par 7,055 voix, contre M. Boulard, bonapartiste, député sortant, qui en obtint 5,090.

Il échoua avec la liste républicaine en 1885, mais en 1886, après l'invalidation des députés conservateurs nommés le 4 octobre 1885, il fut réélu.

En 1889, il fut de nouveau nommé au premier tour, le 22 septembre, par 6,813 voix, contre 6,774 obtenues par M. Boulard, bonapartiste.

Dans sa circulaire de 1893, M. Léglise résumait ainsi son programme :

« Maintien de l'équilibre du budget par la réduction des dépenses ;

« Remaniement de l'impôt en vue de l'égalité proportionnelle et dans un sens favorable à l'agriculture ;

« Suppression de l'impôt des portes et fenêtres ;

« Création d'un crédit agricole qui permette aux agriculteurs d'emprunter à bon marché ;

« Organisation de l'assistance médicale dans les campagnes ;

« Revision, si les circonstances l'exigent, des tarifs douaniers pour la défense de nos produits agricoles et industriels ;

« Réalisation de la réforme des boissons et de la suppression de l'exercice ;

« Diminution des frais de justice ;

« Simplification de notre administration, de façon à la rendre plus rapide et moins onéreuse ;

« Élaboration de la loi sur la responsabilité et l'assurance en cas d'accidents industriels, sur l'hygiène du travail ;

« Création d'une caisse des retraites pour la vieillesse ;

« Maintien du Concordat. »

M. Léglise fut réélu au premier tour, sans concurrent, par 10,799 voix.

Il a été réélu, le 8 mai 1898, par 11.451 voix, sans concurrent.

## 236

*Arrondissement de Saint-Sever*

# DULAU (Jean-Baptiste-Marie-Constant)

M. Dulau est né à Castelnau-Chalosse (Landes), le 26 juillet 1857.

Il était procureur de la République à Saint-Omer, lorsque, le 22 novembre 1891, il fut nommé député, par 11,500 voix, comme républicain progressiste.

M. Dulau a été membre de plusieurs commissions importantes. Il a été rapporteur de la loi contre les anarchistes, rapporteur de la loi pour prévenir les incendies dans le Var et les Alpes-Maritimes, etc.

M. Dulau est membre de la commission extra-parlementaire de revision du Code pénal.

Il fut réélu, le 20 août 1893, au premier tour, par 13,570 voix, sans concurrent.

Il a été secrétaire de la Chambre des députés en 1894 et 1895.

Le 8 mai 1898, M. Dulau a été réélu, par 15,891 voix, sans concurrent.

Il est questeur du groupe des républicains progressistes.

Il a été nommé membre de la commission du budget (novembre 1898).

# LOIR-ET-CHER

—

## 4 DÉPUTÉS

—

1893 : MM. le général Riu (décédé, remplacé par *M. Gauvin*),
Ragot, Jullien, Gaston Bozérian.
1898 : MM. Gauvin, Ragot, *Maymac*, Gaston Bozérian.

## 237

*Première circonscription de Blois*

### GAUVIN (Eusèbe)

M. Gauvin est né à Mer (Loir-et-Cher), le 1er décembre
1852.

Il est propriétaire, agriculteur et viticulteur.

Conseiller municipal en 1877, conseiller d'arrondissement en 1880, il est maire de Mer depuis 1884 et conseiller général depuis 1891.

Il est président de la Société d'agriculture de Loir-et-
Cher et de plusieurs Sociétés agricoles et viticoles. Il est
chevalier du Mérite agricole.

Il a été élu pour la première fois député, le 31 mars
1895, en remplacement du général Riu, décédé.

Il s'est présenté comme républicain radical, défenseur
de la politique de progrès et de réformes pratiques. Il
appartient au groupe de la gauche progressiste. Il a soutenu de ses votes la politique du cabinet Bourgeois. Il a
toujours appuyé toutes les mesures favorables à la protection des intérêts de l'agriculture, de la viticulture et de
l'industrie française.

Il a été réélu, le 22 mai 1898, par 8,728 voix, contre 6,707 à M. Treignier, radical socialiste.

Au premier tour, M. Treignier avait obtenu 6,113 voix, M. Gauvin 5,826, M. le comte de Salaberry, conservateur, 3,263, M. Lacoix, républicain, 3,103.

## 238

*Deuxième circonscription de Blois*

### RAGOT (Constant)

M. Ragot est né à Saint-Aignan-sur-Cher, le 2 décembre 1838.

Maire de Saint-Aignan et conseiller d'arrondissement, il a succédé comme député de la deuxième circonscription de Blois, à M. Tassin, élu sénateur, qui avait été sans interruption député depuis 1869.

Le 20 août 1893, il fut nommé au premier tour, sans concurrent, par 11,019 voix.

Lors des élections du 8 mai 1898, M. Ragot dans sa circulaire disait notamment : « Je suis aujourd'hui ce que j'étais il y a quatre ans : un républicain progressiste, anticlérical et qui proteste énergiquement contre toute entente avec le parti socialiste. »

Il demande une loi sur les associations qui doit précéder la séparation des Eglises et de l'Etat ; la suppression du budget des Cultes et de l'enseignement primaire congréganiste ; la réduction du service militaire à deux ans ; la suppression des taxes d'octroi sur les vins ; la suppression des droits perçus par l'État sur les boissons hygiéniques ; l'impôt progressif sur le revenu sans mesures inquisitoriales ; etc.

M. Ragot a été réélu par 10,909 voix, contre M. Laurentie, rallié, qui en eut 3,475 et M. de Chalais, royaliste, qui obtint 1,809 suffrages.

## 239

*Arrondissement de Romorantin*

### MAYMAC (Gabriel)

M. Maymac est né à Romorantin, le 13 octobre 1842.

Il est avoué, maire de Romorantin.

Il est républicain.

Il a été élu pour la première fois, le 8 mai 1898, par 8,877 voix, contre 5,431 à M. Émile Jullien, député sortant, radical.

---

## 240

*Arrondissement de Vendôme*

### BOZÉRIAN (Gaston)

M. Gaston Bozérian est né le 16 juillet 1853 à Seine-Port (Seine-et-Marne).

Il est le fils de feu M. Bozérian, l'éminent jurisconsulte et l'un des chefs et des organisateurs du parti républicain dans Loir-et-Cher, sénateur et président du Conseil général de ce département.

Ancien élève des lycées de Vanves et Louis-le-Grand, M. Gaston Bozérian se fit connaître fort jeune par un certain nombre d'inventions dont plusieurs lui valurent des médailles à l'Exposition de 1878; il est notamment l'inventeur d'appareils de lessivage adoptés par l'armée ainsi que par les grandes administrations publiques. Après avoir terminé ses études de droit, M. G. Bozérian entra dans l'administration; il était en dernier lieu chef de bureau au ministère de la justice.

Élu le 16 février 1890 conseiller général du canton de Morée, M. Gaston Bozérian a pris une part importante aux travaux de l'assemblée départementale, dont il a été secrétaire; il y prononça notamment, sur la question du répartement de l'impôt foncier des propriétés non bâties, un discours très remarqué.

M. Gaston Bozérian est chevalier de la Légion d'honneur. Il a été secrétaire de la commission de revision de la loi de 1867 sur les sociétés, de la commission d'élaboration du règlement des agents de change, de la conférence internationale pour la propriété industrielle. Il est membre du comité de la libération conditionnelle, du comité de classement des transportés, etc.

Dans son programme de 1893, M. Gaston Bozérian demandait notamment : la réduction des charges du budget par une politique d'économies financières et par la simplification des services publics ; l'union de tous les républicains pour arriver à la constitution d'un parti de gouvernement qui assure la stabilité ministérielle ; le maintien des lois militaire et scolaire ; la défense énergique des droits de l'Etat contre les empiètements du clergé, la séparation des Eglises et de l'Etat devant être considérée comme le régime de l'avenir ; le développement des institutions de prévoyance et d'assistance mutuelle ; une égalité plus grande dans la répartition des charges ; la protection de la viticulture et de l'agriculture nationales, etc.

M. Gaston Bozérian fut élu au premier tour par 9,406 voix, contre 6,406 à M. de Possesse, député sortant, membre de la droite ; 1,278 à M. Mignard, républicain ; 483 à M. Deschiens, socialiste.

Pendant la dernière législature M. Bozérian a pris une part très active aux travaux parlementaires. Il a été membre de nombreuses commissions, notamment de la commission du budget. En 1896 et 1897 il a combattu tous les relèvements de crédit, à l'exception d'un seul de 1000 francs présenté à titre d'indication pour fortifier le contrôle du Parlement sur les dépenses de la marine. Il déposa de nombreuses propositions tendant à faire de la politique d'économie une réalité, convaincu que « si l'on ne veut pas augmenter la dette publique et si l'on désire poursuivre la voie des dégrèvements dans laquelle on est entré, il faut tout d'abord commencer par ne pas augmenter, puis chercher à réduire les dépenses le plus possible. »

Il a aussi demandé qu'à l'avenir la responsabilité des ministres fût effective, réclamé l'institution d'une commission de contrôle des dépenses de l'Etat et proposé des mesures pour remédier aux abus des crédits supplémentaires.

Au nom de la commission du budget, il a rédigé, concernant l'Imprimerie nationale, deux rapports qui ont été suivis, dans cet établissement, de réformes et d'économies importantes.

Il a déposé, le 17 novembre 1896, une proposition de résolution relative à une remise partielle de l'impôt foncier des propriétés non bâties et déposé un amendement, qui fut adopté, au dégrèvement des petites cotes foncières.

Il s'est associé à toutes les mesures ayant pour objet la protection des intérêts agricoles, viticoles et industriels.

M. Gaston Bozérian a été réélu le 22 mai 1898, au scrutin de ballottage, par 11,015 voix, contre 6,725 à M. de La Rochefoucauld, monarchiste.

Au premier tour, M. Bozérian avait obtenu 9,044 voix ; M. de La Rochefoucauld, 5,046 ; M. Georges Martin, ancien sénateur de la Seine, radical, 4,792.

Il a été élu, le 10 novembre 1898, membre de la commission du budget.

# LOIRE

—

## 8 DÉPUTÉS

—

1893 : MM. Oriol, Girodet, Charpentier, Souhet, Levet, Dorian, Audiffred, Réal.

1898 : MM. Oriol, *Galley*, *Victor Gay Claudinon*, Levet, Dorian, Audiffred, *Morel*.

## 241

*Première circonscription de Saint-Etienne*

### ORIÓL (Benoît)

M. Benoît Oriol est né à Saint-Chamond, le 27 août 1840.
Son père, qui débuta comme simple ouvrier, donna à l'industrie des lacets un outillage et une organisation auxquels elle doit sa prospérité actuelle.

Entré à 18 ans dans la maison de son père, M. Benoît Oriol continua ses traditions ; il se préoccupa avant tout d'améliorer la condition de ses collaborateurs, de réaliser tous les progrès possibles dans l'outillage et d'augmenter au dehors le renom de son pays.

Après l'Exposition universelle de 1878, il fut nommé chevalier de la Légion d'honneur. Il fit partie du jury de l'Exposition de 1889 et fut promu officier la même année.

En décembre 1892, les commerçants et les industriels de la région stéphanoise l'élurent membre de la Chambre de commerce.

M. Benoît Oriol combattit de fort bonne heure dans le parti républicain.

En 1877, la majorité républicaine du conseil municipal

de Saint-Chamond donna sa démission pour protester contre la nomination du maire choisi par le gouvernement dans la minorité monarchiste. Aux élections rendues nécessaires par cette démission, M. Benoît Oriol fut élu à une grosse majorité en tête de la liste républicaine.

Au mois d'avril de la même année, sous le ministère de M. Jules Simon, il fut nommé maire; il fut révoqué après le 16 mai 1877.

En 1878, il fut réélu conseiller municipal et maire.

En 1884, il reprit, pour la troisième fois, la direction des affaires municipales.

En juillet 1892, il fut élu par le canton de Saint-Chamond conseiller général.

M. Benoît Oriol est « profondément dévoué au progrès démocratique et aux réformes sociales qui, méthodiquement et sûrement, doivent améliorer la condition des travailleurs et auxquelles doit se consacrer la République aujourd'hui incontestée ».

Administrateur de plusieurs grandes sociétés industrielles, membre fondateur ou président de nombreuses sociétés philanthropiques, M. Benoît Oriol vient de fonder à Saint-Chamond un important asile pour les vieillards des deux sexes; cet établissement, dont l'entretien est assuré à perpétuité par le donateur comprend quarante lits.

Nommé député de la Loire (1re circonscription de Saint-Etienne) aux élections générales de 1893, M. Benoît Oriol a été réélu, le 22 mai 1898, au second tour, par 7,360 voix contre 6,491 à M. Berlier, socialiste.

———

## 242

### Deuxième circonscription de Saint-Etienne

## GALLEY (Jean-Baptiste-Claude).

M. Galley est né à Saint-Etienne le 22 mars 1847.

Vice-président du Conseil général de la Loire, M. Galley a été élu pour la *première* fois député, le 22 mai 1898, au scrutin de ballottage, par 5,677 voix, contre 4,586 à M. Piger, socialiste.

Au 1er tour, M. Galley avait obtenu 3,095 voix ; M. Neyret, rallié, 2,618 ; M. Piger, 2,432 ; M. Limouzin, radical socialiste, 1,168 ; M. Philippe Dumas, radical socialiste, 1,102.

M. Galley succède à M. Girodet, député sortant, socialiste, décédé.

---

## 243

*Troisième circonscription de Saint-Etienne*

### GAY (Victor)

M. Victor Gay est né à Saint-Etienne, le 30 novembre 1855.

Il est pour la *première fois* député.

Avocat au barreau de Saint-Etienne, il en est actuellement le bâtonnier.

Il a été élu, comme candidat républicain libéral, au second tour de scrutin, le 22 mai, contre M. Charpentier, républicain socialiste.

---

## 244

*Quatrième circonscription de Saint-Etienne*

### CLAUDINON (Georges)

M. Claudinon est né à Saint-Paul-en-Jarez (Loire), le 6 février 1849.

Il est maître de forges au Chambon-Feugerolles (Loire).

Ancien officier de mobiles pendant la guerre de 1870-1871, deux fois blessé, décoré, à cette époque, de la Légion d'honneur, au titre militaire, président d'honneur de la Société des combattants de 1870-71 de la Loire, M. Claudinon s'est présenté comme républicain progressiste.

Il a été élu, au premier tour, le 8 mai 1898, par 10,543 voix, contre 4,891 à M. Souhet, député sortant, socialiste.

---

## 245

*Première circonscription de Montbrison*

## LEVET (Jean-Georges-Angel)

M. Levet (Jean-Georges-Angel) est né à Montbrison, le 13 avril 1834.

Ancien élève de l'Ecole polytechnique et de l'Ecole des mines, ancien maire de Montbrison, ancien lieutenant-colonel des mobilisés de la Loire, M. Levet a été élu député en avril 1879, en 1881, en 1885, en 1889. Il est vice-président du conseil général de la Loire.

M. Levet s'est prononcé pour le maintien de la Constitution, pour la défense d'un gouvernement ferme qui sache réprimer toute tentative de trouble et d'insurrection, pour l'économie dans les finances, pour l'adoption de toutes les mesures destinées à venir en aide à l'agriculture.

En 1889, M. Levet fut élu, au premier tour, par 8,135 voix, contre 6,388 accordées à M. Bouchetal-Laroche, candidat conservateur.

En 1893, il fut réélu, sans concurrent, par 8,163 voix.

Il a de nouveau été réélu, le 8 mai 1898, sans concurrent, par 10,492 voix.

---

## 246

*Deuxième circonscription de Montbrison*

## DORIAN (Charles)

M. Charles Dorian est né à Saint-Etienne, le 12 avril 1852. Il est le fils de l'ancien ministre des travaux publics de la Défense nationale.

Conseiller général de la Loire, il fut élu député le 20 août 1893, au premier tour, par 8,778 voix.

Il a été de nouveau élu, comme candidat républicain, le 22 mai 1898, par 8.467 voix contre 214 à M. Cauro, rallié.

Au 1er tour, M. Dorian avait obtenu 7,513 voix, M. Raymond, républicain, 4.875, M. Cauro, 3.181.

---

247

*Première circonscription de Roanne*

## AUDIFFRED (Jean-Honoré)

M. Audiffred est né à Jauziers (Basses-Alpes), le 12 décembre 1840. Il a été avocat à Roanne.

Après le 4 septembre 1870, il fut nommé par le gouvernement sous-préfet de cette ville et remplit ces fonctions jusqu'au mois d'avril 1871.

Conseiller municipal et membre du Conseil général de la Loire, M. Audiffred se présenta pour la première fois à la députation en février 1879, lors d'une élection partielle ; il fut élu à une très forte majorité contre Blanqui.

Il fut réélu en 1881, 1885 et 1889. Il a fait partie de l'Union républicaine. Il est actuellement membre du comité de direction du groupe des républicains progressistes.

Il a été membre et rapporteur de nombreuses commissions. Il s'est particulièrement occupé des questions relatives aux sociétés de secours mutuels, aux caisses de retraites, à l'instruction publique, etc.

Il a souvent pris la parole et proposé de nombreux amendements.

En 1889, M. Audiffred fut élu, au second tour, le 6 octobre, par 10,216 voix, contre 6,200 obtenues par M. Charbonnier, conservateur.

Dans la dernière Chambre, M. Audiffred est intervenu dans les discussions relatives aux droits de douane, aux caisses d'épargne, etc.

Dans sa circulaire de 1893, après avoir constaté les progrès réalisés par la République, M. Audiffred écrivait :

« L'Etat républicain nous a donné la liberté, l'instruction, le droit d'association syndicale ; il favorise les découvertes scientifiques par des crédits considérables, il a mis à notre disposition un important outillage de chemins de fer, de canaux, de ports, de routes, de chemins vicinaux ; il nous appartient maintenant de tirer parti de ces avantages....

« Les députés doivent dire et répéter que si de bonnes lois peuvent beaucoup pour la prospérité publique et l'amélioration du sort de chacun, l'action individuelle des citoyens, soit isolés, soit groupés en associations, est le plus puissant facteur du progrès social. »

M. Audiffred fut réélu au premier tour, le 20 août 1893, par 9,799 voix, contre 2,524 obtenues par M. Augé, socialiste.

Il fut élu sénateur de la Loire (décembre 1894), mais il donna sa démission pour rester député.

Pendant la dernière législature, la Chambre vota (juin 1897) la proposition de loi relative aux sociétés de secours mutuels dont M. Audiffred avait pris l'initiative et dont il fut le rapporteur. Il présenta, en outre, une proposition de loi tendant à faire allouer 125.000 francs pour les recherches scientifiques relatives aux maladies contagieuses et infectieuses.

Il déposa également un important rapport sur les retraites ouvrières.

M. Audiffred a été réélu, le 8 mai 1898, par 10,178 voix contre 6,076 à M. Augé, maire de Roanne, socialiste, et 4,038 à M. Berthelier, monarchiste.

---

## 248

*Deuxième circonscription de Roanne*

### MOREL (Jean-Baptiste-Louis-Joseph

M. Morel est né à Nandax (Loire), le 10 octobre 1854.

Il est pour la *première fois* député et remplace M. Réal, qui ne s'est pas représenté.

Il exerce la profession de pharmacien.

Conseiller d'arrondissement le 28 juillet 1889, conseiller général du canton de Charlieu le 9 décembre 1894, maire de Charlieu depuis le mois de mai 1896.

M. Morel a été élu, au premier tour de scrutin, le 8 mai 1898, par 9,527 voix, contre 7,475 voix à M. Roux et 926 à M. Butty.

Il est républicain progressiste.

---

# LOIRE (HAUTE-)

—

## 4 DÉPUTÉS

—

1893 : MM. Charles Dupuy, Henri Blanc, Chantelauze, Néron-Bancel.

1898 : MM. Charles Dupuy, Henri Blanc, *Devins*, Néron-Bancel.

### 249

*Première circonscription du Puy*

### DUPUY (Charles)

M. Charles Dupuy est né au Puy, le 5 novembre 1851. Agrégé de philosophie et vice-recteur honoraire, il fut élu député de la Haute-Loire en 1885.

Il se présenta comme républicain progressiste. Dans sa circulaire de 1889, il demandait le maintien de la République « comme étant l'instrument nécessaire de toutes les réformes et de tous les progrès ». Il réclamait aussi une protection plus efficace de l'industrie nationale.

Il fut élu alors par 12,235 voix, contre M. de la Batie, député sortant, conservateur.

Pendant les dernières législatures, M. Charles Dupuy a rempli un rôle particulièrement important.

Il fut trois fois rapporteur du budget de l'instruction publique.

Il fut appelé à faire partie du cabinet Ribot (7 décembre 1892) en qualité de ministre de l'instruction publique, des cultes et des beaux-arts. Le 4 avril 1893, lors de la retraite de M. Ribot, M. Ch. Dupuy fut nommé président du conseil et ministre de l'intérieur. En cette qualité, il présida aux élections législatives de 1893, qu'il fit fixer au 20 août, et à la réception solennelle de l'escadre russe. Il prit souvent la parole à la Chambre et dans des solennités publiques et prononça plusieurs discours à la veille et au lendemain des élections, notamment à Toulouse et au Puy.

Le 20 août 1893, M. Ch. Dupuy fut réélu, sans concurrent, par 14,513 suffrages.

M. Charles Dupuy conserva la présidence du Conseil jusqu'au 3 décembre 1893, date de la constitution du ministère Casimir-Perier. Il fut alors élu président de la Chambre des députés et réélu en cette qualité le 11 janvier 1894.

Il présidait la séance de la Chambre des députés lors de l'explosion de la bombe lancée dans l'enceinte du Palais Bourbon.

Le 31 mai 1893, M. Charles Dupuy fut pour la seconde fois nommé président du Conseil. Il était à Lyon lors de l'assassinat du Président Carnot (24 juin 1894). Il fut, lors du Congrès, à Versailles, candidat à la présidence de la République. Au lendemain de l'élection de M. Casimir-Perier, il fut chargé de la reconstitution du cabinet. Il conserva la présidence du Conseil jusqu'au 26 janvier 1895, après l'élection de M. Félix Faure, en remplacement de M. Casimir-Perier, démissionnaire.

Le 8 mai 1898, M. Charles Dupuy a été réélu député par 12,229 voix, sans concurrent.

Après la démission du ministère Brisson, il est redevenu pour la 3e fois président du Conseil, ministre de l'Intérieur (1er novembre 1898).

---

## 250

*Deuxième circonscription du Puy*

### BLANC (Henri)

M. Henri Blanc est né au Puy, le 7 janvier 1858.

Il est ancien magistrat.

Il fut élu en 1893, au premier tour de scrutin, le 20 août,

par 9,108 voix contre 5,089 à M. le comte P. de Kergorlay, député sortant, membre de la droite.

Il est républicain.

Il a été réélu, le 8 mai 1898, par 9,893 voix, sans concurrent.

---

## 251

*Arrondissement de Brioude*

### DEVINS (Louis-Antoine)

M. Devins est né à Beaumont (Haute-Loire), le 28 décembre 1850.

Il est docteur en médecine.

Il est pour la première fois député.

Il a été élu le 8 mai 1898, comme républicain radical, par 10,781 voix, contre 8,703 obtenues par M. le docteur Chantelauze, député sortant, républicain.

---

## 252

*Arrondissement d'Yssingeaux*

### NÉRON-BANCEL (Émile)

M. Néron-Bancel est né à la Vera-Cruz (Mexique), le 23 janvier 1859.

Il est propriétaire.

Conseiller général du canton de Monistrol, il fut élu, comme républicain, le 20 août 1893, au premier tour, par 10,302 voix, contre 7,350 à M. Malartre, député sortant, conservateur, et 1,118 à M. Darne, radical.

Il a été secrétaire de la Chambre des députés en 1897 et en 1898.

Il a été réélu, le 8 mai 1898, par 12,087 voix, sans concurrent.

---

# LOIRE-INFÉRIEURE

## 8 DÉPUTÉS

1893 : MM. Sibille, Roch, Cazenove de Pradine (décédé, remplacé par *M. de la Biliais*), marquis de la Ferronnays, comte de Pontbriand, Gasnier, Amaury Simon, comte de Juigné.

1898 : MM. Sibille, Roch, *Dubochet*, de la Ferronnays, de Pontbriand, *Anthime-Menard, comte de Montaigu, Galot.*

## 253

*Première circonscription de Nantes*

### SIBILLE (Maurice)

M. Maurice Sibille est né à Nantes, le 21 mai 1847.

près avoir fait la campagne de 1870 comme sous-officier de mobiles, il entra au barreau de sa ville natale et fut élu par les républicains conseiller d'arrondissement en 1875, conseiller général en 1880.

Aux élections de 1889, il fut élu, au scrutin de ballottage, par 6,888 voix, contre 5,591 à M. Sosthène Vivier, conseiller général, candidat des droites.

En 1893, il fut réélu par 6,590 voix, le 20 août, au premier tour, contre 2,666 à M. Brunellière, socialiste, et 2,907 à M. Libaudière, conservateur.

A la Chambre des députés, M. Sibille représente la première circonscription de Nantes depuis 1889 ; s'occupant spécialement des questions commerciales et industrielles, il est intervenu dans les discussions relatives aux droits de douane, à la juridiction des prud'hommes, au travail des femmes et des enfants dans les usines et manufactures, au

14.

travail des jeunes détenus, à l'amélioration des voies navigables, à la marine marchande, etc.

Il a, en outre, présenté des propositions tendant à assurer le développement des œuvres de mutualité et à faciliter la fondation de pensions en faveur des septuagénaires et des infirmes.

M. Sibille est membre du comité consultatif des chemins de fer — du conseil supérieur de l'enseignement technique — et du conseil supérieur de l'Exposition de 1900.

Il n'est inscrit à aucun groupe politique, mais aux dernières élections il a déclaré qu'il était toujours partisan d'une politique d'alliance entre tous les républicains pour marcher hardiment dans la voie du progrès social et entourer la République d'institutions de plus en plus libérales et démocratiques.

Le 22 mai 1898, M. Sibille a été réélu au scrutin de ballottage, par 6,711 voix, contre 5,763 à M. Brunellière, candidat socialiste.

Il a été nommé membre de la commission du budget (novembre 1898).

---

## 254

*Deuxième circonscription de Nantes*

### ROCH (Gustave)

M. Gustave Roch est né à Aigrefeuille (Loire-Inférieure), le 10 mars 1849.

Il est avocat, ancien conseiller général du quatrième canton de Nantes, de 1873 à 1881, ancien premier adjoint au maire de Nantes.

M. Roch fut, dans la troisième circonscription de Nantes, trois fois candidat à la députation, en 1876, 1877 et 1881, contre M. de la Biliais, député monarchiste.

Mêlé d'une manière très active à toutes les luttes politiques qui eurent lieu à Nantes depuis les dernières années de l'Empire, il s'est, en dernier lieu, tout particulièrement occupé de ramener l'union dans le parti républicain nantais qui s'était divisé.

Dans sa circulaire électorale de 1893, il se prononçait

contre les interpellations incessantes qui ne font qu'entretenir une agitation stérile, pour la réforme de l'impôt des boissons et de l'impôt des patentes, la création d'une caisse de retraites, l'organisation du Crédit agricole, de réforme de l'impôt foncier, etc.

Il fut élu, le 3 septembre 1893, au scrutin de ballottage, par 7,163 voix, contre 5,433 à M. Le Cour, conservateur, député sortant.

M. Roch a été réélu, le 22 mai 1898, au second tour, par 7,978 voix, contre 5,492 à M. Giraudeau, monarchiste.

Au premier tour, M. Roch avait eu 6,153 voix, M. Giraudeau, 5,239, M. Escuyer, socialiste, 3,416.

---

## 255

*Troisième circonscription de Nantes*

### DUBOCHET (Louis)

M. Louis Dubochet est né à Nantes, le 26 novembre 1852.

Il est négociant, vice-président de la Chambre de commerce de Nantes, conseiller général du canton du Loroux-Bottereau.

Il est républicain.

Il a été élu, le 8 mai 1898, par 14,311 voix, contre 13,367 à M. de la Biliais, député sortant, royaliste.

---

## 256

*Arrondissement d'Ancenis*

### LA FERRONNAYS (Henri-Marie-Auguste FERRON, marquis de)

M. de la Ferronnays est né à Paris, le 15 septembre 1842. Il est le petit-fils du marquis de la Ferronnays qui fut, sous la Restauration, ambassadeur de France à Saint-Pétersbourg, et qui devint ministre des affaires étrangères sous le ministère Martignac. Son père, ancien officier de marine, était l'un des intimes amis du comte de Chambord.

Elève de l'école de Saint-Cyr, puis de l'Ecole d'état-major, M. de la Ferronnays entra dans la légion romaine formée, à Antibes, d'officiers et de soldats français, pour remplacer dans les Etats pontificaux le corps d'occupation. Il devint capitaine de cette légion.

Lorsque la guerre de 1870 éclata, M. de la Ferronnays demanda à rentrer avec son ancien grade dans l'armée française.

En qualité de sous-lieutenant du 7e cuirassiers, il prit part à toutes les batailles autour de Metz. A Rezonville, il se signala par une action d'éclat qui lui valut une citation à l'ordre de la division et une proposition pour la croix.

Prisonnier de guerre, il ne revint en France qu'après la conclusion de la paix. Nommé en 1872 deuxième attaché militaire à Berlin, il y demeura jusqu'en 1875 et mérita par ses services les félicitations du duc Decazes, ministre des affaires étrangères.

Attaché militaire à Berne, puis à Londres, il occupa ce dernier poste jusqu'en 1880.

Il allait être nommé chef d'escadron, lorsqu'il dut donner sa démission pour avoir contribué à l'organisation de la résistance à l'abbaye des trappistes de la Meilleraye (Loire-Inférieure), lors de l'exécution des décrets contre les congrégations non autorisées.

Conseiller général du canton de Saint-Mars-Lajaille, toujours réélu depuis 1877, sans concurrent, M. de la Ferronnays fut nommé député en 1885. Il était alors attaché à la personne de M. le comte de Paris. A la Chambre il a pris souvent la parole, notamment dans des discussions relatives à des questions militaires et maritimes.

M. de la Ferronnays est chevalier de la Légion d'honneur, chevalier de Saint-Grégoire-le-Grand, commandeur de l'ordre de Pie IX, commandeur du Dannebrog, décoré de la médaille de Mentana.

En 1889, il fut élu au premier tour de scrutin, sans concurrent, par 8,919 voix, sur 10,089 votants.

En 1893, il fut réélu au premier tour, par 8,340 voix.

En 1898, M. de la Ferronnays s'est présenté comme « conservateur catholique ».

Dans sa circulaire, il demande notamment que « dans les

lois scolaires on modifie les dispositions attentatoires aux droits sacrés des parents, celles qui s'opposent actuellement au libre développement de l'enseignement chrétien. »

Au point de vue économique, il se prononce pour des mesures de protection comportant, outre des droits sur les produits étrangers, une représentation officielle des intérêts agricoles.

Il exprime le vœu de voir, dans la mesure compatible avec l'intérêt national, alléger la lourde charge du service militaire.

Il réclame la réforme des boissons « dans un esprit largement libéral et sans porter atteinte à ce qu'on a indûment appelé le privilège des bouilleurs de cru ».

Il demande une meilleure organisation de l'assistance publique sous toutes ses formes, enfin un certain nombre de mesures réclamées par les populations qu'il représente.

M. le marquis de la Ferronnays a été réélu, le 8 mai 1898. Il avait pour concurrent M. Maës, avocat à Nantes, républicain rallié.

---

## 257

*Arrondissement de Châteaubriant*

# PONTBRIAND (Fernand du BREIL, comte de)

M. le comte de Pontbriand est né à Châteaubriant, le 9 novembre 1843.

Agriculteur, conseiller municipal et maire d'Erbray, M. de Pontbriand a été élu conseiller général du canton de Saint-Julien-de-Vouvantes en 1883, et réélu à l'unanimité en 1889 et 1893.

Pendant la guerre de 1870, il fut sous-lieutenant, puis lieutenant des mobiles d'Ille-et-Vilaine. Il assista aux batailles d'Orléans, de Marchenoir, de Josne et du Mans. Le bataillon auquel il appartenait fut cité deux fois à l'ordre du jour et il fut proposé pour la croix.

M. de Pontbriand est licencié en droit. Il a fait paraître plusieurs nouvelles dans la *Revue de Bretagne et Vendée*, une brochure sur la répression du vagabondage et d'intéressants travaux sur l'agriculture. Il a fait adopter par le Conseil général l'idée de la création de tramways et de chemins de fer à voie étroite dans divers cantons du département.

Il a remplacé à la Chambre le comte Ginoux-Defermon, décédé.

Il veut notamment la religion respectée, un gouvernement vraiment libéral permettant l'union de tous les Français sous les plis du drapeau tricolore. Il réclame la réduction des impôts pesant sur l'agriculture et la diminution des charges militaires (suppression du service pour les prêtres et instituteurs, augmentation des dispenses pour les soutiens de famille, suppression totale ou partielle des 28 jours et des 13 jours).

M. de Pontbriand se propose de faire partie, dans la nouvelle Chambre, « de ces députés indépendants qui, sans s'attarder aux querelles des anciens partis, combattront les abus ou les injustices d'où qu'ils viennent, les envahissements des cosmopolites dans notre armée, notre marine, notre administration et nos assemblées électives et travailleront sans relâche aux affaires du pays ». Il attache la plus grande importance à l'étude des questions économiques.

Pendant la dernière législature, M. de Pontbriand faisait partie de la commission de l'armée et de la commission des douanes.

M. le comte de Pontbriand fut élu, le 22 septembre 1889, par 7,705 voix, contre 7,623 obtenues par M. de la Noue-Billaut, également candidat conservateur.

En 1893, il fut réélu, par 10,719 voix, le 20 août, au premier tour, contre 7,26  à M. Ricordeau, républicain.

Il a été réélu le 8 mai 1898, par 12,223 voix, sans concurrent.

---

## 258

*Première circonscription de Saint-Nazaire*

### MENARD (Anthime)

M. Anthime Menard est né à Nantes (Loire-Inférieure), le 31 juillet 1860.

Avocat, docteur en droit, maire de la Chapelle-Launay,

M. Anthime Menard a fondé le *Nouvelliste de l'Ouest*. Il s'est présenté, aux élections de mai 1898, comme républicain indépendant.

Il a été élu, au premier tour de scrutin, par 9,162 voix, contre 8,156 obtenues par M. Fernand Gasnier, républicain, député sortant.

---

## 259

*Deuxième circonscription de Saint-Nazaire*

### MONTAIGU (Pierre-Augustin-Joseph, comte de)

M. le comte de Montaigu est né à Valenciennes (Nord), le 11 mars 1844.

Il est propriétaire.

Officier de mobiles pendant la guerre contre l'Allemagne, il fut nommé chevalier de la Légion d'honneur, le 8 janvier 1871.

Il s'est présenté comme conservateur et a été élu le 8 mai 1898, par 9,950 voix, contre 8,669 obtenues par M. Amaury Simon, républicain rallié.

---

## 260

*Arrondissement de Paimbœuf*

### GALOT (Jules)

M. Jules Galot est né, le 15 février 1839, au Havre (Seine-Inférieure).

Il est propriétaire-agriculteur.

Après avoir appartenu jusqu'à l'âge de 28 ans à l'administration des douanes, il donna sa démission pour entrer dans les affaires commerciales.

Armateur, négociant, administrateur de la Compagnie nantaise de navigation à vapeur, de la Compagnie des charbons de Blanzy-ouest, membre du comité d'escompte du Comptoir national d'escompte, maire de Sainte-Marie depuis 22 ans, conseiller d'arrondissement du canton de Bourgneuf-en-Retz, puis conseiller général du canton de Pornic depuis 1886, M. Jules Galot est pour la *première fois* député.

Dans sa circulaire, M. Jules Galot disait notamment : « Me plaçant sur le terrain de la conservation sociale, je soutiendrai les ministères modérés, et notamment celui présidé par M. Méline parce qu'il a combattu les radicaux, socialistes et révolutionnaires, qui sont un danger pour le pays. Catholique, je défendrai les libertés religieuses, parce que j'estime que chacun a le droit de pratiquer sa religion et d'élever ses enfants chrétiennement sans être traité en suspect par les francs-maçons qui veulent nous opprimer. »

M. Jules Galot s'est engagé à combattre « le danger juif ».

Il s'est prononcé pour la suppression des sinécures et emplois inutiles, pour la réduction du service militaire, la diminution des frais de justice, le maintien du privilège des bouilleurs de cru, la protection de l'agriculture et de l'industrie nationales, etc.

Il a été élu, le 8 mai 1898, par 7,547 voix, contre M. Etienne Etiennez, maire de Nantes, républicain.

# LOIRET

—

## 5 DÉPUTÉS

—

1893 : MM. Rabier, Viger, Alasseur, Lacroix, Georges Cochery.
1898 : MM. Rabier, Viger, Alasseur, *Vazeilles*, Georges Cochery.

### 261

*Première circonscription d'Orléans*

### RABIER (Fernand)

M. Fernand Rabier est né à Beaugency, le 23 juillet
1855.

Il est avocat.

Conseiller municipal d'Orléans, puis adjoint au maire, il
crut devoir donner sa démission à la suite de difficultés
administratives.

Il fut candidat en 1885, mais il se désista après le premier tour, afin de faciliter l'entente des républicains.

Au mois de février 1888, lors d'une élection partielle,
M. Rabier fut désigné comme candidat du parti républicain et l'emporta au premier tour.

Dans sa circulaire de 1889, M. Rabier disait qu'il estime
« que la République ne doit pas être une vaine et déce-
vante étiquette et que la République doit accomplir les
réformes économiques et sociales depuis si longtemps
inscrites dans le programme démocratique et magistrale-
ment formulées en 1869 ».

Il réclamait notamment une réforme de l'impôt, la réduction des frais de justice, le développement des institutions

ouvrières ou agricoles, la modification complète ou la dénonciation des traités de commerce, etc.

Il demandait la revision de la Constitution de 1875, mais à la condition que cette revision ne mît pas la République en discussion.

En 1889, M. Rabier fut élu, au scrutin de ballottage, par 9,194 voix, contre 8,528 obtenues par M. Julien Dumas, qui se présentait comme conservateur.

M. Rabier a pris une part active aux travaux parlementaires. Il a été à plusieurs reprises élu secrétaire de la Chambre des députés.

Dans sa circulaire de 1893, M. Rabier demandait le maintien de la loi militaire et de la loi scolaire ; il insistait sur la réforme de l'impôt et sur la nécessité de voter sans retard les lois d'économie sociale à l'ordre du jour.

M. Rabier fut réélu au premier tour de scrutin, le 20 août 1893, par 9,671 voix, contre 7,675 à M. le marquis de Saint-Paul, rallié.

Durant la législature de 1893 à 1898, M. Rabier a présenté plusieurs propositions de lois et différents rapports sur nombreuses questions : monopole des inhumations ; clause de non-garantie en matière de transports ; retraites en faveur des ouvriers et employés de chemins de fer ; rapport sur la première élection de M. l'abbé Gayraud, etc.

M. Rabier a été réélu, le 22 mai 1898, au deuxième tour de scrutin, par 9,907 voix, contre 9,253 obtenues par M. le marquis de Saint-Paul, qui avait déjà été son concurrent en 1893.

---

## 262

*Deuxième circonscription d'Orléans*

### VIGER (Albert)

M. Albert Viger est né à Jargeau (Loiret), le 18 octobre 1843.

Docteur médecin à 22 ans, lauréat de la Faculté de Paris, maire de Châteauneuf-sur-Loire, conseiller général du Loiret, député depuis 1885, M. Viger s'est adonné aux études économiques et a publié plusieurs ouvrages sur des questions d'économie politique, d'instruction publique et de finances.

Le programme de M. Viger, en 1889, se résumait ainsi : application des lois militaire et scolaire, économie dans les finances, réforme de notre système fiscal dans un sens plus démocratique, refonte de notre législation économique par la revision du tarif général des douanes et la suppression des traités de commerce.

M. Albert Viger a été successivement appelé aux fonctions de membre de la commission du budget, de vice-président du groupe agricole et de rapporteur de la commission des douanes sur les questions intéressant l'agriculture, de membre du conseil supérieur de l'agriculture, de celui des haras, de celui du commerce et de l'industrie.

M. Viger a souvent pris la parole dans la discussion du tarif général des douanes ; il soutint énergiquement, au point de vue agricole, les conclusions de la commission présidée par M. Méline.

M. Viger fut chargé par M. Develle, alors ministre de l'agriculture, d'une mission agricole en Algérie ayant pour objet l'étude de diverses questions relatives à l'élevage du bétail et notamment de la race ovine indigène en ce qui concerne surtout son amélioration et le développement de sa production. A son retour, M. Viger présenta sur les résultats de sa mission un rapport très étudié.

Président de la commission de l'enseignement primaire, M. Viger a été l'auteur de la loi qui porte son nom sur le traitement du personnel de l'enseignement primaire.

Lors de la formation du deuxième cabinet Ribot, M. Viger fut appelé à en faire partie, en qualité de ministre de l'agriculture. Il conserva son portefeuille dans les cabinets Ch. Dupuy, Casimir-Perier et Bourgeois. Depuis cette époque il a prononcé plusieurs discours remarqués à la Chambre et au Sénat et présidé de nombreuses solennités agricoles.

M. Viger estime que la nouvelle législature devrait surtout être consacrée aux discussions d'affaires. En tête des réformes à accomplir il place celle de la loi sur les boissons, la suppression des droits d'octroi, l'organisation de l'assistance publique dans les campagnes, l'établissement du crédit et de l'assistance agricoles, la diffusion d'un enseignement agricole pratique, etc.

M. Albert Viger, qui, en 1889, avait été nommé par 11,303 voix, contre 9,179 à M. O'Mahony, conservateur, fut réélu, le 20 août 1893, au premier tour, sans concurrent, par 14,390 voix, et le 8 mai 1898, au premier tour, sans concurrent, par 14,045 voix.

Lors de la constitution du cabinet Brisson, en juin 1898, M. Viger fut appelé à en faire partie comme ministre de l'agriculture. Il a conservé ce portefeuille dans le troisième ministère Dupuy (novembre 1898).

---

## 263

### Arrondissement de Gien

## ALASSEUR (Alexandre-Augustin, dit Gustave)

M. Alasseur est né à Autry-le-Châtel (Loiret), le 18 septembre 1843.

Ancien élève d'une école des arts et métiers, il entra dans le service des ponts et chaussées et, à la suite d'un examen qui le fit classer premier, fut nommé conducteur des ponts et chaussées.

Il quitta l'administration pour entrer dans la maison d'un de ses oncles, entrepreneur de travaux publics, lequel avait été, après le 2 décembre 1851, déporté pendant plusieurs années à Lambessa.

Il exécuta alors des travaux considérables, notamment en Auvergne.

Ayant épousé la fille de M. Lacourrière, entrepreneur de travaux publics à Paris, M. Alasseur devint son associé et fit exécuter de très grands travaux, notamment le percement de l'avenue de l'Opéra, du boulevard Saint-Germain, etc. ; il aménagea les parcs du Champ de Mars et du Trocadéro. Il est président de la société de secours du VIIᵉ arrondissement de Paris, administrateur du bureau de bienfaisance. Comme délégué cantonal, il s'est préoccupé des questions d'enseignement populaire. Il est depuis vingt-cinq ans conseiller municipal d'Autry-le-Châtel.

En 1881, M. Alasseur a été élu conseiller d'arrondissement du canton de Châtillon-sur-Loire ; en 1889, il a été nommé maire d'Autry-le-Châtel. Depuis 1892, il est conseiller général.

Dans la circulaire qu'il a adressée aux électeurs de l'arrondissement de Gien, M. G. Alasseur dit qu'il est « partisan d'une République franchement réformatrice dans le sens démocratique, mais en même temps animée d'un large esprit de justice pour tous ». Il se prononce pour le maintien des lois scolaire et militaire et pour celui de l'instruction gratuite, obligatoire et laïque. Il veut la paix religieuse comme la paix sociale.

Il demande la création d'une caisse de retraites pour les vieillards et les invalides du travail, la création du crédit agricole, l'abaissement des tarifs de chemins de fer pour les matières premières destinées à l'agriculture, la réforme de l'impôt des boissons, l'abolition de l'exercice, la revision de l'impôt des patentes, etc.

Il a fait partie de la commission des chemins et a été nommé secrétaire du groupe de la gauche progressiste.

Elu le 20 août 1893, par 7,866 voix, contre 7,296 obtenues par M. Édouard Portalis, directeur du *XIXᵉ Siècle*, radical, M. Alasseur a été réélu, le 28 mai 1898, par 7,813 voix, contre 6,581 obtenues par son concurrent.

---

## 264

*Arrondissement de Montargis*

## VAZEILLE (Julien-Auguste, dit Albert)

M. Albert Vazeille est né à La Selle-sur-le-Bied (Loiret), le 28 janvier 1859.

Il est docteur en médecine et maire de Bellegarde-du-Loiret.

Candidat radical socialiste aux élections législatives en 1889, il ne fut pas élu à cette époque.

Il a été élu, au second tour de scrutin, le 22 mai 1898, par 10,499 voix, contre MM. d'Eichtal, républicain, et Dalby, socialiste.

---

## 265

*Arrondissement de Pithiviers*

# COCHERY (Georges-Charles-Paul)

M. Georges Cochery est né à Paris, le 20 mars 1855. Il est fils de M. Adophe Cochery, député du Loiret de 1869 à 1886, sénateur, qui fut pendant sept ans sous-secrétaire d'État, puis ministre des postes et télégraphes, de décembre 1877 à avril 1885.

Ancien élève de l'École polytechnique, ancien officier d'artillerie, M. Georges Cochery fut, en décembre 1877, appelé aux fonctions de chef de cabinet du sous-secrétaire d'Etat des finances, puis du ministre des postes et télégraphes, et ensuite au poste de directeur du cabinet et du service central au ministère des postes et télégraphes. Il prit une part importante à la préparation et à la réalisation de tous les perfectionnements qui ont transformé cette administration. Il fut envoyé, en qualité de commissaire général, à l'Exposition d'électricité de Vienne en 1883.

Il fut décoré en 1881, sur la proposition du ministre des affaires étrangères, pour services rendus dans la préparation et la conclusion d'un grand nombre de conventions télégraphiques internationales.

En 1885, il donna sa démission de directeur au ministère des postes et télégraphes, au moment où M. Ad. Cochery quittait ce département.

Conseiller général depuis 1883, M. Georges Cochery fut élu député du Loiret en 1885, au scrutin de liste, au second tour de scrutin, par 46,200 suffrages.

Il fut réélu en 1889, au premier tour, par l'arrondissement de Pithiviers, par 8,266 voix contre 6,700, et réélu pour la troisième fois le 20 août 1893, par 11,146 suffrages contre 1,566.

M. G. Cochery s'est occupé à la Chambre des questions touchant aux finances, aux travaux publics, chemins de fer, voies navigables, postes et télégraphes, à la marine et à la guerre.

Il a fait partie de nombreuses commissions et en a été très fréquemment le rapporteur.

Pendant la législature de 1889, M. G. Cochery fut d'une manière ininterrompue appelé à faire partie de la commission du budget, et, pendant les quatre ans, chargé du rapport sur le budget de la guerre.

En 1892, après la démission de M. Brisson, M. G. Cochery fut chargé, outre le rapport sur le budget de la guerre, du rapport sur le budget de la marine. Il fut aussi, en cette même année, le rapporteur de la défense nationale et du projet de loi tendant à modifier la loi de 1880 sur les chemins de fer d'intérêt local.

M. G. Cochery est membre du comité consultatif des chemins de fer depuis 1889.

Républicain sans épithète, M. Georges Cochery résumait ainsi son programme dans sa circulaire de 1893 : « Progrès et réformes pacifiques. Ni réaction ni révolution. »

M. Georges Cochery a été pendant la dernière législature, rapporteur général du budget, puis ministre des finances dans le cabinet Méline (29 avril 1896-28 juin 1898).

Il a été réélu, le 8 mai 1898, au premier tour, par 11.346 voix contre 2.716 à M. Gebauer, radical.

Il a été élu vice-président de la Chambre des députés, en novembre 1898.

# LOT

—

## 3 DÉPUTÉS

—

1893 : MM. Talou (élu sénateur, remplacé par M. *Munin-Bourdin*), Émile Rey, Lachièze, Vival.

1898 : MM. Emile Rey, Lachièze, Vival.

En 1898, le département du Lot ne compte plus que 3 circonscriptions au lieu de 4, par suite de la diminution de la population dans l'arrondissement de Cahors.

## 266

### *Arrondissement de Cahors*

### REY (Émile)

M. Émile Rey est né à Mercuès, près Cahors, le 4 octobre 1838.

Condisciple de Gambetta au lycée de Cahors, il resta constamment lié d'amitié avec lui.

Reçu docteur en médecine, il revint exercer à Saint-Denis-Catus (Lot). Ses travaux sur l'agriculture lui valurent d'être successivement élu secrétaire, vice-président, puis président de la Société agricole et industrielle du Lot. Aussitôt que la loi sur les syndicats agricoles eut été promulguée, il fonda le Syndicat agricole du Lot, dont il fut nommé président. Au concours régional de Cahors en 1881, le jury lui ayant décerné la prime d'honneur, ce fut Gambetta qui vint couronner son ancien camarade.

Le 14 juillet 1884, M. Emile Rey fut décoré de la Légion d'honneur pour services rendus à l'agriculture.

M. Rey fut désigné comme candidat à la députation par

le congrès départemental en 1885, mais la liste de droite l'emporta.

Fermement républicain, le programme de M. Rey est avant tout un programme d'affaires.

« J'ai accepté, disait-il, la candidature parce que je voudrais la pacification des esprits dans l'ordre religieux et dans l'ordre politique, de manière qu'il n'y ait plus que deux partis : des conservateurs et des progressistes également dévoués à nos institutions... Il faut que, par une répartition plus équitable des charges publiques, on procède à la diminution des impôts qui écrasent nos campagnes, et notamment de l'impôt foncier, des droits d'enregistrement sur les mutations des propriétés, des frais de justice; qu'on les protège contre la concurrence de l'étranger, et aussi qu'à l'aide des institutions de crédit agricole, on fournisse aux cultivateurs, moyennant un faible intérêt, les capitaux nécessaires pour entrer dans les nouvelles voies de progrès que la science a ouvertes à l'agriculture...

En 1889, M. Rey fut élu au premier tour, par 8,156 voix, contre 8,090 obtenues par M. de Valon, conservateur, député sortant.

En 1893, il fut réélu par 8,568 voix, contre 6,631 au même concurrent.

A la Chambre M. Émile Rey, tous les ans, à l'occasion de la discussion du budget, n'a cessé de réclamer la réforme et le dégrèvement de nos contributions directes.

En 1890, il contribua au commencement de péréquation de l'impôt foncier sur la propriété non bâtie et, avec MM. Pelletan et Labussière, il fit voter un amendement qui réduisait à 3 fr. 20 0/0 le taux de l'impôt foncier sur la propriété bâtie que le Gouvernement et la commission du budget voulaient élever à 4 0/0.

En 1893, il obtenait de la Chambre, à une forte majorité, la péréquation de la personnelle mobilière que le Sénat n'a pas encore ratifiée.

En 1892, comme rapporteur du projet de loi sur l'assistance médicale, il y faisait introduire des dispositions de nature à la rendre plus pratique et plus accessible aux petites communes rurales, en faisant concourir à la dépense le département et l'État dans une proportion d'autant plus forte qu'elles étaient plus pauvres.

En 1893, il déposait une proposition de loi sur les assurances agricoles.

En 1894, il faisait décider par la Chambre que le tiers des fonds du pari mutuel affecté aux œuvres d'assistance serait consacré à la construction et à l'agrandissement des hôpitaux nécessités par l'assistance médicale.

En 1895, il faisait instituer, par un article de la loi de finances, l'assurance des planteurs de tabac contre les sinistres atmosphériques.

En 1894, il présentait une proposition de loi pour organiser l'assistance des vieillards et des infirmes, et en 1897 il faisait adopter les principales dispositions de ce projet dans un article de la loi de finances.

En 1898, la deuxième circonscription de Cahors ayant été supprimée, M. Émile Rey a été réélu, le 8 mai, au premier tour, par l'arrondissement tout entier contre son collègue M. Munin-Bourdin, député sortant de la première circonscription de Cahors. Il a obtenu 14,163 voix et M. Munin-Bourdin 12,860.

## 267

*Arrondissement de Gourdon*

### LACHIÈZE (Pierre-François-Marius-Albert)

M. Lachièze est né à Martel (Lot), le 14 novembre 1840. Descendant de Pierre Lachièze, qui fit partie des Assemblées de la première République et qui fut président de l'administration centrale du Lot, M. Lachièze, avocat, docteur en droit, est maire de sa ville natale et conseiller général du Lot depuis plus de vingt ans. Ses opinions politiques lui valurent d'être emprisonné à Mazas sous l'Empire. Nommé sous-préfet à Gourdon par le gouvernement de la Défense nationale, il était sous-préfet de Gaillac lorsque survint la chute de M. Thiers, à la suite de laquelle il donna sa démission.

Républicain de gouvernement, il s'engagea à défendre une politique protectionniste, à réclamer surtout l'organisation de l'assistance publique dans les campagnes, la réforme des lois sur la procédure, sur les frais de justice, en même temps que la réalisation d'améliorations sociales.

En 1889, M. Lachièze fut élu au premier tour par 11,111 voix, contre 9,789 obtenues par M. le baron Dufour, bonapartiste, député sortant.

En 1893, il a été réélu par 10,134 voix, contre 9,479 accordées à M. Many, conseiller général, républicain modéré.

Au premier tour, M. Many avait obtenu 7,899 voix; M. Lachièze 6,028 ; M. Cocula, radical, 5,418.

En 1898, M. Lachièze a été réélu par 10,098 voix, contre 9,800 obtenues par M. Cocula, radical.

---

## 268

*Arrondissement de Figeac*

## VIVAL (Jacques-Louis)

M. Vival est né à Figeac, le 24 août 1847.

Avoué près le tribunal de première instance de Figeac, il est conseiller municipal depuis 1874, et maire depuis 1883. Il a été conseiller d'arrondissement pendant six ans; depuis 1883, il est membre et vice-président du Conseil général du Lot.

Propriétaire, M. Vival s'est occupé avec succès d'agriculture, d'élevage, et tout spécialement de la reconstitution des vignobles de la région par la plantation des cépages américains. Il est membre de la commission des tabacs. Il a été nommé officier d'Académie le 29 décembre 1887.

Il fit la campagne de la Loire en qualité d'officier au 70e régiment avec les mobiles du Lot.

Républicain, M. Vival s'est engagé à demander et soutenir à la Chambre : le maintien du Concordat; l'organisation de l'assistance publique dans les campagnes ; la création de banques agricoles ; la protection de l'agriculture ; la réduction des formalités judiciaires et des frais de justice et l'extension de la compétence des juges de paix ; l'abolition du permis de chasse, etc. Il est opposé à la revision de la Constitution.

En 1889, M. Vival fut nommé au premier tour, par 11,252 voix, contre 10,328 obtenues par M. Rozières, ancien député, revisionniste.

En 1893, il fut réélu, au premier tour, par 10,590 voix, contre 6,597 à M. Delpon, républicain, 3,188 à M. le marquis de Saint-Jean de Lentilhac, conservateur, et 778 à M. Lacambre, socialiste.

Il a été réélu le 8 mai 1898, par 12,313 voix, contre 9,529 à M. Delpon, républicain.

# LOT-ET-GARONNE

## 4 DÉPUTÉS

1893 : MM. Dauzon, Deluns-Montaud, Darlan, Georges Leygues.

1898 : MM. Dauzon, *Léo Meillet*, *Lagasse*, Georges Leygues.

## 269

### *Arrondissement d'Agen*

### DAUZON (Philippe)

M. Philippe Dauzon est né à Pau le 1er août 1860. Il est fils de M. Eugène Dauzon, proscrit de Décembre, préfet, à Mézières, du gouvernement de la Défense nationale, condamné à mort par les Prussiens ; arrière-petit-fils du conventionnel Philippe Lebas, qui, arrêté en même temps que son ami Robespierre, se tua d'un coup de pistolet, et petit-fils de Philippe Lebas, helléniste distingué.

Après avoir fait son droit, M. Philippe Dauzon se fit inscrire au barreau d'Agen, et se distingua rapidement par des conférences politiques et de brillantes plaidoiries d'assises.

Au mois d'août 1892, les électeurs du canton d'Astaffort l'envoyèrent au Conseil général.

M. de Lafitte-Lajoannenque ne s'étant pas représenté, M. Philippe Dauzon posa sa candidature.

Il fut, au second tour, élu par 8,516 voix, contre 7,747 à M. le comte de Chaudordy, ancien ambassadeur, qui se présentait comme républicain libéral.

M. Philippe Dauzon est républicain radical.

Son programme, tout de réformes, peut, dit-il, se résumer ainsi : « Vie pour tous à bon marché. »

M. Dauzon a été réélu, le 8 mai 1898, par 9,465 voix, contre 5,175 à M. Montels, républicain, et 1,542 à M. Trouillé, socialiste.

---

## 270

### *Arrondissement de Marmande*

### MEILLET (Léo)

M. Léo Meillet est né à Lévignac (Lot-et-Garonne), le 22 décembre 1842. Ancien professeur, adjoint au maire du treizième arrondissement de Paris en 1870-71, il fut membre de la Commune.

Il s'est présenté aux élections de mai 1898, comme radical socialiste.

Il a été élu au deuxième tour de scrutin, le 22 mai, par 9,658 voix, contre 9,582 à M. François Arago, républicain, et 4,521 à M. l'abbé Rambaud, conservateur.

Au premier tour, M. Arago avait obtenu 8,585 voix ; M. Meillet, 6,161 ; M. Rambaud, 5,814 ; M. Balet, radical, 2,255 ; M. Massat, radical, 809.

M. Léo Meillet remplace M. Deluns-Montaud, député sortant, républicain, qui ne s'était pas représenté.

---

## 271

### *Arrondissement de Nérac*

### LAGASSE (Louis)

M. Louis Lagasse est né à Nérac, le 12 juillet 1860.

Il est avocat à la Cour d'appel de Paris. Il est pour la *première fois* député.

Il s'est présenté comme radical-socialiste.

Il a été élu le 22 mai 1898, au scrutin de ballottage, par 7,596 voix, contre 5,729 à M. Darlan, député sortant, ancien garde des sceaux, républicain.

Au premier tour M. Lagasse avait obtenu 4,063 voix ;
M. Darlan, 3,960, M. de Perrodil, conservateur, 1,714 ;
M. Duffau, radical, 1,475.

---

## 272

*Arrondissement de Villeneuve-sur-Lot*

### LEYGUES (Georges)

M. Georges Leygues est né à Villeneuve-sur-Lot (Lot-et-
Garonne), en 1857.

Licencié en droit, il se fit inscrire au barreau de Ville-
neuve et fonda un journal républicain, l'*Avenir de Lot-et-
Garonne*. Il publia chez l'éditeur Lemerre plusieurs volumes de vers, notamment *la Lyre d'airain ;* il est lauréat de
l'Académie française.

Républicain progressiste, il fut élu, en 1885, sur la liste
républicaine. Il fut, en 1889 et 1890, membre de la commission du budget et deux fois rapporteur de cette commission pour le budget du ministère de l'intérieur.

Il est le premier candidat républicain qui ait été nommé
dans l'arrondissement de Villeneuve-sur-Lot, lequel depuis dix-neuf ans n'avait cessé d'être représenté par un
député bonapartiste, M. Sarrette.

En 1889, M. Georges Leygues fut élu au premier tour,
le 22 septembre 1889, par 12,321 voix, contre 11,956 obtenues par M. Sarrette.

Pendant les dernières législatures, M. Leygues a fait
partie de la commission du budget et de nombreuses commissions.

En 1893, il fut réélu, au premier tour, par 12,176 voix,
contre 5,612 à M. Besse, conservateur, et 2,836 à M. Gali-
nou, socialiste.

M. Georges Leygues a été ministre de l'instruction publique dans le cabinet Dupuy (1894) et ministre de l'intérieur dans le cabinet Ribot (1895).

Il a été réélu, le 22 mai 1898, au second tour, par 9,098
voix, contre 7,755 à M. Bruyère, conservateur, et 5,674 à
M. Tallet, socialiste. Au premier tour, M. Leygues avait

obtenu 8,080 voix ; **M. Bruyère**, 7,141 ; **M. Tallet**, 3,607 ; **M. Pabon**, radical, 2,230 ; **M. Belhomme**, radical, 1,760.

En juin 1898, **M. Georges Leygues** fut élu vice-président de la Chambre des députés.

Il a été appelé à faire partie du 3e cabinet Dupuy en qualité de ministre de l'Instruction publique et des Beaux-Arts (1er novembre 1898).

# LOZÈRE

## 3 DÉPUTÉS

1893 : MM. Bourrillon, Louis Jourdan, Auricoste.
1898 : MM. *Daudé*, Jourdan, marquis de Chambrun.

## 273

### *Arrondissement de Mende*

### DAUDÉ (Paulin)

M. Daudé est né à Runes (Lozère), le 11 janvier 1863.
Il est avocat, conseiller municipal de Mende.
Il s'est présenté comme républicain modéré. Il est pour la *première fois* député.
Il a été élu, le 22 mai, au scrutin de ballottage, par 6.056 voix, contre 5,074 à M. Bourrillon, député sortant, républicain.
Au premier tour, M. Daudé avait obtenu 5,431 voix M. Bourrillon, 4,611 ; M. Baffié, républicain, 980.

## 274

### *Arrondissement de Florac*

### JOURDAN (Louis)

M. Louis Jourdan est né à Uzès (Gard), en 1843.
Licencié en droit, il fut nommé secrétaire général à Mende, le 1er octobre 1870, puis préfet de la Lozère en

1879. Ancien maire de Mende, il a été conseiller général de la Lozère pour le canton de Meyrueis.

Il a collaboré à plusieurs journaux républicains, et publié quelques écrits littéraires, des poèmes légendaires et un volume de vers : *Rimes galantes et rimes rustiques.*

Il fut élu une première fois député, en 1885, au scrutin de liste. Il fait partie de la gauche radicale et de la gauche radicale socialiste.

En 1889, il fut nommé au scrutin de ballottage, par 5,701 voix, contre 2,101 à M. Rebert, boulangiste.

En 1893, il fut réélu au premier tour, par 4,378 voix, contre 1,871 à M. Vialas, radical.

Le 8 mai 1898, M. Louis Jourdan a été réélu, sans concurrent.

---

## 275

*Arrondissement de Marvejols*

## CHAMBRUN (Pierre, marquis de)

M. le marquis de Chambrun est né à Paris, le 11 juin 1865. Il est le neveu du comte de Chambrun, ancien député, dont chacun connaît les fondations philosophiques et charitables.

M. Pierre de Chambrun est pour la *première fois* député. Il s'est présenté comme républicain. Il a été élu, au premier tour, le 8 mai 1898, par 6,578 voix, contre MM. Auricoste, député sortant, républicain, et Crueize, radical.

# MAINE-ET-LOIRE

—

## 7 DÉPUTÉS

—

1893 : MM. Guignard, de Soland, Coudreuse, le comte de Maillé (élu sénateur, remplacé par *M. Jules Baron*), le vicomte de La Bourdonnaye, de Grandmaison, Laurent Bougère.

1898 : MM. *Joxé, Ferdinand Bougère*, Coudreuse, Baron, de La Bourdonnaye, de Grandmaison, Laurent Bougère.

## 276

*Première circonscription d'Angers*

### JOXÉ (Jean)

M. Joxé est né à Domangeville (Moselle), le 30 octobre 1824.

Il est maire d'Angers, ancien directeur des postes et télégraphes du département de Maine-et-Loire, chevalier de la Légion d'honneur.

Il est républicain.

Il a été élu pour la première fois député, le 22 mai 1898, par 11,429 voix, contre 8,816 à M. l'abbé Bossebœuf, socialiste chrétien.

Au premier tour, M. Bossebœuf avait obtenu 5,149 voix ; M. le baron Le Guay, monarchiste, 4,231 ; M. Joxé, 4,105 ; M. Leroy, républicain, 3,488 ; M. David, socialiste, 2,310 ; M. Mitonneau, socialiste, 1,654.

M. Joxé remplace M. le docteur Guignard, député sortant, ancien maire d'Angers, qui ne s'est pas représenté.

———

## 277

*Deuxième circonscription d'Angers*

### BOUGÈRE (Ferdinand)

M. Ferdinand Bougère est né à Angers, le 26 juillet 1868.

Il est propriétaire, licencié en droit.

Il est conservateur.

Il a été élu, pour la première fois, le 8 mai 1898, par 10,322 voix, contre 7,660 à M. Béclard, conseiller d'ambassade, républicain.

M. Ferdinand Bougère a remplacé M. de Soland, député sortant, monarchiste, qui ne s'est pas représenté.

---

## 278

*Arrondissement de Baugé*

### COUDREUSE (Emmanuel)[1]

M. Coudreuse est né à la Flèche, le 27 février 1837. Il a fait ses études au lycée du Mans. Reçu licencié en droit à la Faculté de Paris, il plaida comme avocat de 1864 à 1869. A cette époque, il acheta à Baugé une charge d'avoué plaidant, qu'il occupa pendant plus de vingt ans.

Pendant la guerre, il commanda comme capitaine une compagnie de la légion des mobilisés de Maine-et-Loire.

Juge suppléant au tribunal, conseiller municipal pendant de longues années, adjoint au maire de Baugé, délégué cantonal, président de la Société de secours mutuels, membre du bureau de bienfaisance, etc., M. Coudreuse fut, pour la première fois, élu député, comme candidat républicain, le 20 décembre 1891, en remplacement du général Lacretelle, décédé, qui appartenait à la droite.

1. M. Coudreuse est décédé au cours de l'impression de cet ouvrage, le 28 novembre 1898.

Élu maire de Baugé, en 1893, après le décès de M. Orgerie et quelques années plus tard après la démission de M. Gallard, M. Coudreuse déclina cet honneur, voulant consacrer tout son temps à l'accomplissement de son mandat de député.

A la Chambre, M. Coudreuse a collaboré, avec M. Royer, de l'Aube, à la proposition de loi intéressant les porteurs de Panama et à plusieurs propositions portant modification de divers articles du code civil.

Il a fait partie de nombreuses commissions, notamment de la commission de comptabilité, et de celles concernant la revision du code rural ; il a présidé la commission chargée d'étudier les propositions de loi sur la responsabilité des membres de l'enseignement public.

Dans sa circulaire de 1893, M. Coudreuse se prononçait pour une politique large, vraiment nationale, assurant la sécurité des intérêts et l'autorité gouvernementale.

M. Coudreuse fut élu, sans concurrent, au premier tour par 12,364 voix.

Le 8 mai 1898, M. Coudreuse a été réélu, au premier tour, par 13,007 voix.

Dans sa circulaire de 1898, M. Coudreuse insistait notamment sur la nécessité de mettre fin, par une réglementation nouvelle, non seulement à l'abus des interpellations, mais encore à celui des amendements improvisés en cours de discussion qui jettent la confusion dans les textes législatifs.

M. Coudreuse demandait également que « l'on réglementât le droit d'initiative parlementaire en matière d'augmentation de dépenses publiques, en interdisant aux membres du Parlement de présenter, au cours des discussions du budget, des amendements entraînant des augmentations de dépenses ».

---

## 279

*Première circonscription de Cholet*

## BARON (Jules)

M. Jules Baron est né à Cholet, le 15 février 1855. Il est propriétaire.

Conseiller d'arrondissement du canton de Cholet de 1880 à 1889 ; conseiller général du même canton depuis 1889 ; conseiller de la ville de Cholet de mai 1888 à novembre 1894 et depuis mai 1896 ; maire de Cholet de septembre 1893 à novembre 1894 et, de nouveau, depuis mai 1896, M. Jules Baron a été pour la première fois élu député, le 31 mai 1896, en remplacement de M. le comte de Maillé, élu sénateur.

M. Jules Baron s'est présenté comme monarchiste.

Il a été réélu, le 8 mai 1898, sans concurrent, au premier tour, par 10,616 voix, sur 18,170 inscrits.

Dans sa circulaire, après avoir rappelé qu'il a soutenu avec ses collègues de la droite le ministère présidé par M. Méline « moins par la confiance que nous pouvions accorder à tout son programme que pour éviter le retour d'un ministère dont les projets financiers et les compromissions socialistes avaient soulevé contre lui l'immense majorité du pays », M. Jules Baron, demande « qu'on rende à la religion sa part légitime d'influence dans la société », qu'on mette fin à une législation d'arbitraire et d'exception à l'égard des catholiques, que l'on réagisse contre la coalition des financiers juifs et cosmopolites, qu'on protège « résolument nos nationaux contre la concurrence redoutable que viennent leur faire, sur notre propre territoire, l'industrie et la main-d'œuvre étrangères. »

---

## 280

*Deuxième circonscription de Cholet*

## BOURDONNAYE (Raoul-Marie-Ferdinand, vicomte de la)

M. le vicomte de La Bourdonnaye est né à Paris le 12 mai 1837.

Entré au ministère des affaires étrangères, il a été attaché à Londres, puis secrétaire d'ambassade à Vienne, en 1864 ; il fut mis en disponibilité sur sa demande, en 1867. Il fut alors nommé chevalier de la Légion d'honneur.

Conseiller général, depuis 1871, du canton de Champtoceaux, M. de La Bourdonnaye a été élu député pour la première fois, lors d'une élection partielle en 1884. Il fut réélu en 1885.

Il est royaliste et a constamment voté avec la droite. Il a pris part à plusieurs discussions en faveur de la protection de l'agriculture.

En 1889, M. de La Bourdonnaye fut élu par 10,658 voix.

En 1893, il fut réélu, le 20 août, au premier tour, par 8,106 voix, contre 5,457 à M. Paul Blavier, républicain, fils de M. Blavier, sénateur de Maine-et-Loire, qui siégeait à droite.

En 1898, M. de La Bourdonnaye a été réélu, le 8 mai, par 10,178 voix, contre M. Paul Blavier, républicain, qui a obtenu 3,974 voix.

---

## 281

### *Arrondissement de Saumur*

## GRANDMAISON (Georges-Charles-Alfred-Marie MILLIN de)

M. Millin de Grandmaison, qui est pour la *deuxième fois* député, est né le 14 mai 1865 à Paris.

Ancien élève de Saint-Cyr et de Saumur, ancien lieutenant de cuirassiers, maire de Montreuil-Bellay, M. de Grandmaison s'est présenté comme républicain libéral.

M. de Grandmaison fut élu le 3 septembre 1893, au scrutin de ballottage, par 12,147 voix.

Au premier tour, M. de Grandmaison avait obtenu 10,636 voix ; M. Allain-Targé, ancien ministre radical, 7,888 ; M. Berger, bonapartiste, 3,646.

M. de Grandmaison a été réélu, au premier tour, le 8 mai 1898, par 14,512 voix, contre M. le docteur Peton, maire de Saumur, radical, qui a obtenu 7,800 voix.

---

## 282

*Arrondissement de Segré*

### BOUGÈRE (Laurent)

M. Laurent Bougère est né à Angers, le 14 décembre 1864. Il possède des propriétés importantes.

Il a remplacé à la Chambre M. le comte de Terves, qui, depuis 1881, représentait l'arrondissement de Segré.

M. Laurent Bougère est conservateur.

En 1893, il fut élu au premier tour, le 20 août, par 8,333 voix, contre 3,986 voix à M. Maurice Picart, républicain.

Il a été réélu, le 8 mai 1898, par 10,828 voix, contre 3,158 à M. Pertué, républicain.

# MANCHE

—

## 6 DÉPUTÉS

—

1893 : MM. Rauline, Riotteau, Cabart-Danneville (élu sénateur remplacé par *M. Le Moigne*), Briens (élu sénateur, remplacé par *M. Le Mare*), Regnault, Arthur Legrand, Guérin.

1898 : MM. Rauline, Riotteau, Le Moigne, Régnault, Legrand, Guérin.

En 1898, le département de la Manche n'a plus que 6 députés au lieu de 7, l'arrondissement de Coutances ne formant plus qu'une circonscription.

## 283

*Arrondissement de Saint-Lô*

### RAULINE (Gustave-Paul)

M. Rauline est né à Feugères, le 1er juin 1822. Agriculteur, conseiller municipal et maire de Saint-Lô, membre du Conseil général et de la commission départementale, vice-président de la Société d'agriculture, il se présenta à la députation, aux élections du 20 février 1876, comme candidat bonapartiste. « Si la question de la revision venait à être posée, disait alors M. Rauline, je demanderais que la nation directement consultée déclarât sous quel gouvernement elle veut vivre, et, quel qu'il fût, je m'inclinerais devant son verdict. Les grands principes religieux et sociaux hors desquels il n'est que désordre et anarchie sont ceux que je professe et que je soutiendrai toujours avec la conviction la plus ferme et la plus sincère. » M. Rauline a été constamment réélu, à de très fortes majorités, depuis 1876. Il n'a cessé de voter avec la droite

16

En 1889, **M.** Rauline fut élu le 22 septembre, au premier tour, par 12,285 voix, contre 4,351 obtenues par M. Huet, républicain.

En 1893, il fut réélu par 11,311 voix, contre 5,830 à M. Amiard, conseiller général, maire de Saint-Lô, républicain.

Il a été réélu, le 3 mai 1898, sans concurrent, par 13,045 voix.

## 284

*Arrondissement d'Avranches*

### RIOTTEAU (Emile-Alexandre)

M. Riotteau est né, le 12 décembre 1837, à Saint-Pierre-Miquelon, mais il appartient à une famille française de l'arrondissement d'Avranches.

Il dirigea une des plus importantes maisons d'armateurs pour la grande pêche, établie à Granville depuis plus d'un demi-siècle.

Il a été successivement membre du conseil départemental de l'instruction publique, président de la nouvelle Société d'agriculture d'Avranches, président du conseil d'agriculture de la Manche, membre pendant vingt-cinq ans du Conseil municipal de Granville, maire de la même commune pendant sept ans, membre du conseil supérieur des colonies, auquel il appartient depuis sa fondation, président de la Chambre de commerce, membre du Conseil supérieur des Haras.

En 1876, ayant, sur les instances des hommes les plus autorisés du parti républicain, accepté la candidature à la députation, il fut élu avec une majorité considérable contre le candidat bonapartiste, soutenu par le gouvernement d'alors.

Après le 16 mai 1877, M. Riotteau vota avec les 363.

M. Riotteau ne fut pas réélu le 15 octobre ; il lui manqua 111 voix, mais l'élection de son concurrent ayant été cassée par la Chambre, les candidats furent ramenés devant les électeurs, qui, cette fois, donnèrent 7,698 voix à M. Riotteau et 3,567 seulement à son concurrent conservateur.

En 1885, M. Riotteau, au scrutin de liste, échoua avec la liste républicaine, mais peu après, une vacance s'étant produite dans le département, il fut élu à une grande majorité contre le candidat conservateur, l'amiral Roussin.

A la Chambre, M. Riotteau a été membre de commissions importantes. Il s'est spécialement consacré à l'étude des questions relatives au travail national, des questions agricoles et surtout des questions maritimes. Membre de la commission du budget, il a été rapporteur du budget de l'agriculture, puis de celui des colonies.

Pendant quatre ans, de 1881 à 1885, il a fait partie du bureau de la Chambre, en qualité de secrétaire.

Il a été au nombre des adversaires les plus énergiques du boulangisme.

En 1889, M. Riotteau fut élu au premier tour, le 22 septembre, par 10,867 voix, contre 9,385 obtenues par M. Bouvattier, conservateur, député sortant.

En 1893, il a été réélu, par 14,394 voix, contre 1,203 à M. Rosselin, radical socialiste.

En 1898, il a été réélu, le 8 mai, par 11,954 voix, contre 8,994 à M. Frémin, rallié.

Il a été nommé membre de la commission de la marine (novembre 1898).

----

## 285

*Arrondissement de Cherbourg*

### LE MOIGNE (Albert)

M. Albert Le Moigne est né à Cherbourg, le 19 juillet 1849.

Ancien maître des requêtes au Conseil d'Etat, M. Le Moigne avait auparavant été longtemps attaché au ministère des finances, où il fut notamment chargé de la direction du service de la Statistique et de la Législation comparée.

Il fut pour la première fois élu député, comme candidat républicain progressiste, le 8 décembre 1895, lors d'une élection partielle, en remplacement de M. Cabart-Danneville, élu sénateur.

M. Albert Le Moigne a été réélu, le 8 mai 1898, au premier tour de scrutin, par 6,000 voix, sans concurrent.

Il a été nommé membre de la commission du budget (novembre 1898).

---

## 286

### *Arrondissement de Coutances*

### REGNAULT (Alfred)

M. Regnault est né à Périers (Manche), le 19 juin 1843.

Licencié en droit, officier de mobiles pendant la guerre, conseiller général depuis 1871, maire de sa ville depuis 1873, président de sociétés agricoles, M. Regnault a beaucoup fait pour l'enseignement agricole dans la Manche. Il a obtenu une école pratique d'agriculture, et la création d'une section agricole à l'école primaire supérieure de Périers.

Elu député, en 1881, contre M. Gaslonde, il fit partie de l'Union républicaine de 1881 à 1885, mais le scrutin de liste ayant été contraire en 1885 aux républicains dans la Manche, il ne revint au Parlement qu'en 1893. Il obtint, en 1894, de faire acheter en France les conserves de viandes pour l'armée; il s'agissait d'environ 7 millions qui profitaient jusqu'alors à l'étranger au détriment de l'élevage français.

Républicain progressiste, très dévoué aux intérêts agricoles, M. Regnault veut une politique d'économies, la réduction des frais de justice, l'établissement de retraites pour les vieux ouvriers de l'industrie ou de l'agriculture, il est partisan de la liberté de conscience, mais n'entend point faire la guerre aux idées religieuses ; il défendra les lois militaires et scolaires « qui sont l'honneur du gouvernement républicain ».

Lors des élections générales du 8 mai 1898, l'arrondissement de Coutances n'ayant plus droit qu'à un député, M. Regnault a été élu, sans concurrent, par 16,850 suffrages, « chiffre de voix qui n'a pas été atteint dans un autre collège électoral ».

---

## 287

*Arrondissement de Mortain*

## LEGRAND (Arthur)

M. Arthur Legrand est né à Paris, le 28 octobre 1833.

Son père fut député de la Manche, directeur général des ponts et chaussées et des mines, puis sous-secrétaire d'Etat au ministère des travaux publics sous Louis-Philippe.

M. Arthur Legrand fit ses études et son droit à Paris ; il entra au Conseil d'Etat, en qualité d'auditeur, par la voie du concours, en 1857. Attaché au ministère des travaux publics, chef de cabinet du président de la section française à l'Exposition universelle de 1867, il fut adjoint aux grandes enquêtes qui eurent lieu alors sur les traités de commerce, l'échelle mobile, la marine marchande, etc.

En 1863, il fut nommé commissaire du gouvernement près le conseil de préfecture de la Seine et décoré de la Légion d'honneur ; en 1866, il fut promu maître des requêtes au Conseil d'Etat.

Elu le 8 février 1871, député de la Manche à l'Assemblée nationale, il se fit inscrire au groupe de l'Appel au peuple dont il fut l'un des fondateurs.

Il fut réélu député en 1876, 1877, 1881, 1889, 1893. En 1885, il ne se présenta pas, par suite de dissentiments relatifs à la formation de la liste conservatrice.

M. Arthur Legrand est depuis 1866 membre du conseil général de la Manche pour le canton de Barenton et maire de Milly. Il a publié plusieurs ouvrages d'économie politique, notamment sur *la Législation des brevets d'invention*, sur *la Législation relative aux prêts à intérêt*, etc.

M. Arthur Legrand a pris l'initiative de diverses propositions, notamment des propositions relatives à la création de la caisse d'épargne postale, au dégrèvement partiel de l'impôt foncier, à la suppression de la simultanéité des élections du conseil général et du conseil d'arrondissement dans le même canton, etc. Il a tout particulièrement défendu la liberté des bouilleurs de cru.

Dans sa circulaire de 1893, M. Arthur Legrand demandait que le suffrage universel eût le droit de désigner lui-même le chef de l'Etat et d'élire les membres du Sénat. Il exprimait le vœu que les hommes d'ordre opposent une barrière au flot envahisseur du socialisme et défendent les principes sociaux et religieux, base fondamentale de toute société.

M. Arthur Legrand a été réélu, le 8 mai 1898, sans concurrent, par 11,974 suffrages, sur 12,799 votants.

---

## 288

### Arrondissement de Valognes

## GUÉRIN (Léon-Félix)

M. Guérin est né à Vitry-le-François, le 23 mai 1841.

Fils du général Guérin, engagé volontaire en 1860, il fut promu sous-lieutenant en mars 1864. Lieutenant au 57e de ligne au début de la guerre, il fut deux fois cité à l'ordre du jour pour sa brillante conduite aux batailles de Rezonville, Saint-Privat et Servigny. Il fut décoré en avril 1871 et nommé capitaine au choix en 1873.

Il fit la campagne de Tunisie et fut promu chef de bataillon au choix en 1885 et officier de la Légion d'honneur en 1891.

A la mort de sa mère, M. Guérin demanda sa retraite pour s'occuper de la gestion de ses propriétés. Il fut nommé, en mars 1892, lieutenant-colonel commandant le 32e régiment territorial d'infanterie.

Désigné comme candidat par le comité républicain de Valognes pour remplacer M. de Lagorse, qui ne se représentait pas, M. Guérin, dans sa profession de foi, déclara qu'il prendrait place au centre gauche. Il se prononça pour l'instruction obligatoire ; mais il veut que chaque père de famille reste libre de choisir l'enseignement à donner à son fils. Au point de vue militaire, il pense que le patriotisme commande de ne rien changer à la législation actuelle. Il demande une diminution progressive des impôts qui pèsent sur l'agriculture et l'encouragement de l'élevage par tous les moyens possibles. Il réclame la mise en état de défense de la presqu'île du Cotentin.

M. Guérin fut élu, le 20 août 1893, par 7,698 voix, contre

6,669 à M. le comte de Pontgibaud, candidat de la droite.

Il a été réélu, le 8 mai 1898, sans concurrent, par 11.260 voix sur 12,030 votants.

Il a été nommé membre de la commission de l'armée (novembre 1898).

# MARNE

—

## 7 DÉPUTÉS

—

1893 : MM. Léon Bourgeois, Vallé, Mirman, Adrien de Montebello, Paul Bertrand, Morillot.

1898 : MM. Léon Bourgeois, Vallé, de Montebello, Mirman,
*Montfeuillard*, Bertrand, Morillot.

En 1898, sept députés au lieu de six ont été attribués au département de la Marne, l'arrondissement de Reims comptant maintenant, par suite de l'augmentation du chiffre de la population, trois
circonscriptions électorales.

## 289

### Arrondissement de Châlons-sur-Marne

## BOURGEOIS (Léon-Victor-Auguste)

M. Léon Bourgeois est né à Paris, le 29 mai 1851.

Docteur en droit, il fut, le 26 décembre 1877, nommé
secrétaire général du département de la Marne, et trois
ans plus tard (novembre 1880) sous-préfet de Reims. Il
occupa ces deux postes avec distinction et contribua à la
solution pacifique de grèves menaçantes. ·

Préfet du Tarn le 8 novembre 1882, secrétaire général
de la préfecture de la Seine le 19 novembre 1883, M. Léon
Bourgeois devint ensuite préfet de la Haute-Garonne
(1885), puis directeur des affaires communales et départementales au ministère de l'intérieur.

Après la démission de M. Gragnon (novembre 1887),
M. Bourgeois fut nommé préfet de police. Il remplissait
ces fonctions lors de la démission de M. Grévy et de l'é-

lection de M. Carnot à la présidence de la République.

M. Léon Bourgeois se présenta à la députation dans la Marne, le 26 février 1888, et fut élu comme candidat républicain, en remplacement de M. Margaine, nommé sénateur. Il donna alors sa démission de préfet de police et fut remplacé par M. Lozé.

En mai 1888, il fut nommé par M. Floquet, président du conseil et ministre de l'intérieur, sous-secrétaire d'État au ministère de l'intérieur. Il prit souvent la parole, en cette qualité, à la Chambre et au Sénat.

M. Léon Bourgeois se retira avec le ministère Floquet, le 14 février 1889.

Il vota pour les poursuites contre la Ligue des patriotes et contre le général Boulanger.

En 1889, il fut élu au premier tour, le 22 septembre, par 6,276 voix, contre 5,635 obtenues par M. Ponsard, conservateur, ancien député.

M. Bourgeois fut ministre de l'instruction publique et des beaux-arts dans les cabinets Freycinet et Loubet, du 18 mars 1890 au 7 décembre 1892.

Il accepta le portefeuille de la justice lors de la constitution du ministère Ribot, et ce fut lui qui transmit aux Chambres la demande en autorisation de poursuites contre 10 sénateurs et députés au sujet de l'affaire du Panama. Il resta garde des sceaux jusqu'au jour où M. Dupuy remplaça M. Ribot à la présidence du Conseil.

Dans sa circulaire électorale de 1893, M. Léon Bourgeois insistait sur l'urgence de la réforme de l'impôt foncier, des prestations, des octrois, de la législation des boissons, de la loi pénale sur les associations, de la caisse de retraites pour la vieillesse, des mesures protectrices en faveur de l'agriculture.

« Mais, ajoutait-il, pour que le travail de cette législature soit fécond, il faut qu'il se forme dans la Chambre une puissante majorité publique, d'accord non seulement sur le nom de la République, mais aussi sur l'ensemble des idées qu'elle représente ; il faut que cette majorité soit également résolue à ne rien céder des lois déjà votées, des conquêtes déjà faites, et à poursuivre sans relâche l'accomplissement du programme de liberté civile et politique, de neutralité religieuse, d'égalité et de solidarité sociales qui n'est que le développement des principes de la Révolution française. »

M. Léon Bourgeois fut réélu au premier tour, le 20 août 1893, par 8,582 voix, sans concurrent.

Depuis lors, M. Léon Bourgeois fut appelé à constituer en qualité de président du Conseil, le cabinet qui succéda au cabinet Ribot le 1er novembre 1895 et qui dura jusqu'au 28 avril 1896, date à laquelle il fut remplacé par le cabinet Méline. M. Léon Bourgeois, en même temps que président du Conseil, fut d'abord ministre de l'intérieur; il échangea ce portefeuille contre celui des affaires étrangères, après la retraite de M. Berthelot (28 mars 1896).

M. Bourgeois a été réélu, comme candidat républicain radical, le 8 mai 1898, par 7,759 voix, contre 5,516 à M. Girault Masson, républicain. M. Léon Bourgeois a fait partie du cabinet Brisson, en qualité de ministre de l'instruction publique et des beaux-arts (28 juin-1er novembre 1898).

---

## 290

*Arrondissement d'Épernay*

### VALLÉ (Ernest) [1]

M. Ernest Vallé est né à Avize (Marne), le 19 septembre 1845.

Avocat à la Cour de Paris, ancien secrétaire de M. Le Blond, décédé sénateur de la Marne, et de M. Cresson, ancien bâtonnier de l'ordre des avocats, M. Vallé a été nommé conseiller général de la Marne en 1886.

En 1889, il fut élu député.

Il l'emporta, au premier tour de scrutin, comme candidat progressiste, par 12,391 voix, sur M. Nérendet, revisionniste, qui en obtint 8,804.

Pendant les deux dernières législatures, M. Vallé a pris part à de nombreuses discussions ; il a été rapporteur gé-

---

1. M. Vallé a été élu sénateur de la Marne et a donné sa démission de député. Il n'est pas encore remplacé.

néral des commissions d'enquête sur les affaires du Panama.

Il fut réélu le 20 août 1893, par 9,187 voix.

Il a été de nouveau réélu, le 8 mai 1898, par 12,010 voix, contre 5,881 à M. Coutant, républicain ; 2,620 à M. Lamare, socialiste ; 2,369 à M. Labbé, républicain.

Il a été sous-secrétaire d'État du ministère de l'intérieur dans le cabinet Henri Brisson (28 juin-1er novembre 1898).

---

## 291

### Première circonscription de Reims

## MONTEBELLO (Adrien LANNES de)

M. Adrien Lannes de Montebello est l'un des descendants du maréchal Lannes, tué à Essling. Il est le frère de M. le comte de Montebello, ambassadeur en Russie.

Il est né à Paris le 9 août 1841.

Il a été chef du cabinet du ministre des finances et du président du Sénat, alors que M. Léon Say, dont il était parent, occupait ces hautes fonctions.

Il a été plusieurs fois candidat, notamment dans le Gers, contre M. Paul de Cassagnac, et dans Seine-et-Oise, en 1885, où il obtint un chiffre de voix important.

Il est chevalier de la Légion d'honneur.

Il s'est présenté comme républicain libéral.

Il fut élu le 29 août 1893, par 10,161 voix, contre 8,090 obtenues par M. Monfeuillart, républicain.

Il a été réélu, le 8 mai 1898, par 7,187 voix contre 6,350 à M. Paul Degouy, radical.

Il a été élu membre de la commission de l'armée (novembre 1898).

---

## 292

### Deuxième circonscription de Reims

## MIRMAN (Léon)

M. Léon Mirman est né à Paris, le 28 janvier 1865.

Ancien élève de l'École normale supérieure, agregé des

sciences mathématiques, ancien professeur du cours de Saint-Cyr au lycée de Reims, M. **Mirman** fut élu député en 1893, dans la première circonscription formée des quatre cantons de cette ville, l'emportant au second tour par 8,819 voix contre 8,419 obtenues par M° Labori, avocat, républicain.

A cause de l'accroissement de sa population, l'arrondissement de Reims fut aux élections dernières divisé en trois circonscriptions ; M. **Mirman** se représenta dans la seconde, formée de trois cantons de la ville ; il y fut élu, au premier tour de scrutin, par 9,119 voix contre 3,794 accordées à M. Victor Lambert, candidat gouvernemental, 1,403 à M. Foulon, collectiviste, 300 à M. Hamaide, radical, 971 à M. Houlon, socialiste chrétien.

M. **Mirman** a été l'un des membres les plus actifs de la Chambre de 1893 ; ses interventions à la tribune furent nombreuses, contre la peine de mort, sur les lois syndicales, dans les affaires de Panama, sur les questions budgétaires, dans la loi du cadenas, etc. Il interpella le gouvernement en deux circonstances graves, à l'occasion des Congrès ecclésiastiques de Reims, et au sujet de la dissolution de l'association des Maîtres répétiteurs

La double situation de député et de soldat où durant une année se trouva M. **Mirman** fit couler beaucoup d'encre et fut l'objet de nombreuses et véhémentes discussions parlementaires. M. **Mirman**, dont la validation eut lieu au cours de la séance où fut lancée dans l'enceinte législative la bombe de l'anarchiste Vaillant, fit une année de service au 29e chasseurs à pied à Vincennes ; il put une fois, pendant un congé officiel, venir en uniforme à la Chambre et y expliquer son vote contre l'ensemble du budget. C'est aussi au cours de cette année qu'en uniforme de chasseur à pied, il se battit à l'épée avec M. Gadaud, alors ministre de l'agriculture.

M. **Mirman** a été élu comme *socialiste indépendant ;* il n'est pas collectiviste.

Il réclame dans son programme « la suppression du Sénat, du budget des Cultes, la décentralisation, le service de deux ans égal pour tous, la création de retraites nationales pour les vieillards et les invalides du travail, la suppression des grands monopoles détenus par des particuliers ou des compagnies, l'impôt progressif sur le revenu remplaçant les quatre contributions directes, l'intervention de l'État pour assurer aux ouvriers des « conditions humaines » d'existence par un minimum de salaires et une durée maximum de travail ».

Sa profession de foi débute par ces mots :

« Citoyens, d'abord la Patrie ! Il faut en maintenir le sentiment très haut au-dessus de nos luttes de partis ; c'est l'indispensable ressort moral de la nation.

« Nous voulons une France pacifique, mais fière, fidèle à ses souvenirs et à ses espérances ; pour la défendre contre les appétits menaçants des monarchies voisines, il nous faut une armée puissante et respectée, mais dont le favoritisme soit exclu et qui reste soumise au Pouvoir civil et au vigilant contrôle du Parlement... »

---

## 293

### Troisième circonscription de Reims

### MONTFEUILLARD (Ernest)

M. Montfeuillard est né à Selles, le 9 mai 1853.

Propriétaire, maire de Selles, conseiller général, il a été élu pour la *première fois* député, comme candidat républicain radical, le 22 mai 1898, par 7,104 voix, contre 2,798 à M. de Boham, conservateur.

Au premier tour, M. Montfeuillard avait obtenu 5,555 voix ; M. Lhotelain, républicain, 3,764 ; M. de Boham, 1,498 ; M. Argyriadès, socialiste, 569.

---

## 294

### Arrondissement de Sainte-Menehould

### BERTRAND (Paul-Charles-Alfred)

M. Paul Bertrand est né à Châlons-sur-Marne, le 11 décembre 1847. Ancien avoué, ancien maire de Sainte-Menehould, il s'est présenté comme candidat républicain, « en

17

partisan dévoué de la République contre ses adversaires de toutes nuances ».

Dans sa circulaire de 1889, il se prononçait pour le rejet de toute demande de revision indéterminée ou de Constituante. Il réclamait la fin des expéditions lointaines et une protection intelligente de l'agriculture et de l'industrie.

Il fut élu, au premier tour, par 3,607 voix, contre 3,389 accordées à son concurrent, M. Senart, monarchiste.

Dans sa circulaire de 1893, M. Paul Bertrand demandait une plus juste répartition de l'impôt, le maintien de la protection agricole et industrielle et le maintien du privilège des bouilleurs de cru.

« Si d'une part, dit-il, envisageant les droits du pouvoir civil, je considère comme justes les principes sur lesquels reposent les lois scolaire et militaire, d'autre part, je ne veux pas en faire des armes de combat au nom même de cette grande liberté qui s'appelle la liberté de conscience ».

En 1893, M. Bertrand fut réélu par 5,061 voix, contre 776 à M. Garaudel, radical.

Pendant les deux dernières législatures il a pris une part active aux travaux parlementaires.

Il a été réélu, le 8 mai 1898, par 3,840 voix, contre 2,798 à M. Philippoteaux, radical.

---

## 295

*Arrondissement de Vitry-le-François*

### MORILLOT (Jean-Baptiste-Léon)

M. Morillot est né au château d'Etrepy (Marne), le 19 juillet 1838.

Descendant d'une très ancienne famille du Perthois, M. Morillot, après de brillantes études au collège Stanislas, où il fut lauréat du concours général, se fit recevoir docteur en droit, puis auditeur au Conseil d'État en 1867. A l'Exposition universelle de 1867, il fut nommé sous-chef du service des sections étrangères, puis secrétaire adjoint de la commission française à l'Exposition d'Amsterdam en

1869, enfin secrétaire de la commission d'enquête parlementaire sur le régime économique de la France en 1870. Il était chef adjoint au cabinet du ministre de l'instruction publique et des beaux-arts en 1870, lorsqu'éclata la guerre avec la Prusse. Il prit alors part à la défense de Paris dans les mobilisés de la Seine.

Après la paix, il revint se fixer dans la Marne, où il était propriétaire du château de Bussemont, et se consacra à la culture de son domaine.

Maire de Saint-Lumier-la-Populeuse depuis 1874, et délégué cantonal; administrateur de la compagnie des mines de houille de Roche-la-Molière et de Firminy, M. Léon Morillot fut nommé, en 1886, membre du conseil général de la Marne pour le canton de Tiéblemont et réélu en 1892.

M. Morillot est membre de la Société de géographie de Paris, du Comité de l'Afrique française, de la Société des habitations à bon marché, etc.

Il a fait de nombreux voyages scientifiques en Angleterre, en Allemagne, en Égypte, en Hollande, etc. Il est décoré de nombreux ordres étrangers. Il a collaboré à plusieurs recueils périodiques et publié un ouvrage important sur *la Condition des enfants nés hors mariage en Europe, et spécialement en France, dans l'antiquité, au moyen âge et de nos jours.*

M. Morillot fut élu, pour la première fois, député en 1889, au premier tour, par 6,269 voix, contre 5,142 accordées à M. Guyot, républicain. Il disait dans sa circulaire d'alors : « J'accepte le gouvernement républicain, mais je veux une république libérale, conservatrice et ouverte à tous. »

Pendant les deux dernières législatures, il a été membre de plusieurs commissions importantes, telles que celles de la chasse et du code rural et rapporteur de la loi sur la chasse. Membre du groupe agricole, il y a été rapporteur des propositions de loi relatives aux halles de Paris et aux projets de crédit agricole.

Dans sa circulaire de 1893, M. Morillot rappelait « qu'il a depuis maintes années adhéré franchement et sans arrière-pensée à la République ». Il se prononçait pour la création d'une caisse de retraites, d'une répartition plus équitable des impôts, d'une réforme de la législation des boissons, du maintien du droit des bouilleurs de cru, de la revision du cadastre et des frais de justice, etc.

M. Morillot fut réélu le 3 septembre 1893, par 6,157 voix, contre 4,787 accordées à M. Tantet, radical.

Lors des élections législatives de 1898, M. Morillot a .été élu, au second tour de scrutin, par 6,294 voix, contre 4,985 à M. Tantet.

Dans sa profession de foi, analogue à celle de 1893, après avoir rappelé que « partisan de la stabilité ministérielle, il avait, en toutes circonstances, voté pour le ministère de M. Méline dont la politique si nationale est étroitement liée aux intérêts des agriculteurs », M. Morillot s'est prononcé pour la politique des républicains progressistes contre celle des républicains socialistes.

# MARNE (HAUTE-)

—

## ' 3 DÉPUTÉS

---

1893 : MM. Bourlon de Rouvre, Mougeot, Albin Rozet.
1898 : MM. *Dutailly*, Mougeot, Albin Rozet.

## 296

*Arrondissement de Chaumont*

### DUTAILLY (Adolphe-Gustave)

M. Dutailly est né à Neuvy (Haute-Marne), le 2 août 1846.
Il est ancien professeur de botanique à la Faculté des
sciences de Lyon, docteur-ès-sciences naturelles. Il a été
directeur du jardin botanique et des serres de Lyon et on
lui doit de nombreux mémoires publiés dans le recueil de
la Société de botanique.

Il est conseiller général du canton de Clefmont (Haute-
Marne).

Il fut élu député en 1881, puis en 1885, comme républicain radical. En 1889 et en 1893 il fut battu par M. Bourlon de Rouvre, républicain libéral. En 1893, M. Dutailly
obtint 9,099 voix contre 9,356.

Il l'a emporté, le 8 mai 1898, au premier tour de scrutin,
par 9,983 voix, contre 9,402 à M. Bourlon de Rouvre
député sortant.

Il a été élu membre de la commission des colonies
novembre 1898).

---

## 297

*Arrondissement de Langres*

### MOUGEOT (Léon-Paul-Gabriel)

M. Léon Mougeot est né à Montigny-le-Roi (Haute-Marne), le 10 novembre 1857.

Avocat, maire de Langres depuis 1888, il se présenta aux élections législatives de 1893, comme candidat républicain.

Il fut élu le 20 août, au premier tour, par 11,631 voix, contre 9,875 à M. Arnal, conservateur, et 938 à M. Magnier, radical socialiste.

Pendant la dernière législature, M. Mougeot a été membre de plusieurs commissions importantes, notamment de la commission des réformes judiciaires, puis de la commission du budget. Il intervint souvent à la tribune. Il fut élu secrétaire de la Chambre des députés, à trois reprises différentes, en 1896, 1897, 1898.

Lors des élections de 1898, M. Mougeot fut candidat d'union républicaine. Il fut réélu, par 14,292 voix, contre 8,466 accordées à M. Cabasse, ancien chef du cabinet de M. Méline.

M. Mougeot, lors de la formation du ministère Brisson (juin 1898), fut nommé sous-secrétaire des postes et télégraphes. Il a conservé ces fonctions dans le cabinet Dupuy (novembre 1898).

Il a été élu conseiller général de la Marne, en juillet 1898.

---

## 298

*Arrondissement de Wassy*

### ROZET (Albin)

M. Albin Rozet est né Paris, le 5 décembre 1852.

Après avoir terminé ses études de droit, M. Albin Rozet, fils de M. Jules Rozet, qui représenta pendant dix-huit ans le canton de Saint-Dizier au Conseil général de la Haute-Marne, entra au ministère des affaires étrangères.

Attaché d'abord à l'ambassade de France à Constantinople, il fut successivement nommé secrétaire des deux grandes commissions internationales chargées l'une de l'organisation de la Roumélie orientale, et l'autre de la réforme judiciaire en Egypte.

Il quitta la diplomatie en qualité de consul honoraire.

Il est propriétaire des forges importantes du Closmortier et du vaste domaine agricole du même nom.

Elu conseiller général en 1881, pour le canton de Saint-Dizier, au Conseil général de la Haute-Marne, M. Rozet s'est surtout occupé de la question des prestations et de la réforme de la législation vicinale, relativement à laquelle il provoqua une enquête importante.

En 1889, M. Rozet fut élu, au premier tour de scrutin, par 7,578 voix, contre M. Boulé, boulangiste, qui en obtint 544.

Pendant cette législature, en qualité de membre de la commission des douanes, M. Albin Rozet prit part à la discussion du projet de loi du régime douanier de la Tunisie et de celui touchant la métallurgie du fer. Il rédigea plusieurs rapports sur les droits relatifs aux marbres et aux pierres, sur les conventions commerciales avec la République Argentine, la Colombie, l'Uruguay et le Paraguay, le service postal entre la France et l'Egypte.

M. Rozet a été membre des commissions nommées pour examiner le traité avec le roi du Dahomey, les affaires de Terre-Neuve, la vente des biens domaniaux en Algérie, les prêts mutuels entre indigènes algériens, la loi d'extradition des criminels, etc. Il s'est occupé également des services maritimes postaux entre la France et l'Algérie, la Tunisie et la Corse et, d'une façon spéciale, de l'amélioration des communications entre Marseille et Bizerte.

Dans sa circulaire de 1893, M. Rozet insistait sur ses déclarations précédentes en faveur de la protection commerciale, industrielle, agricole; il s'engageait à voter toutes les mesures qui lui sembleraient de nature à améliorer le sort du travailleur : sociétés coopératives, retraites ouvrières, etc.

M. Albin Rozet fut réélu le 20 août 1893, au premier tour, par 9,107 voix, contre M. Roret, radical.

Il vota avec la majorité républicaine les lois agricoles et ouvrières qui resteront l'honneur de cette législature : sur la revision du cadastre, sur la police rurale, sur les warrants agricoles, sur le dégrèvement des petites cotes foncières, sur la responsabilité des accidents, sur le dégrèvement des octrois, sur les sociétés de secours mutuels, etc.

Renommé membre de la commission des douanes, il collabora aux modifications de tarifs réclamées par les nécessités économiques. Deux fois membre des commissions qui eurent à s'occuper de Madagascar, il demande et obtient par un amendement, le 26 novembre 1894, que, autant que possible, les approvisionnements, fournitures et services de toute sorte, nécessités par les préparatifs de l'expédition devront être réservés à l'industrie, à la navigation et au commerce français; le 12 février 1896, que les farines utilisées pour le pain de guerre de l'expédition seraient françaises, et en août 1896, que, dans les avis d'adjudication du pain de guerre, il serait désormais indiqué que les farines employées devraient provenir de blés français. Après intervention à la tribune, il fait élever de 21,000 à 41,000 francs le crédit accordant des récompenses honorifiques aux vieux ouvriers. En novembre 1896, il prononce un discours important sur la nécessité d'améliorer la situation de notre caisse consulaire ; il est nommé peu après membre du comité consultatif des consulats au ministère des affaires étrangères. Secrétaire du groupe diplomatique et colonial de la Chambre ainsi que de la commission de l'Algérie, il parla en faveur de l'instruction des indigènes, contre la responsabilité collective, sur les frais de voyage, les prestations, l'organisation du service des postes, etc.

Aux élections législatives du 8 mai 1898, M. Albin Rozet a été pour la troisième fois élu député de l'arrondissement de Wassy par 11,566 voix, sur 16,561 votants.

Républicain progressiste, il s'est déclaré contre la revision et contre l'impôt global et progressif. « Je suis, dit-il, dans sa profession de foi, pour les réformes démocratiques et contre les réformes démagogiques. »

Comme programme : maintien du privilège des bouil-

eurs de crû et suppression des droits sur les boissons hygiéniques, organisation du crédit agricole et représentation
de l'agriculture, amélioration des retraites ouvrières,
réduction de la durée du service militaire et création de
l'armée coloniale, etc.

# MAYENNE

## 5 DÉPUTÉS

1893 : MM. le comte d'Elva, Gamard, prince de Broglie, Chau. lin-Servinière, Renault-Morlière.

1898 : MM. d'Elva, *Heuzey*, de Broglie, Chaulin-Servinière (décédé, remplacé par *M. Déribéré-Desgardes*), Renault-Morlière.

### 299

*Première circonscription de Laval*

### ELVA (comte Christian d')

M. Christian d'Elva est né à Changé (Mayenne), en 1850. Propriétaire du château du Ricoudet dans la commune de Changé, dont il est maire, M. Christian d'Elva est conseiller général du canton de Laval-Ouest. Il est membre du conseil supérieur des colonies.

Entré à l'école de Saint-Cyr en 1868, promu sous-lieutenant d'infanterie en 1870, il fit en cette qualité la campagne de 1870-1871. Lieutenant en 1873, professeur adjoint à l'Ecole spéciale militaire en 1876, capitaine au choix en 1879, officier d'ordonnance du général commandant le 10e corps en 1880, il donna sa démission en 1884.

Membre de la Société des agriculteurs de France, il déclara dans sa circulaire de 1889 qu'il suivrait une politique franchement protectionniste, et qu'il réclamerait, avec la revision, la dénonciation des traités de commerce, la réduction des impôts, la liberté de conscience et la liberté d'enseignement.

En 1889, M. d'Elva fut élu, par 8,700 voix, contre M. Fay, républicain, qui en obtint 5,200.

Il siégea à droite.

Dans sa circulaire de 1893, M. d'Elva se déclarait l'adversaire implacable de la loi scolaire et se prononçait pour la modification de la loi militaire en ce qui concerne les séminaristes et les instituteurs.

Il réclamait un nouveau relèvement des tarifs des douanes, le maintien de la liberté des bouilleurs de cru, le développement des sociétés de secours mutuels et la création de caisses de retraite pour les ouvriers, la diminution des dépenses, etc.

M. d'Elva fut alors réélu, au premier tour, par 8,382 voix, contre 6,540 à M. Dominique, républicain.

Le 8 mai 1898, M. d'Elva a été réélu en qualité de républicain modéré, partisan de la politique de M. Méline, par 11,000 voix, contre 2,500 obtenues par M. Baudriller, radical socialiste.

---

## 300

### Deuxième circonscription de Laval

### HEUZEY (Louis-Charles-Léon)

M. Heuzey est né à Paris, le 25 décembre 1863.

Il est industriel, licencié en droit, lieutenant d'artillerie de réserve.

Il est républicain progressiste.

Il a été élu, pour la *première fois*, le 8 mai 1898, par 5,745 voix, contre 5,300 à M. Gamard, député sortant, conservateur.

---

## 301

### Arrondissement de Château-Gontier

### BROGLIE (Louis-Alphonse-Victor, prince de)

M. le prince de Broglie est né, le 30 octobre 1846; il est e fils aîné de M. le duc de Broglie, ancien président du

Conseil. Il a remplacé en 1893, M. de Villebois-Mareuil qui ne s'est pas représenté.

Lauréat du prix d'honneur de philosophie au Concours général en 1864, licencié ès lettres, licencié en droit, M. le prince de Broglie est entré dans la carrière diplomatique en 1871 ; il a été successivement secrétaire d'ambassade à Londres, rédacteur à la direction politique du ministère des affaires étrangères, sous-chef du cabinet du ministre ; il donna sa démission, en 1878, avec le grade de secrétaire d'ambassade de 1ʳᵉ classe.

Il a servi comme officier dans la garde mobile pendant la guerre de 1870 et a été depuis lors chef de bataillon au 17ᵉ régiment territorial d'infanterie. Il est chevalier de la Légion d'honneur.

M. le prince de Broglie représente aujourd'hui par alliance une des vieilles familles du Craonnais, la famille d'Armaillé. Il est propriétaire agriculteur à la Selle-Craonnaise et habite le château de Saint-Amadour.

Catholique convaincu, il ne cessera, disait-il dans sa circulaire de 1893, « de réclamer la modification des lois scolaires et de la loi militaire en ce qu'elles ont de contraire au droit des pères de famille et à la liberté des consciences ».

Ses préférences sont monarchiques, mais, la question constitutionnelle n'étant pas posée aujourd'hui, il saura, « ennemi de toute opposition systématique, homme d'ordre avant tout, accueillir les mesures sages, de quelque côté qu'elles viennent ».

Il s'opposera à l'accroissement de la dette publique et des impôts ; il appuiera le maintien et, au besoin, l'augmentation des tarifs protecteurs.

« Je suis, ajoute-t-il, avec attention le mouvement qui porte de plus en plus tous les esprits à se préoccuper de l'amélioration du sort des travailleurs et je ne crois pas que les efforts des hommes de cœur puissent être consacrés à une plus belle et plus noble cause. »

M. le prince de Broglie fut élu, en 1893, par 8,352 voix, contre 7,574 accordées à M. Fouassier, maire de Château-Gontier.

Depuis 1895, M. le prince de Broglie est membre du Conseil général de la Mayenne pour le canton de Craon.

Il a été réélu, le 8 mai 1898, député de l'arrondissement de Château-Gontier, par 11,831 voix sans concurrent.

---

## 302

### Première circonscription de Mayenne

## RENAULT-MORLIÈRE (Amédée-Joseph-Romain)

M. Renault-Morlière est né à Ernée, le 11 octobre 1839.

Il est avocat au Conseil d'Etat et à la Cour de cassation.

Il a été précédemment député de la première circonscription de Mayenne en 1876, 1877 et 1881. Il fut l'un des 363. Il a été secrétaire de la Chambre des députés. Il ne fut pas réélu en 1885 et en 1889.

Il est vice-président du Conseil général de la Mayenne et maire d'Ernée.

Républicain de gouvernement et protectionniste, il disait dans sa circulaire de 1893 : « Plus que jamais je suis convaincu qu'il importe de former une majorité gouvernementale, une majorité ferme et modérée qui régularise le fonctionnement normal de la Constitution. »

M. Renault-Morlière fut élu, le 20 août 1893, par 8,175 voix, contre 6,356 à M. de Robier, monarchiste.

Il a été réélu, en 1898, par 10,941 voix, sans concurrent.

---

## 303

### Deuxième circonscription de Mayenne

## DÉRIBÉRÉ-DESGARDES (Paul-Marie-Stanislas)

M. Déribéré-Desgardes est né à Saint-Gaultier (Indre), le 28 octobre 1848.

Lors de son élection il était procureur de la République.

Républicain progressiste, il a été élu, depuis le renouvellement de la Chambre, par 9,457 voix contre 7,071 à M. Leblanc, en remplacement de M. Chaulin-Servinière, député sortant, républicain, qui avait été réélu en mai 1898 et qui est mort victime d'un accident de chemin de fer.

---

# MEURTHE-ET-MOSELLE

—

## 6 DÉPUTÉS

—

1893 : MM. Jules Brice, Papelier, Henrion, Alfred Mézi res, Viox, Chapuis.

1898 : MM. Jules Brice, Papelier, *Gervaize*, Mézières *Fenal*, Chapuis.

## 304

### *Première circonscription de Nancy*

### BRICE (Jules)

M. Jules Brice est né à Abancourt (Meurthe), le 28 octobre 1830. Il est cultivateur.

Il a été conseiller général de 1889 à 1898 ; il est maire de Montauville.

« Républicain convaincu, il a lutté énergiquement contre le 16 Mai. »

Vice-président de la Société centrale d'agriculture de Meurthe-et-Moselle, il a fait paraître dans diverses publications de nombreux articles économiques, notamment sur les tarifs de douanes et les traités de commerce. Il a combattu le tarif général de 1881, qu'il jugeait funeste à l'agriculture.

En 1893, M. Jules Brice se présenta comme candidat indépendant et fut élu au scrutin de ballottage, le 3 septembre, par 7,420 voix, contre 4,959 à M. Cordier, député sortant de Toul.

M. Jules Brice a été réélu, le 8 mai 1898, par 9,010 voix,

contre 2,393 à M. Pavin de Courteville, républicain, 2,080 à M. Ochuh, socialiste, 1,131 à M. Vagué, républicain.

---

## 305

*Deuxième circonscription des Nancy*

### PAPELIER (Pierre-Albert)

M. Albert Papelier est né à Nancy, le 5 décembre 1845. Admissible à l'Ecole militaire de Saint-Cyr, il se vit forcé, par suite d'une grave maladie, de renoncer à la carrière des armes. Il étudia alors les lettres et le droit. Après avoir assisté au siège de Paris, en 1870, il revint à Nancy; il y prit la direction d'une importante maison de graines fourragères et fonda les *Docks et Entrepôts nancéiens*, vaste établissement destiné à développer les relations agricoles et commerciales de la région. Il fut administrateur du Mont-de-Piété et de la caisse d'épargne, et deux fois conseiller municipal de Nancy.

M. Papelier se présenta pour la première fois aux élections législatives de 1889, comme républicain indépendant, et fut élu. Depuis lors, il a toujours été réélu, et à la Chambre, où il siège à gauche, il a fait partie de diverses grandes commissions et n'a cessé de prendre une part très active aux discussions relatives aux questions commerciales et agricoles, sociales et ouvrières. Il s'est attaché particulièrement à la question des transports à l'intérieur, et au développement des relations commerciales extérieures. Il a publié de nombreux travaux agronomiques et économiques.

En 1896, M. Papelier fonda une Société de solidarité sociale : « La Prévoyante nancéienne ». Cette Société, unique en France, a pour but de soutenir les jeunes Sociétés de secours mutuels, en les encourageant, au début, par des subventions, et d'aider les anciennes Sociétés en majorant les retraites de tous les vieux mutualistes du département.

M. Papelier est, depuis janvier 1898, président de la Société centrale d'Agriculture du département de Meurthe-

et-Moselle, membre du Comité consultatif des chemins
de fer.

Il a déposé une proposition de loi sur la caisse de
retraites et une autre proposition tendant à combiner la
caisse d'épargne et la caisse de retraites.

M. Papelier a été réélu, le 8 mai 1898, par 8,170 voix,
contre 3,834 à M. le docteur Barabant, conservateur.

---

## 306

### Troisième circonscription de Nancy

## GERVAIZE (Ludovic-Charles-Victor-Jules)

M. Gervaize est né à Nancy, le 15 février 1857.

Il est avocat à la Cour d'appel de Nancy.

Il s'est présenté comme républicain antisémite.

Il a été élu, le 22 mai, au scrutin de ballottage, par
6,015 voix, contre 5,786 à M. Maurice Barrès, socialiste
nationaliste et 3,140 à M. Demenge-Crémet, républicain.

Il remplace M. Henrion, député sortant, qui ne s'est pas
représenté.

---

## 307

### Arrondissement de Briey

## MÉZIÈRES (Alfred)

M. Alfred Mézières est né à Rehon (Moselle), le 19 novembre 1826.

Élève du lycée de Metz, entré très jeune à l'Ecole normale supérieure, M. Alfred Mézières fut élu par ses camarades et nommé par décret capitaine d'état-major après la
révolution de février 1848. Il prit part, en cette qualité, à
la répression de la sanglante insurrection de juin ; aide
de camp du général Bréa, il faillit être assassiné en même
temps que son chef. Pendant la guerre, en 1870, M. Mézières reprit du service dans un régiment de marche.

Successivement professeur de rhétorique aux lycées de Metz et de Toulouse, membre de l'Ecole française d'Athènes, professeur à la faculté des lettres de Nancy, M. Mézières fut appelé en 1861 à la Sorbonne, où il occupe depuis cette époque la chaire de littérature étrangère. Il est l'auteur de nombreux ouvrages couronnés par l'Académie française, notamment de trois volumes sur Shakespeare, de deux volumes sur Gœthe, d'une étude sur Pétrarque, etc.

Rédacteur du *Temps* et collaborateur de la *Revue des Deux Mondes*, où il a publié, notamment en 1870-1871, une suite d'études sur *l'Invasion allemande en Alsace et en Lorraine*, sur le *Siège de Metz*, sur la *Résistance dans le département de la Moselle, Bitche et Longwy*, sur les *Sièges de Toul et de Verdun*, et sur les *Souffrances d'un pays conquis*, M. Alfred Mézières est président de l'Association des journalistes parisiens. Le 29 janvier 1874, il fut élu membre de l'Académie française en remplacement de M. Saint-Marc Girardin.

Nommé en 1874 conseiller général par le canton de Longwy, M. Mézières est président du Conseil général de Meurthe-et-Moselle. En 1881, il fut élu député de la circonscription de Briey ; depuis lors il n'a cessé d'être réélu.

Représentant un arrondissement frontière peuplé de grandes industries — l'arrondissement de Briey est le seul qui soit resté à la France de l'ancien département de la Moselle, — il s'est surtout occupé des questions militaires et industrielles. Il est président de là commission de l'armée.

M. Mézières est républicain. « De longues explications, disait-il en 1889, ne sont pas nécessaires entre nous ; nous nous comprenons ; nous sommes avant tout des hommes d'ordre, attachés par esprit de conservation au gouvernement légal du pays, aux institutions que la France a librement choisies. Mais en servant loyalement la République, en la plaçant au-dessus de toutes les compétitions, nous la voulons modérée et conciliante, ouverte à toutes les bonnes volontés, respectueuse de toutes les croyances. »

En 1889, M. Mézières fut élu, au premier tour, sans concurrent, par 10,350 voix.

Il fut réélu en 1893, au premier tour, par 9,689 voix, contre 3,156 à M. de Ladonchamp, conservateur et, en 1898, par 11,646 voix, contre 2,260 au même concurrent.

**308**

*Arrondissement de Lunéville*

## FENAL (Nicolas-Joseph-Théophile)

. Fenal est né à Badonviller (Meurthe), le 12 septembre 1857.

Docteur en droit, avocat à Lunéville, M. Fenal quitta le barreau en 1893, pour entrer dans l'industrie. Il dirige une faïencerie qu'il a créée en 1896, « après avoir été évincé par ses coïntéressés de l'industrie de famille (une faïencerie à Pexonne), à laquelle il s'était consacré. »

M. Fenal est conseiller général du canton de Badonviller depuis mars 1888.

Il s'est présenté comme républicain de gouvernement et a été élu, le 8 mai 1898, au premier tour, par 12,814 voix, contre M. J. Conrad des Essarts.

---

**309**

*Arrondissement de Toul*

## CHAPUIS (Gustave)

M. Chapuis est né à Vitteaux (Côte-d'Or), le 12 janvier 1851.

Il est docteur en médecine.

Engagé volontaire en 1870, il prit part à la défense de Toul.

Conseiller municipal en 1879, conseiller général en 1886, il fut élu, pour la première fois, député en 1893.

Il appartient à l'opinion républicaine radicale.

En 1893, il fut élu au scrutin de ballottage, le 3 septembre, par 8,207 voix, contre 3,706 à M. Picquart, rallié.

Au premier tour, M. Chapuis avait obtenu 5,360 voix; M. Cordier, député sortant, républicain, 4,175; M. Picquart, rallié, 3,240.

Il a été réélu, le 22 mai 1898, par 8,885 voix, au deuxième tour.

Au premier tour, M. Chapuis avait obtenu 6,756 ; M. de Sahune-Lafayette, républicain, 3,581 ; l'abbé Hémonet, socialiste chrétien, 2,502 ; Picquart, 757.

# MEUSE

---

## 4 DÉPUTÉS

---

1893 : MM. Jules Develle, Raymond Poincaré, Royer, Buvignier (élu sénateur, remplacé par M. Prudhomme-Havette).

1898 : *MM. Ferrette,* Poincaré, *Sommeiller,* Prudhomme-Havette.

## 310

*Arrondissement de Bar-le-Duc*

### FERRETTE (Henry)

M. Henry Ferrette est né, le 13 juillet 1869.

Il est docteur en droit, à la Cour d'appel de Paris.

Il s'est présenté comme républicain radical.

Dans sa circulaire électorale, M. Ferrette s'élève très vivement contre « le régime politique qui, sous le nom d'opportunisme a, dit-il, faussé tous les rouages de l'Etat républicain, encouragé la corruption des membres du Parlement, favorisé le pillage de l'épargne publique et, finalement, pour couronner son œuvre néfaste, laissé sans défense aux entreprises des agents de la Triple Alliance l'armée nationale et ses chefs ».

M. Ferrette réclame l'impôt progressif sur le revenu, un impôt sur les ouvriers étrangers, toutes les mesures de protection pouvant favoriser les agriculteurs et les ouvriers français, la revision des patentes et toutes les réformes pouvant rétablir l'équilibre entre le grand et le petit commerce, la suppression des sinécures, la suppression des gros traitements, etc. Il demandera « que l'on ne réserve plus les fonctions électives qu'à ceux qui sont fils et petits-fils de Français » et « luttera aussi contre les financiers cosmopolites, soutiens attitrés de tous les syndicats de pillage et de trahison ». Il est partisan de la revision de la Constitution qui seule permettra les progrès et les réformes en rendant au suffrage universel la plénitude de ses droits ».

M. Ferrette a été élu, au second tour de scrutin, le 22 mai 1898, par 10,138 voix, contre 7,785 à M. Develle, ancien ministre, républicain. Au premier tour, M. Ferrette avait obtenu 8,051 voix, M. Develle, 6,330, M. Angelini, antisémite, 2,832, M. Samson, radical, 11.

---

## 311

*Arrondissement de Commercy*

### POINCARÉ (Raymond)

M. Raymond Poincaré est né à Bar-le-Duc (Meuse), le 20 août 1860.

Avocat à la Cour d'appel de Paris, docteur en droit, licencié ès-lettres, ancien premier secrétaire de la Conférence des avocats de Paris, auteur de l'*Eloge de Dufaure*, discours prononcé à la rentrée du barreau de Paris en 1883, et *du Droit de suite dans la propriété mobilière*, il collabora au journal le *Voltaire* de 1882 à 1887; il est l'avocat de l'Association des journalistes républicains.

Il fut chef du cabinet du ministre de l'agriculture. Il est conseiller général de la Meuse pour le canton de Pierre-fitte, et député de ce département depuis le 31 juillet 1887; il succéda à M. Liouville, décédé.

Républicain anti-revisionniste, M. Raymond Poincaré s'engagea alors à demander : une répartition plus juste des impôts, de manière à diminuer les charges qui pèsent sur les classes laborieuses et les propriétaires fonciers ; la protection des agriculteurs, ouvriers, industriels contre la concurrence étrangère ; la suppression de l'exercice; la réforme des prestations ; l'établissement du Crédit agricole; la réglementation du travail ; des caisses de retraite;

des lois nouvelles sur les soc.étés coopératives, sur les faillites, les prud'hommes ouvriers, etc.

En 1889, il fut réélu a 1 scrutin de ballottage, par 9,648 voix, contre 7,295, à M. Gérardin, monarchiste.

M. Raymond Poincaré qui, par son savoir et son éloquence, conquit promptement dans le monde politique une situation considérable, a été rapporteur du budget des finances (exercices 1891 et 1892), rapporteur général du budget (exercice 1893), et appelé au ministère de l'instruction publique, des beaux-arts et des cultes, lors de la formation du cabinet Dupuy, le 5 avril 1893.

En 1893, M. Poincaré a été réélu, le 20 août, au premier tour, sans concurrent, par 14,394 voix.

Pendant la dernière législature, M. Poincaré a été ministre des finances dans le cabinet Dupuy (1894). Le projet de budget qu'il présenta, en cette qualité, contenait des innovations importantes. Un peu plus tard, M. Poincaré fut ministre de l'instruction publique et des beaux-arts dans le cabinet Ribot.

En 1896, 1897, 1898 il a été réélu vice-président de la Chambre des députés.

Il est vice-président du Conseil général de la Meuse.

M. Raymond Poincaré a été réélu, le 8 mai 1898, au premier tour de scrutin, par 14,476 voix, sans concurrent.

---

## 312

*Arrondissement de Montmédy*

### SOMMEILLIER (Jules)

M. Sommeillier est né à Montmédy, le 8 août 1856.
Il est avocat.

Maire de Montmédy, conseiller général, il a été élu, comme candidat républicain, le 8 août 1898, par 8,385 voix, contre 3,467 à M. Renaudin, républicain.

Il remplace M. Royer, député sortant, qui ne s'est pas représenté.

---

## 313

*Arrondissement de Verdun*

### PRUDHOMME-HAVETTE (Louis)

M. Prudhomme-Havette est né à Etain (Meuse), le 8 septembre 1834.

Ancien industriel en bonneterie, conseiller général, maire d'Etain, ancien juge au tribunal de commerce de Verdun, chevalier de la Légion d'honneur, officier d'académie, M. Prudhomme-Havette fut pour la première fois, élu député, le 24 juin 1394. Il remplaçait M. Buvignier, élu sénateur. Il fut nommé, par 12,090 voix, contre 556 à M. Maury, maire de Verdun, républicain.

« Mes votes et mes actes, dit-il dans sa circulaire, tendront à améliorer nos institutions, à rechercher les voies et moyens pouvant permettre à aider aux dégrèvements, favoriser l'agriculture, protéger le commerce et l'industrie contre la concurrence étrangère. En un mot, ma ligne de conduite sera comme par le passé celle d'un républicain sagement progressiste, voulant l'adoption de progrès pratiques. »

M. Prudhomme-Havette a été réélu, le 8 mai 1898, par 12,269 voix, sans concurrent.

# MORBIHAN

—

## 7 DÉPUTÉS

—

1893 : MM. du Bodan (décédé, remplacé par *M. le marquis de l'Estourbeillon*), Lorois, Guieysse, Le Coupanec, duc de Rohan, comte de Lanjuinais, Le Clec'h.

1898 : MM. le marquis de l'Estourbeillon, *Forest*, Guieysse, *Jacob*, duc de Rohan, *Langlais*, Le Clec'h.

## 314

### *Première circonscription de Vannes*

## ESTOURBEILLON DE LA GARNACHE (Régis-Marie-Joseph, marquis de L')

M. le marquis de l'Estourbeillon est né à Nantes, le 10 février 1858.

Il est propriétaire et hommes de lettres.

M. de l'Estourbeillon est l'auteur de nombreuses publications historiques et nobiliaires, officier d'académie, président ou secrétaire de nombreuses sociétés savantes.

Conseiller municipal de Vannes, administrateur des hospices, président du syndicat agricole des deux cantons de Vannes et de la société de gymnastique « les Enfants de Vannes » qu'il a fondée, M. le marquis de l'Estourbeillon, qui se présenta comme catholique, libéral et indépendant, fut élu, pour la première fois, député, le 16 janvier 1898, en remplacement de M. du Bodan, décédé, par 6,459 voix, contre 5,120 à M. Martine, républicain.

M. de l'Estourbeillon a été réélu, le 8 mai 1898, au premier tour, par 6,973 voix, contre 6,175 obtenues par M. Martine.

---

## 315

*Deuxième circonscription de Vannes*

### FOREST (François)

M. Forest est né à Chanzeaux (Maine-et-Loire), le 13 septembre 1852.

Il est propriétaire, agriculteur, ancien officier.

Maire de Malansac, conseiller général du canton de Rochefort-en-Terre, il remplaça M. Lorois, appartenant à la droite qui depuis le 14 mars 1886 représentait la deuxième circonscription de Vannes et qui ne s'est pas représenté en 1898.

M. Forest est conservateur. « Sincèrement catholique, dit-il, je revendique avant tout la liberté religieuse et, comme éléments essentiels de cette liberté, la liberté d'enseignement, et la liberté d'association. »

Il se prononce pour une protection efficace de l'agriculture, le développement des libertés communales, l'allégement des charges militaires, autant que le permettent la sécurité et l'honneur de la patrie.

Il a été élu, par 11,000 voix, contre M. Autissier, républicain, qui en a obtenu 4,500.

---

## 316

*Première circonscription de Lorient*

### GUIEYSSE (Pierre-Paul)

M. Guieysse est né à Lorient, le 11 mai 1841.

Ancien élève de l'Ecole polytechnique, ancien ingénieur hydrographe de la marine, maître de conférences d'égyptologie à l'Ecole des hautes études, ancien répétiteur à l'Ecole polytechnique, président de l'Institut des actuaires français, M. Guieysse a publié de nombreux ouvrages sur l'égyptologie, la mécanique, les assurances sur la vie, les retraites ouvrières.

Ancien conseiller général de 1881 à 1889, il a pour la première fois été élu député lors d'une élection partielle en janvier 1890, en remplacement de M. Dillon invalidé comme inéligible aux termes de l'arrêt de la Haute-Cour.

M. Guieysse a pris une part très active à toutes les discussions se rattachant à l'économie sociale. Pendant la dernière législature, il a été notamment rapporteur du projet de loi sur les retraites ouvrières, etc.

M. Guieysse a été élu, au premier tour de scrutin, le 20 août 1893, par 7,235 voix, contre 4,919 accordées à M. Hostin, revisionniste catholique, directeur de *la Croix* de Morbihan.

Au cours de la dernière législature, M. Guieysse a été ministre des Colonies dans le cabinet présidé par M. Léon Bourgeois.

Le 8 mai 1898, il a été réélu député, par 9,303 voix, contre 6,337 voix obtenues par M. Hornoy, candidat de la droite.

Le 12 juin 1898, M. Guieysse a été élu, conseiller général, par le deuxième canton de Lorient.

---

## 317

*Deuxième circonscription de Lorient*

### JACOB (Joseph)

M. Jacob est né à Landévant (Morbihan), le 15 mars 1849.

Il est cultivateur-propriétaire, président du comice agricole et du syndicat de son canton, chevalier du Mérite agricole.

Il fut désigné comme candidat républicain par les délégués républicains de la deuxième circonscription de Lorient réunis en congrès à Auray, le 16 février 1898.

Il est républicain progressiste.

· Il a été élu, le 8 mai 1898, au premier tour, par 12 ,26

voix, contre 8,087 à **M. le comte de Goulaine**, monarchiste
et 548 à **M. le comte d'Argy**, rallié.

Il remplace **M. Le Coupanec**, député sortant, républicain, qui ne s'est pas représenté.

---

## 318

*Arrondissement de Ploërmel*

### ROHAN (Alain-Charles-Louis de ROHAN-CHABOT, duc de)

M. le duc de Rohan est né à Paris, le 1er décembre 1844.
Jusqu'à la mort de son père en 1893, il porta le titre de prince de Léon.

Grand propriétaire dans le Morbihan, il y habite le château de Josselin.

Il fit la campagne de 1870 en qualité de capitaine des mobiles du Morbihan.

Il est député de l'arrondissement de Ploërmel depuis le 20 février 1876. Il a été, comme représentant la droite, l'un des secrétaires de la Chambre des députés.

Dès 1876, M. le duc de Rohan se prononçait pour la révision de la Constitution et le retour de la monarchie nationale, traditionnelle et héréditaire.

Dans sa circulaire de 1889, à l'occasion des élections du 22 septembre, il disait : « C'est comme catholique et comme royaliste que je suis entré à la Chambre, je n'ai pas changé ; tel j'ai été, tel je serai. »

Il fut élu, au premier tour, sans concurrent, par 15,399 voix.

En 1893, il fut réélu, au premier tour de scrutin, le 20 août, sans concurrent, par 13,617 voix.

En 1898, il a été réélu, le 8 mai 1898, par 11,479 voix, contre 8,363 à **M. l'abbé Camper**, socialiste chrétien, et 1,704 à **M. Roussel**, républicain.

## 319

*Première circonscription de Pontivy*

## X...

Lors du scrutin du 8 mai 1898 M. Langlais, maire de Pontivy, républicain, avait été proclamé élu contre M. le comte de Lanjuinais, député sortant, conservateur. Mais cette proclamation étant le fait d'une erreur, l'élection a été annulée. Les électeurs seront appelés à se prononcer de nouveau.

---

## 320

*Deuxième circonscription de Pontivy*

## LE CLEC'H (Albert)

M. Albert Le Clec'h, est né à Douarnenez (Finistère), le 10 avril 1857.

Il est docteur en droit et avocat au barreau de Quimper.

Il a été réélu, en 1892, conseiller municipal de Douarnenez.

Il est républicain et estime qu'à cette heure le but à poursuivre est une politique d'affaires.

M. Le Clec'h fut élu pour la *première fois* député, au premier tour, le 20 août 1893, par 4,391 voix, contre 4,158 obtenues par M. le comte de Mun, député sortant, rallié.

Il a été réélu, le 3 mai 1898, par 4,568 voix contre 4.479 à M. Cadoret, républicain.

---

# NIÈVRE

## 5 DÉPUTÉS

1893 : MM. Gaston Laporte, Turigny, Chandioux, Jaluzot, Goujat.

1898 : MM. *Massé*, Turigny, Chandioux, Jaluzot, Goujat.

## 321

*Première circonscription de Nevers*

### MASSÉ (Louis-François-Alfred-Pierre)

M. Massé est né à Pougues-les-Eaux, le 2 juin 1870.

Il est fils de M. Massé, ancien maire de Nevers et ancien conseiller général, petit-fils de M. Alfred Massé, ancien sénateur de la Nièvre, arrière petit-neveu de Legendre qui représenta la Nièvre à la Convention, siègea à la Montagne et vota la mort de Louis XVI.

Il est avocat. Publiciste, rédacteur à la *Tribune* depuis sa fondation, il a été secrétaire de M. Guillemet député de la Vendée, questeur de la Chambre des députés. Il est l'auteur d'une étude sur la « suppression des octrois », et l'un des conférenciers de l'Union de la jeunesse républicaine. Il prit une part active aux démonstrations démocratiques du Quartier-Latin, en ces dernières années.

M. Massé appartient au groupe radical socialiste.

Les principaux articles de son programme sont les suivants : Revision de la Constitution ; impôt progressif sur le revenu ; caisses de retraites ouvrières ; service militaire de deux ans ; mandat impératif ; séparation des Eglises et de l'Etat.

18.

Il a été élu, au scrutin de ballottage, le 22 mai 1898, par 4,824 voix, contre 4,148 à M. Pigalle, maire de Nevers, républicain ; 3,341 à M. Desnoyers, socialiste ; 2,912 à M. Duverne, conservateur ; 2,875 à M. Gaston Laporte, député sortant (qui ne s'était pas représenté).

Au premier tour, M. Massé avait eu 3,569 voix ; M. Pigalle, 3,279 ; M. du Verne, 3,212 ; M. Laporte, 3,004 ; M. Desnoyers, socialiste, 2,156 ; M. Combemorel, socialiste, 1,757.

M. Massé a été l'un des secrétaires d'âge de la nouvelle Chambre.

---

## 322

*Deuxième circonscription de Nevers*

### TURIGNY (Jean-Placide)

M. Turigny est né à Chantenay-Saint-Imbert (Nièvre), le 17 janvier 1822.

Il se fit recevoir docteur en médecine à Paris (1850), et alla s'établir à Nérondes, dans le Cher.

Proscrit au coup d'Etat du 2 décembre 1851, M. Turigny se rendit à Bruxelles, puis il revint en France lors de l'amnistie et exerça la médecine à Mehun-sur-Yèvre (Cher). Il fit une vive opposition à l'Empire.

Elu conseiller général de ce département pour le canton de Saint-Pierre-le-Moûtier, le 19 juin 1870, et maire de Chantenay-Saint-Imbert, il n'a cessé d'être réélu depuis cette époque. Il collabora à plusieurs journaux républicains de la région, soit comme directeur de la *Tribune nivernaise*, à Nevers, soit comme rédacteur de la *République de Nevers*, du *Patriote de la Nièvre*, du *Patriote du Centre*, de la *Jeune France*, du *Réveil de la Gaule*, sous le pseudonyme de Jean Guêtre.

Condamné à 6 mois de prison pour délit de presse en 1871, il fut élu député le 23 avril 1873, par 33,071 voix, contre M. Gillois, monarchiste. Invalidé le 12 octobre suivant, il fut réélu avec 6,000 voix de plus qu'au premier scrutin.

M. Turigny prit place à l'extrême gauche et fit une vive

opposition au gouvernement du maréchal de Mac-Mahon.

Réélu lors des élections du 25 février 1876, il fit partie des 363 qui votèrent contre le cabinet de Broglie.

Après la dissolution, M. Turigny se représenta et fut réélu. En 1881 et 1885 il l'emporta également sur ses concurrents monarchistes. Il a toujours siégé à l'extrême gauche jusqu'à l'époque où ce groupe procéda à l'expulsion de plusieurs de ses membres ralliés au général Boulanger, dont il appuya le programme.

En 1889, M. Turigny obtint 5,163 voix, contre 4,828 accordées à M. de Noury, conservateur, et 1,332 à M. Gueneau, républicain.

Dans sa profession de foi de 1893, M. Turigny demandait la revision intégrale de la Constitution par une assemblée constituante élue par le suffrage universel; la suppression du Sénat; le mandat impératif; la suppression du budget des cultes; l'impôt unique, progressif et proportionnel sur le capital et le revenu, etc.

M. Turigny, qui avait obtenu, au premier tour de scrutin, 4,216 voix, a été élu au scrutin de ballottage, le 3 septembre, par 4,825 voix.

A l'élection législative du 8 mai 1898, M. Turigny, qui se présenta avec le même programme, fut élu au premier tour, par 7,363 voix, contre 3,880.

---

## 323

*Arrondissement de Château-Chinon*

### CHANDIOUX (Jean-Rollin)

M. Chandioux est né à Luzy (Nièvre), le 21 mars 1849; son père eut un duel célèbre dans la contrée et fut proscrit au coup d'Etat de décembre 1851. Pendant le siège de Paris, M. Chandioux fit partie du 80e bataillon de marche où on lui offrit des galons qu'il refusa.

M. Chandioux fréquentait assidûment Jules Miot, ancien représentant du peuple et membre de la Commune de Paris. Ayant accepté du gouvernement de la Commune les fonctions de sous-préfet à Cosne (Nièvre), il fut condamné à cinq années d'emprisonnement.

A sa sortie de prison, en 1876, il revint à Luzy où il fonda une maison de commerce qui prospéra bientôt.

En 1882, il fut nommé conseiller municipal, adjoint au maire et, en 1884, maire de Luzy ; depuis lors il n'a cessé de l'être.

Il fut élu conseiller d'arrondissement par le canton de Luzy, en 1889, et conseiller général en 1892.

En 1889, il appuya la candidature de M. Berger, député sortant, élu en 1885 au scrutin de liste. M. Chandioux fut, à la suite de cette campagne, poursuivi par le comte d'Espeuilles devant la cour d'assises de la Nièvre ; il fut acquitté et M. d'Espeuilles condamné aux dépens.

En 1893, M. Chandioux a été élu, le 20 août, au premier tour, par 8,241 voix, contre 7,580 obtenues par M. d'Espeuilles, député sortant, conservateur.

M. Chandioux dans sa dernière circulaire électorale, se prononce notamment pour la revision de la Constitution, l'impôt progressif sur le revenu, les lois de prévoyance et de solidarité sociales, la réduction de la durée du service militaire à 2 ans, la diminution des frais de justice, etc.

En mai 1898, M. Chandioux a été réélu, par 8,191 voix contre 4,000 à M. Thévenet, rallié, et 3,000 à M. de Pelleport, conservateur.

Il fait partie à la Chambre du groupe radical ; il en est le questeur.

---

## 324

*Arrondissement de Clamecy*

### JALUZOT (Jules)

M. Jules Jaluzot est né à Corvol-l'Orgueilleux (Nièvre), le 5 mai 1834.

Négociant et industriel, fondateur et l'un des principaux actionnaires des *Grands Magasins du Printemps*, il est également propriétaire dans la Nièvre, où il a créé divers établissements industriels : cordonnerie nivernaise, passementerie nivernaise, distillerie et sucrerie d'Origny, etc.

M. Jules Jaluzot se fait gloire de faire travailler plus de 10,000 ouvriers. Il se présenta en 1889, comme revisionniste et fut élu par 10,940 voix, contre 5,965 à M. Hérisson.

Il reste « toujours le même, indépendant, libéral, respectueux du gouvernement de la République, ennemi de toute révolution, entendant défendre, sous le gouvernement de la République, l'ordre, la liberté et donner l'exemple de la probité politique ».

Le 8 mai 1898, M. Jaluzot a été réélu, au premier tour de scrutin, par 9,845 voix.

---

## 325

### *Arrondissement de Cosne*

## GOUJAT (Claude)

M. Claude Goujat, est né à Moissy-Moulinot (Nièvre), le 22 février 1845.

Il est expert-comptable-arbitre à Paris près la Cour et les tribunaux.

Il est membre du conseil général de la Nièvre.

En 1893, il se présenta comme radical socialiste.

Il fut élu, le 3 septembre, au scrutin de ballottage, par 7,054 voix, contre 5,407 à M. Boyer, rallié, 2,955 à M. Desmerges et 1,254 à M. de Mauduit, conservateur.

Il a été réélu, le 8 mai 1898, avec le programme radical socialiste, par 8,869 suffrages.

Il avait pour concurrents, MM. Boyer, rallié, qui obtint 4,490 voix, le docteur Moineau, républicain qui en eut 3,578 ; Desmerges, collectiviste révolutionnaire, 410.

# NORD

—

## 22 DÉPUTÉS

———

1893 : MM. Le Gavrian, Loyer, Pierre Legrand (décédé, remplacé par *le colonel Sever*), le baron des Rotours, père (décédé, remplacé par *M. Jules Dansette*), Coget, le comte de Montalembert, Jules Guesde, Dron, Guillemin, Defontaine, Eliez-Evrard, Michau, Carpentier-Risbourg, Hayez, Emile Dubois (élu sénateur, remplacé par *M. le baron des Rotours, fils*), le général Iung (décédé, remplacé par *M. Guillain*), Henry Cochin, l'abbé Lemire, Plichon, Weil-Malez, Lepez, Sirot-Mallez.

1898 : MM. Barrois, Loyer, *Royez*, Dansette, *Delaune*, de Montalembert, *Motte*, *Masurel*, Guillemin, Defontaine, Eliez-Evrard, *Bersez, Mocrette-Ledieu, Debève*, le baron des Rotours fils, Guillain, Henry Cochin, Lemire, Plichon, Weil-Malez, Lepez, Sirot-Mallez (*récemment décédé*).

L'élection de M. Masurel ayant été invalidée, un nouveau scrutin a eu lieu le 25 décembre 1898, et M. Dron, ancien député, a été élu.

## 326

*Première circonscription de Lille*

### BARROIS (Théodore-Charles)

M. Théodore Barrois est né à Lille, le 10 février 1857.

Il est professeur à la Faculté de médecine de Lille.

Conseiller municipal de Lille, il s'est présenté comme républicain de gouvernement « partisan d'une république large, conciliante, accueillante à toutes les bonnes volontés et à tous les concours sincères. »

Il se prononce contre « toute tentative de revision ayant

pour but, apparent ou caché, de diminuer ou de supprimer le Sénat ».

Il veut une répartition plus équitable de l'impôt, de façon à alléger les charges des petits contribuables et en proportionnant les taxes à la fortune de chacun, mais il repousse l'impôt global et progressif.

Il réclame une protection efficace du travail des ouvriers industriels, des cultivateurs des campagnes, des petits commerçants ; l'unification de la journée de travail à onze heures, pour arriver progressivement à la journée de 10 heures ; le développement des institutions d'assistance, etc.

M. Barrois a été élu, au premier tour, le 8 mai 1898, par 9,006 voix, contre MM. Debierre, radical socialiste et Dupied, collectiviste.

Député pour la *première fois*, M. Barrois remplace M. Le Gavrian qui ne s'est pas représenté.

---

## 327

*Deuxième circonscription de Lille*

### LOYER (Ernest-Henri)

M. Ernest Loyer est né à Wazemmes (Nord), le 21 juillet 1844.

Il est filateur.

Officier de mobiles à l'armée du Nord, il fut cité à l'ordre du jour après la bataille de Saint-Quentin.

En 1893, il se présenta comme rallié aux institutions républicaines. Il fut élu, au second tour, par 8,259 voix, contre 6,256 à M. Paul Lafargue, député sortant, socialiste.

En 1898, il a été réélu, au scrutin de ballottage, le 22 mai, par 10,215 voix, contre 8,411 à M. Ghesquière, adjoint au maire de Lille, socialiste.

Au premier tour, M. Loyer avait obtenu 9,212 voix, M. Ghesquière, 7,137, M. Werquin, radical, 2,403.

## 328

*Troisième circonscription de Lille*

### ROGEZ (Paul)

M. Paul Rogez est né à Lille, le 30 décembre 1869.
Il est licencié en droit.

Présenté par le comité républicain libéral et républicain de gouvernement, il obtint, au premier tour, 5,335 voix et fut, au second tour, le 22 mai 1898 élu, par 7,974 voix, contre M. Tribourdaux, radical, et le colonel Sever, socialiste, député sortant, décédé, qui, lors de l'élection partielle du 11 août 1895, avait remplacé M. Pierre Legrand, décédé.

---

## 329

*Quatrième circonscription de Lille*

### DANSETTE (Jules)

M. Jules Dansette est né le 17 septembre 1857.
Il est propriétaire.

Conseiller général du Nord depuis 1889, il fut élu, pour la première fois, député, le 26 mai 1895, en remplacement de M. le baron des Rotours décédé, par 8,610 voix, contre 8,367 à M. Bonduel, au scrutin de ballottage.

Il a été réélu, le 8 mai 1898, au premier tour, par 10,921 voix, contre 3,339 à M. Albert-Maxime Lecomte, radical et 3,874 à M. Sohier, collectiviste.

M. Jules Dansette s'est présenté comme républicain libéral. Pendant la dernière législature il a soutenu de ses votes le ministère Méline. Il a défendu une proposition de loi, votée par la Chambre, frappant de nouveaux droits de douane les mélasses étrangères et plusieurs autres propositions favorables à la protection agricole et industrielle et au développement des sociétés de secours mutuels.

Dans sa circulaire de 1898, il demande notamment : la

création de retraites ouvrières ; l'extension des droits des syndicats ouvriers au point de vue de leur aptitude à posséder des immeubles et à fonder des industries ; le remaniement des impôts dans un sens démocratique ; la revision du règlement de la Chambre dans le sens de la limitation du droit d'interpellation et de l'initiative parlementaire en matière budgétaire.

---

## 330

### Cinquième circonscription de Lille

## DELAUNE (Marcel)

M. Marcel Delaune est né à Lille, le 13 octobre 1855.

Ancien élève de l'Ecole polytechnique, il est distillateur-rectificateur à Seclin (Nord).

Conseiller général du Nord, M. Delaune a été élu, le 8 mai 1898, comme républicain progressiste, par 11,496 voix, contre M. Samson, adjoint au maire de Lille.

Il remplace M. Coget, élu en 1893, qui ne s'est pas représenté.

---

## 331

### Sixième circonscription de Lille

## MONTALEMBERT (Jules-Marie-Gabriel-Geoffroy, comte de)

M. le comte de Montalembert est né à Versailles, le 16 décembre 1850.

Il appartient à la famille du célèbre orateur catholique.

Ancien engagé volontaire à l'armée de la Loire en 1870, ancien capitaine d'infanterie démissionnaire, propriétaire-agriculteur, maire d'Aunappe et conseiller général, il s'est engagé à suivre une politique protectrice des intérêts agricoles et industriels de la région. Il s'est présenté comme catholique conservateur.

En 1889, il fut élu, au premier tour, par 7,450 voix, contre 7,113 obtenues par M. Desmoutiers, républicain.

Il a été, comme représentant la droite, l'un des secrétaires de la Chambre des députés.

En 1893, il fut réélu, au premier tour, le 20 août, par 9,548 voix, contre 3,758 à M. Emile Moreau, député sortant, socialiste, et 2,096 à M. Chattelin, républicain.

Il a été réélu, le 8 mai 1898, par 8,075 voix, contre 5,670 à M. Moreau, ancien député, son concurrent, en 1893.

---

## 332

*Septième circonscription de Lille*

### MOTTE (Eugène-Marie-Joseph)

M. Eugène Motte est né à Roubaix, le 15 décembre 1860.

Industriel, membre de la Chambre de commerce de Roubaix, chevalier de la Légion d'honneur, M. Motte s'est présenté comme républicain progressiste.

Il a été élu, le 8 mai 1898, par 11,150 voix, contre 7,998 à M. Jules Guesde, l'un des chefs du parti collectiviste, député sortant.

---

## 333

*Huitième circonscription de Lille*

### DRON (Gustave)

M. Gustave Dron est né à Marcoing, le 21 octobre 1858.

Docteur en médecine à Tourcoing, conseiller municipal de cette ville depuis 1884, puis conseiller général en 1887, M. Dron fut élu, pour la première fois député en 1889, au scrutin de ballottage, par 7,516 voix, contre 7,317 à M. Emile Barrois, monarchiste catholique.

En 1893, il fut réélu, également au scrutin de ballottage, par 8,216 voix, contre 8,196 obtenues par M. Emile Barrois, son concurrent de 1889.

Il siégea à la gauche radicale et vota toutes les mesures favorables à la protection de l'agriculture, du commerce, de l'industrie.

Aux élections de mai 1898, M. Dron ne fut pas réélu ; son concurrent, républicain progressiste, M. Masurel, l'emporta, par 10,275 voix, contre 10,030, au scrutin de ballottage, du 22 mai. L'élection de M. Masurel ayant été invalidée par la Chambre des députés, M. Dron, fut réélu à une forte majorité.

---

## 334

*Première circonscription d'Avesnes*

### GUILLEMIN (Léon)

M. Léon Guillemin est né à Avesnes, le 9 décembre 1859.

Il est avocat, docteur en droit, lauréat de la Faculté de Paris.

Il fut pour la première fois nommé député, comme républicain, lors d'une élection partielle, le 10 août 1890, en remplacement de M. Hiroux, décédé.

En 1893, il fut réélu, le 3 septembre, au scrutin de ballottage, par 7,033 voix, contre 4,643 à M. Roussel, socialiste.

Il a été réélu, au scrutin de ballottage, le 22 mai 1898, par 6,752 voix, contre 4,981 à M. Mercier, conservateur.

Au premier tour, M. Guillemin avait eu 5,962, M. Roussel, socialiste, 4,202, M. Mercier, 2,755.

---

## 335

*Deuxième circonscription d'Avesnes*

### DEFONTAINE (Paul-Emilien-Félix)

M. Defontaine est né à Vieux Rengt (Nord), le 12 août 1858.

Il est docteur en médecine.

En 1893, il se présenta comme radical socialiste et fut élu, le 20 août 1893, au premier tour, par 8,179 voix, contre 4,753 obtenues par M. Herbecq, député sortant, républicain.

Il a été réélu, le 8 mai 1898, par 8,514 voix, contre 7,341 à M. Wabrand, républicain.

---

# 336

## *Troisième circonscription d'Avesnes*

### ELIEZ-EVRARD

M. Eliez-Evrard est né à Berlaimont, le 4 décembre 1843.

Ancien notaire, maire de Berlaimont, conseiller général, il se présenta comme républicain et anti-revisionniste.

En 1889, il fut élu, pour la première fois, au premier tour, le 22 septembre, par 7,692 voix, contre M. Duménil, avocat, boulangiste, qui en obtint 4,307.

En 1893, il fut réélu, au premier tour, par 9,358 voix, contre 1,619 obtenues par M. Lemaire, rallié.

En 1898, il a été réélu, le 8 mai, par 7,768 voix, contre 3,961 à M. du Sartel, rallié.

---

# 337

## *Première circonscription de Cambrai*

### BERSEZ (Paul-Louis-Ferdinand)

M. Paul Bersez est né à Viesly (Nord), le 22 janvier 1857. Il est propriétaire.

Maire de Cambrai, vice-président du Conseil d'arrondissement, officier de l'Instruction publique, membre du Conseil académique, président de la section cambrésienne de la Société des amis et anciens étudiants de l'Université du Nord, délégué cantonal, président du Comité de la Caisse des Ecoles, vice-président du Comité républicain de Cambrai, président de la commission administrative des hospices et bureau de bienfaisance, administrateur spécial de l'Hospice général et de la Crèche, etc., M. Paul Bersez s'est présenté comme républicain sans épithète, partisan « d'une République de Progrès, de Justice, et de Liberté. »

Il demande que la République garantisse à tous les citoyens la jouissance des libertés primordiales : liberté individuelle, liberté de commune, liberté du culte, mais qu'elle ne permette à qui que ce soit d'empiéter sur les droits légitimes de l'Etat.

M. Paul Bersez a été élu, le 22 mai 1898, au second tour de scrutin, par 15,433 voix, contre 4,469 à M. Bonnardel, collectiviste et 4,274 à M. Robert Mitchell, ancien député de la Gironde, bonapartiste. Il remplace à la Chambre M. Th. Michau, qui ne s'est pas représenté et qui avait, par une circulaire spéciale, recommandé à ses anciens électeurs la candidature de M. Paul Bersez.

---

## 338

*Deuxième circonscription de Cambrai*

## MORCRETTE-LEDIEU (Louis)

M. Morcrette-Ledieu est né à Busigny (Nord), le 18 novembre 1853.

Il est propriétaire.

Membre, depuis 1886 du Conseil général du Nord dont il a été secrétaire, vice-président du Comice agricole de Cambrai, administrateur de la Coopérative agricole du Cambrésis, membre de la Société des Agriculteurs du Nord et de la Société des Agriculteurs de France, M. Morcrette-Ledieu s'est présenté comme républicain progressiste, « adversaire acharné des théories socialistes et collec- « tivistes dont l'adoption entraînerait la suppression de la « liberté du travail et de la propriété industrielle, les deux « plus belles conquêtes de la Révolution française. »

Il est partisan de la protection agricole et industrielle, du dégrèvement de l'impôt foncier, de la revision du cadastre. Il voudrait « voir imposer davantage la richesse acquise, frapper moins les fortunes en formation, exempter les salaires et le minimum des ressources nécessaires à la vie. »

Il se prononce pour la décentralisation, la diminution des frais de justice, la réduction, s'il est possible, de la durée du service militaire de deux ans.

M. Morcrette-Ledieu a été élu, le 22 mai 1898, au scrutin de ballottage, par 10,270 voix, contre M. Rassel, collectiviste, qui en a obtenu 10,256. Il remplace M. Carpentier-Risbourg qui ne s'est pas représenté.

---

## 339

### Première circonscription de Douai

### DEBÈVE (François)

M. Debève est né à Masny (Nord), le 13 août 1837.

Il est propriétaire agriculteur, membre de la Société des Agriculteurs du Nord.

Il est républicain.

Conseiller général depuis 1889, il a été pour la *première fois* élu député, le 22 mai 1898, au scrutin de ballottage, par 9,532 voix.

Au premier tour, les voix s'étaient ainsi réparties : MM. Debève, 7,476 ; Morel, ancien député rallié, 5,249 ; Moché, socialiste, 4,042.

---

## 340

### Deuxième circonscription de Douai

### ROTOURS (Raoul, baron des)

M. le baron Raoul des Rotours est né à Avelin, le 8 avril 1860. Son père et son aïeul furent longtemps députés du Nord.

Il est propriétaire, licencié en droit.

Maire d'Avelin, conseiller d'arrondissement de 1886 à 1895, puis conseiller général, il a été élu, pour la première fois député, le 28 février 1897, en remplacement de M. Emile Dubois élu sénateur.

Il s'est présenté comme républicain constitutionnel.

Il a été réélu, le 8 mai 1898, par 9,468 voix, contre 3.844 à M. François, socialiste.

---

## 341

*Première circonscription de Dunkerque*

### GUILLAIN (Antoine-Florent)

M. Guillain est né à Paris, le 7 février 1844.

Inspecteur général des ponts et chaussées, directeur honoraire des routes, de la navigation et des mines au ministère des travaux publics, commandeur de la Légion d'honneur, conseiller général du Nord depuis 1893, M. Guillain fut élu député de la première circonscription de Dunkerque, en remplacement du général Iung, décédé, le 13 décembre 1893. Il obtint alors 8,298 voix, contre 3,597 à M. Poulet, collectiviste.

M. Guillain est républicain progressiste.

Il a été réélu, en mai 1898, par 7,508 voix, contre 3,490 à M. Fontaine, collectiviste, 2,244 à M. Albert Louis, conservateur, 671 à M. Bumotier, démocrate chrétien, 59 à divers.

Il a été appelé à faire partie du cabinet Dupuy (novembre 1898) en qualité de Ministre des colonies.

---

## 342

*Deuxième circonscription de Dunkerque*

### COCHIN (Henry)

M. Henry Cochin, est né à Paris, le 31 janvier 1854.

Licencié en droit, licencié ès-lettres, ancien engagé volontaire en 1870, propriétaire agriculteur à Saint-Pierre-

Brouck, il a été de 1896 à 1898 secrétaire de la Chambre des députés.

En 1893, il avait obtenu 6,569 voix, contre 5,619 accordées à M. Dantu.

En mai 1898, il a été réélu, comme indépendant, au premier tour, par 9,370 voix, contre 2,646 à M. Vaudenbroucque, brasseur, radical.

---

## 343

*Première circonscription d'Hazebrouck*

### LEMIRE (Jules)

M. l'abbé Lemire est né à Vieux-Berquin (Nord), le 23 avril 1854.

Professeur de rhétorique à l'institution Saint-François d'Assise, à Hazebrouck, M. Lemire a publié dans la presse de nombreux articles et écrit plusieurs ouvrages : *l'Irlande en Australie, le Cardinal Manning et son action sociale, Une Trappe en Chine, l'Habitat dans la Flandre française, le Catholicisme en Australie*, etc.

Il fut élu pour la première fois député, aux élections législatives de 1893.

Dans sa circulaire, M. l'abbé Lemire qui est un des fondateurs du socialisme chrétien, disait :

« Ce dont je ne veux pas, c'est le divorce introduit dans la loi par des juifs, c'est la mise hors la loi des associations religieuses, c'est l'école sans Dieu pour les enfants du peuple, alors qu'il y a des aumôniers dans les lycées ; c'est le curé à la caserne, où ce n'est pas sa place.

« Ce que je veux :

« C'est que l'agriculture soit exemptée de l'impôt foncier qui pèse si lourdement sur vos terres, et protégée contre la concurrence de l'étranger, qui ne paye rien de nos charges ;

« Que les employés des postes et les agents des chemins de fer jouissent autant que possible du repos du dimanche, et aient une participation aux bénéfices que donnent les travaux exceptionnels et hors d'heure ;

« Que les instituteurs et institutrices, quels qu'ils soient, puissent recevoir des subventions des communes, proportionnées au nombre de leurs élèves et à leurs succès ;

« Que pour tout ouvrier la maison de famille et le jardinet qu'il a acquis par son travail soient insaisissables, exempts d'impôts et de frais de succession ;

« En un mot, que sous un régime franchement démocratique et républicain, on laisse les associations, les syndicats et les communes travailler librement au bien de la patrie.

« Ouvriers et fermiers,

« Derrière ma soutane de prêtre, il y a le fils et le frère de travailleurs comme vous ; il y a votre ami, votre compatriote, qui gagne son pain depuis vingt ans en instruisant vos enfants et en prêchant la fraternité de l'Evangile, seule vraie loi du monde. »

M. Lemire fut élu, au scrutin de ballottage, le 3 septembre 1893, contre M. Outters, républicain, ancien député.

Il a pris souvent la parole à la Chambre. Il fut blessé lors de l'attentat de Vaillant, au Palais-Bourbon.

M. l'abbé Lemire a été réélu, le 8 mai 1898 par 8.752 voix contre 3.073 obtenues par divers candidats.

---

## 344

*Deuxième circonscription d'Hazebrouck*

### PLICHON (Jean)

M. Jean Plichon est né à Bailleul, le 14 juin 1863. Il est le fils de M. Ignace Plichon, qui fut député du Nord et, en 1870, ministre des travaux publics dans le cabinet présidé par M. Emile Ollivier.

M. Jean Plichon est élève de l'Ecole centrale des arts et manufactures ; il en est sorti le troisième ; il a été attaché comme ingénieur à la Compagnie des mines de Béthune (Pas-de-Calais), et en cette qualité s'est beaucoup occupé des questions métallurgiques et houillères en France et à l'étranger.

Depuis 1888 il est conseiller général du canton de Bailleul. En se présentant à la députation en 1889, en remplacement de son père, M. Jean Plichon s'engageait à suivre la politique et les traditions de celui-ci : « Chrétien, dit-il, je suis le défenseur des principes religieux, sans lesquels on ne peut opposer de barrière aux progrès de la Révolution. Catholique, on me trouvera constamment aux prises avec ces adeptes de Gambetta qui hurlent : « Le cléricalisme, voilà l'ennemi. »

Il fut alors élu au premier tour, par 7,721 voix, contre 2,511 obtenues par M. Delassus, républicain.

M. Plichon s'est surtout adonné à l'étude des questions agricoles, industrielles et financières. Il a pris part à l'élaboration du nouveau tarif des douanes, qu'il voudrait voir compléter. Il a été membre de la commission parlementaire du travail. Il a protesté contre toute augmentation d'impôts et contre les expéditions lointaines.

Il fut élu le 20 août 1893, au premier tour, par 7,781 voix, contre M. Biebugh, républicain, qui en obtint 3,528.

Il a été réélu, le 8 mai 1898, par 9,619 voix contre 748 à à M. Deschrœder, socialiste.

---

## 345

### Première circonscription de Valenciennes

### WEIL-MALLEZ (Emile)

M. Emile Weil-Mallez est né à Valenciennes le 1er janvier 1833.

Il est industriel, conseiller général du Nord, maire de Marly, président de la Chambre de commerce de Valenciennes, président de la Société d'horticulture, administrateur de la succursale de la Banque de France, ancien capitaine à l'armée du Nord en 1870. Il est chevalier de la Légion d'honneur et officier d'Académie.

En 1893, M. Weil-Mallez fut élu comme républicain, au second tour, par 6,224 voix, contre 4,930 obtenues par M. Renard.

Il a été réélu, au deuxième tour, le 22 mai 1898, avec

750 voix de majorité, sur M. Renard, ancien député, son concurrent en 1893.

---

## 346

*Deuxième circonscription de Valenciennes*

## LEPEZ (Ferdinand-Joseph)

M. Ferdinand Lepez est né à Hérit, canton de Valenciennes, le 8 juillet 1850.

Publiciste, propriétaire de l'*Impartial* de Valenciennes, journal quotidien, M. Lepez a toujours défendu avec une persévérante énergie les idées républicaines. Il est maire de Raismes depuis 1883 et conseiller d'arrondissement depuis 1886.

Il s'est particulièrement occupé des questions agricoles ; il a créé à Raismes des champs-écoles et organisé le syndicat des cultivateurs de l'arrondissement de Valenciennes.

Dans sa circulaire M. Lepez demandait notamment :

« Une loi sur le crédit agricole ;

« L'impôt de la terre ramené au taux de l'impôt des autres valeurs ;

« Une loi créant les distilleries agricoles ;

« Une autre accordant, à la fin du bail, une indemnité au fermier qui, par ses soins, aura donné une plus-value à la terre qu'il a occupée ;

« L'organisation sur tout le territoire français d'un enseignement agricole, comme il en existe un pour l'industrie ;

« L'assimilation du cultivateur au commerçant au point de vue de la liquidation judiciaire, la suppression de l'impôt sur la bière et les autres boissons hygiéniques. Il considère comme urgent le vote des lois relatives à l'indemnité à accorder, au moyen de l'assurance obligatoire, aux victimes du travail et la loi sur la caisse des retraites pour la vieillesse qui sera une loi d'apaisement et le plus sûr préservatif contre la révolution violente. »

M. Lepez est partisan de la constitution d'une forte majorité républicaine assurant la stabilité gouvernementale, mais il se prononce contre toute concentration à droite.

En 1893, il fut élu, au premier tour, par 7,131 voix, contre M. Maurice, candidat de la droite républicaine.

Il a été réélu, le 22 mai 1898, au scrutin de ballottage par 8,331 voix contre 7,307 à M. Thélier de Poncheville, ancien député, rallié.

---

## 347

*Troisième circonscription de Valenciennes*

### SIROT

Le 22 mai 1898, la troisième circonscription de Valenciennes avait réélu M. Sirot-Mallez, député sortant, républicain, par 10,914 voix contre 7.017 à M. Selle socialiste.

M. Sirot-Mallez est décédé en novembre 1898.

Il a été remplacé, le 22 janvier 1899, par M. Sirot, républicain, qui a été élu par 10,997 voix, contre 7,760 à M. Selle, socialiste, et 520 à M. Remy, socialiste.

# OISE

## 6 DÉPUTÉS

1893 : MM. Boudeville (décédé, remplacé par M. Lesage, lui-même décédé et remplacé par M. *Baudon*), Chevallier, Hainsselin, Noël, Gaillard.

1898 : MM. Baudon, Chevallier, *Rendu*, Noël, *Chopinet*, Gaillard.

En 1898, le département de l'Oise compte 6 députés au lieu de 5, l'arrondissement de Senlis ayant été, par suite de l'accroissemen du chiffre de sa population, divisé en 2 circonscriptions.

## 348

*Première circonscription de Beauvais*

### BAUDON (Théodore-Auguste)

M. Baudon est né à Mouy (Oise), le 4 août 1848.

Il est docteur en médecine.

Conseiller général, maire de Mouy, il a fondé et dirigé divers journaux politiques. Il est aussi l'auteur de publications relatives aux rapports des Eglises et de l'Etat. Il est membre du Conseil de l'ordre du Grand-Orient de France.

M. Baudon appartient à l'opinion radicale socialiste.

Il fut élu pour la première fois député, en mars 1897, en remplacement de M. Lesage, républicain décédé.

Il a été réélu le 8 mai 1898, au premier tour, par 9,206 voix, contre 8,422 à M. Hucher, maire de Beauvais, républicain, et 198 à M. Duclos publiciste, bonapartiste.

## 349

*Deuxième circonscription de Beauvais*

### CHEVALLIER (Émile)

M. Chevallier est né le 21 décembre 1851 à Liancourt (Oise).

Il est conseiller général de l'Oise.

Avocat, docteur en droit, lauréat de l'Académie des sciences morales et politiques, chevalier de la Légion d'honneur, officier de l'instruction publique, conseiller général de l'Oise, M. Chevallier fut, pour la première fois, élu député le 20 août 1893, au premier tour, par 6,545 voix, contre 3,391 à M. Delaunay, député sortant, républicain, et 2,982 à M. Delambre, républicain.

Il est républicain.

Il a été réélu, le 8 mai 1898, par 9,672 voix, contre 1,648 à M. Lenoir et 718 à M. Harranger, socialiste.

---

## 350

*Arrondissement de Clermont*

### RENDU (Armand-Marie)

M. Armand Rendu est né le 24 février 1844.

Il est républicain radical. Il remplace M. Hainsselin, député sortant, républicain, qui ne s'est pas représenté.

Conseiller général, il a été élu pour la première fois, le 22 mai au scrutin de ballottage, par 11,255 voix, contre 8,670 à M. Duquesnel, républicain.

Au premier tour M. Duquesnel avait obtenu 8,908 voix, M. Rendu 8,127, M. Compéré-Morel, socialiste, 2,634.

---

## 351

*Arrondissement de Compiègne*

### NOEL (Charles-Ernest)

M. Ernest Noël est né à Paris le 27 août 1847. Il est ingénieur des arts et manufactures.

A sa sortie de l'École centrale, il fit la campagne de 1870.

Ingénieur aux chemins de fer de la Turquie d'Europe jusqu'en 1875, il devint ensuite fabricant de produits chimiques à Noyon.

Il a été juge au tribunal de commerce de Compiègne ; il est membre et secrétaire de la chambre de commerce de Beauvais. Il est capitaine en premier au 2e régiment territorial d'artillerie.

M. Noël est conseiller général du canton de Noyon depuis 1886 et maire de Noyon depuis 1888.

Il fut, en 1889, candidat aux élections législatives ; il obtint 9,490 voix contre le marquis de l'Aigle, mais ne fut pas élu.

Républicain progressiste indépendant, M. Noël s'est prononcé, dans sa circulaire, pour une protection efficace garantissant la production nationale, pour la disparition des impôts intérieurs sur les produits de consommation, la suppression des octrois, l'organisation du crédit agricole, la création de chambres d'agriculture, le dégrèvement de la propriété foncière, la simplification de la procédure judiciaire, le développement de l'assistance publique dans les campagnes par la création d'hôpitaux cantonaux, l'institution des secours à domicile aux vieillards indigents en attendant les effets des lois à élaborer sur les retraites.

En 1893, M. E. Noël fut élu, au premier tour, par 10,898 voix, contre 10,294 obtenues par le marquis de l'Aigle, député sortant.

Il a été réélu, le 8 mai 1898, par 13,526 voix, contre 3,589 à M. Hulot, socialiste.

---

## 352

*Première circonscription de Senlis*

### CHOPINET (Gustave)

M. Chopinet est né à Bazoches-lès-Bray (Seine-et-Marne), le 26 avril 1847.

Il est docteur en médecine.

Maire de Crépy-en-Valois, conseiller général, M. Chopinet s'est présenté comme républicain radical.

Les points principaux de son programme électoral sont les suivants :

Election par le suffrage universel des délégués sénatoriaux ;

Impôt sur le revenu, mais basé exclusivement sur les signes extérieurs de la richesse, afin d'éviter toute occasion d'arbitraire ;

Suppression des impôts de consommation ;

Réduction à deux ans de la durée du service militaire

Gratuité de la justice pour tous ;

Développement des institutions d'assistance publique, etc.

M. Chopinet a été élu, le 22 mai, au deuxième tour de scrutin, par 5,241 voix, contre 4,482 à M. Dupuis, républicain et 673 à M. Seitz, socialiste.

---

## 353

*Deuxième circonscription de Senlis*

### GAILLARD (Gaston-Alexandre-Jules)

M. Jules Gaillard est né à Paris, le 21 juin 1839. Il est fils d'un ancien inspecteur général de l'Université ; attaché d'ambassade, ancien secrétaire de M. de Rémusat, ministre des affaires étrangères sous la présidence de M. Thiers, il quitta la diplomatie lors du 24 mai 1873. Il est chevalier de la Légion d'honneur.

Il est depuis 1878 conseiller général de l'Oise.

M. Jules Gaillard a fait de nombreux voyages en Europe, notamment en Allemagne, pour étudier les questions sociales et économiques.

Il fut élu pour la première fois député de l'arrondissement de Senlis, comme républicain, le 6 octobre 1889 par 10,514 voix, contre 6,555 à M. Perrot, boulangiste.

Il fut réélu, le 20 août 1893, au premier tour, par 12,265 voix.

Il a été réélu, en mai 1898, après la division de l'arrondissement de Senlis en deux circonscriptions, par 5,823 voix, contre 2,712, à M. Andrieux, socialiste, et 2,297 à M. Coquatrix, radical.

# ORNE

## 5 DÉPUTÉS

1893 : MM. le comte de Lévis-Mirepoix, le baron de Mackau
Albert Christophle, Gévelot, Bansard des Bois.
1898 : Les mêmes.

## 354

### *Arrondissement d'Alençon*

### LEVIS-MIREPOIX (Félix, comte de)

M. le comte de Levis-Mirepoix, qui appartient à une des
plus nobles familles de France, est né à Paris le 1er mai
1846.

Ancien officier de cavalerie, M. de Levis-Mirepoix a fait
la campagne de 1870 à l'armée de la Loire et à l'armée de
l'Est, 15e corps.

Grand propriétaire dans l'Orne, où il possède le château
de Chèreperrine, près de Mamers, il fut élu pour la première fois en 1885, sur la liste conservatrice, au scrutin
de liste, et réélu en 1889 par l'arrondissement d'Alençon.

En 1893, M. de Levis-Mirepoix fut réélu, au premier
tour, par 7,253 voix, contre 7,056 obtenues par M. de
Corcelle, républicain.

Dans sa dernière circulaire électorale, M. de Levis-
Mirepoix, en rappelant qu'il a combattu le cabinet
Bourgeois et soutenu de ses votes le cabinet Méline, dit
qu'il n'a rien abandonné de son programme politique et
religieux, mais qu'il estime que la République ne peut

vivre, que la France ne peut être grande et forte que par l'union des bons citoyens et qu'il faut avant tout rechercher ce qui les rapproche dans une pensée féconde d'apaisement, de progrès et de patriotisme.

M. de Levis-Mirepoix a coopéré à la fondation du syndicat général des bouilleurs de cru.

Il a été réélu, le 8 mai, par 7,642 voix, contre 6,967 à M. de Corcelle, républicain.

---

## 355

### Arrondissement d'Argentan

## MACKAU (Anne-Frédéric-Armand, baron de)

M. le baron de Mackau est né à Paris, le 29 mars 1832.

Il descend d'une famille d'origine irlandaise qui vint s'établir en Alsace. L'arrière-grand'mère de M. de Mackau fut, sous Louis XV, gouvernante des enfants de France. Son père, l'amiral de Mackau, fut ministre de la marine sous Louis-Philippe et sénateur sous Napoléon III.

Après avoir été auditeur au Conseil d'État, attaché au ministère de l'intérieur, membre du conseil du sceau, M. de Mackau fut candidat officiel à la députation, élu en 1866 et réélu en 1869 contre le duc d'Audiffret-Pasquier. Napoléon III lui écrivit, à cette époque, une lettre qui eut un grand retentissement.

Au Corps législatif, M. de Mackau siégea sur les bancs de la majorité. Il appuya le plébiscite et vota la guerre de 1870.

Aux élections du 20 février 1876, M. de Mackau rentra dans la vie politique. « N'attendez pas de moi, disait-il alors dans sa circulaire, une profession de foi ou un programme ; mon passé doit servir de l'un et de l'autre ; j'entends y rester fidèle, sans renier aucune des sympathies que vous ne connaissez. »

Constamment réélu depuis cette époque, M. de Mackau a joué un rôle parlementaire important. C'est ainsi que, lors de la discussion des lois sur l'enseignement primaire, M. de Mackau adressa à ses amis des conseils généraux une lettre circulaire pour les engager à faire émettre par les assemblées départementales un vœu tendant à ce qu'aucune atteinte ne fût portée au droit des pères de famille et à la liberté d'enseignement.

Après les élections générales de 1885, M. de Mackau, élu en tête de la liste conservatrice du département de l'Orne, fut nommé président de l'Union conservatrice, puis de l'Union des droites, et, en cette qualité, prit, en de nombreuses circonstances, la parole au nom de la minorité. Après la chute du ministère Goblet, il fit, à l'Elysée, auprès du Président de la République, M. Grévy, une démarche qui eut un grand retentissement dans les milieux parlementaires.

A cette époque, M. de Mackau et ses amis accordèrent, à diverses reprises, contre l'extrême gauche, leurs voix au cabinet présidé par M. Rouvier. Toutefois ils votèrent contre ce dernier, lors des événements qui amenèrent la retraite de M. Grévy et loin de se montrer, comme on l'avait annoncé, hostiles au général Boulanger, se rallièrent publiquement au chef du « parti national ». Quelques jours avant l'ouverture de la session extraordinaire de 1888, M. de Mackau déclara qu'il voyait dans le chef du « parti national » un guide sûr pour « parcourir les chemins que la Providence prendra pour nous conduire vers l'avenir nouveau que chacun pressent ».

M. de Mackau fit partie du comité des Douze chargé d'imprimer une direction unique aux efforts de la minorité. Il fut l'un des signataires du manifeste électoral adressé, au nom de la droite, au pays, à la veille des élections du 22 septembre 1889.

M. le baron de Mackau fut alors élu, au premier tour, par 15,367 voix sans concurrent.

Depuis l'échec du boulangisme, le rôle de M. de Mackau a été moins notable. Dans un discours prononcé le 9 octobre 1892 à Carrouges (Orne), il reconnut que la grande majorité du pays veut la République, et fit appel « aux républicains qui veulent l'apaisement ».

En 1893, M. le baron de Mackau fut réélu, au premier tour, le 20 août, par 12,903 voix, contre M. Paul Boschet, onseiller général, républicain, qui en a obtenu 6,836.

En 1898, il a été réélu sans concurrent.

## 356

*Première circonscription de Domfront*

# CHRISTOPHLE (Albert)

M. Albert Christophle est né à Domfront (Orne), le 13 juillet 1830.

Après avoir fait son droit à Caen et avoir été reçu docteur en 1852, il devint, en 1856, avocat au Conseil d'État et à la Cour de cassation ; il fit partie du conseil de l'ordre et collabora à plusieurs publications juridiques.

Après le 4 septembre 1870, M. Christophle fut nommé préfet de l'Orne par le gouvernement de la Défense nationale, mais quelques mois après il donna sa démission, à la suite du décret du 23 décembre 1870 sur la dissolution des conseils généraux.

Le 8 février 1871, M. Christophle fut élu membre de l'Assemblée nationale par le département de l'Orne; il obtint 53,618 voix. Il fit partie du centre gauche dont il devint le président.

Il fut l'un des principaux défenseurs du gouvernement de M. Thiers et combattit avec énergie les projets de restauration monarchique. « De la consolidation de la République, écrivait-il alors, datera pour toujours, je l'espère, le développement normal de la démocratie dans l'ordre et la liberté. »

Dans un discours prononcé à la Ferté-Macé en 1875, M. Christophle disait encore : « C'est une pensée à la fois injurieuse et téméraire que de vouloir écarter du gouvernement, de la participation aux affaires publiques, tous ceux qui, dans la masse du suffrage universel, représentent les aspirations des classes les plus récemment appelées à la vie politique ». C'est à cette époque que M. Buffet adressa à M. Christophle cette parole qui fit grand bruit: « Je ne serai jamais votre allié ».

Élu aux élections législatives du 20 février 1876 par l'arrondissement de Domfront, M. Christophle, après la chute du ministère Buffet, fut appelé à faire partie du cabinet Dufaure (19 mars 1876); il succéda à M. Caillaux comme ministre des travaux publics; il garda son portefeuille dans le cabinet Jules Simon qu'il suivit dans sa retraite, au 16 mai 1877.

M. Christophle fut l'un des 363. Réélu le 14 octobre, il fut, en février 1878, sur la proposition de M. Léon Say, ministre des finances, nommé par décret du président de la République, alors le maréchal de Mac-Mahon, gouverneur du Crédit foncier de France.

A cette époque, le Crédit foncier, engagé dans les valeurs égyptiennes, se trouvait dans une situation très critique; la suspension de ses payements par le gouvernement égyptien pouvait amener la ruine de la Société. Malgré ce danger, M. Christophle n'hésita pas; il se mit courageusement à l'œuvre pour relever les valeurs de la créance égyptienne, liquider le Crédit agricole et ramener la confiance du public au Crédit foncier. Après avoir habilement terminé ces deux affaires difficiles, M. Christophle, loin de croire sa tâche terminée, se préoccupa, d'accord avec son conseil d'administration, d'alléger le sort des emprunteurs en faisant la conversion des anciennes obligations 5 0/0, ce qui devait permettre de prêter à un taux moins élevé. Pour réaliser ce projet, un emprunt de 500 millions fut mis en souscription publique au mois d'août 1879 et, deux mois après, le 7 octobre 1879, un emprunt foncier de 900 millions. Le succès de ces deux emprunts fut très grand; un important résultat économique, l'abaissement du taux des prêts, en fut la conséquence. La création des succursales dans les principales villes de France donna une grande activité aux opérations de prêts qui, à la fin de l'année 1881, étaient: pour les prêts hypothécaires de 1,231,800,000 francs, et pour les prêts communaux de 705,137,000 francs, soit une augmentation de 600 millions sur le 1er janvier 1878. Il avait donc suffi de trois années à la nouvelle administration pour relever le Crédit foncier et le placer au premier rang des grands établissements financiers.

Après avoir consolidé le crédit de l'institution, le gouverneur s'occupa d'améliorer le sort de son nombreux personnel; ses philanthropiques efforts lui valurent la plus haute récompense de la Société nationale d'encouragement au bien.

M. Christophle a pris une part importante à l'organisation financière de l'exposition universelle de 1889 ; il a été dès le principe nommé vice-président de la commission de contrôle et des finances. C'est à son concours que sont dues la formation de l'association de garantie et la création des bons-tickets qui ont assuré en grande partie l'existence et le succès de l'Exposition. Il fut nommé, en octobre 1889, officier de la Légion d'honneur, en récompense des services qu'il a rendus en cette circonstance. L'Exposition de 1889 se solda par un excédent de recettes de 8 millions, alors que celle de 1878 avait laissé un déficit de 31,701,800 francs.

Réélu député en 1881 par l'arrondissement de Domfront, M. Christophle échoua de quelques voix en 1885 avec la liste républicaine, mais il fut réélu, au scrutin de liste, en 1887, lors d'une élection partielle. Membre du Conseil général de l'Orne dont il est depuis vingt-huit ans le président, M. Christophle jouit dans cette assemblée d'une autorité incontestée par ses adversaires eux-mêmes.

Aux élections du 22 septembre 1889, M. Christophle, vivement combattu par les boulangistes, se présenta avec une profession de foi où il disait notamment :

« Les anciens partis, ennemis irréconciliables de l'état de choses actuel, ne peuvent se consoler de leur impuissance.

« Acharnés à sa destruction, ils troublent les séances des Chambres et imputent au régime parlementaire les conséquences de leurs propres excès.

« Dans le pays, abusant des libertés que la République a généreusement concédées, c'est par l'insulte, l'injure et la calomnie qu'ils essayent de déconsidérer la République dans la personne de ses partisans.

« Laissez passer, mes chers concitoyens, ces fureurs passionnées. C'est le propre des causes perdues de s'exhaler en récriminations violentes et stériles.

« Ayez confiance dans ceux qui vous ont aidés, soutenus, encouragés, qui ont pris ce pays au sortir de la guerre étrangère et de la guerre civile, ont guéri ses plaies, réorganisé son armée, réédifié le régime financier, assuré les services publics ; amélioré la condition des petits fonctionnaires ; fondé la liberté au milieu de la paix publique, et mérité l'admiration du monde entier, en montrant

dans une Exposition qui fera époque dans notre histoire
industrielle et commerciale, la vitalité puissante de notre
admirable patrie... »

M. Christophle fut élu le 22 septembre 1889, au premier
tour, par 6,766 voix, contre 5,426 obtenues par M. Cochet,
candidat des droites.

Depuis cette époque, M. Christophle eut, à plusieurs
reprises, à défendre le Crédit foncier contre des attaques
violentes et passionnées, et il le fit victorieusement.

Dans sa circulaire de 1893, M. Christophle s'exprimait
notamment ainsi :

« La République est désormais, non seulement le fait
accompli, mais le régime légal devant lequel s'inclinent ses
anciens adversaires. J'ai toujours cru et je pense encore
qu'il faut accueillir et accepter les adhésions sincères, mais
en laissant la garde des institutions et du gouvernement
aux républicains éprouvés par les luttes anciennes.

« Il est temps de former dans le Parlement une majorité
solide qui ne soit plus à la merci des anciens partis, qui
donne au gouvernement un appui sûr et durable et qui
permette enfin d'éviter l'instabilité des ministères et les
crises politiques périodiques qui en sont la conséquence.

« Occupons-nous désormais et exclusivement des grands
intérêts du pays. »

Au nombre de ces grands intérêts M. Christophle men-
tionne la protection de l'agriculture. Il demande que le
gouvernement, au moyen de mesures spéciales, vienne en
aide à la dureté des temps que nous venons de traverser.

Il se prononce pour le maintien du droit des bouilleurs
de cru contre la suppression duquel il a précédemment
voté, pour une diminution des droits sur les boissons
hygiéniques, pour une restriction de l'exercice dans ses
pratiques abusives.

« En face des revendications irréalisables qui menacent
les intérêts de la propriété et de l'industrie nationales,
ajoute M. Christophle, il n'y a qu'une chose à faire :

« Donner à tous ceux que le sort n'a pas favorisés la
liberté et l'instruction : ouvrir largement toutes les issues
au bout desquelles ils peuvent trouver, dans un pays démocratique, l'emploi de leurs facultés naturelles ou acquises ;
favoriser le travail et les travailleurs dans toutes leurs

aspirations légitimes ; mais ne jamais faillir dans l'application des grands princ.pes sociaux qui ont fait la force et la grandeur de la patrie. »

M. Christophle fut réélu, le 20 août 1893, au premier tour par 8,960 voix.

Pendant la dernière législature, M. Christophle, après l'avènement du ministère radical présidé par M. Bourgeois donna sa démission de gouverneur du Crédit foncier. « Quelque regret, disait-il, dans sa lettre de démission du 6 novembre 1895, à M. le ministre des finances, que je puisse éprouver en quittant la direction du grand établissement auquel j'ai consacré 18 ans de ma vie, j'obéis à des considérations supérieures en vous priant d'accepter ma démission de gouverneur du Crédit foncier ».

A cette lettre, M. Doumer, ministre des finances, répondit dans les termes qui suivent :

« J'ai reçu la lettre par laquelle vous voulez bien me prier d'accepter votre démission de gouverneur du Crédit foncier de France.

« J'ai l'honneur de vous informer, que le gouvernement, en acceptant cette démission, a voulu reconnaître les services que vous avez rendus au grand établissement que vous dirigez en même temps qu'au Crédit foncier lui-même, et qu'il vous a conféré le titre de gouverneur honoraire. »

Cette démission a mis fin à la carrière financière de M. Christophle, mais ses électeurs lui ont gardé un attachement inébranlable et il a été réélu le 8 mai 1898, par 6,335 voix contre deux compétiteurs.

A la Chambre, M. Christophle se consacre aux questions de l'ordre économique. Il a fondé le Syndicat général des bouilleurs de cru dont il a été élu président et il a fait partie de la commission des douanes.

Après avoir soutenu énergiquement le ministère Méline, « il a, conformément aux opinions qu'il a toujours professées, refusé sa confiance au ministère radical de M. Brisson, et l'on peut être sûr qu'il restera fidèle, dans toute la suite de la nouvelle législature aux principes républicains et conservateurs. »

## 357

*Deuxième circonscription de Domfront*

## GÉVELOT (Jules-Félix)

M. Gévelot est né à Paris, le 6 juin 1826. Depuis 1869, il a été élu député sans interruption.

Dans l'industrie il s'est fait connaître par les perfectionnements multiples qu'il a réalisés dans la fabrication des cartouches et capsules de guerre. Il a obtenu après l'Exposition de Londres, en 1861, la croix de chevalier, et après l'Exposition de Paris, en 1878, la croix d'officier de la Légion d'honneur.

Pendant le siège de Paris, M. Gévelot se consacra avec ardeur aux travaux de la défense nationale, comme président de la Commission d'armement au ministère des travaux publics et comme membre du Comité scientifique de défense.

Vers la fin de l'Empire, M. Gévelot était entré dans la carrière politique et avait été élu, comme candidat indépendant, aux élections législatives de 1869, dans l'Orne ; il fut nommé, à une grande majorité, contre M. le comte de la Ferrière et M. le marquis de Torcy, ancien député, candidat officiel.

Au Corps législatif, il siégea dans le groupe du centre gauche, vota contre les candidatures officielles qu'il avait toujours combattues, et fit partie des 116.

Nommé au scrutin de liste par la Chambre, membre de la Commission des douanes pour reviser les traités de 1860, il fut, dans les assemblées qui suivirent, constamment élu membre de cette Commission.

Il prit, avec M. Dorian, l'initiative de la proposition de loi décrétant la liberté de fabrication des explosifs ; il en fut le rapporteur.

Aux élections de 1871, bien que retenu à Paris par ses devoirs de président de la Commission d'armement, il fut élu à l'Assemblée nationale le quatrième sur la liste de l'Orne, en tête de laquelle était inscrit M. Thiers. Il siégea à gauche.

20

Depuis cette époque, M. Gévelot a été réélu sans interruption. Après le 16 mai 1877, il fut l'un des 363.

En 1885, au scrutin de liste, il fut le seul républicain nommé par le département de l'Orne.

Il fut le candidat du parti républicain de l'Orne aux élections sénatoriales de 1876, 1882 et 1891 ; il n'échoua qu'à une dizaine de voix.

Conseiller général de l'Orne depuis 1869, M. Gévelot est vice-président de ce Conseil depuis que cette assemblée est en majorité républicaine.

Propriétaire à Conflans-Saint-Honorine (Seine-et-Oise), M. Gévelot a été maire de cette commune pendant dix ans.

Dans sa circulaire de 1889 aux électeurs, M. Gévelot déclarait qu'il considère plus que jamais le gouvernement de la République « comme le seul qui pût nous assurer la paix intérieure et nous garantir de l'invasion étrangère ». Il réclamait aussi une protection plus efficace du travail national et une revision des tarifs douaniers.

Il fut élu, le 22 septembre 1889, par 8,600 voix, contre 6,925 obtenues par M. Lange, conservateur.

Il a été réélu au premier tour de scrutin, le 20 août 1893, par 9,901 voix, contre 4,419 à M. Jules Auffray, conservateur.

Aux élections de 1898, il a été élu, sans concurrent, par 12,000 voix.

## 358

### Arrondissement de Mortagne

### BANSARD DES BOIS (Alfred)

M. Bansard des Bois est né à Remalard (Orne), le 29 avril 1848. Il est propriétaire.

Attaché pendant huit ans à l'administration des contributions directes, membre et secrétaire du Conseil général, maire de Bellême, M. Bansard des Bois fut élu pour la première fois député par la circonscription de Mortagne, le 4 mars 1881, lors d'une élection partielle et réélu aux élections générales, le 21 août 1881. Il échoua, tout en obtenant un grand nombre de voix, en 1885 et en 1889.

M. Bansard des Bois a remplacé à la Chambre, en 1893, M. Dugué de la Fauconnerie auquel il avait déjà succédé en 1881.

En 1881, M. Bansard des Bois écrivait : « Je considère que la République est le seul gouvernement qui puisse nous donner des gages de stabilité dans le présent et des garanties de sécurité pour l'avenir. »

Dans sa circulaire électorale de 1893, M. Bansard des Bois demande que la question religieuse soit maintenue sur le terrain du Concordat, loyalement interprété par les deux parties contractantes.

Il réclamait résolument l'examen de toutes les mesures pouvant améliorer le sort des classes laborieuses, la création de toutes les institutions favorables à l'agriculture, telles que l'organisation du Crédit agricole, la modification des tarifs de pénétration, le développement de l'instruction professionnelle, l'ouverture de nouvelles voies de communication.

Dans l'ordre administratif, il se prononce pour : l'extension de la compétence des juges de paix, la réduction des frais de justice, le développement de l'assistance judiciaire, la simplification des rouages administratifs, l'organisation de l'assistance publique dans les campagnes, la création de caisses de prévoyance et de retraite pour la vieillesse et la maladie.

M. Bansard des Bois fut élu, le 20 août 1893, au premier tour par 11,506 voix, contre 10,766 à M. Dugué de la Fauconnerie, député sortant.

Il a été réélu, le 8 mai 1898, par 12,900 voix, contre 9,555 à M. Dupray de la Naherie, conservateur.

# PAS-DE-CALAIS

## 11 DÉPUTÉS

1893 : MM. Rose, Taillandier, Basly, Lamendin, Fanien, Achille Adam, Dussausoy, Ribot, Jonnart, Georges Graux, Boudenoot.
1898 : Les mêmes.

### 359

*Première circonscription d'Arras*

### ROSE (Théodore-François)

M. Rose est né à Bailleulval, le 10 février 1852.

Il est ancien notaire à Beaumetz-les-Loges, conseiller général.

Il est républicain.

Il a été élu au scrutin de ballottage, le 3 septembre, 1893, par 10,945 voix, contre 8,536 à M. Ledieu, député sortant, républicain.

Il a été réélu, le 8 mai 1898, au premier tour de scrutin, par 13,323 voix, contre 5,924 à M. Goudemand, socialiste.

### 360

*Deuxième circonscription d'Arras*

### TAILLANDIER (Henri-André-Joseph)

M. Henri Taillandier est né à Fresnoy (Pas-de-Calais), le 23 juin 1847. Il est agriculteur et docteur en droit.

Lors de la guerre de 1870-71, il commanda une compagnie des mobiles du Pas-de-Calais et prit part aux divers combats livrés par l'armée du Nord.

Maire de Fresnoy, puis conseiller général du canton de Vimy, il a été élu député, en 1885. A la Chambre, il a fait partie de la commission des douanes et a pris la parole sur les questions douanières.

Dans sa circulaire de 1889, il se prononçait pour la revision de la Constitution et la nomination d'une assemblée constituante. Il s'engageait à revendiquer un système de tarifs protecteurs et de dégrèvements en faveur de l'agriculture, le non-renouvellement des traités de commerce en 1892, la discussion de toutes les mesures favorables à la population ouvrière. Il se déclarait opposé à la laïcisation des écoles et demandait que l'on mît un terme aux expéditions lointaines.

Au cours de la dernière législature M. Taillandier était inscrit à la droite républicaine.

M. Taillandier fut réélu, au premier tour, le 20 août 1893, par 9,791 voix, contre 9,704 obtenues par M. Viseur, républicain.

Il a été réélu le 8 mai 1898, par 10,748 voix contre M. Hary, cultivateur, républicain.

---

## 361

### Première circonscription de Béthune

## BASLY (Emile-Joseph)

M. Basly est né à Valenciennes, le 29 mars 1854.

Fils d'une hercheuse de la compagnie d'Anzin et d'un ouvrier tonnelier, il resta orphelin à l'âge de 10 ans et fut recueilli par l'hospice de Valenciennes, qui le mit en apprentissage chez un peintre. Il retourna bientôt à Anzin et pendant dix-huit ans y fut ouvrier mineur. En 1880, à l'occasion d'une grève, il fut renvoyé par les ingénieurs de la compagnie. Il s'occupa alors activement de l'organisation d'un syndicat et devint cabaretier. En 1883, il fut élu conseiller municipal de Denain. En 1884, la liste formée par M. Basly, et d'où il avait exclu directeur et ingénieurs de la compagnie, passa tout entière. C'est alors qu'éclata la grande grève d'Anzin, qui donna lieu à des incidents nombreux et durant laquelle M. Basly joua un rôle prépondérant.

Lors des élections législatives de 1885, M. Basly fut, au scrutin de ballottage, le 18 octobre, nommé député de la Seine, par 267,376 suffrages.

En 1886, lors de la grève de Decazeville, qui fut ensanglantée par le meurtre de l'ingénieur Watrin, M. Basly se rendit au milieu des grévistes. De retour à Paris il adressa au ministère une interpellation pour réclamer la liberté des personnes arrêtées. Cette interpellation donna lieu à un débat des plus orageux. La majorité refusa à M. Basly le congé qu'il sollicitait pour se rendre à Decazeville.

M. Basly ne fut pas réélu en 1889. Il rentra à la Chambre, lors d'une élection partielle, le 22 février 1891, comme député de la première circonscription de Béthune.

Depuis cette époque M. Basly a continué à prendre une part importante à la direction du mouvement ouvrier comme président du syndicat général des mineurs du Nord et du Pas-de-Calais, notamment lors de la grève générale des ouvriers mineurs.

A la Chambre des députés, M. Basly a saisi toutes les occasions pour réclamer l'amélioration du sort des ses anciens compagnons de travail, notamment lors de la discussion de la loi sur les accidents, de la loi sur la caisse des retraites, etc.

Il fut réélu, le 20 août 1893, au premier tour, par 14,609 voix, contre 66 à M. l'abbé Deligne, rallié.

Il a été réélu, le 8 mai 1898, par 14,228 voix, contre 7,942 à M. Thellier, modéré et 642 à M. Jacquart-Fava, catholique.

---

## 362

*Deuxième circonscription de Béthune*

### LAMENDIN (Arthur)

M. Lamendin est né à Lourches (Nord), le 2 mars 1852.

Il a commencé à travailler dans les mines à 9 ans et demi. A 22 ans il était porion dans l'exploitation de Liévin ; ses premières tentatives pour grouper les houilleurs du Pas-de-Calais en syndicat datent de 1882. Congédié en janvier 1884 par la compagnie de Liévin, il continua une propagande des plus actives et fut le principal défenseur de la grande grève de 1880, à laquelle prirent part plus de 40,000 mineurs. M. Lamendin fut chargé par eux de formuler leurs revendications devant le comité général des houillères du Nord et du Pas-de-Calais, qui, à la suite de ces négociations, accorda successivement aux mineurs deux augmentations de 10 0/0, la suppression des longues coupes et divers autres avantages.

Le syndicat, reconstitué sous le nom d'Association syndicale des mineurs du Pas-du-Calais, élut alors M. Lamendin secrétaire général.

En 1890, lorsque la loi sur les délégués mineurs eût été promulguée, il fut élu délégué par les houilleurs de Liévin. Il fut alors nommé par le ministre du commerce et de l'industrie membre du conseil supérieur du travail qui venait d'être créé ; en 1892, il a été renommé pour deux ans. Il est encore actuellement délégué à la sécurité des mineurs et membre de la Commission permanente du Conseil supérieur du travail.

Elu conseiller municipal de Liévin en 1891, il fut présenté par les mineurs syndiqués comme candidat au siège de député devenu vacant dans la deuxième circonscription de Béthune ; il fut nommé par 8,767 voix.

En mai 1892, il fut élu maire de Liévin, mais déclina ces fonctions pour se consacrer à son mandat de député.

Aux élections générales de 1893, M. Lamendin se présenta avec un programme où il s'engageait à continuer la lutte « contre les grandes compagnies financières qui rançonnent l'industrie, le commerce, l'agriculture ; qui exploitent l'ouvrier, le mineur, le travailleur des campagnes. »

Il est partisan du maintien de la paix et opposé aux guerres coloniales ; mais, voulant la France forte et respectée en Europe, il reconnaît qu'il ne faut pas actuellement songer à réduire l'armée, mais se borner à réclamer dans l'accomplissement du service militaire une parfaite égalité qui n'existe pas encore.

Il se prononce pour une large diffusion de l'instruction primaire.

Il demande aussi la réforme de l'impôt et, pour alimenter le budget de l'Etat et celui des communes, un impôt progressif sur le revenu ; la revision de la Constitution de 1875 ; la création du grand canal du Nord ; l'abaissement des tarifs de chemins de fer pour les houilles françaises et l'abolition des tarifs de pénétration pour les houilles étrangères, etc.

M. Lamendin fut réélu, le 20 août 1893, au premier tour, par 12,238 voix, contre 6,035 à M. Dellisse, ancien député, conservateur.

Pendant la dernière législature, M. Lamendin est intervenu plusieurs fois dans les discussions ouvrières et a pris part également à la discussion des tarifs de chemins de fer pour faciliter l'écoulement des houilles françaises dans la région de l'Ouest.

Aux élections municipales dernières de Liévin, il était en tête de la liste ouvrière qui passa à plus de 600 voix de majorité contre la liste d'Union des mines de Liévin et de Lens.

Aux élections législatives de 1898, M. Lamendin fut élu, au premier tour, avec 2,510 voix de majorité sur son concurrent républicain, M. Légillon, avocat et maire de Béthune.

---

## 363

*Troisième circonscription de Béthune*

### FANIEN (Achille)

M. Fanien est né à Lillers (Pas-de-Calais), le 19 janvier 1827.

Il est un des plus anciens républicains du Pas-de-Calais, n'ayant pas cessé depuis 1848 de lutter en faveur de la cause républicaine, au service de laquelle il a mis sa grande situation industrielle dans un pays où il occupe de très nombreux ouvriers. Il est officier de la Légion d'honneur.

En 1881, M. Fanien fut élu député de l'arrondissement de Béthune.

En 1885, il échoua avec la liste républicaine, qui fut tout entière battue dans le Pas-de-Calais.

En 1889, M. Fanien se présenta comme anti-revisionniste et anti-boulangiste.

Il fut élu par 6,604 voix, contre 5,417 obtenues par M. Hermary, député sortant, qui appartenait à la droite.

M. Fanien, qui a toujours voté avec la majorité républicaine, s'est surtout préoccupé de protéger le travail national contre la concurrence étrangère. Dans ses circulaires électorales, il se déclare le défenseur résolu de cette politique économique et se prononce pour la création d'un Crédit agricole et pour les lois destinées à améliorer le sort des travailleurs. Il considère comme plus désirable que jamais la constitution d'un pouvoir homogène. résolu, conduit avec décision par des mains honnêtes, assurant la liberté, la justice, la paix.

Il est opposé à la revision de la Constitution et à la diminution des prérogatives actuelles du Sénat. Il repousse « l'impôt global et progressif avec déclaration et inquisition », mais il est partisan de la réforme de notre système fiscal, en ce sens qu'il faut chercher à atteindre toutes les sources de revenus, frapper surtout et proportionnellement la richesse acquise et accorder quelques dégrèvements aux petits contribuables.

M. Achille Fanien fut réélu, le 20 août 1893, au premier tour, par 10,328 voix, contre 1,740 obtenues par M. Merlin, socialiste.

Il a été réélu, le 8 mai 1898, par 11,011 voix, contre 2,348 obtenues par M. Merlin, socialiste.

---

## 364

*Première circonscription de Boulogne-sur-Mer*

### ADAM (Achille)

M. Achille Adam est né à Boulogne-sur-Mer, le 29 décembre 1859.

Il appartient à une ancienne famille boulonnaise. Maire de Boulogne de 1830 à 1848, président du conseil général du Pas-de-Calais, M. Alexandre Adam, son grand-oncle, s'est beaucoup occupé de l'amélioration du port de Boulogne. Le grand-père de M. Adam fut également maire de Boulogne sous l'Empire et président du tribunal de commerce. Enfin son père, M. Achille Adam-Fontaine, décédé en 1887, était conseiller général de Boulogne et député du Pas-de-Calais depuis 1871.

M. Achille Adam est banquier à Boulogne-sur-Mer. Protectionniste, il s'est prononcé pour la modification du régime des traités de commerce, pour la création de sociétés de secours mutuels et de caisses de retraites pour les invalides du travail, l'exécution du Concordat et la liberté religieuse. Revisionniste, il s'est déclaré en 1889 partisan de la consultation nationale sur la forme du gouvernement à donner au pays.

Il fut élu, en 1889, au scrutin de ballottage, par 8,590 voix, contre 7,289 à M. Baudelocque, conseiller général, républicain.

En 1893, il se présenta comme indépendant et fut réélu au premier tour, par 9,686 voix, contre 6,835 voix à M. Baudelocque.

En 1898, M. Achille Adam a été de nouveau réélu, au premier tour de scrutin par 9,610 voix, contre 7,844 à M. Emile Lemaître, radical socialiste, rédacteur en chef de l'*Indépendant* de Boulogne-sur-Mer.

---

## 365

*Deuxième circonscription de Boulogne-sur-Mer*

### DUSSAUSSOY (Paul)

M. Paul Dussaussoy est né à Dunkerque, le 6 janvier 1860. Il est fils de l'ancien député de Calais et arrière-petit-fils de député. Il a été avocat à la Cour d'appel de Paris.

Il est depuis 1889 membre du Conseil général du Pas-de-Calais pour le canton de Marquise.

Il s'est présenté comme républicain libéral et a pris pour base de son programme les réformes sociales.

Il a été élu, le 3 septembre 1893, par 6,858 voix, contre

5,847 à M. Delcluze, socialiste, et 5,289 à M. Boulanger-Bernet, député sortant, républicain.

Il a été réélu, le 22 mai 1898, au scrutin de ballottage par 8,430 voix, contre 8,007 à M. Delcluze, socialiste.

Au premier tour M. Dussaussoy avait obtenu 7,799 voix, M. Delcluze, 4,918, M. Villain, républicain, 3,217, M. Letailleur, socialiste, 2,318.

---

## 366

### *Arrondissement de Montreuil*

## BOUDENOOT (Louis-Charles-François)

M. Louis Boudenoot est né à Fruges (Pas-de-Calais), le 2 mai 1855.

Après de brillantes études au lycée de Saint-Omer, il entra avec le n° 8 à l'Ecole polytechnique et avec le n° 2 à l'Ecole nationale des mines, rang qu'il conserva jusqu'à sa sortie comme ingénieur civil des mines. Il se fit également recevoir licencié en droit à la Faculté de Paris.

En 1879 et 1880, M. Boudenoot collabora au *Mémorial artésien ;* il y publia régulièrement une chronique littéraire et scientifique.

Membre de l'Association polytechnique, il a fait, pendant dix ans, des cours publics et gratuits sur les questions scientifiques et s'est occupé tout spécialement de la distribution de la force motrice à domicile en vue de procurer aux ouvriers en chambre le moyen d'actionner leurs outils et de faciliter ainsi le travail dans la famille. Une application de distribution de la force a été faite par lui et son collègue, M. Petit, dans un des quartiers les plus populeux du centre de Paris, la rue Beaubourg, et a servi de modèle aux entreprises analogues tentées depuis. Ses travaux pratiques lui ont valu d'être maintenu durant quatre années membre du comité de la Société des ingénieurs civils et d'être nommé secrétaire du Comité international de mécanique appliquée, à l'Exposition.

Ancien rédacteur du *Portefeuille économique des machines* et des *Nouvelles Annales de la construction*, M. Boudenoot a publié de nombreux mémoires sur *le Chemin de fer métro-politain de Paris*, sur *les Chemins de fer en Amérique*, sur *le Transport de la force et sa distribution, la Culture rationnelle du blé*, etc.

Conseiller général républicain du Pas-de-Calais depuis 1885 pour le canton de Fruges, M. Boudenoot a pris une part importante à la création de chemins de fer d'intérêt local et au développement des progrès agricoles de ce département. Ses brochures et discours, ses travaux sur les sociétés agricoles, sur les facteurs de la production, sur les syndicats, sur les œuvres de crédit populaire et d'enseignement rural le désignèrent comme candidat à la députation.

En 1889, M. Boudenoot, dans sa circulaire électorale, se déclarait partisan de la protection agricole et industrielle et opṛ sé à la revision.

M. Boudenoot fut alors élu, au premier tour, par 9,163 voix, contre 8,316 obtenues par M. Lhomel fils, candidat des droites.

Dans la dernière Chambre, M. Boudenoot, a fait partie d'importantes commissions ; il a présenté de nombreux rapports sur les questions relatives aux chemins de fer, à la protection du commerce et de l'industrie, au régime des boissons, au régime des sucres, à la réforme successorale (déduction du passif et de l'usufruit), etc.

En juillet 1890, M. Boudenoot prit part à la discussion du budget des contributions directes, et fit voter, par 345 voix contre 136, un amendement à la loi des patentes, ayant pour objet d'exempter les petits fabricants à façon et d'augmenter la patente des grands magasins. En décembre de la même année et les années suivantes, il prononça divers discours remarqués dans la discussion générale du budget, dans celle de la loi portant modification du régime des sucres, etc., etc.

Dans sa circulaire de 1893, M. Boudenoot rappelle cette phrase de son programme de 1889 : « Ni révolution ni réaction, mais la République et la liberté pour tous. » Il se déclare partisan de la stabilité ministérielle, de l'économie dans les finances, d'une sage décentralisation et de prudentes réformes dans l'ordre économique, administratif et social.

M. Boudenoot a été réélu le 20 août 1893, au premier tour de scrutin, sans concurrent, par 13,521 voix sur 15,656 votants. Dans cette seconde législature le député de Montreuil a fait partie des commissions du travail, des chemins de fer, de la réforme successorale, du cadastre, de l'alcool, des patentes, et constamment de la Commission du budget, dont il a été quatre fois rapporteur pour les travaux publics, les postes et télégraphes et la guerre. En 1895, il a prononcé un important discours sur le budget et l'impôt considéré au point de vue socialiste et au point de vue positif, et fait aboutir la réforme de l'administration des bâtiments civils ; il a pris une part active aux travaux de la commission extra-parlementaire de décentralisation.

Il a provoqué la loi, votée en première lecture, comportant la réorganisation du service télégraphique militaire et défendu les projets réformateurs relatifs à la fusion des Etats-Majors particuliers de l'artillerie et du génie, à l'état des sous-officiers, aux cadres et à l'avancement.

Il a amené le gouvernement à proposer l'abaissement des droits sur les alcools industriels et fait voter par la Chambre la loi nouvelle sur la revision du cadastre et la loi établissant la concordance de l'heure française avec le système des fuseaux horaires, etc.

M. Boudenoot a été réélu, le 8 mai 1898, au premier tour de scrutin, sans concurrent, par 15,293 voix, sur 16,740 votants.

---

## 367

*Première circonscription de Saint-Omer*

### RIBOT (Alexandre-Félix-Joseph)

M. Alexandre Ribot est né à Saint-Omer (Pas-de-Calais), le 7 février 1842.

Lauréat de la Faculté de Paris en 1863, il fut reçu docteur l'année suivante et, en outre, licencié ès lettres. Il se fit inscrire au barreau de Paris et fut élu premier secrétaire de la Conférence des avocats.

Substitut au tribunal de la Seine, le 2 mars 1870, il

devint le secrétaire de la Société de législation comparée, dont il est actuellement le président.

Appelé par M. Dufaure, en mars 1875, au ministère de la justice en qualité de directeur des affaires criminelles et des grâces, il échangea ces fonctions contre celles de secrétaire général du ministère de la justice et de conseiller d'Etat.

En décembre 1876, lors de la retraite de M. Dufaure, M. Ribot donna sa démission, et rentra au barreau de Paris.

Pendant la période du Seize-Mai, il fit partie du comité de résistance légale et prit part à la rédaction du mémoire publié contre le délai de convocation des électeurs.

Après l'invalidation de M. Dussaussoy, député de la deuxième circonscription de Boulogne-sur-Mer, M. Ribot se présenta comme candidat républicain et fut élu, le 7 avril 1878, par 7,532 voix, contre 6,465 obtenues par son concurrent bonapartiste. Il siégea au centre gauche ; il vota contre l'amnistie et combattit à la tribune le retour des Chambres à Paris et le projet de loi sur l'enseignement supérieur. Il fut réélu en 1881.

Orateur éloquent, M. Ribot intervint dans la plupart des discussions politiques, budgétaires et autres de quelque importance. Il combattit le ministère Gambetta, prit part à l'interpellation sur les affaires d'Égypte (1er juin 1882), s'opposa à la loi sur la réforme de la magistrature. Plusieurs fois élu membre de la commission du budget, il en fut le rapporteur général en 1882 ; il soutint, en cette qualité, le programme financier présenté alors par M. Léon Say, ministre des finances. Lors des débats relatifs aux mesures à prendre contre les princes des familles ayant régné sur la France (janvier 1883), il repoussa la plupart des propositions successivement faites par le gouvernement, tout en affirmant le droit absolu et entier du gouvernement de parer à tous les événements qui peuvent menacer la République, sauf à demander ensuite aux Chambres la ratification de ses actes. « Ce droit, disait M. Ribot, M. Thiers s'en est servi contre le prince Jérôme ; vous voulez le réglementer, c'est l'affaiblir ; mieux vaut laisser le ministère agir sous sa responsabilité dans toutes les hypothèses que la loi est impuissante à prévoir. »

Après l'affaire de Lang-Son, M. Ribot refusa de voter un

ordre du jour de confiance en faveur du ministère Ferry, tout en accordant les crédits nécessaires à l'occupation du Tonkin.

Aux élections de 1885, M. Ribot échoua dans le Pas-de-Calais avec toute la liste républicaine, en tête de laquelle il avait été inscrit. Il fut cependant réélu, en 1887, lors d'une élection complémentaire, au scrutin de liste, par ce même département. Il prit de nouveau une part importante aux discussions de la Chambre ; il vota toutes les mesures dirigées contre le boulangisme ; il fut un des promoteurs du rétablissement du scrutin uninominal.

Dans sa circulaire de 1889, M. Ribot demandait qu'on en finît avec la politique de groupes et de sous-groupes, et que les républicains se missent d'accord sur une politique de progrès, de modération et d'apaisement.

Professeur à l'Ecole des sciences politiques, M. Ribot est président de la Société générale des prisons, il a été directeur du journal *le Parlement*. Il a publié, en outre, en 1886, une *Biographie de lord Erskine* et, en 1874, un ouvrage sur *l'Acte du 5 août 1873 pour l'établissement d'une cour suprême de justice en Angleterre*.

En 1889, M. Ribot fut élu au premier tour, le 22 septembre, par 6,091 voix, contre 4,481 accordées à M. Lefebvre du Prey, député sortant conservateur, et 612 à M. Duhamel, revisionniste.

Pendant la dernière législature M. Ribot fut appelé à faire partie du cabinet Freycinet (18 mars 1890), en qualité de ministre des affaires étrangères, en remplacement de M. Spuller.

Il conserva ces fonctions dans le cabinet Loubet (27 février 1892). C'est pendant le ministère de M. Ribot que l'alliance franco-russe a été consacrée diplomatiquement. Nommé président du conseil, le 7 décembre 1892, il échangea le portefeuille des affaires étrangères contre celui de l'intérieur, lors du remaniement ministériel du 1er janvier 1893. M. Ribot resta président du conseil, ministre de l'intérieur, jusqu'au 5 avril 1893, date à laquelle il fut remplacé par M. Ch. Dupuy.

Le ministère Ribot fut marqué par de nombreux incidents relatifs à l'affaire de Panama qui atteignit alors toute son acuité.

Le 20 août 1893, M. Ribot fut réélu député par 6,715 voix, contre 2,480 à M. de Lange de Bellefáge, rallié, et 2,157 à M. Lefebvre du Prey, ancien député, conservateur.

Dans la dernière législature, M. Ribot a été appelé à constituer le premier ministère de la présidence de M. Félix Faure (janvier à novembre 1895). Dans ce cabinet, il fut à la fois président du Conseil et ministre des finances.

Il a présidé la concession du renouvellement du privilège de la Banque de France.

Le 8 mai 1898, M. Ribot a été réélu par 6.635 voix, contre 5.004 à M. Lefebvre du Prey, fils de son ancien concurrent, conservateur monarchiste.

---

## 368

*Deuxième circonscription de Saint-Omer*

### JONNART (Charles)

M. Charles Jonnart est né le 27 décembre 1857 à Fléchin (Pas-de-Calais).

Appartenant à une vieille famille républicaine de l'Artois et fils d'un des plus ardents adversaires de l'Empire, M. Charles Jonnart allait entrer au Conseil d'Etat, lorsque M. Tirman, nommé gouverneur de l'Algérie, lui demanda de l'accompagner à Alger, en qualité de chef de cabinet. Il y resta pendant plusieurs années ; la part active qu'il prit à la colonisation lui valut d'être nommé membre du Conseil supérieur.

Rentré à Paris en 1884, comme directeur des affaires algériennes au ministère de l'intérieur, M. Jonnart devint commissaire du gouvernement près le Conseil de préfecture de la Seine.

Conseiller général pour le canton de Fauquembergues en août 1886, il est secrétaire du Conseil général depuis la session d'août 1888.

M. Charles Jonnart fut une première fois porté, en 1885, sur la liste républicaine du Pas-de-Calais, qui échoua tout entière. Le cinquième sur douze, il avait alors obtenu 76,000 voix.

Républicain indépendant, ami de M. Ribot, M. Jonnart dans sa profession de foi de 1889, se déclara partisan d'une République tolérante ouverte à tous, respectueuse de toutes les croyances.

Protectionniste, il s'engageait à réclamer en faveur du travail national une protection efficace et la réforme de l'impôt foncier.

M. Charles Jonnart a collaboré à la *Revue algérienne* et publié plusieurs ouvrages sur *la Propriété indigène en Algérie*, sur *les Impôts en Algérie*, sur *les Traités de commerce et les Tarifs de douane en France*.

En 1889, M. Jonnart fut élu au premier tour de scrutin par 6,762 voix, contre 5,741 accordées à M. Levert, bonapartiste, député sortant.

En 1893, il a été réélu, au premier tour, sans concurrent, par 11,733 voix.

M. Jonnart a été ministre des travaux publics dans le cabinet Casimir Perier (décembre 1893–juin 1894). Il combattit l'application aux ouvriers et employés de l'Etat de la loi de 1884 sur les syndicats professionnels. Ce fut sur cette question posée par M. Jourde que se retira le ministère Casimir Perier, mis en minorité par 251 voix, contre 217.

M. Jonnart a été réélu, le 8 mai 1898, par 12,538 voix, sans concurrent.

---

## 369

### Arrondissement de Saint-Pol

## GRAUX (Georges-Edouard)

M. Georges Graux est né à Saint-Pol, le 15 février 1843.

Son père fut maire de Saint-Pol pendant vingt ans et conseiller général pendant vingt-cinq ans.

M. Georges Graux fit ses études et son droit à Paris. Reçu avocat, il fut longtemps le secrétaire d'Ernest Picard (1867-1873). Secrétaire de la Conférence des avocats en 1868 et 1869, il obtint le prix Paillet.

Pendant la guerre, M. Georges Graux fit la campagne en qualité d'officier des mobilisés du Pas-de-Calais.

Attaché d'ambassade à la légation de France à Bruxelles (1872-1873), il donna sa démission le 24 mai, devint chef de cabinet du ministre de la justice du 17 décembre 1876 au 16 mai 1877, puis chef de cabinet du président du Sénat, alors M. Martel, en 1878 et 1879.

Élu conseiller général du Pas-de-Calais pour le canton de Saint-Pol, le 7 mars 1875, il a été depuis lors constamment réélu. Il est premier vice-président du Conseil général.

En 1881, il fut élu, pour la première fois, député de l'arrondissement de Saint-Pol.

A la Chambre des députés, M. Georges Graux fut membre de la commission du budget, de la commission des lois constitutionnelles, de la commission de la loi municipale. Il a été le promoteur et le rapporteur de la loi de 1885 sur les céréales, dans laquelle, pour la première fois depuis 1860, il fit triompher devant le Parlement les doctrines protectionnistes.

De 1881 à 1885, M. Graux a surtout pris part à la discussion des lois d'affaires, notamment sur le vinage à prix réduit, sur les accidents dans les usines ; il a combattu la loi de 1883 sur la réforme judiciaire.

Il était inscrit en 1881 à l'union démocratique et à la gauche radicale. Il donna sa démission de membre de ce dernier groupe lorsque la majorité de la gauche radicale exigea de ses membres l'adhésion à un programme nouveau qui parut irréalisable à M. Graux et à plusieurs de ses collègues.

Il fut en 1885, au scrutin de liste, battu ainsi que tous les candidats portés sur la liste républicaine du Pas-de-Calais.

Il revint plus activement à ses travaux juridiques, ainsi qu'à sa collaboration à la presse parisienne. Il se livra aussi à diverses études sur les questions à l'ordre du jour dans le Parlement et dans le pays, et fit paraître quelques brochures, entre autres : *les Congrégations religieuses devant la loi : les Conventions avec les grandes compagnies de chemins de fer*, etc.

M. Georges Graux combattit énergiquement le mouvement boulangiste, à Paris et dans le Pas-de-Calais.

C'est comme anti-revisionniste qu'il sollicita de nouveau les suffrages de l'arrondissement de Saint-Pol aux élections législatives de 1889 ; il fut alors élu de nouveau député, au premier tour, par 11,816 voix, contre 6,713 à M. Delisse, député sortant, conservateur.

Depuis 1889, M. Georges Graux prit une part très active à toutes les discussions économiques ; il a été l'un des membres de la commission des douanes qui ont le plus contribué au triomphe du nouveau régime douanier ; il a été rapporteur de nombreux articles du nouveau tarif. Il a fait voter par la Chambre la loi relative aux pétroles à laquelle était liée la convention commerciale conclue avec la Russie. Membre de la commission du budget, il a pris part à toutes les grandes discussions, dans lesquelles l'intérêt agricole était en jeu, et il a fait adopter par la Chambre une réforme importante de la loi sur les sociétés.

Dans ses deux dernières circulaires électorales, M. Georges Graux s'est prononcé pour le maintien du tarif douanier et, s'il y a lieu, pour des majorations de droits sur les produits de l'agriculture. Il estime que le Crédit agricole doit être organisé et avoir pour instruments les syndicats et pour garantie l'assurance des récoltes. Il demande la revision de l'impôt foncier, la réfection du cadastre, le dégrèvement des droits de mutation sur la propriété immobilière, la réalisation la plus prompte possible des réformes sociales à l'ordre du jour. « Il faut, dit M. Graux, aborder cette étude avec l'esprit de notre grande Révolution dont l'éternel honneur sera d'avoir si fortement constitué la propriété individuelle et la liberté individuelle. Ni collectivisme, ni socialisme d'Etat, ni tyrannie des syndicats. Il faut rendre de plus en plus étroite l'union du capital et du travail, du salariat et du patronat. C'est dans cet esprit que j'ai proposé une modification à la loi sur les sociétés, adoptée par le Parlement, qui permet à l'ouvrier industriel de participer aux bénéfices de l'usine où il travaille. »

En 1893, M. Georges Graux fut réélu, au premier tour, par 14,054 voix, contre 3,917 à M. le vicomte de Bizemont, candidat de la droite.

Lorsqu'en 1896, M. Méline devint président du conseil des ministres, M. Graux lui succéda à la présidence de la commission des douanes. En cette qualité, il prit part à toutes les discussions relatives à notre régime économique : droit sur les plombs, primes à la culture du lin et du chanvre, primes à la sériciculture et à la filature. Il fut le rapporteur de la loi sur les sucres, qui fut presque son œuvre.

Réélu sans concurrent en 1898 par 16,828 voix, sur 18,146 votants — le député ayant obtenu le plus grand nombre de suffrages — il a été de nouveau appelé par ses collègues à la présidence de la commission des douanes. Auteur d'un projet de réforme du règlement de la Chambre, tendant à rendre, tout en le simplifiant, plus utile et plus fécond le travail parlementaire, M. Georges Graux a été nommé rapporteur de ce projet.

# PUY-DE-DOME

—

## 7 DÉPUTÉS

—

1893 : MM. Chambige, Guyot-Dessaigne, Bony-Cisternes, Farjon, Girard, Laville, Duchasseint (décédé, remplacé par *M. Chamerlat*).
1898 : Les six députés sortants ont été réélus.

### 370

*Première circonscription de Clermont-Ferrand*

## CHAMBIGE (Léon-François-Claude)

M. Chambige est né à Pont-du-Château, le 21 janvier 1853. Il est docteur en médecine.

Maire de Pont-du-Château, conseiller général, il se présenta aux élections législatives de 1893 comme candidat républicain radical.

Ennemi de toute politique rétrograde, M. Chambige se prononçait pour le maintien des lois scolaire et militaire, la réforme de l'impôt foncier et des prestations, la suppression des taxes sur les droits de circulation, la protection des produits de l'agriculture par le maintien et, s'il le faut, par la surélévation des droits de douane, la création du Crédit démocratique agricole.

« Pour les ouvriers, ajoutait M. Chambige, je veux la liberté complète des syndicats, la seule force qui leur permette la défense de leurs intérêts ; la réduction et au besoin la suppression des impôts de consommation qui pèsent d'une façon si lourde sur les familles des travailleurs ; la réforme des octrois et des patentes. »

2.

Dans sa circulaire de 1898, M. Chambige maintient son programme de 1893. Il déclare qu'il votera le service de deux ans, l'impôt sur le revenu, la revision de la Constitution, la prépondérance devant rester au suffrage universel.

« Respectueux de la liberté de conscience, je considère, dit-il, qu'il importe d'opposer aux empiètements du cléricalisme une inébranlable résistance et que la neutralité vis-à-vis de tous les cultes doit être la règle de l'Etat. »

M. Chambige avait été élu, le 3 septembre 1893, au scrutin de ballottage, par 10,836 voix, contre 8,324 à M. Mège, député sortant, rallié.

Il a été réélu, le 8 mai 1898, contre le même concurrent, au premier tour de scrutin. Il obtint 11.621 voix contre 9.035.

---

## 371

*Deuxième circonscription de Clermont-Ferrand*

# GUYOT-DESSAIGNE (Jean-François-Edmond)

M. Guyot-Dessaigne est né le 26 décembre 1833, à Brioude (Haute-Loire). Il est fils de M. Eugène Guyot, ingénieur en chef des ponts et chaussées et gendre de M. Dessaigne, décédé, en 1886, président du tribunal de Clermont et ancien membre de la Chambre des députés de 1835 à 1846. Il est frère de feu M. Guyot-Montpayroux, ancien député.

Docteur en droit, M. Guyot-Dessaigne entra dans la magistrature et fut successivement substitut à Clermont, procureur à Issoire, avocat général à Riom, juge au tribunal de la Seine. Il donna sa démission en 1879. Il fut nommé chevalier de la Légion d'honneur le 13 décembre 1879.

Conseiller municipal depuis 1860, conseiller général en 1880, M. Guyot-Dessaigne a été élu en 1885, au scrutin de liste, député du Puy-de-Dôme, par 77,650 suffrages.

Il a été notamment: rapporteur de la loi sur le recrutement militaire après la démission de M. Labordère; président de la commission de la réforme du code d'instruction criminelle; vice-président de la commission de réforme du code de procédure civile.

En février 1889, il fut nommé ministre de la justice et des cultes après la démission de M. Ferrouillat, mais il venait à peine d'être nommé que le ministère Floquet fut renversé. M. Guyot-Dessaigne se retira avec lui.

Dans sa circulaire électorale de 1889, M. Guyot-Dessaigne déclarait qu'il voterait de nouveau la revision, pourvu qu'elle ne fût pas demandée en dehors des moyens légaux. Il se prononçait pour la diminution des gros traitements et des frais de justice, le relèvement des droits de douane, une nouvelle répartition des impôts « qui doivent être proportionnels à la fortune de chaque contribuable ». Il réclamait le vote des lois sur les associations et les biens de mainmorte « sans lesquelles la dénonciation du Concordat serait une mesure dangereuse ».

En 1889, M. Guyot-Dessaigne fut élu, au premier tour, par 11,159 voix, contre 6,072 accordées à M. Alexandre Poupon, boulangiste.

Dans les dernières législatures, M. Guyot-Dessaigne a pris une part active aux débats parlementaires; il a été notamment le président de la commission chargée du projet de loi sur la réparation des erreurs judiciaires, etc.

En 1893, M. Guyot-Dessaigne fut réélu, au premier tour, par 13,582 voix, contre 6,409 à M. Colombier, républicain modéré.

M. Guyot-Dessaigne fut ministre des travaux publics dans le cabinet Léon Bourgeois (1er novembre 1895-23 avril 1896).

Il a été réélu, le 8 mai 1898, par 16,010 voix, sans concurrent.

Il a été élu membre et vice-président de la commission de l'armée (novembre 1898).

---

## 372

*Arrondissement d'Ambert*

### FARJON (Adrien)

M. Adrien Farjon est né à Ambert, le 25 janvier 1850. Il est banquier industriel.

Dès 1869, M. Farjon prenait part à la campagne anti-plébiscitaire. Depuis cette époque il a été mêlé à toutes les luttes politiques.

Conseiller municipal depuis 1878, délégué sénatorial aux élections de 1879 et de 1882, il représente depuis quinze ans comme conseiller général le canton de Viverols et a été membre jusqu'en 1889 de la commission départementale.

Membre du conseil départemental de l'instruction publique, président de la Chambre de commerce, président de plusieurs sociétés de secours mutuels, administrateur du collège et des hospices, etc.

M. Farjon a été secrétaire de la Chambre. Il est membre de la commission de comptabilité, de la commission de l'Exposition universelle de 1900, etc.

Elu député au premier tour, en 1889 comme candidat républicain, par 10,000 voix, contre 6,000 à M. le baron de Nervo, monarchiste, M. Adrien Farjon fut réélu, le 20 août 1893, sans concurrent, par 13,587 voix.

Il a été de nouveau élu, le 8 mai 1898, par 11,500 voix, contre 1,400 obtenues par un candidat radical socialiste.

Dans sa circulaire électorale de 1898, M. Farjon se prononce notamment pour le maintien de la loi scolaire et de la loi militaire, contre la revision de la Constitution, contre la séparation des Eglises et de l'Etat.

---

## 373

*Arrondissement d'Issoire*

### BONY-CISTERNES (Antoine)

M. Bony-Cisternes est né à Saint-Cygues (Puy-de-Dôme), le 15 décembre 1847. Il y est propriétaire.

Conseiller d'arrondissement du canton de Champeix, depuis 1880, M. Bony-Cisternes fut nommé maire de Saint-Cygues en 1887. Elu conseiller général, le 28 juillet 1889, il fut désigné comme candidat républicain pour les élections législatives du 22 septembre.

Dans sa profession de foi. M. Bony-Cisternes demandait

la revision de la Constitution « pour établir une République démocratique, un gouvernement fort, des ministères durables, et placer le pays à l'abri des tentatives césariennes et monarchiques ». Il réclamait de nombreuses réformes de tout ordre, « la séparation de l'Eglise et de l'Etat par l'affectation du budget des cultes aux communes, et une loi sur les associations, afin que cette mesure soit sans danger pour la société civile et assure la liberté de conscience et la paix religieuse ». M. Bony-Cisternes est protectionniste.

Il fut élu, au premier tour, par 12,088 voix, contre MM. Catalo et Tixier.

En 1893, il fut réélu par 12,668 voix, contre 10,933 à M. Girot-Pouzol, ancien député, ancien sénateur républicain.

Il a été réélu, le 8 mai 1898, par 14,458 voix, contre 11,178 à M. Girot-Pouzol.

---

## 374

*Première circonscription de Riom*

### GIRARD (Jean-Joseph-Amédée)

M. Girard est né à Riom, le 4 décembre 1826.

Il est docteur en médecine, conseiller général, chevalier de la Légion d'honneur.

Membre du Conseil général du Puy-de-Dôme il se présenta, en 1889, comme candidat républicain. Il ne fut pas élu, mais obtint 8,088 voix, contre 8,640 à M. de Bar, qui fut nommé.

En 1893, M. Girard fut élu, au premier tour, le 20 août, par 9,303 voix, contre 7,517 obtenues par M. de Bar, député sortant, conservateur.

Il a été réélu, le 8 mai 1898, par 11,325 voix, sans concurrent.

---

## 375

*Deuxième circonscription de Riom*

## LAVILLE (Adolphe)

M. Laville est né à Montaigut (Puy-de-Dôme), le 6 juin 1831.

Nommé successivement adjoint et maire de sa ville natale, il est conseiller général du Puy-de-Dôme depuis le mois de juin 1856 sans interruption ; il en a été secrétaire, puis vice-président. Il est chevalier de la Légion d'honneur depuis 1878.

Républicain, il a, dès 1881, représenté le département du Puy-de-Dôme à la Chambre des députés. Il fut réélu en 1885.

Dans les dernières législatures, il a voté les lois d'instruction, la loi des délégués mineurs, les droits sur les céréales et le bétail, la loi militaire, etc.

« J'estime, disait-il dans sa circulaire de 1889, que l'on doit aborder maintenant la série des lois sociales et le remaniement des impôts. Je pose très nettement ma candidature sur le terrain de la République réformatrice. Sans doute il faut protéger directement l'agriculture lorsqu'elle est opprimée par la concurrence étrangère... Mais vous vous endormiriez dans une fausse sécurité si vous pensiez trouver dans ces droits la source d'une prospérité durable et vous vous prépareriez un cruel réveil le jour où une série de mauvaises récoltes imposerait leur suppression et vous livrerait sans défense à la concurrence étrangère. Le salut de l'agriculture est aussi et surtout dans les perfectionnements de la culture, dans la diminution des charges qui écrasent le cultivateur et l'ouvrier et enfin l'élan donné à la consommation par la reprise des grands travaux publics et l'augmentation des disponibilités de tous ceux qui achètent vos produits. »

En 1889, M. Laville fut élu, au second tour, par 11,144 voix, contre 6,943 à M. le duc de Morny, bonapartiste-revisionniste.

En 1893, il a été réélu, par 10,741 voix, contre 3,702 obtenues par M. Conchon, radical socialiste.

Il a été réélu, le 8 mai 1898, par 10,568 voix, contre 5,672 à M. Conchon.

---

# 376

## *Arrondissement de Thiers*

## CHAMERLAT (Noël-François-Victor)

M. Chamerlat est né à Neuville (Puy-de-Dôme), le 28 novembre 1841.

Il a exercé la pharmacie de 1869 à 1885 à Courpière (Puy-de-Dôme) et depuis lors s'est occupé d'agriculture.

Maire de Courpière depuis 1877, conseiller d'arrondissement de 1877 à 1889, conseiller général depuis 1889, il fut élu pour la première fois député, en 1895, comme candidat républicain radical, en remplacement de M. Duchasseint, élu sénateur. M. Chamerlat obtint alors 10,153 voix, contre 9,559 obtenues par M. Marignier, républicain opportuniste.

M. Chamerlat a été réélu, le 8 mai 1898, par 11,295 voix, contre 9,234 accordées à M. Marignier, son concurrent de 1895.

# PYRÉNÉES (BASSES-)

## 7 DÉPUTÉS

1893 : MM. Léon Say (décédé, remplacé par *M. Cassou*), Quintaa, Lafont (décédé, remplacé par *M. Jules Legrand*), Harriague Saint-Martin, Berdoly, Barthou, Clédou.

1898 : MM. Cassou, Quintaa, Jules Legrand, Harriague Saint-Martin, Berdoly, Barthou, Clédou.

## 377

### *Première circonscription de Pau*

### CASSOU (Jean-René)

M. Cassou est né à Simacourbe (Basses-Pyrénées), le 31 mai 1837.

Il est conseiller honoraire à la Cour d'appel de Pau, chevalier de la Légion d'honneur.

Ancien maire, ancien bâtonnier de l'ordre des avocats, ancien conseiller général ; il a été élu, pour la première fois député, le 7 juin 1896, en remplacement de M. Léon Say, décédé.

Il est républicain progressiste.

Il a été réélu, le 9 mai 1898, par 9,122 voix sans concurrent.

## 378

### *Deuxième circonscription de Pau*

### QUINTAA (Justin)

M. Justin Quintaa est né à Portet (Basses-Pyrénées), le 6 septembre 1843.

Docteur-médecin à Portet où il est propriétaire, il s'est spécialement occupé de perfectionnements agricoles, a publié un grand nombre d'études pratiques sur ce sujet ; il a été lauréat dans divers concours d'agriculture.

Conseiller général républicain du département des Basses-Pyrénées, il est vice-président du Conseil général. En 1889, il l'emporta de 900 voix sur le général Boulanger. Dans sa circulaire de 1889, M. Quintaa se déclara partisan du maintien du budget des cultes, de l'application du Concordat, et adversaire de toute mesure susceptible de porter atteinte à l'exercice de la liberté de conscience.

Il fut élu, au premier tour de scrutin, par 7,850 voix, contre 6,379 accordées à M. d'Ariste, conservateur, député sortant.

En 1893, M. Quintaa fut élu sans concurrent par 9,133 voix et en mai 1898, également sans concurrent par 9,387 voix.

---

## 379

*Première circonscription de Bayonne*

### LEGRAND (Jules)

M. Jules Legrand est né à Paris, le 31 août 1857.

Il est agrégé de philosophie, chevalier de la Légion d'honneur, officier de l'Instruction publique.

Il est membre sociétaire de l'Association des journalistes parisiens et de l'Association des journalistes républicains.

Il est républicain progressiste.

Il fut élu pour la première fois le 7 juin 1896, lors d'une élection partielle en remplacement de M. Lafont, décédé.

Il a été réélu le 8 mai 1898, par 7,696 voix, contre 1,959 à M. Sicaud, socialiste.

M. Jules Legrand a été nommé sous-secrétaire d'Etat de l'intérieur, lors de la formation du troisième cabinet Dupuy (novembre 1898).

---

## 380

*Deuxième circonscription de Bayonne*

## HARRIAGUE SAINT-MARTIN (Morrochco)

M. Harriague est né à Hasparreñ (Basses-Pyrénées), le 8 octobre 1849. Il est propriétaire rentier.

Maire de Hasparren, conseiller général, il s'est présenté pour la première fois en 1889, comme candidat républicain, à la députation, mais il ne fut pas élu ; il obtint alors une importante minorité contre M. Labat, bonapartiste.

Dans sa profession de foi de 1893, publiée à la fois en langue française et en langue basque, il disait notamment :

« Tous mes efforts tendront à améliorer, dans la mesure de mes moyens le sort des agriculteurs, et à sauvegarder au mieux vos intérêts.

« Je crois inutile de m'étendre sur la question religieuse ; vous savez le respect que je porte à tout ce qui touche à la religion ; et je suivrai toujours la voie de paix et de conciliation que le pape lui-même a tracée.

« La loi militaire ainsi que la loi scolaire existent ; mais je tiens à vous dire que je serai toujours partisan des réformes utiles et conformes aux véritables aspirations du pays. »

M. Harriague fut élu, le 20 août 1893, au premier tour de scrutin par 5,351 voix, contre 3,772 à M. Diharassary, prélat du pape, conservateur.

Il a été réélu, le 8 mai 1898, par 7,889 voix, sans concurrent.

---

## 381

*Arrondissement de Mauléon*

## BERDOLY (Martial-Henri)

M. Berdoly est né à Bordeaux, le 29 février 1844. Il est avocat, ancien sous-préfet, ancien conseiller général des Basses-Pyrénées, officier d'Académie, chevalier du Mérite agricole. M. Berdoly fut par la première fois candidat à la

députation sur la liste républicaine qui échoua tout
entière; en 1889, il se présenta comme candidat républicain, contre M. Etcheverry; il ne fut pas élu, mais obtint
alors 5,876 voix, contre 6,851 accordées à M. Etcheverry.

En 1893, M. Berdoly a été élu au premier tour par
6.658 voix, contre 6,143 obtenues par M. Etcheverry, député
sortant, conservateur.

Le 8 mai 1898 M. Berdoly a été réélu, sans concurrent, par 10,184 voix.

## 382

### Arrondissement d'Oloron

### BARTHOU (Jean-Louis)

M. Louis Barthou est né à Oloron-Sainte-Marie (Basses-
Pyrénées), le 25 août 1862.

Avocat, docteur en droit, ancien secrétaire de la conférence des avocats de Paris, ancien rédacteur à l'*Indépendant des Basses-Pyrénées*, M. Louis Barthou a été conseiller
municipal de Pau.

Républicain progressiste indépendant, son programme
de 1889 comprenait une politique d'affaires, des améliorations par des *économies de contrôle* et par des *économies de
réformes*, une répartition nouvelle de l'impôt des patentes
et de l'impôt foncier, le développement de l'enseignement
et l'organisation du Crédit agricole, l'observation du Concordat, le maintien du budget des cultes.

En 1889, M. Barthou fut élu, au premier tour de scrutin,
par 7,035 voix, contre 6,695 à M. La Caze fils, conservateur.

Depuis cette époque, M. Louis Barthou a conquis une
situation politique et parlementaire importante. Orateur
éloquent, il est intervenu dans un grand nombre de
discussions.

Dans son exposé électoral de 1893, M. Barthou insistait
sur la nécessité de la stabilité ministérielle et demandait
avant tout deux choses: 1° un budget en équilibre où les
expédients ne prennent pas la part des chiffres; 2° un
gouvernement. Il demandait la formation d'une majorité
républicaine qui ne s'appuie pas sur les ralliés, le main-

tien des lois militaire et scolaire, l'amélioration du sort des ouvriers par le développement des sociétées de production et de consommation, des sociétés de secours mutuels, de la participation aux bénéfices, la création de caisses de retraites, etc.

M. Barthou fut réélu, le 20 août 1893, au premier tour, par 10,121 voix sans concurrent.

Il a été ministre des travaux publics dans le second cabinet Dupuy (mai 1894-janvier 1895), puis ministre de l'intérieur (avril 1896-juin 1898) dans le cabinet Méline, dont il a souvent défendu la politique, notamment dans un discours qu'il prononça à Bayonne, le 3 octobre 1897 et en de très nombreuses circonstances, à la tribune de la Chambre.

M. Barthou a été réélu, le 8 mai 1898, sans concurrent, par 11,645 voix.

Il est président du groupe des républicains progressistes.

<hr />

## 383

### Arrondissement d'Orthez

### CLÉDOU (Jean-Urbain)

M. Clédou est né à Navarreux (Basses-Pyrénées), le 25 mai 1841. Il est docteur en médecine.

Conseiller général du canton de Navarreux depuis 1878, maire de Navarreux, officier d'Académie, M. Clédou fut élu pour la première fois député, lors d'une élection partielle, le 22 février 1891, en remplacement de M. Louis Vignancour, nommé sénateur.

En 1893, il fut réélu au premier tour, le 20 août, par 10,661 voix, contre 2,498 à M. Prieu, républicain.

M. Clédou est républicain progressiste. Il désire vivement la constitution d'un ministère homogène et d'une majorité républicaine très disciplinée pour soutenir ce ministère jusqu'à la fin de la législature.

Il a été réélu, le 8 mai 1898, par 8,620 voix, contre 6,770 à M. Lagourdette, républicain.

# PYRÉNÉES (HAUTES-)

—

## 4 DÉPUTÉS

—

1893 : MM. Pédebidou, Achille Fould, Alicot, Edmond Blanc.
1898 : Les mêmes.

## 384

*Première circonscription de Tarbes*

### PÉDEBIDOU (Adolphe)

M. Pédebidou est né le 16 décembre 1854, à Tournay
(Hautes-Pyrénées). Il est docteur en médecine et médecin
consultant à Cauterets.

Conseiller général du canton de Tournay depuis 1886,
M. Pédebidou a été réélu sans concurrent en 1892. Il est
président du comice agricole de l'arrondissement de
Tarbes.

Depuis quinze ans, M. Pédebidou a été l'un des républicains les plus militants des Hautes-Pyrénées, où il a
toujours soutenu les candidatures progressistes. Il est
partisan de la revision de la Constitution de 1875 dans un
sens démocratique, et hostile à l'égalité des deux Chambres.
Il se prononce pour la liberté de conscience, de presse, de
réunion, d'association ; le maintien de la loi scolaire et de
la loi militaire ; la décentralisation administrative ; la
suppression d'un grand nombre d'emplois grevant le
budget ; la refonte de notre système d'impôts ; la suppression des grands monopoles financiers ; l'intervention
de l'État dans les rapports du capital et du travail ; la création d'un système d'assurances sociales, etc.

M. Pédebidou déclara qu'il siégerait très à gauche, ne s'inféoderait à aucun groupe et serait l'un des « sauvages » de la Chambre.

Il fut élu au second tour par 7,897 voix, contre 5,250 à M. Cazeaux, ancien député rallié.

Il a été réélu, le 8 mai 1898, par 8,902 voix contre 2,950 à M. Cazeaux, déjà son concurrent en 1893.

---

## 385

*Deuxième circonscription de Tarbes*

### FOULD (Achille)

M. Achille Fould est né le 10 août 1861. Il est le petit-fil de l'ancien ministre des finances de l'Empire, membre du conseil privé de Napoléon III.

En 1889, il fut, en qualité de candidat revisionniste, élu au premier tour, le 22 septembre, par 6,676 voix, contre 5,326 obtenues par M. Nabonne, républicain.

Depuis cette époque, M. Achille Fould s'est rallié à la droite républicaine.

En 1893, il fut réélu au premier tour, le 20 août, par 7,443 voix, contre 1,192 à M. Romain-Besques, socialiste.

Il a été réélu, le 22 mai 1898, au scrutin de ballottage, par 5,965 voix contre 5,729 à M. Achille Sitte, radical.

---

## 386

*Arrondissement d'Argelès*

### ALICOT (Michel)

M. Alicot est né à Montpellier, le 17 juillet 1852.

Il est avocat. Il fut secrétaire de la conférence des avocats de Paris en 1869-1870, sous-préfet en 1871, sous-chef du cabinet du ministre de l'intérieur, M. Victor Lefranc (1872-1873).

M. Alicot fut élu député le 20 février 1876. Après le

16 mai 1877, il fut l'un des signataires du manifeste des 363.

Non réélu à cette époque, il fut nommé maître des requêtes au Conseil d'État en 1879.

Réélu député en 1881, il ne fit pas partie de la Chambre de 1885. Il a été élu député de l'arrondissement d'Argelès, le 13 novembre 1892, en remplacement de M. le marquis de Breteuil, démissionnaire à la suite d'une lettre qui fit alors grand bruit.

Le 20 août 1893, M. Alicot a été réélu au premier tour par 6,690 voix, contre 2,616 à M. Ortmans, républicain.

Il a été réélu, le 8 mai 1898, par 5,707 voix sans concurrent.

---

## 387

*Arrondissement de Bagnères-de-Bigorre*

### BLANC (Edmond)

M. Edmond Blanc est né à Paris le 22 février 1856.

Il est propriétaire, éleveur et maire de la Celle-Saint-Cloud.

Il s'est particulièrement occupé des questions d'agriculture et de l'amélioration de la race chevaline en France.

Il est membre du Conseil supérieur des haras.

Il est chevalier de la Légion d'honneur et commandeur de l'ordre impérial de Saint-Anne de Russie.

Dans sa circulaire électorale de 1893, il disait notamment :

« Sincèrement républicain, je n'ai jamais cessé de réclamer la liberté pour chacun sans distinction de croyance ou d'opinion ;

« Je veux la République libre pour tous et ouverte à tous ;

« J'accepte toutes les lois du Gouvernement, y compris les lois militaire et scolaire, appliquées sans vexations ;

Il fut élu au scrutin de ballottage, le 3 septembre 1893, par 10,451 voix, contre 7,879 à M. Cabardos, conseiller général, républicain. Invalidé, il fut réélu par 10.193 voix.

Il a été réélu, le 8 mai 1898, par 9,389 voix contre 8,852 à M. Ozun, radical.

# PYRÉNÉES-ORIENTALES

—

## 4 DÉPUTÉS

—

1893 ✍MM. Rolland, Émile Brousse (démissionnaire, remplacé par *M. Bourrat*), Pams, Escanyé.
1898 : MM. Rolland, Bourrat, Pams, Escanyé.

## 388

*Première circonscription de Perpignan*

### ROLLAND (Edouard)

M. Edouard Rolland est né à Perpignan, le 7 mai 1833.

Longtemps comptable à Perpignan, il est conseiller municipal de cette ville, depuis 1870.

Républicain, il n'a pas publié de profession de foi, mais a développé dans diverses réunions publiques un programme où il s'est déclaré résolument progressiste en politique, protectionniste en matière d'économie politique et partisan de la liberté de conscience.

En 1889, il fut élu au second tour de scrutin par 6,770 voix, contre 5,507 à M. Servia, boulangiste.

En 1893, il fut réélu le 20 août, au premier tour, par 4.771 voix, contre 4,594 à M. Eloi Riu, radical socialiste, et 52 à M. Brassou, revisionniste.

Il a été réélu, le 22 mai 1898, au scrutin de ballottage, par 5,511 voix, contre 3,411 à M. Alavail, socialiste et 300 à M. Vicère, socialiste.

———

## 389

*Deuxième circonscription de Perpignan*

### BOURRAT (Jean)

M. Bourrat est né à Saint-André (Pyrénées-Orientales), le 12 décembre 1859.

Il est ingénieur civil.

Ancien conseiller municipal de Perpignan, conseiller général du canton est de Perpignan, M. Bourrat fut pour la première fois élu député, le 12 janvier 1896, en remplacement de M. Émile Brousse, démissionnaire.

Il est radical socialiste.

Il a été réélu, le 8 mai 1898, au premier tour, par 6,735 voix, contre 2,869 à M. Bardou, ancien maire de Perpignan, républicain.

---

## 390

*Arrondissement de Céret*

### PAMS (Jules)

M. Jules Pams est né à Perpignan, le 14 août 1852.

En 1889, il s'était présenté comme candidat radical; il ne fut pas élu, mais il avait obtenu contre M. Bartissol, qui fut nommé, une forte minorité.

Il est membre du conseil général.

En 1893, M. Pams fut élu, au premier tour, par 5,072 voix, contre 4,383 à M. Bartissol, député sortant, républicain.

Il a été réélu, le 8 mai 1898, sans concurrent.

---

## 391

*Arrondissement de Prades*

### ESCANYÉ (Frédéric)

M. Frédéric Escanyé est né à Thuir (Pyrénées-Orientales), le 15 mai 1833. Il est fils de Ferdinand Escanyé qui fut

22

député de Prades après 1830, et petit-fils de Sébastien Escanyé, député à l'Assemblée législative (1791-1792).

M. Escanyé est avocat. Il a été cinq fois député depuis 1876. Il a toujours été élu comme républicain. Il fut l'un des 363.

M. Escanyé s'était présenté dans le canton de Thuir, aux élections des conseils généraux de juin 1870, sous l'empire, comme candidat de l'opposition, après avoir énergiquement combattu le plébiscite. Il échoua.

Pendant la guerre de 1870-1871, il fut officier des mobilisés et vice-président du comité de défense.

M. Escanyé a été conseiller municipal de Perpignan, d'avril 1871 à janvier 1878.

Il est actuellement conseiller général du canton de Sournia (arrondissement de Prades), depuis le mois d'avril 1881. Il avait été antérieurement conseiller général du canton de Thuir, d'octobre 1871 au mois d'août 1880. De 1871 à 1878, il a été secrétaire du Conseil général et de 1871 à 1876, membre de la commission départementale.

Aux élections de 1885, la liste républicaine sur laquelle M. Escanyé était porté échoua contre la liste radicale socialiste. M. Escanyé ne se présenta pas aux élections générales de 1889.

Il rentra à la Chambre en mars 1891, lors d'une élection partielle en remplacement de M. Edouard Vilar, élu sénateur.

Dans sa circulaire de 1893, M. Escanyé rappelait qu'il a toujours été un démocrate sincère. Il s'y prononce pour le maintien des lois douanières protectrices du travail national, agricole et industriel. Il demande que tous les dégrèvements qui seront possibles soient opérés au profit de l'agriculture, et que l'impôt soit réparti d'une façon plus équitable.

M. Escanyé fut élu, au premier tour, le 20 août 1893, par 5,801 voix, contre 700 qui se sont réparties sur deux autres candidats.

Il a été réélu, le 8 mai 1898, par 6,314 voix, contre 592 à M. Noé, conservateur, et 526 à M. le marquis de Dax d'Axat, conservateur.

# RHIN (HAUT-)

*Territoire de Belfort*

—

## 1 DÉPUTÉ

———

1893 : M. Viellard-Migeon.
1898 : Le même.

## 392

### VIELLARD (Armand)

M. Armand Viellard est né à Méziré (Haut-Rhin), le 22 septembre 1842.

Fils de M. Viellard-Migeon, le grand industriel alsacien qui fut sénateur de Belfort, M. Armand Viellard dirige les grands établissements de Morvillars, Granvillars (Haut-Rhin), Saint-Hippolyte (Doubs), comprenant des forges, tirerie de fils de fer, manufacture de vis à bois, etc., etc.

Pendant la guerre de 1870, M. Armand Viellard organisa la garde nationale de Belfort, et en fut le capitaine.

Il est administrateur du canal de Suez, membre de la Société nationale d'agriculture de France, président de la Société forestière de Franche-Comté, commandeur de l'ordre du Medjidieh, etc.

Maire de Morvillars, depuis 1871, M. Armand Viellard se présenta comme candidat conservateur libéral aux élections du 4 octobre 1885, et fut élu contre M. Fréry, député sortant. A la Chambre M. Viellard s'est surtout occupé des questions commerciales et industrielles.

Dans sa profession de foi de 1893, M. Armand Viellard s'exprimait ainsi :

« J'accepte franchement la République, comme forme de gouvernement, sous la réserve, bien entendu, qu'elle soit libérale, tolérante, ouverte à tous, et non l'œuvre de sectaires. »

Il demande notamment : la protection contre la concurrence étrangère de notre agriculture trop délaissée, de notre industrie et du travail des ouvriers français ; la paix religieuse ; l'extension des libertés municipales ; l'économie dans les finances.

Non réélu en 1889, M. Viellard se présenta comme républicain en 1893 et a été nommé, le 20 août, au premier tour, par 8,752 voix, contre M. Grisez, député sortant, radical, qui en obtint 7,255.

Il a été réélu, en 1898, par 9,272 voix, contre 8,067 accordées à M. Schneider, maire de Belfort.

# RHONE

—

## 11 DÉPUTÉS

—

1893 : MM. Burdeau (décédé, remplacé par *M. Alfred Faure*), Clapot, Guichard (décédé, remplacé par M. Bonard), Masson, Couturier, Fleury-Ravarin, Bérard, Aynard, Genet, Million, Sonnery-Martin.

1898 : MM. *de Lanessan, Gourd*, Bonard, *Florent, Krauss*, Fleury-Ravarin, *Colliard*, Aynard, Genet, Million, *Palix*.

## 393

*Première circonscription de Lyon*

### LANESSAN (Jean-Marie-Antoine de)

M. de Lanessan est né à Saint-André-de-Cubzac, le 13 juillet 1843.

Descendant d'une vieille famille d'origine bretonne établie en Gascogne, il achevait ses études de médecine pour obtenir l'agrégation lorsqu'il organisa une manifestation en faveur des condamnés de la Commune et conduisit à Versailles la délégation des écoles chargée de solliciter de M. Thiers la grâce de Rossel.

Dès 1862, M. de Lanessan s'était embarqué en qualité de médecin de la marine sur un navire de l'État et, durant huit années, il exerça dans les postes les plus malsains de la Cochinchine et de l'Afrique occidentale. A peine rentré en France au début de la guerre, il vit refuser sa demande de faire partie de l'escadre de la Baltique, donna sa démission, et fit la campagne comme chirurgien-major des mobilisés de la Charente-Inférieure.

Après la guerre, il revint à Paris.

Nommé, à la suite d'un concours, en 1875, professeur agrégé d'histoire naturelle de la faculté de médecine de Paris, M. de Lanessan a publié un grand nombre d'ouvrages scientifiques de politique et d'économie sociale : *le Transformisme* ; une *Histoire naturelle médicale* en 3 volumes ; un *traité de Zoologie*, devenu classique ; *la Botanique*, dans la bibliothèque des sciences contemporaines ; la *Lutte pour l'existence et l'association pour la lutte* ; la *Flore des environs de Paris* ; l'*Introduction à la botanique*, dans la bibliothèque scientifique internationale ; une *Introduction aux œuvres de Buffon* ; l'*Expansion coloniale de la France* ; la *Tunisie* et l'*Indo-Chine française*, où sont exposées les observations administratives agricoles, commerciales et industrielles, faites au cours de sa mission (1886-87) dans nos diverses possessions d'outre-mer.

En même temps que ses cours de Faculté sur l'organisation et l'embryogénie animales, M. de Lanessan a fait un grand nombre de conférences de vulgarisation scientifique, des traductions d'articles politiques dans différents journaux, dirigé la *Revue internationale des sciences biologiques*, sorte d'encyclopédie transformiste, enfin collaboré également au *Grand dictionnaire de botanique* et à d'autres publications savantes de toute espèce.

Elu en 1879, conseiller municipal de Paris par le quartier de la Monnaie, et réélu en 1881, M. de Lanessan fut, au Conseil municipal, l'un des principaux défenseurs des franchises communales de la capitale.

En 1881, il fut élu par la 2e circonscription du Ve arrondissement.

En 1885 il fut élu, sur la liste de l'Union républicaine du département de la Seine, le 8e sur 34 par 287,900 voix. Il fut réélu en 1889, après le rétablissement du scrutin uninominal, par son ancienne circonscription, avec 4,875 voix contre 4,368 à M. Lenglé, ancien député, boulangiste.

Pendant ces diverses législatures, il prit une part active aux débats parlementaires, vota avec le groupe radical, et fut, à plusieurs reprises, membre de la commission du budget. Il fut aussi membre des commissions d'assainissement de la Seine, de la réforme des octrois et de la commission d'enquête (dite des quarante-quatre), sur la situation des ouvriers de l'agriculture et de l'industrie. Délégué chargé d'étudier les conditions du travail dans le nord et le centre de la France, en Allemagne et en Suisse, c'est comme rapporteur de cette délégation qu'il écrivit un rapport des plus détaillés sur la situation des ouvriers de Lyon et de Saint-Etienne. Il intervint à plusieurs reprises dans la discussion des questions qui intéressent la marine.

En 1891, M. de Lanessan fut nommé gouverneur général de l'Indo-Chine française et conserva ses hautes fonctions jusqu'au commencement de 1895.

Depuis cette époque, M. de Lanessan a publié, notamment dans le *Rappel*, de nombreux articles sur l'organisation de nos colonies.

Candidat dans la 1re circonscription de Bordeaux, le 21 février 1897, il obtint 3,578 voix mais fut battu par M. Chiché, revisionniste.

Il a été élu, comme candidat républicain radical, au scrutin de ballottage, le 22 mai 1898, par 4,149 voix, contre 4,127 à M. le général Voisin, ancien gouverneur de Lyon, républicain.

Au premier tour, M. le général Voisin avait obtenu 3,637 voix, M. de Lanessan 2,360, M. Peronin 883, M. Faure 759, M. Bessières 653.

M. de Lanessan succède dans cette circonscription à M. Alfred Faure, député sortant, radical, élu le 3 février 1895 en remplacement de M. Burdeau, décédé.

Il a été élu vice-président de la commission des colonies.

---

## 394

### *Deuxième circonscription de Lyon*

### GOURD (Alphonse-Ramsay)

M. Alphonse Gourd est né à New-York, le 7 septembre 1850.

Il est avocat à la Cour d'appel de Lyon, docteur en droit, ancien secrétaire de la Conférence des avocats de Paris.

M. Gourd est, en outre, licencié ès lettres, bachelier ès sciences, correspondant de l'Académie de législation de Toulouse. Il est membre du comité des présidents des Sociétés de secours mutuels de Lyon, l'un des membres du Conseil de direction de la Caisse d'épargne et de prévoyance de Lyon et du Rhône, collaborateur du comité de législation étrangère au ministère de la justice, de l'Annuaire de législation étrangère, du Bulletin de la Société de législation comparée, l'un des membres de la Société d'économie politique et sociale de Lyon, etc.

Il est l'auteur de divers travaux de droit civil, de droit constitutionnel et public, d'économie politique et sociale, etc.

Il est capitaine d'artillerie territoriale.

Élu conseiller général du 1er canton de Lyon en 1894, réélu en 1895, M. Gourd a été élu pour la première fois député, le 8 mai 1898, par 4,989 voix, contre 4,463 à M. Clapot, député sortant, républicain radical.

M. Gourd est républicain libéral progressiste.

- - -

## 395

*Troisième circonscription de Lyon*

### BONARD (Étienne-Alexandre)

M. Bonard est né à Lyon, le 30 mars 1855.

Il est peintre en décors.

Ancien conseiller municipal de Lyon, il est socialiste blanquiste.

Il a été pour la première fois élu député, le 29 septembre 1895, en remplacement de M. Guichard, décédé.

Il a été réélu, le 22 mai 1898, au scrutin de ballottage par 4,204 voix, contre 3,421 à M. Buffaud, républicain et 1,161 à M. Dequaire, radical.

Au premier tour, M. Bonard avait obtenu 3,157 voix, M. Buffaud 2,291, M. Dequaire 1,562, M. Ponet, protestataire, 807, M. Grossetête, radical socialiste, 592, M. Grivet, conservateur, 497.

- - -

## 396

*Quatrième circonscription de Lyon*

### FLORENT (Alexandre)

M. Florent est né à Lyon, le 4 février 1849.

Il est propriétaire.

Il a été élu pour la première fois député, le 22 mai 1898, au scrutin de ballottage, par 2,858 voix, contre 2,348 à M. Achille Lignon, républicain et 1,739 à M. Crescent, radical socialiste.

Au premier tour, M. Lignon avait obtenu 1,564 voix, M. Crescent 1,402, M. Florent 1,370, M. Marietton 1,060, M. Masson, député sortant, socialiste, 698, M. Challiol, conservateur, 610.

M. Florent appartient à l'opinion socialiste. Il remplace M. Masson, député sortant, socialiste.

---

## 397

*Cinquième circonscription de Lyon*

### KRAUSS (Philippe)

M. Philippe Krauss est né à Lyon, le 14 janvier 1853.

Il est représentant de commerce.

Elu par 4,300 voix, en 1896, conseiller municipal du 5e arrondissement de Lyon, il a été rapporteur, dans ce Conseil, de la commission des grands travaux et de l'emprunt.

Il appartient au groupe radical socialiste.

Il a été élu, le 22 mai 1898, au deuxième tour de scrutin, député de la 5e circonscription de Lyon (La Croix Rousse), par 3,400 voix, contre 2,600 à M. Flourens, ancien ministre des affaires étrangères, député sortant des Basses-Alpes, républicain.

---

398

*Sixième circonscription de Lyon*

## FLEURY-RAVARIN

M. Fleury-Ravarin est né à Lyon-Vaïse, le 21 avril 1861.

Docteur en droit, diplômé de l'Ecole libre des sciences politiques, M. Fleury-Ravarin fut reçu au concours de 1885 pour l'auditorat au Conseil d'État avec le numéro 1.

Il fut élu conseiller général du cinquième canton de Lyon en juillet 1890.

Chef adjoint du cabinet du ministre du commerce et de l'industrie (M. Siegfried), M. Fleury Ravarin, nommé secrétaire du Conseil supérieur de l'Assistance publique, fut chargé du rapport sur les secours à domicile à Paris (février 1893).

Il est secrétaire général de la Société française des habitations à bon marché, membre du Comité consultatif des chemins de fer, du Conseil supérieur du travail.

En 1893, M. Fleury-Ravarin se présenta comme républicain de gouvernement.

Il fut élu député, au scrutin de ballottage, le 3 septembre 1893, par 3,256 voix, contre 2,624 à M. Guillaume, député sortant, républicain et 1,847 à M. Monvert, socialiste.

Au cours de la dernière législature, M. Fleury-Ravarin, qui fait partie du groupe progressiste, a déposé et défendu à la tribune plusieurs propositions de loi relatives à la réorganisation du gouvernement de l'Algérie, au régime des boissons, à la réforme du marché financier. Il a fait partie de la Commission de la mendicité, qui l'a chargé de rédiger un rapport sur l'organisation de l'assistance aux infirmes et aux chemins de fer. Il a été membre de la commission du budget de 1897.

M. Fleury-Ravarin a été réélu, le 8 mai 1898, par 5,353 voix, contre 1,965 à M. d'Eyssautier, conservateur, 1,226 à M. Novet, socialiste collectiviste, 821 à M. Giret, blanquiste, 206 à M. Jammarin, radical.

Il a été élu secrétaire de la Chambre des députés (janvier 1899).

## 399

*Septième circonscription de Lyon*

## COLLIARD (Pierre)

M. Colliard est né à Jons (Isère), le 30 avril 1852.

Il est négociant.

Conseiller municipal de Lyon de 1888 à 1896, il appartient à l'opinion radicale socialiste. Il est pour la *première fois* député. Il a été élu au scrutin de ballottage, le 22 mai 1898, par 4,788 voix, contre 4,767 à M. Fontaine, républicain.

Au premier tour, M. Colliard avait obtenu 2,467 voix, M. Fontaine 2,387, M. Bornet, républicain libéral, 2,016, M. Ernest Bérard, député sortant, radical, 1,349, M. Darme, socialiste, 1,048.

---

## 400

*Huitième circonscription de Lyon*

## AYNARD (Édouard)

M. Aynard est né à Lyon, le 1er janvier 1837.

Banquier, ancien conseiller municipal de Lyon, président de la Chambre de commerce de Lyon, régent de la Banque de France, il a participé à la fondation ou à l'administration de la plupart des grandes sociétés financières ou industrielles de la région lyonnaise, ainsi que des œuvres d'intérêt public et d'assistance.

M. Aynard s'est occupé surtout des questions économiques et sociales, de l'enseignement et de l'application des arts. Il a fait plusieurs publications sur ces questions et écrit des monographies sur Lyon et l'industrie lyonnaise. Il est officier de la Légion d'honneur.

En 1889, il se présenta comme républicain libéral.

Il fut élu, le 6 octobre, au scrutin de ballottage, par 11,863 voix, contre 6,918 obtenues par M. Huguet, monarhste.

Pendant les deux dernières législatures, M. Aynard a pris une part active aux discussions économiques et sociales de la Chambre. Il a été rapporteur du projet de loi relatif aux caisses d'épargne.

En 1893, M. Aynard avait été réélu, au premier tour, le 20 août, par 10,701 voix, contre 3,001 à M. Delhorbe, républicain.

En 1898, M. Aynard a été réélu, au premier tour, par 10,350 voix, contre 7,000 à M. Dru, radical, 1,750 à M. Pinchaud, socialiste et 200 à M. Ruban, socialiste chrétien.

M. Aynard a été élu, le 8 novembre 1898, vice-président de la Chambre des députés et réélu en cette qualité, en janvier 1899.

---

## 401

*Neuvième circonscription de Lyon*

### GENET (Pierre-Eugène)

M. Genet est né à Chalon-sur-Saône, le 23 avril 1850.

Ancien notaire, propriétaire à Condrieu (Rhône), maire et conseiller général, M. Genet se présenta à la députation, en 1889, en concurrence avec MM. Prenat, conservateur et Guyaz, républicain ; il obtint 4,775 voix et se désista au second tour par discipline républicaine.

Dans l'Isère où il était notaire, M. Eugène Genet a toujours lutté pour la République. Adjoint au maire de Saint-Jean-le-Bournay, suppléant du juge de paix, il a créé l'Association républicaine du canton, etc.

Il fut élu, le 3 septembre 1893, au scrutin de ballottage, par 8,751 voix, contre 8,728 obtenues par M. Prenat, député sortant, membre de la droite.

Au premier tour, M. Prenat avait obtenu 7,881 voix, M. Genet, 6,352, M. Nony, socialiste, 4,391.

En 1898, M. Genet a été réélu, le 22 mai, au second tour, par 12,318 voix, contre 11,049 à M. Prenat, son ancien concurrent.

## 402

*Première circonscription de Villefranche*

# MILLION (Louis)

M. Louis Million est né à Lyon, le 18 septembre 1829. Il descend d'une très ancienne famille du Beaujolais.

Il est avocat à la Cour de Lyon, maire de Quincié depuis 1870 Conseiller général du Rhône de 1874 à 1886, époque à laquelle il a donné sa démission, il fut successivemen vice-président, puis président du Conseil et membre de la Commission départementale.

Ancien président de la Commission administrative de l'Asile des aliénés de Bron, ancien membre du Conseil départemental de l'instruction publique du Rhône, président du Comité de vigilance du département pour la défense des vignes contre le phylloxéra, membre du Conseil d'agriculture à Paris, il s'est beaucoup occupé des questions viticoles. Il a publié de nombreux ouvrages de dr it, notamment un *Manuel à l'usage des juges de paix ;* un *Traité sur le contrat d'apprentissage ;* un *Traité sur les engagements des ouvriers à l'usage des pru d'hommes et de juges de paix ;* un *Répertoire des greffiers des justices de paix,* etc. Il est officier d'Académie. Elu pour la première fois député le 4 mars 1882, il fut réélu en octobre 1885.

Dans sa profession de foi d'alors, il disait: « J'ai fait mes efforts pour amener la concentration des forces républicaines afin de constituer un gouvernement fort, capable de défendre la République contre la coalition inavouable des monarchistes, bonapartistes et césariens sans aveu. Je continuerai à consacrer toute mon activité au développement de la prospérité morale et matérielle de mon pays, au maintien de la paix intérieure et extérieure, à la protection de ses intérêts agricoles, qui sollicitent, pour le moment, toute notre attention. »

En 1889. M. Louis Million fut nommé, au premier tour de scrutin, par 11,550 voix.

En 1893, il fut réélu, au premier tour, par 6,874 voix contre 5,949 à M. Marmonnier, républicain.

23

Il a été réélu, le 8 mai 1898, par 10,665 voix, contre 1,644 à M. Sylvestre, socialiste.

---

## 403

*Deuxième circonscription de Villefranche*

### PALIX (Henri)

M. Palix est né le 14 novembre 1863, à Saint-Julien-en-Saint-Alban (Ardèche).

Il est avocat à la Cour d'appel de Lyon.

Il est socialiste.

Il a été élu, au premier tour, le 8 mai 1898 par 10,089 voix, contre 8,548 à M. Sonnery-Martin, député sortant.

# SAONE (HAUTE-)

—

## 4 DÉPUTÉS

—

1893 : MM. Mercier (décédé, remplacé par M. *Bontemps*), Chaudey, Lebrun (décédé, remplacé par M. *Genoux-Prachée*), Signard (élu sénateur et remplacé par M. Couyba).

1898 : MM. Bontemps, Couyba, de *Salignac-Fénelon, Alfred Colle.*

### 404

*Arrondissement de Vesoul*

### BONTEMPS (Charles-François-Xavier)

M. Bontemps est né à Jussey (Haute-Saône), le 22 avril 1840.

Il est docteur en médecine. De 1859 à 1868 il a appartenu au corps de santé militaire ; il était médecin aide-major de 1re classe lorsqu'il donna sa démission.

M. Bontemps est maire de Jussey, vice-président du Conseil général de la Haute-Saône, président du Comice agricole, président du syndicat viticole de Jussey, médecin de la Compagnie des chemins de fer de l'Est, médecin adjoint des épidémies, chevalier de la Légion d'honneur, décoré de la médaille coloniale, officier d'académie, chevalier du mérite agricole, titulaire de deux médailles d'argent du ministre de l'intérieur pour le service de la vaccine.

Il fut, pour la première fois, élu député le 17 octobre 1897, en remplacement de M. Mercier décédé. Il obtint alors 12,200 voix, contre 8,900 à M. Goury, républicain de gouvernement.

Il fit partie de la gauche démocratique.

Son programme se résume ainsi : Réformes démocratiques et notamment réforme de l'impôt, neutralité, laïcité et souveraineté de l'Etat, maintien des lois scolaire et militaire.

M. Bontemps a été réélu, le 22 mai 1898, par 13,182 voix, contre 1,721 accordées à M. Léon Touranchet, antisémite.

---

## 405

*Arrondissement de Gray*

### COUYBA (Charles-Maurice, dit Maurice Boukay)

M. Charles Couyba est né à Dampierre-sur-Salon (Haute-Saône), en 1866.

Il est professeur, homme de lettres, publiciste.

Licencié ès lettres, licencié en droit, professeur agrégé de l'Université, il a publié plusieurs volumes de poésies et de chansons sous le pseudonyme de Maurice Boukay.

Elu conseiller général de la Haute-Saône, le 28 juillet 1895, contre M. le duc de Marmier, il fut pour la première fois élu député, — en remplacement de M. Signard, élu sénateur, — le 28 février 1897, par 8,749 voix, contre 6,164 à M. Philippe-Charles, radical.

M. Couyba se présenta comme républicain radical indépendant.

Il a été réélu, au premier tour, le 8 mai 1898, par 9,710 voix, contre 1,696 à M. Parenty, conservateur, et 83 à M. Hugueney, libéral.

---

## 406

*Première circonscription de Lure*

### SALIGNAC-FÉNELON (Jean de)

M. de Salignac-Fénelon est né à Paris, le 4 septembre 1858.

Ancien capitaine de cavalerie, il est pour la première fois député.

Il s'est présenté comme « républicain progressiste. »

Il a été élu au deuxième tour de scrutin, le 22 mai 1898, par 8,592 voix, contre 7,267 à M. Chaudey, député sortant, républicain.

Au premier tour, M. de Salignac-Fénelon avait obtenu 7,040 voix ; M. Chaudey, 3,772 ; M. Peroz, radical, 3,215 ; M. Berthod, radical, 1,103.

---

## 407

*Deuxième circonscription de Lure*

## COLLE (Alfred)

M. Alfred Colle est né à Luxeuil (Haute-Saône), le 28 juin 1847.

Il est industriel.

Pendant la guerre de 1870, il prit part à la défense de Belfort.

Il s'est présenté comme républicain de gouvernement « croyant fermement que la politique d'apaisement et d'union dans la République inaugurée par le ministère Méline est seule capable de garantir nos libertés et d'assurer à la France une ère de travail fécond et de réformes démocratiques sagement progressive. »

Il demande notamment, dans sa circulaire électorale, des réformes parlementaires portant notamment sur la diminution du nombre des députés, la réglementation du droit d'interpellation ; la suppression de toutes les fonctions inutiles (sous-préfectures, recettes particulières, etc.) ; la revision du cadastre ; la réduction des frais de justice, la réforme de plusieurs de nos lois fiscales, etc.

M. Alfred Colle a été élu, le 8 mai 1898, par 8,050 voix, contre 6,732 à M. Genoux-Prachée, député sortant, radical qui avait, le 19 août 1894, remplacé M. Henri Lebrun, élu en 1893, décédé.

---

# SAONE-ET-LOIRE

—

## 9 DÉPUTÉS

—

1893 : MM. Dubief, Henri de Lacretelle, Magnien, Paul Schneider, Charles Boysset, Gillot, Franc (décédé, non remplacé), Sarrien, Lucien Guillemaut (élu sénateur, non remplacé).

1898 : MM. Dubief, *Simyan*, *Périer*, *E. Schneider*, Boysset, Gillot, *Chavet*, Sarrien, *L. Mathey*.

### 408

*Première circonscription de Mâcon*

## DUBIEF (Jean-Baptiste-Fernand)

M. Fernand Dubief est né le 14 octobre 1850 au château de Varennes, près Mâcon.

Son père, docteur en droit, résista au coup d'État en 1851 et fut condamné à la déportation en Algérie ainsi que plusieurs membres de sa famille. Resté orphelin à onze ans, Fernand Dubief eut pour tuteur Charles Rolland, ancien représentant du peuple en 1848 et maire de Mâcon, qui fut après 1870, député, puis sénateur de Saône-et-Loire.

M. Fernand Dubief, après avoir fait ses études au lycée Lamartine à Mâcon, commença à Lyon ses études médicales. Il fit la campagne de 1870-1871 comme ambulancier à l'armée de la Loire et comme major auxiliaire à l'armée de l'Est.

Après la guerre, il reprit ses études médicales, fut interne des Hôpitaux et préparateur d'anatomie à l'Ecole des Beaux-Arts de Lyon, et fut reçu docteur en 1877, à la Faculté de Paris.

En 1880, M. Dubief fut élu conseiller général du canton

de La-Chapelle-de-Guinchay. Conseiller municipal et maire de Romanèche-Thorins. Il dirigea alors l'*Union républicaine* de Saône-et-Loire.

En 1886, il fut nommé directeur de l'asile d'aliénés de Saint-Pierre (Saône-et-Loire), puis, en 1892, directeur de l'asile d'aliénés du Rhône.

Il fut, comme candidat radical, élu député au premier tour de scrutin, le 20 août 1893, par 7,127 voix, contre 3,568 à M. le baron du Teil du Havelt, rallié, et 2,383 à M. Plassard, républicain.

Il a été réélu, le 8 mai 1898, par 8,871 voix, contre 5,145 à M. Duréault.

En juin 1898, il a été élu secrétaire de la Chambre des députés et réélu en janvier 1899. Il est membre de la commission du budget.

---

## 409

*Première circonscription de Mâcon*

### SIMYAN (Jules-Antoine)

M. Simyan est né à Cluny, le 15 avril 1850.

Il est maire de Cluny, conseiller général, directeur du *Petit Lyonnais* et de l'*Union républicaine de Saône-et-Loire*.

Elu député de Saône-et-Loire, au scrutin de liste en 1885, par 80,017 voix sur 140,510 votants, il siégea à la gauche radicale. Il fut candidat en 1889 et 1893 dans la deuxième circonscription de Mâcon, mais ne fut pas élu.

Il a été élu, le 8 mai 1898, comme radical socialiste, par 6,917 voix, contre 2,756 à M. Maire, conservateur, et 2,144 à M. Prémillieu, républicain progressiste.

Il succède à M. Henri de Lacretelle, l'un des doyens du Parlement, député sortant, radical, qui ne s'est pas représenté.

---

## 410

*Première circonscription d'Autun*

### PÉRIER (Germain-François-Jean)

M. Périer est né à Château-Chinon (Nièvre), le 24 août 1847.

Il est avocat.

Agriculteur et viticulteur, il a été élu conseiller municipale d'Autun en 1878. Maire d'Autun, depuis 1884, conseiller général depuis 1886, il a été élu pour la première
fois député, le 8 mai 1898, par 6,964 voix, contre 6,385 à
M. Magnien, député sortant, radical.

Il est républicain.

---

## 411

### Deuxième circonscription d'Autun

## SCHNEIDER (Charles-Prosper-Eugène)

M. Eugène Schneider est né au Creusot, le 29 octobre
1868.

Il est le petit-fils de l'ancien président du Corps législatif sous l'Empire et le fils de M. Henri Schneider, député
de la deuxième circonscription d'Autun, de 1889 à 1898.

Il remplace son père, qui ne s'était pas représenté et qui
est décédé depuis lors.

Il est maître de forges au Creusot.

Il s'est présenté comme candidat républicain indépendant.

« Si je deviens votre député, écrivait-il dans sa circulaire, je veux rester en dehors des luttes politiques, et,
fidèle aux traditions de ma famille, me dévouer aux
intérêts de l'agriculture, du commerce et de l'industrie. »

M. Eugène Schneider a été élu, le 8 mai 1898, au premier
tour, par 11,948 voix, contre 3,107 voix à M. Lacomme
républicain et 2,065 à M. Lavaux, socialiste.

---

## 412

### Première circonscription de Châlon-sur-Saône

## BOYSSET (Charles)

M. Charles Boysset est né à Chalon-sur-Saône en 1817.
Après la Révolution de février 1848, M. Boysset, qui était

alors avocat, fut nommé procureur de la République, puis, en 1849, élu député à la Législative, où il siégea à l'extrême gauche.

Arrêté lors du coup d'État du 2 Décembre, M. Ch. Boysset ne put rentrer en France qu'en 1867. Après le 4 Septembre, il fut nommé maire de Chalon, puis commissaire du gouvernement, chargé d'organiser la défense dans les départements de la Côte-d'Or et de Saône-et-Loire.

Il échoua aux élections générales du 8 février 1871, mais fut élu à l'Assemblée nationale, le 2 juillet de la même année, par 69,746 voix. Réélu dans la première circonscription de Châlon-sur-Saône aux élections du 20 février 1876, à une très forte majorité, ainsi qu'aux scrutins successifs de 1877, 1881, 1885 et 1889, il a continué à siéger à l'extrême gauche. Il a pris une part très importante aux débats parlementaires. Il n'a cessé de réclamer l'abrogation du Concordat, la suppression du budget des cultes. Il a combattu la loi établissant le scrutin de liste. Il a toujours eu un rôle politique des plus actifs.

Le Conseil général de Saône-et-Loire, dont il est membre depuis plus de trente ans, l'a plusieurs fois choisi pour son président.

M. Charles Boysset a publié un grand nombre d'écrits politiques, depuis l'époque où il collaborait au journal le Peuple, de Proudhon.

Il a fait paraître en 1868 le Catéchisme du XIXᵉ siècle, livre de philosophie politique dans la Bibliothèque libérale.

En 1889, il l'emporta au premier tour de scrutin par 9,058 voix, contre 5,712 à M. Duréault, conservateur, et 1,388 à l'abbé Sauvert, républicain indépendant.

En 1893, M. Charles Boysset fut réélu, au premier tour, par 10,579 voix sans concurrent.

A l'ouverture des sessions de 1898 et de 1896, il a présidé la Chambre des députés en qualité de doyen d'âge.

M. Charles Boysset a été réélu, le 8 mai 1898, sans concurrent, par 13,429 voix.

## 413

*Deuxième circonscription de Chalon-sur-Saône*

### GILLOT (Léon)

M. Léon Gillot est né à Paris, le 29 mai 1851.

Ancien employé des lignes télégraphiques, il a fait partie du service télégraphique de la Cochinchine de 1873 à 1877.

Propriétaire à Sevrey, il est secrétaire général de l'Union agricole et viticole du département.

Il a été nommé conseiller municipal de Sevrey en 1881, maire en 1882, conseiller d'arrondissement la même année, conseiller général de Saône-et-Loire en août 1883.

Républicain radical, il s'est déclaré partisan de la revision de la Constitution, mais d'une revision faite par les républicains, de la séparation des Églises et de l'État, d'une répartition nouvelle de l'impôt, de la réforme de l'impôt sur les boissons, de la suppression de l'exercice, de lois protectrices de l'agriculture, de l'industrie et du travail national, etc.

En 1889, il fut élu au premier tour de scrutin par 8,801 voix, contre 6,618 à M. Petiot, conservateur.

En 1893, il fut réélu, au premier tour, sans concurrent, par 9,442 voix.

Il a été réélu, le 8 mai 1898, par 9,649 voix, contre 6,437 à M. Henri Pensa, républicain.

---

## 414

*Première circonscription de Charolles*

### CHAVET (Emmanuel)

M. Emmanuel Chavet est né à Lyon, le 23 mars 1844.

Il est propriétaire.

Maire de Saint-Bonnet-de-Vieille-Vigné depuis 1880, conseiller général depuis 1885, vice-président de la Société d'agriculture de Charolles, chevalier de la Légion d'honneur depuis 1895, chevalier du Mérite agricole depuis 1893, M. Emmanuel Chavet a été élu, le 8 mai 1898, au premier tour, par 8,057 voix, contre MM. Bouissoud, maire de Charolles, républicain, et Jordery de Mareigny.

Il est républicain radical et a succédé à M. Franc qui, décédé à la fin de la législature, n'avait pas été remplacé.

---

## 415

### *Deuxième circonscription de Charolles*

### SARRIEN (Jean-Marie-Ferdinand)

M. Ferdinand Sarrien est né le 15 octobre 1840 à Bourbon-Lancy (Saône-et-Loire) où il est propriétaire. Après avoir terminé son droit, il exerça la profession d'avocat à Lyon.

En 1870, M. Sarrien fit la campagne comme capitaine de mobilisés. Fait prisonnier le 22 janvier 1871, il fut nommé chevalier de la Légion d'honneur, au titre militaire, pour sa conduite pendant la guerre franco-allemande. M. Sarrien revint ensuite dans sa ville natale dont il fut nommé maire.

Au mois d'octobre 1871, il fut élu membre du Conseil général de Saône-et-Loire; il en est actuellement le président de douze années.

Révoqué de ses fonctions de maire de Bourbon-Lancy, par le gouvernement du 24 Mai comme républicain, il fut, en 1876, élu député de la deuxième circonscription de Charolles. Il siégea à gauche, signa la protestation des gauches contre le manifeste du maréchal de Mac-Mahon, le 18 mai 1877, et fit partie des 363. Il fut réélu, le 14 octobre 1877, par 8,491 voix contre 5,112 données à M. Huet, candidat officiel, puis trois fois confirmé dans ce mandat en 1881, 1885, 1889 et 1893.

Dans les rangs de la majorité républicaine, avec laquelle il a toujours voté, il a, dans les législatures successives, pris une part active à la confection des lois non seulement comme député, mais plus encore comme ministre des postes et télégraphes (1er cabinet Brisson), ministre de la justice (cabinet Goblet) et ministre de l'intérieur (troisième cabinet Freycinet et premier cabinet Tirard, et cabinet Léon Bourgeois). Il a été, à plusieurs reprises, vice-président de la Chambre des députés.

Le 20 août 1893, M. Sarrien fut réélu, au premier tour sans concurrent, par 9,931 voix. Il a été également réélu sans concurrent, au premier tour, le 8 mai 1898.

Dans sa dernière circulaire, M. Sarrien disait notamment :

« Pour moi j'ai la conviction profonde que le plus sûr moyen d'éviter les agitations violentes et les commotions douloureuses, comme celles qui ont troublé trop souvent notre pays, n'est pas de se renfermer dans une politique de résistance et de négation, mais au contraire de donner satisfaction aux revendications populaires qui sont fondées et légitimes.

« J'ai toujours été et je reste un partisan de l'institution du Sénat, mais l'expérience de cette dernière législature a démontré jusqu'à l'évidence qu'il est nécessaire de préciser et de limiter les attributions du Sénat si l'on veut éviter des conflits redoutables dans un délai prochain et rendre effective la Souveraineté Nationale par le suffrage universel.

« Je suis donc favorable à la revision de la Constitution.

« Je pense également qu'il faut améliorer la méthode de travail de la Chambre des députés pour permettre de voter le budget en temps utile et rendre plus prompte l'action législative.

« Aussi éloigné des utopies collectivistes que de la réaction, défenseur résolu de la propriété individuelle et opposé à toute augmentation des impôts déjà trop lourds qui pèsent sur le contribuable, je veux la réforme de notre système fiscal par une répartition plus équitable des charges publiques et en faisant payer, comme je le disais en 1893, surtout ceux-là qui possèdent et en proportion de ce qu'ils possèdent.

... Je veux enfin, pour me résumer en quelques mots, l'*Ordre*, la *Paix*, le *Travail* et le *Progrès* dans la *Liberté* et par la République. »

Lors de la constitution du 2e cabinet Brisson (juin 1898)

M. Sarrien fut appelé à en faire partie, en qualité de garde des sceaux, ministre de la Justice et des Cultes. Il a exercé ces fonctions jusqu'au 1ᵉʳ novembre 1898, date de la formation du cabinet Dupuy.

---

## 416

*Arrondissement de Louhans*

### MATHEY (Louis-Jean-Marguerite)

M. Louis Mathey est né à Thurey (Saône-et-Loire), le 27 septembre 1827.

Il est docteur en médecine.

Maire de Thurey, conseiller général pour le canton de Saint-Germain-du-Bois depuis 1862, membre de la Commission départementale et secrétaire du Conseil général, membre du Conseil départemental de l'Instruction publique, chevalier de la Légion d'honneur, M. Louis Mathey remplace M. Lucien Guillemaut, élu sénateur le 27 mars 1898.

Républicain radical, il veut une république loyalement républicaine cherchant son appui dans le véritable esprit républicain et chez ceux qui en sont vivement pénétré.

Il s'est prononcé, dans sa circulaire électorale, pour la revision limitée de la Constitution, pour l'impôt sur le revenu sans investigations tracassières, la réduction à deux ans du service militaire, la création d'une armée coloniale, le maintien absolu des lois scolaires et militaires, etc.

M. Mathey a été élu, le 8 mai 1898, au premier tour, par 12,216 voix, sans concurrent.

# SARTHE

—

## 5 DÉPUTÉS

—

1893 : MM. Rubillard, Galpin, Legludic (élu sénateur, remplacé par *M. d'Estournelles*), La Rochefoucauld, duc de Doudeauville, d'Aillières (décédé, remplacé par *M. le colonel d'Aillières*), Godefroy Cavaignac.

1898 : MM. Rubillard, Galpin, d'Estournelles, *Joseph Caillaux*, Godefroy Cavaignac.

En 1898, la Sarthe n'a eu à élire que 5 députés au lieu de 6, l'arrondissement de Mamers, par suite de la décroissance du chiffre de sa population, n'ayant plus droit qu'à un député au lieu de deux.

*Première circonscription du Mans*

## RUBILLARD (Anselme-Maurice)

M. Anselme Rubillard est né le 26 septembre 1826, à Laval (Mayenne).

Il est propriétaire.

Il a exercé la profession de géomètre expert. Il est le beau-père de M. Quesnay de Beaurepaire.

Nommé maire du Mans en 1871, M. Rubillard fut révoqué par le gouvernement du 24 Mai. Il a été depuis lors, à diverses reprises, maire du Mans et l'est encore.

Il est conseiller général de la Sarthe.

Il fut élu pour la première fois député le 20 février 1876 et réélu en 1877 et 1881. Il fut nommé sénateur en janvier 1882. Il siégea au Luxembourg dans les rangs de la gauche;

il se montra hostile aux poursuites dirigées contre le général Boulanger; il ne fut pas réélu au Sénat en 1891.

En 1893, M. Rubillard, qui se présenta comme radical, fut élu député de la première circonscription du Mans par 10,049 voix, contre 9,799 à M. Vilfeu, député sortant, conservateur.

Il a été réélu, le 8 mai 1898, au second tour, par 9,759 voix, contre 8,601 à M. Bollée, républicain.

Au premier tour, M. Rubillard avait obtenu 8,450 voix, M. Bollée 6,566, M. Mac-Adaras, ancien député des Basses-Alpes, républicain, 2,267, M. Clausse, républicain, 2.345.

---

## 418

*Deuxième circonscription du Mans*

### GALPIN (Gaston-Georges)

M. Gaston Galpin est né le 9 janvier 1841. Il est originaire de Fresnay-sur-Sarthe.

Licencié en droit, il fut successivement de 1862 à 1870 chef du cabinet du préfet de la Moselle et de la Côte-d'Or, conseiller de préfecture de l'Yonne.

En 1870, il s'engagea pour la durée de la guerre. Il fit la campagne en qualité de sous-intendant militaire attaché au quartier général de la 2e armée de la Loire.

Depuis 1877, il est conseiller général du canton de Fresnay. Il est maire d'Assé-le-Boisne depuis la même époque.

En 1880, M. Galpin fonda le Comice agricole de Fresnay-sur-Sarthe; il en est le président.

Il est aussi président du syndicat agricole de Fresnay.

Aux élections de 1885, M. Galpin fut élu député de la Sarthe par 51,758 suffrages.

A la Chambre, il intervint dans des discussions importantes, notamment sur le budget, sur les inspections administratives, sur les classes personnelles des préfets et sous-préfets, sur les commissaires de police spéciaux, sur les primes à la culture du lin et du chanvre, etc.

Adversaire de l'expédition du Tonkin, M. Galpin vota contre les crédits demandés pour cette expédition.

Avant 1889, M. Gaston Galpin était inscrit au groupe de l'Appel au peuple. Depuis cette époque, « voulant conserver son indépendance complète, il ne s'est fait inscrire à aucun groupe. »

En 1889, il fut élu comme candidat revisionniste par 11,211 voix, contre 7,680 obtenues par M. Paillard-Ducléré, républicain, député sortant.

Dans sa circulaire de 1893, M. Galpin s'exprimait ainsi : « Le suffrage universel, depuis quelques années, a manifesté dans les élections sa volonté de ne pas modifier la forme du gouvernement. Je suis toujours le respectueux serviteur de la souveraineté nationale. »

Il fut réélu, au premier tour, le 20 août 1893, par 9,878 voix, contre 8,282 à M. Soubre, républicain.

Pendant la dernière législature M. Galpin a fait partie de la Commission des douanes, et il a été rapporteur de divers projets de loi. Il a soutenu de ses votes le ministère Méline.

Dans sa circulaire de 1898, M. Galpin insiste en faveur des mesures destinées à protéger l'agriculture, de la liberté des bouilleurs de cru, de la réduction de la durée du service militaire, etc.

Le 8 mai 1898, M. Gaston Galpin a été réélu, au premier tour de scrutin, par 11,244 voix, contre 7,471 à M. Ligneul, ancien président du tribunal de commerce.

---

## 419

*Arrondissement de La Flèche*

# ESTOURNELLES DE CONSTANT (Paul-Henri-Benjamin d')

M. d'Estournelles de Constant est né à La Flèche (Sarthe), le 22 novembre 1852.

Il est ministre plénipotentiaire de première classe et fut chargé d'affaires en Hollande, en Angleterre et en Tunisie. Il est lauréat de l'Académie française, officier de la Légion d'honneur.

Il a publié de nombreuses études dans la *Revue des Deux-Mondes* et la *Revue de Paris*, et plusieurs ouvrages notamment une histoire de la politique française en Tunisie.

Il est « républicain sans épithète ».

Il fut pour la première fois élu député en 1895, en remplacement de M. Legludic, nommé sénateur, par 13,420 voix, contre 8,857 à M. Carré, républicain radical.

Au cours de la dernière législature, M. d'Estournelles a plusieurs fois pris la parole, notamment sur des questions relatives à notre politique étrangère et coloniale.

En mai 1898 il a été réélu par 13,126 voix, contre 7,354 à M. Carré et 2,947 à M. de Lamandé, rallié.

Il a été élu membre de la commission des colonies.

---

## 420

*Arrondissement de Mamers*

### CAILLAUX (Joseph)

M. Joseph Caillaux est né au Mans, le 30 mars 1863. Il est le fils de l'ancien député à l'Assemblée nationale qui fut ministre des travaux publics, puis des finances sous la présidence du maréchal de Mac-Mahon.

Il est inspecteur des Finances, professeur à l'école des sciences politiques.

M. Joseph Caillaux s'est présenté comme républicain progressiste. Sa profession de foi se résume ainsi: « Ni socialiste, ni réaction. Ordre et progrès dans la République. »

M. Caillaux a été élu par 12,941 voix, contre 11,737 à M. le duc de La Rochefoucaud-Doudeauville, député sortant, monarchiste.

Il est membre et secrétaire de la Commission des colonies.

## 421

*Arrondissement de Saint-Calais*

# CAVAIGNAC (Godefroy)

Petit-fils du conventionnel de ce nom et fils du général Cavaignac, qui fut chef du pouvoir exécutif de la République française en 1848 et proscrit après le 2 décembre 1851, M. Godefroy Cavaignac est né le 21 mai 1853 à Paris.

Elève des lycées Charlemagne et Louis-le-Grand, il obtint plusieurs succès au Concours général et, à l'occasion de l'un d'eux, fut en 1867, de la part de la jeunesse universitaire, à la distribution des prix de la Sorbonne, présidée par le prince impérial, l'objet d'une ovation qui eut un grand retentissement. M. Godefroy Cavaignac avait refusé de recevoir son prix des mains du fils de Napoléon III.

Pendant la guerre, M. Cavaignac, engagé volontaire à 17 ans, fut décoré de la médaille militaire en récompense de sa courageuse conduite.

Elève de l'Ecole polytechnique, ingénieur des ponts et chaussées, licencié en droit, M. Cavaignac, après avoir été maître des requêtes au Conseil d'Etat, fut élu, en janvier 1882, par 10,000 voix, député de l'arrondissement de Saint-Calais. En 1885, inscrit sur la liste républicaine, il fut nommé député de la Sarthe, au scrutin de liste.

M. Cavaignac a été sous-secrétaire d'Etat au ministère de la guerre dans le cabinet Brisson (1885), plusieurs fois membre de la commission du budget, rapporteur du budget de la guerre et des chemins de fer de l'Etat.

M. Cavaignac fut élu, au premier tour, par 8,942 voix, le 22 septembre 1889, contre 6,224 accordées à M. Dugué, conservateur.

M. Cavaignac fut rapporteur général du budget de 1892.

Il a été ministre de la marine d'avril à juillet 1892 (cabinet Loubet). Lors de l'affaire du Panama il prononça un discours qui eut un grand retentissement et dont la Chambre des députés ordonna l'affichage.

Pendant la dernière législature il a déposé et défendu à diverses reprises, devant la Chambre, des projets d'impôt personnel et progressif sur le revenu.

M. Cavaignac fut ministre de la guerre dans le cabinet Léon Bourgeois du 1er novembre 1895 au 23 avril 1896.

Il redevint ministre de la guerre dans le cabinet Brisson (juin 1898). Il prononça le 7 juillet un discours dont la Chambre ordonna l'affichage. Ses collègues du cabinet ayant décidé de soumettre à la Cour de cassation la question de la revision du procès Dreyfus, il donna sa démission de ministre de la guerre, le 3 septembre 1898.

M. Cavaignac a publié plusieurs ouvrages historiques et politiques, notamment la *Formation de la France contemporaine*, couronné par l'Académie française (prix Thiers).

Il est président du Conseil général de la Sarthe.

Il avait été réélu député, le 20 août 1893, au premier tour, par 11,230 voix sans concurrent, et, le 8 mai 1898, au premier tour, sans concurrent par 12.653 voix.

# SAVOIE

## 5 DÉPUTÉS

1893 : MM. Jules Roche, Perrier, Pierre Blanc (décédé, remplacé par *M. Forni*), Carquet, Horteur (décédé, remplacé par *M. Jouart*).
1898 : MM. *Canet*, Perrier, Forni, Carquet, Jouart.

### 422

*Première circonscription de Chambéry*

#### CANET (Félix)

M. Canet est né à Albens, le 7 mars 1837.

Licencié en droit, notaire honoraire à Albens, maire d'Albens depuis 1865 et conseiller général depuis 1877, chevalier de la Légion d'honneur, M. Canet a été élu pour la première fois député, le 8 mai 1898. Il s'est présenté comme républicain progressiste. Il a obtenu 8,147 voix, contre 4,097 à M. Ginet, républicain et 3,385 à M. Jules Carret, ancien député radical.

M. Canet succède à M. Jules Roche, ancien ministre, qui ne s'est pas représenté en Savoie et a été élu, le 8 mai, dans l'Ardèche.

### 423

*Deuxième circonscription de Chambéry*

#### PERRIER (Antoine)

M. Antoine Perrier est né à La Rochette, le 15 avril 1836.
Ancien maire de la ville de Chambéry, il y a fait créer

un lycée de jeunes filles, reconstruire le lycée de garçons, bâtir de nouvelles casernes, un musée-bibliothèque, une halle aux grains, etc. Il est président du Conseil général de la Savoie et chevalier de la Légion d'honneur.

Il a été pour la première fois élu député en 1889, comme républicain progressiste.

Il a été réélu, en 1893, contre M. Descotes, avocat, rallié.

M. Perrier a été réélu, en mai 1898, au premier tour.

Il demande que le gouvernement républicain s'attache plus que jamais par d'utiles et pratiques réformes à améliorer le sort des populations rurales, comme il devra protéger le commerce et l'industrie.

M. Perrier a pris, à la tribune, part à la discussion des lois sur l'extension de la compétence des juges de paix et sur le traitement et le classement des instituteurs.

Il a été aussi rapporteur de la proposition de la loi relative à la suppression de l'ordre des avocats. Il a défendu le maintien du privilège des bouilleurs de cru.

Pendant la dernière législature, M. Perrier a été membre des grandes commissions permanentes de la Chambre, commission de la réforme judiciaire, commission de l'armée. En cette dernière qualité, il a fait un rapport très remarqué sur le rattachement à la guerre des services de la télégraphie militaire. Au nom de la commission du scrutin de liste, il a rédigé un rapport sur le renouvellement partiel de la Chambre des députés.

Membre de la commission du budget, il a été rapporteur du budget de la justice et a demandé, dans son rapport, d'importantes réformes judiciaires.

Il a pris souvent, à la tribune, la parole sur d'importantes questions relatives à l'agriculture.

Il a été élu membre de la commission de l'armée (novembre 1898).

## 424

### *Arrondissement d'Albertville*

### FORNI (Jules)

M. Jules Forni est né à Lyon, le 17 septembre 1848. Par sa famille maternelle il est d'origine savoisienne. Dès son enfance il a habité Beaufort en Savoie. Il s'est marié dans cette commune qui, aux dernières élections, lui a donné 519 voix, contre 25.

Il est avocat à la Cour d'appel de Paris.

Il a été élu, pour la première fois député, le 12 décembre 1896, par 3,630 voix, contre 3,375 obtenues par M. Dénarié. Il remplaçait M. Berthet, décédé, lequel avait, le 28 juin 1896, succédé à M. Pierre Blanc, qui fut longtemps le doyen de la Chambre et qui était mort le 28 avril 1896.

M. Forni est républicain.

Il a été réélu, le 8 mai 1898, par 4,130 voix.

---

## 425

### *Arrondissement de Moutiers*

### CARQUET (Francis)

M. Carquet est né à Seez (Savoie), en octobre 1845.

Avocat à Moutiers, il est membre du Conseil général de la Savoie depuis le 18 mars 1878, secrétaire du Conseil général depuis 1878 et membre de la Commission départementale depuis 1880. Il fait partie du Conseil départemental de l'instruction publique. Il est vice-président de la section de Tarentaise au Club-Alpin français, et membre de l'Académie de la Val d'Isère.

M. Francis Carquet est l'auteur d'une brochure intitulée : le *Percement du Petit Saint-Bernard*, étude d'une nouvelle voie ferrée (1880) et de divers écrits littéraires.

Il a été, pendant la guerre de 1870-1871, officier porte-drapeau des mobiles de la Savoie.

Il est républicain.

En 1889, M. Carquet fut élu député, au premier tour, par 3,945 voix, contre 3,158 obtenues par M. Laissus, conservateur.

En 1893, il fut réélu par 4,442 voix, contre 2,257 à M. Dimier, conservateur.

Il a été réélu le 8 mai 1898, par 4,509 voix, contre 2,286 à M. Empereur, républicain, et 358 à M. Eugène Rendu, républicain.

---

## 426

*Arrondissement de Saint-Jean-de-Maurienne*

### JOUART (Charles)

M. Jouart est né à Gray (Haute-Saône), le 4 avril 1850.

Engagé volontaire en 1870, il fit toute la campagne de la Loire dans l'armée de Chanzy.

M. Jouart est avocat à la Cour d'appel de Paris. Ancien conseiller de préfecture, à Angoulême et à Grenoble, de 1879 à 1887, il fut, de 1887 à 1893, sous-préfet à Saint-Jean-de-Maurienne. En 1893, il fut nommé secrétaire général de la Somme. Il a été, pour la première fois, élu député, le 27 octobre 1895, en remplacement de M. Horteur, décédé, par 7,037 voix, contre 2,938 à M. Déléglise.

M. Jouart est républicain. Dans sa circulaire, il se déclare partisan d'une politique tolérante et indépendante, capable de réunir toutes les bonnes volontés sous le drapeau de la République. Il se prononce contre la dénonciation du Concordat, pour le maintien des lois scolaire et militaire, contre la revision de la constitution, pour l'impôt sur le revenu, pour l'allègement des charges militaires, le développement des lois d'assistance, la diminution des frais de justice, la simplification de la procédure, etc.

M. Jouart a été réélu, sans concurrent, au premier tour, le 8 mai 1898, par 8,744 voix.

# SAVOIE (HAUTE-)

## 4 DÉPUTÉS

1893 : MM. Thonion, Orsat (décédé, remplacé par *M. Chautemps*), Duval, Folliet (élu sénateur, remplacé par *M. Jules Mecrier.*)
1898 : MM. *Berthet*, Chautemps, *David*, Mercier.

## 427

*Arrondissement d'Annecy*

### BERTHET (Léon)

M. Léon Berthet est né à Annecy, le 29 septembre 1861. Il est avocat.

Conseiller général du canton d'Annecy (sud), il a été élu pour la *première fois*, député, le 8 mai 1898, par 12,287 voix, contre 3,641 à M. Thonion, député sortant, républicain.

Il est républicain.

## 428

*Arrondissement de Bonneville*

### CHAUTEMPS (Émile)

M. Emile Chautemps est né à Valleiry (Haute-Savoie), le 2 mai 1850.

Il est docteur en médecine.

Il a été président de la Société philanthropique savoisienne de Paris, délégué cantonal, membre du comité de la Caisse des écoles et de la Commission scolaire du III<sup>e</sup> arrondissement, où il a joué un rôle fort actif dans toutes les luttes politiques.

Elu conseiller municipal en 1884, M. Chautemps fut réélu en 1887.

Successivement secrétaire, puis vice-président du Conseil municipal, M. Chautemps fut porté en février 1889 à la présidence de cette assemblée. Il remplit ces hautes fonctions pendant la période de l'Exposition universelle.

Ce fut M. Chautemps qui prit l'initiative du banquet du 18 août, offert, au palais de l'Industrie, aux maires de toutes les communes de France.

M. Chautemps fut, en 1889, élu au scrutin de ballottage dans le troisième arrondissement de Paris, par 10,252 voix, contre 5,813 à M. Jacquet, boulangiste.

En 1893, il fut réélu au scrutin de ballottage, le 3 septembre, par 6,238 voix, contre 4,774 à M. Champy, ancien membre de la Commune, et 1,402 à M. Donzel, radical socialiste.

Il fut ministre des colonies, dans le cabinet Ribot, du 27 janvier 1895 au 29 octobre 1895.

Le 27 novembre 1895, lors d'une élection qui eut lieu dans l'arrondissement de Bonneville pour le remplacement de M. Orsat, décédé, M. Chautemps fut élu, au second tour de scrutin, par 8,415 voix, contre 4,854 à M. Morel-Frédel. Il donna alors sa démission de député de la Seine.

Il a été réélu, sans concurrent, député de l'arrondissement de Bonneville, le 8 mai 1898, par 10,117 voix.

---

## 429

*Arrondissement de Saint-Julien*

### DAVID (Fernand)

M. Fernand David est né à Annemasse, le 18 octobre 1869.

Il est avocat.

Il est républicain.

Il succéde à M. César Duval, député de l'arrondissement de Saint-Julien depuis 1885 et qui, élu sénateur, à la fin de la législature, n'avait pas été remplacé.

Il a été élu, au premier tour de scrutin, le 8 mai 1898, par 6,900 voix, contre 4.637 à M. Goy, républicain, et 342 à M. Michelon.

---

## 430

### *Arrondissement de Thonon*

### MERCIER (Jules-Joseph-Gabriel)

M. Jules Mercier est né à Fontenay-le-Château (Vosges), le 23 mars 1835.

Il est avocat, conseiller général, chevalier de la Légion d'honneur.

Il est républicain.

Il a été élu, pour la première fois député, le 18 février 1894, en remplacement de M. Folliet, élu sénateur.

Il a été réélu, le 5 mai 1898, par 8,135 voix, contre 5,147 à M. Rivolet, conservateur et 306 à M. Jean Bron, socialiste.

# SEINE

—

## 46 DÉPUTÉS

—

1893 : MM. René Goblet, Mesureur, Chautemps, Barodet (élu sénateur), Chassaing, Viviani, Emile Trélat, Albert Pétrot, Jules Léveillé, Frébault, Denys Cochin, Maurice Binder, Georges Berry, Georges Berger, Groussier, Henri Brisson, Faberot, Edouard Lockroy, Toussaint, Millerand, Paschal Grousset, Hovelacque (remplacé par M. Gérault-Richard), Paulin Méry, Jacques, Michelin, Alphonse Humbert, Chauvière, Marmottan, Le Senne, Ernest Roche, Sembat, Rouanet, Lavy, Clovis-Hugues, Prudent Dervillers, Dejeante, Vaillant, Goussot, Walter, Avez (décédé, remplacé par M. Renou), Lefoullon (décédé, remplacé par M. Rigaud), Chauvin, Pierre Richard, Baulard, Coutant.

1898 : MM. *Muzet*, Mesureur, *Puech*, Chassaing, Viviani, *Charles-Gras, André Berthelot, Prache, Lerolle*, Denys Cochin, Maurice Binder, Georges Berry, Georges Berger, Groussier, Henri Brisson, *Pierre Baudin*, Edouard Lockroy, *Levraud*, Millerand, Paschal-Grousset, *Paul Bernard*, Paulin, Méry, *Girou, Dubois*, Alphonse Humbert, Chauvière, *Paul Beauregard, Millevoye*, Raoul Bompard, Sembat, Rouanet, *Holtz*, Clovis Hugues, *Charles Bos*, Dejeante, Vaillant, Goussot, Walter, Renou, *Laloge, Ferrand*, Pierre Richard, Baulard, Coutant, Gervais.

En 1898, le département de la Seine a eu à élire 46 députés au lieu de 45. D'une part le IV° arrondissement de Paris n'a plus qu'un député au lieu de deux ; d'autre part, le XVI° arrondissement de Paris à deux députés au lieu d'un, et l'arrondissement de Sceaux compte quatre députés au lieu de trois.

## 431

*I°ʳ arrondissement de Paris*

### MUZET (Alexis-Louis)

M. Alexis Muzet est né à Paris, le 14 août 1843.

Ancien manufacturier, il a été élu conseiller municipal

de Paris en 1884 ; son mandat fut renouvelé en 1887, 1890, 1893 et 1896. Il a été vice-président du conseil municipal et rapporteur général du budget du conseil général de la Seine.

En 1885, candidat républicain progressiste, lors des élections législatives, M. Muzet avait obtenu 94,500 voix.

Président du Syndicat général du commerce et de l'industrie, membre de la Commission supérieure de l'Exposition universelle de 1900, ancien commissaire général de la section française à l'Exposition universelle d'Anvers en 1894, officier de la Légion d'honneur et de l'Instruction publique, M. Muzet a été élu le 22 mai 1898, au deuxième tour de scrutin, par 5,593 voix, contre M. Goblet, ancien président du Conseil, député sortant.

---

## 432

*IIe arrondissement de Paris*

### MESUREUR (Gustave)

M. Mesureur est né à Marcq-en-Barœul (Nord), le 2 avril 1847. Il est dessinateur industriel.

Les électeurs du quartier Bonne-Nouvelle l'envoyèrent en 1881, 1884 et 1887 au Conseil municipal qui le nomma secrétaire, syndic, vice-président, puis président. Il s'y occupa activement des grands travaux de Paris ; il fit décider la création de la Bourse du travail, etc. Pendant sa présidence, il contribua à apaiser les conflits entre la municipalité et l'administration préfectorale.

Le 22 mai 1887, M. Mesureur fut élu député de la Seine par 219,924 voix. A la Chambre, il déposa une proposition de loi tendant à allouer une subvention à l'Exposition ouvrière internationale en 1889, et une autre proposition tendant à organiser le placement gratuit des ouvriers et employés. Il obtint la reconstruction de l'Opéra-Comique; il a été rapporteur du projet relatif au monument de la Révolution française. Il a réclamé le dépôt du projet sur le chemin de fer métropolitain, l'augmentation du traitement des instituteurs et du nombre des patentes à payer par les grands magasins.

Candidat du Comité républicain radical socialiste, M. Mesureur fut, en 1889, élu au scrutin de ballottage par 6,529 voix, contre 5,131 à M. Emile Gassier, boulangiste.

M. Mesureur a pris une part impor'ante aux travaux de la Chambre des députés. Il a été membre des Commissions qui ont préparé des lois sur les conseils de prud'hommes, l'arbitrage, le placement gratuit, la saisie des salaires, la suppression des ocrois. Il a été président de la Commission du travail et membre de la Commission du budget; rapporteur des postes et télégraphes, il a contribué à faire améliorer la situation des agents les plus modestes de cette administration. Il a proposé la création de chambres du travail.

Dans sa circulaire de 1893, M. Mesureur demande la modification des tarifs de douanes qui, en fermant les marchés de l'étranger, ont porté un coup si funeste à l'industrie parisienne, la réforme générale de l'impôt, la suppression des octrois et des taxes de consommation.

« Nous voulons, ajouta-t-il, la réforme administrative; la justice accessible à tous, moins lente et moins coûteuse; la liberté de conscience absolue, mais sans religion d'Etat et sans clergé salarié par le budget.

« Nous voulons le vote des lois sociales qui assureront le développement matériel et moral de tous ceux qui travaillent, lois sur l'organisation légale des travailleurs, sur les accidents du travail, sur la protection du travail des femmes et des enfants, et plus particulièrement sur les retraites ouvrières qui s'imposent comme une dette nationale.

« Adversaire de la dictature et du pouvoir personnel, je veux le maintien du régime représentatif seul compatible avec la liberté des citoyens, mais il importe de mettre fin aux lenteurs, aux abus et aux vices du parlementarisme actuel par une revision constitutionnelle démocratique. »

M. Mesureur fut élu, le 20 août 1893, au premier tour, par 5,858 voix, contre 2,538 à M. Léopold Marais, socialiste et 484 à M. Legrand, socialiste allemaniste.

Il a été ministre du commerce, de l'industrie, des postes et des télégraphes dans le cabinet Bourgeois (1er novembre 1895 — 23 avril 1896).

M. Mesureur a été réélu, le 8 mai 1898, par 6,552 votants contre 3,395 à M. Caron, républicain, 871 à M. H. de

24.

France, monarchiste, 733 à **M.** Bertrand, socialiste.

Il a été élu, en juin 1898, vice-président de la Chambre des députés et réélu en cette qualité, en janvier 1899.

Il est président de la commission du budget de 1899.

---

## 433

*III* arrondissement de Paris*

### PUECH (Louis-Jean)

M. Puech est né à Gavernac (Aveyron), le 1er mai 1852. Il est avocat à la Cour d'appel de Paris.

Conseiller municipal depuis 1893, il a été élu pour la première fois, le 8 mai 1898, par 9,185 voix, contre 4,156 à M. Blondel, socialiste, 1,086 à M. Restiay, socialiste collectiviste et 1,598 à M. L. Champy, ancien membre de la Commune. Il succède à M. Chautemps, élu député par l'arrondissement de Bonneville. Il est radical socialiste.

---

## 434

*IV* arrondissement de Paris*

### CHASSAING (Henri-Blaise)

M. Chassaing est né à Paris, le 15 décembre 1855. Il est docteur en médecine.

Il fut élu au Conseil municipal de Paris, en 1884, par le quartier Saint-Méry, et réélu en 1887.

Secrétaire, puis vice-président du Conseil municipal, il a été nommé six fois membre de la commission du budget. Il a été, à différentes reprises, chargé de missions importantes en France et en Algérie.

En 1889, M. Chassaing fut le candidat du Comité républicain socialiste. Il se présenta avec un programme qui comprend la revision de la Constitution par une Constituante, la suppression du Sénat et de la présidence de la République, la liberté communale, la séparation des Églises et de l'État, la suppression du budget des cultes, la réforme des impôts, la suppression des octrois. Il s'est prononcé contre « les aventuriers, sans programme comme sans autorité, qui s'unissent aux représentants d'un passé que la France, en 1830 et en 1848 comme en 1870, a répudié. »

M. Chassaing fut élu, au scrutin de ballottage, le 6 octobre 1889 par 3,562 voix, contre M. Thiessé, député sortant de la Seine-Inférieure, boulangiste, qui en a obtenu 2,772.

En 1893, M. Chassaing fut réélu, au scrutin de ballottage, le 3 septembre, par 2,952 voix, contre 2,617 à M. Ruel, conseiller municipal, républicain.

Au premier tour, M. Chassaing avait obtenu 1,872 voix, M. Ruel 1,868, M. Levasseur, républicain socialiste, 1,870, M. Opportun, conseiller municipal, radical, 796.

Il a été réélu en 1898, au scrutin de ballottage, par 8,725 voix, contre 6,954 à M. Levasseur, socialiste.

Au premier tour, M. Levasseur avait obtenu, 5,637 voix, M. Chassaing 5,130, M. Gabriel Deville, député sortant de la 1re circonscription du IVe arrondissement supprimée, socialiste, M. Labaste, socialiste, 933.

---

## 435

*Ve arrondissement de Paris. — 1re circonscription*

## VIVIANI (René)

M. René Viviani est né le 8 novembre 1863, à Sidi-bel-Abbès (Algérie). Son père est conseiller général du département d'Oran.

Inscrit au barreau d'Alger, il vint peu de temps après à Paris et deux ans plus tard fut nommé, au concours, secrétaire de la Conférence des avocats. Il est un des collaborateurs de la *Petite République française* depuis que ce journal est devenu l'un des organes du parti socialiste. Il a plaidé dans un très grand nombre de procès intentés à des grévistes sur divers points du territoire. Il protesta aussi avec véhémence contre les procédés de la police lors des troubles du Quartier latin ; le ministre de la justice demanda, à cette occasion, qu'il fût l'objet d'une mesure disciplinaire de la part du Conseil de l'ordre des avocats. Il fut l'un des arbitres désignés par les mineurs lors de la grève de Carmaux. Il est avocat-conseil du syndicat général des ouvriers et employés de chemins de fer.

M. René Viviani, qui s'est présenté comme socialiste, fut élu, au scrutin de ballottage, le 3 septembre, par 3,874 voix, contre 3,682 à M. Sauton, conseiller municipal, radical.

Il a été réélu, le 8 mai 1898, par 6,050 voix, contre 2,844 à M. Gardair, républicain.

## 436

*Vᵉ arrondissement de Paris. — 2ᵉ circonscription*

### GRAS (Charles)

M. Charles Gras est né à Montpellier, le 4 octobre 1850. Il est artiste lithographe.

Républicain socialiste, il fut élu, en 1896, conseiller municipal de Paris (quartier du Jardin des Plantes).

Il a été adjoint au maire du Vᵉ arrondissement.

Il a été élu, pour la première fois député, le 22 mai 1898 au deuxième tour de scrutin par 5,512 voix, contre 3,842 à M. Trélat, député sortant, républicain.

Au premier tour, M. Gras avait obtenu 3,496 voix, M. Trélat 1,850, M. Lampué, radical socialiste, 1,733, M. Beaumont, républicain, 1,190, M. de Villemandy, nationaliste, 817.

## 437

*VIᵉ arrondissement de Paris. — 1ʳᵉ circonscription*

### BERTHELOT (André)

M. André Berthelot est né à Paris, le 20 mai 1862. Il est l'un des fils de M. Berthelot, l'illustre chimiste, sénateur inamovible, ancien ministre.

Agrégé d'histoire et de géographie, ancien élève de

l'Ecole de Rome, il est maître de conférences à l'Ecole pratique des hautes études et l'un des principaux collaborateurs de la *Grande Encyclopédie*.

Conseiller municipal de Paris depuis 1894, il a été élu pour la première fois député, le 22 mai 1898, au scrutin de ballottage, par 3,730 voix, contre 3,193 au lieutenant-colonel Monteil, républicain.

Au premier tour, M. Berthelot avait obtenu 3,237 voix, M. Charles Benoist, républicain, 1,982, M. Monteil 1,221, etc.

M. André Berthelot succède à M. Albert Pétrot, décédé.

---

## 438

*VI⁰ arrondissement de Paris. — 2⁰ circonscription*

### PRACHE (Denis-Laurent)

M. Prache est né à Combles (Somme), le 26 avril 1856.

Docteur en droit, il est avocat à la Cour d'appel de Paris.

Il est républicain rallié.

Conseiller municipal, il a été élu, pour la première fois député, le 22 mai 1898, au scrutin de ballottage, par 4,847 voix, contre 4,290 à M. Léveillé, député sortant radical et 288 à M. Boudin, républicain.

Au premier tour, M. Prache avait obtenu 4,199 voix, M. Léveillé, 3,989, M. Boudin, 945, etc.

---

## 439

*VII⁰ arrondissement de Paris*

### LEROLLE (Paul-Siméon)

M. Lerolle est né à Paris, le 30 avril 1846.

Il est propriétaire.

Il appartient à l'opinion conservatrice.

Conseiller municipal de Paris depuis 1884, il a été élu

pour la première fois député, le 22 mai 1898, au scrutin de ballottage, par 7,742 voix, contre 7,513 à M. Frébault, député sortant, républicain radical.

Au premier tour, M. Lerolle avait obtenu 6,896 voix, M. Frébault 4,628, M. Macé, républicain, 1,204, M. Morel, républicain, 1,009, M. Lelorrain, socialiste, 752, le général Rebillot, nationaliste, 662.

---

## 440

*VIII° arrondissement de Paris. — 1° circonscription*

### COCHIN (Denys-Marie-Pierre-Augustin)

M. Denys Cochin, est né à Paris le 1er septembre 1851.

Il fit la campagne de 1870 comme engagé volontaire et fut décoré de la médaille militaire.

Pendant six ans, M. Denys Cochin fut attaché au laboratoire de M. Pasteur. Il a publié divers travaux scientifiques ou philosophiques, notamment des articles dans le *Correspondant* et dans la *Revue des Deux Mondes* et des mémoires dans les *Comptes rendus de l'Académie des sciences* et les *Annales de physique*. Deux de ses ouvrages, *l'Evolution et la Vie* et le *Monde extérieur* ont été couronnés par l'Académie française.

M. Denys Cochin a fait partie du Conseil municipal de Paris où il siégeait à droite. Sa ligne politique « a toujours été et restera celle d'un catholique conservateur et libéral ». C'est en cette qualité qu'il posa sa candidature dans le VII° arrondissement de Paris, lors des élections législatives de 1889. Il protesta contre l'alliance monarchique avec le boulangisme et fit contre celui-ci une campagne très vive ; il fut battu par M. Terrail-Mermeix qui l'emporta à une majorité de 180 voix.

M. Denys Cochin fut élu au scrutin de ballottage, le 3 septembre 1893, par 3,052 voix, contre 2,512 accordées à M. Frédéric Passy, ancien député, républicain.

Au premier tour, M. Denys Cochin avait obtenu 2,316 voix, M. F. Passy, 1,954 ; M. Chassaigne-Guyon, plébiscitaire, 867 ; M. Georges de Labruyère, républicain revisionniste, 722.

Il fut réélu, le 8 mai 1898, par 4,776 voix, contre 3,604 à M. Roger Allou, républicain.

---

## 441

*VIII<sup>e</sup> arrondissement de Paris. — 2<sup>e</sup> circonscription*

### BINDER (Maurice)

M. Maurice Binder est né à Paris, le 21 mars 1857.

Avocat à la Cour d'appel de Paris, il fut nommé conseiller municipal du VIII<sup>e</sup> arrondissement en 1884, 1887, 1890 et 1893.

Auteur de divers rapports sur le Métropolitain, l'éclairage électrique, etc., M. Maurice Binder s'occupa au Conseil municipal surtout de questions d'affaires ; il vota l'augmentation des salaires des employés et des ouvriers de la ville de Paris.

« Partisan sincère et respectueux de la souveraineté nationale, son unique souci, dit-il, est d'assurer à notre cher pays, par des réformes démocratiques, un gouvernement vraiment national ouvert à toutes les bonnes volontés et respectueux des libertés politiques et religieuses. »

Il fut élu député du VIII<sup>e</sup> arrondissement, au deuxième tour de scrutin, par 2,778 voix.

Il a été réélu, le 8 mai 1898, par 2,734 voix, contre 1,674 à M. Deroste, républicain.

M. Maurice Binder a été élu secrétaire de la Chambre des députés, en juin 1898 et réélu en janvier 1899.

---

## 442

*IX<sup>e</sup> arrondissement de Paris. — 1<sup>re</sup> circonscription*

### BERRY (Georges)

M. Georges Berry est né à Bellac (Haute-Vienne), le 8 mars 1855.

Economiste, docteur en droit, il est depuis 1881 membre

du Conseil municipal de Paris aux travaux duquel il a pris une part active.

M. Georges Berry a publié plusieurs ouvrages : contre *le Divorce ;* sur *la Question des grèves ;* sur *les Etudes médicales appliquées aux jugements ;* sur *la Mendicité professionnelle ;* sur *les Petits Martyrs* (mendiants exploités par les étrangers et par les parents).

Ancien conservateur, M. Georges Berry se présenta en 1893 comme rallié à la République.

M. Georges Berry fut élu au scrutin de ballottage par 3,343 voix, contre 2,193 à M. Klotz, républicain progressiste.

Au premier tour, M. G. Berry avait obtenu 2,622 voix, M. Emile Ferry, député sortant, républicain, 1,388, M. Klotz, 1,384.

Il a été réélu, le 8 mai 1898, par 3,786 voix, contre 2,333 à M. Lourdelet, républicain, 430 à M. Lobien, monarchiste, 377 à M. Teissonnière.

---

## 443

*IX^e arrondissement de Paris.* — *2^e circonscription*

### BERGER (Georges)

M. Georges Berger est né à Paris en 1834.

Sorti de l'École des mines, il commença par faire un apprentissage pratique à la Compagnie des chemins de fer du Nord, puis parcourut l'Europe pour y étudier les industries et les arts des différents peuples, jusqu'au jour où il fut appelé par M. Le Play, son ancien maître à l'École des mines, pour le seconder dans la préparation et l'organisation de l'Exposition universelle de 1867.

Rédacteur au *Journal des Débats,* ses articles de critique lui valurent bientôt d'être désigné comme professeur suppléant à l'École des beaux-arts pour la chaire d'esthétique et d'histoire de l'art, dont M. Taine était le titulaire.

Depuis lors, le concours de M. Georges Berger fut réclamé à chaque exposition ; en 1878, à Paris, il fut le directeur général des sections étrangères ; en 1880, il était nommé commissaire général à Melbourne ; en 1881, il dirigea le Congrès international et l'Exposition d'électricité. Il fut le promoteur des progrès pratiques accomplis par l'industrie électrique, non seulement à ce Congrès, mais aussi en reprenant avec quelques amis la célèbre maison Bréguet. Il a été directeur général de l'exploitation de l'Exposition universelle de 1889, au succès de laquelle il eut une part importante. Il fut fait à cette occasion officier de la Légion d'honneur et officier de l'Instruction publique.

Il est membre de la Commission supérieure de l'Exposition universelle de 1900.

Choisi comme candidat par les comités républicains du IX⁰ arrondissement, M. Berger se déclara, dans sa profession de foi, le défenseur d'une politique républicaine pacifique et libérale, capable avant tout de réaliser des améliorations financières, commerciales et économiques.

En 1889, il fut élu, au scrutin de ballottage, par 6,127 voix contre 4,882 à M. Andrieux, député sortant des Basses-Alpes, boulangiste, après le désistement de MM. Paul Strauss, radical, qui avait obtenu au premier tour 2,861 voix, et Dandreux, collectiviste possibiliste, 268.

En 1893, M. Georges Berger a été réélu, au premier tour, par 4,400 voix, contre 2,740 à M. Strauss, conseiller municipal, radical, 602 à M. Barme, socialiste revisionniste, etc.

Il a été réélu, le 8 mai 1898, par 7,229 voix, contre 1,732 à M. Massonneau, radical.

Il est vice-président du groupe des républicains progressistes. Il a été élu membre de la commission du budget (novembre 1898).

---

## 444

*X⁰ arrondissement de Paris. — 1re circonscription*

## GROUSSIER (Arthur-Jules-Hippolyte)

M. Groussier est né à Orléans, le 16 août 1863.

Il est dessinateur-mécanicien.

Il se présenta comme socialiste allemaniste, avec le

programme du Parti ouvrier dont il a été l'un des organisateurs.

Il fut élu, le 3 septembre 1893, au scrutin de ballottage, par 5,816 voix, contre 3,236 à M. Maujan, député sortant, radical, et 1,324 à M. Jehan, libéral socialiste.

Il a été réélu, le 8 mai 1898 par 7,237 voix, contre 5,888 à M. Ernest Lefèvre, radical, 249 à M. Ernest Bonnard, radical, 166 à M. Mathieu, socialiste.

Il a été élu secrétaire de la Chambre des députés (janvier 1899).

---

### 445

*X⁰ arrondissement de Paris. — 2⁰ circonscription*

## BRISSON (Eugène-Henri)

M. Henri Brisson est né à Bourges (Cher), le 31 juillet 1835.

Il est le fils de M. Louis-Adolphe Brisson, qui fut avoué à la Cour d'appel à Bourges pendant près de cinquante ans, l'ami de Michel de Bourges et l'un des républicains les plus éprouvés du département du Cher.

En 1851, M. H. Brisson vint à Paris, s'y fit recevoir licencié en droit et fut avec MM. Vacherot, Morin, Pelletan, Despois, Barni, l'un des fondateurs de l'*Avenir*, le premier journal républicain qui ait paru au Quartier latin.

En 1856, il se fit admettre dans les loges maçonniques. Collaborateur de la *Réforme littéraire* et du *Phare de la Loire* en 1861, il collabora au *Temps* qu'il quitta en 1869 pour l'*Avenir national*. Il était déjà lié à cette époque avec MM. Challemel-Lacour et Gambetta avec lesquels il fonda et dirigea la *Revue politique* qui fut supprimée la même année pour un des articles qu'il avait publiés. Il prononça lui-même sa défense et posa bientôt sa candidature à la députation aux élections complémentaires de 1866, en concurrence avec M. Glais-Bizoin, dans la circonscription électorale qui était formée des IX⁰ et X⁰ arrondissements de Paris. Il obtint 6,148 voix, puis se retira au scrutin de ballottage.

Après la révolution du 4 Septembre, le gouvernement de la Défense nationale le nomma adjoint au maire de Paris, mais il donna sa démission quand le gouvernement eût désavoué l'affiche du 31 octobre qu'il avait signée avec MM. Étienne Arago, Dorian, Schœlcher, Floquet, Hérisson, et qui convoquait les électeurs pour la nomination d'un conseil municipal.

Le 8 février 1871, il fut élu représentant de la Seine à l'Assemblée nationale, le 19e sur 43, par 115,594 voix ; il siégea à l'Union républicaine dont il devint successivement secrétaire, vice-président, puis président, déposa en septembre une proposition d' « amnistie pour les crimes et délits politiques » à laquelle la gauche modérée refusa de s'associer, fit adopter la loi supprimant le régime exceptionnel en vertu duquel le budget extraordinaire de la ville de Paris était soumis à l'approbation du pouvoir législatif, prit la parole à propos du Conseil supérieur de l'instruction publique, contre la nouvelle loi du jury, contre la restitution des biens de la famille d'Orléans, contre la loi des maires, la loi électorale politique et la loi électorale municipale.

Aux élections du 20 février 1877, la candidature fut offerte à M. Henri Brisson dans le Xe arrondissement par le comité radical. Il l'emporta par 15,630 voix sur MM. Dubail, républicain conservateur, qui n'en obtint que 4.452 et de Humbourg, légitimiste, 1,337. Il fut un des 363 qui refusèrent leur vote de confiance au gouvernement du 16 Mai. Réélu le 14 octobre 1877, il fut choisi comme vice-président, puis comme rapporteur de la commission d'enquête sur les élections et réclama la mise en accusation des ministres du 16 Mai. C'est son rapport qui provoqua l'ordre du jour de blâme et de flétrissure contre le ministère de Broglie-Fourtou.

Au mois de janvier 1879, M. Brisson fut porté à la vice-présidence de la Chambre et présida la commission du budget, de même que l'année suivante (1880). En novembre 1881, il défendit un amendement ayant pour but de mettre un terme aux immunités fiscales des congrégations.

Le 21 août 1881, réélu député dans la deuxième circonscription du Xe arrondissement par 8,757 voix sur 9,986 votants, M. H. Brisson fut, à l'ouverture de la session, nommé président de la Chambre par 347 voix ; il succédait à Gambetta qui, élu président provisoire, avait décliné la candidature lors de la constitution du bureau définitif.

M. H. Brisson refusa plusieurs fois les offres qui lui furent faites d'être ministre ou président du Conseil ; ce fut seulement le 31 mars 1885, après le renversement du cabinet de M. Jules Ferry, qu'il accepta la présidence du Conseil, comme garde des sceaux (6 avril).

Il présida aux élections générales, fut élu, dans la Seine, au premier tour, par 215,853 voix, et dans le Cher au scrutin de ballottage ; il opta alors pour ce département dont il présida le Conseil général.

Dès le début de la session, M. Brisson refusa nettement de s'associer aux conclusions de la commission des 23 membres hostiles à la politique coloniale et réclamant l'abandon du Tonkin. Les crédits supplémentaires, qu'il soutint lui-même, furent votés à une majorité de 4 voix (274 contre 270).

Lors de la réélection de M. Grévy par le Congrès, comme président de la République, M. Brisson, qui avait par lettre rendue publique repoussé toute candidature, obtint 68 voix et bientôt après quitta la présidence du Conseil, où il fut remplacé par M. de Freycinet.

Dans la législature de 1885 à 1889, M. Brisson vota pour le rétablissement du scrutin uninominal (11 février 1889), contre l'ajournement indéfini de la revision (14 février), pour les poursuites contre les trois députés membres de la Ligue des patriotes (14 mars), pour le projet de loi Lisbonne relatif à la réforme de la législation de la presse (2 avril), pour les poursuites contre le général Boulanger.

Un discours de M. H. Brisson, dont la Chambre ordonna l'affichage, fit voter la loi contre les candidatures multiples afin d'écarter les tentatives plébiscitaires.

Seul des députés républicains de la Seine, M. H. Brisson fut en 1889, au premier tour, réélu par 6,289 voix, contre 4,663 accordées au général Thibaudin, boulangiste.

Dans la législature de 1889 à 1893, M. Brisson a fait notamment voter deux propositions de loi relatives à la réforme des frais de justice et à l'enregistrement.

Lors du vote du budget, en 1891, M. H. Brisson a rédigé

un très important rapport ; il y indiquait la disposition de nos forces navales, telle qu'elle devrait être faite avant dix ans pour assurer la défense de notre littoral. Le rapporteur du Sénat appréciait ainsi ce travail : « Nous avions une flotte mobilisable ; grâce à M. Brisson nous avons une flotte mobilisée. »

Lors de la nomination de la commission d'enquête sur l'affaire de Panama, M. Brisson en fut élu président. On sait combien l'exercice de ce mandat fut laborieux.

M. H. Brisson fut réélu à Paris, au premier tour, le 20 août 1893, par 6,453 voix, contre 1,660 à M. Piéron, socialiste allemaniste, et 949 à M. Martocq, socialiste.

M. Brisson fut à la fin de 1894, élu président de la Chambre des députés et il a exercé ces hautes fonctions jusqu'à la fin de la législature (avril 1898).

Il fut candidat à la présidence de la République après la mort de M. Carnot et après la démission de M. Casimir Périer.

Lors de l'élection présidentielle de janvier 1895, M. Brisson obtint au 1er tour 338 voix, M. Félix Faure 244, M. Waldeck Rousseau 184. Au second tour M. Félix Faure fut élu par 430 voix contre 361 obtenues par M. Brisson.

M. Brisson a été réélu député, le 8 mai 1898, par 6,916 voix, contre 1,835 voix à M. Roldes, socialiste, et 1,669 à M. Houdé, socialiste.

Il fut nommé président du Conseil et Ministre de l'Intérieur le 28 juin 1898. Son ministère fut marqué par de graves incidents relatifs à l'affaire Dreyfus (arrestation et suicide du lieutenant-colonel Henry, démission de MM. Cavaignac et Zurlinden, ministre de la guerre, ouverture de la procédure de revision devant la Cour de Cassation) ; il a pris fin le 1er novembre et a été remplacé par le cabinet Dupuy.

----

## 446

*XIe arrondissement de Paris. — 1re circonscription*

### BAUDIN (Pierre)

M. Pierre Baudin est né à Nantua, le 21 août 1863. Il est avocat à la Cour d'appel.

Élu conseiller municipal de Paris en 1894, il a pris une part très active aux travaux de l'assemblée de l'Hôtel de Ville et y fut chargé de nombreux rapports, notamment sur les budgets, emprunts, etc. En 1896, il fut président du Conseil municipal.

Il est radical socialiste.

Il a été, pour la première fois, élu député le 22 mai 1898 au scrutin de ballottage par 5,710 voix, contre 3,142 à M. Faberot, député sortant, socialiste.

Au premier tour, M. Baudin avait obtenu 4,468 voix, M. Faberot 2,903, M. Parisse, radical socialiste 1,073, M. Protot, ex-membre de la Commune, 858, Paul Dupont, républicain, 217.

Il est membre de la commission du budget.

————

## 447

*XI° arrondissement de Paris. — 2° circonscription*

## LOCKROY (Etienne-Antoine-Édouard SIMON, dit)

M. Edouard Lockroy est né à Paris, le 17 juillet 1840. Il est, par sa mère, petit-fils du conventionnel Jullien (de la Drôme) et par son père, — Joseph Simon, dit Lockroy, auteur dramatique, ancien directeur du Théâtre-Français, — du général Simon, commandant la place de Turin sous le premier Empire. M. Edouard Lockroy étudia d'abord la peinture à l'atelier du peintre Giraud ; il accompagna ensuite Alexandre Dumas père dans un voyage en Italie, puis suivit M. Renan, en qualité de dessinateur, dans un voyage archéologique en Syrie et en Palestine.

De retour à Paris, M. Edouard Lockroy écrivit d'abord pour le théâtre, puis collabora à plusieurs journaux, entre autres au *Figaro*, où ses articles littéraires furent remarqués pour leur verve spirituelle, enfin au *Rappel* dont il resta longtemps l'un des principaux collaborateurs.

Pendant le siège de Paris M. Edouard Lockroy fut nommé commandant du 226° de marche et prit part à la bataille de Buzenval où il se distingua.

Elu député de la Seine, le 8 février 1871, par 134,583

voix, M. Edouard Lockroy se fit inscrire à l'extrême gauche.

Au lendemain du 18 mars, ses démarches pour amener une entente entre le Comité central et le gouvernement de Versailles ayant échoué, il donna sa démission, fut décrété d'accusation par la Commune, condamné à mort, et sur ces entrefaites arrêté aux avant-postes par les troupes de Versailles.

Le gouvernement de M. Thiers le retint en prison à Chartres jusqu'au mois de juin 1871.

Il faisait partie du Conseil municipal de Paris depuis le 23 juillet de la même année, lorsque les comités radicaux de Marseille lui offrirent la candidature.

Elu député à l'Assemblée nationale dans les Bouches-du-Rhône, le 27 avril 1873 par 55,830 voix, M. Lockroy vota pour M. Thiers le 24 mai 1873, puis contre toutes les mesures proposées par le gouvernement du 24 Mai et du 16 Mai, contre le septennat, pour la Constitution du 25 février 1875, contre la loi sur l'enseignement supérieur, etc.

Après la dissolution de l'Assemblée, il fut élu dans le XVII⁰ arrondissement de Paris, le 20 février 1876, et dans la première circonscription d'Aix (Bouches-du-Rhône).

M. Lockroy opta pour cette dernière et reprit à la Chambre des députés sa place à l'extrême gauche.

Le 18 mai 1877, il s'associa à la protestation des gauches contre le message du maréchal de Mac-Mahon; il vota, le 19 juin, l'ordre du jour des 363 contre le ministère de Broglie-Fourtou.

La Chambre ayant été dissoute, M. Lockroy fut réélu député par les électeurs d'Aix, le 14 octobre 1877.

Lorsque la nouvelle Chambre entra en session, M. Lockroy fut désigné pour faire partie du comité des gauches, dit comité des Dix-Huit. Il vota pour la commission d'enquête parlementaire, contre le cabinet de Rochebouët, pour la mise en accusation des ministres du 16 Mai, pour l'amnistie.

Réélu député, le 26 août 1881, à Aix et à Paris, il opta cette fois pour Paris. Il demanda la revision illimitée, se prononça contre la politique coloniale et prit la parole dans de nombreuses discussions, notamment sur les affaires d'Egypte et les syndicats professionnels.

Aux élections du 14 octobre 1885, il fut élu le premier, au scrutin de liste, par le département de la Seine. Il obtint alors 272,680 voix sur 433,990 votants.

Nommé ministre du commerce et de l'industrie dans le cabinet formé par M. de Freycinet, le 7 janvier 1885, M. Lockroy s'occupa de l'organisation de l'Exposition universelle de 1889 et déposa des projets de loi sur les accidents du travail, sur l'arbitrage entre ouvriers et patrons. Il conserva son portefeuille dans le cabinet Goblet et se retira à l'arrivée du ministère Rouvier.

En 1888, lorsque M. Floquet devint président du conseil, M. Lockroy fut nommé ministre de l'instruction publique et des beaux-arts. Il quitta les affaires avec M. Floquet, le 3 avril 1889.

En 1889, M. Edouard Lockroy fut élu, au scrutin de ballottage par 7,911 voix, contre M. Emile Massard, boulangiste, qui en obtint 5,320.

A plusieurs reprises, M. Lockroy fut élu vice-président de la Chambre des députés.

Pendant une des réunions publiques de la période électorale de 1889, M. Lockroy fut victime d'une agression de la part d'un cocher nommé Moore, qui le blessa grièvement. Il reçut en cette occasion de nombreux témoignages de sympathie.

Il fut réélu au premier tour de scrutin, le 20 août 1893, par 6,670 voix.

Au cours de cette législature M. Lockroy fut appelé au ministère de la marine, le 2 novembre 1895 dans le cabinet présidé par M. Léon Bourgeois. Il démissionna avec ses collègues le 30 avril 1896 à la suite du vote du Sénat refusant d'accorder les crédits destinés à la relève des troupes de Madagascar.

Comme ministre de la marine, M. Lockroy entreprit de réaliser tout un plan de réformes dans notre organisation navale. Il créa notamment l'École supérieure de guerre de la marine.

Après la chute du ministère, il publia un ouvrage intitulé: *La marine de guerre, Six mois rue Royale.* Il y expose ce qu'il a fait pendant son passage au ministère de la marine, ainsi que le plan des réformes qu'il considère comme nécessaires à l'organisation de la défense nationale sur mer.

Aux élections générales du 8 mai 1898, M. Lockroy fut réélu au premier tour dans la 2e circonscription dn XIe arrondissement de Paris, par 9,775 voix sur 11,000 votants.

A la chûte du cabinet Méline, M. Lockroy fut nommé ministre de la marine dans le cabinet Brisson le 28 juin 1898.

Il a visité à plusieurs reprises, en cette qualité, nos ports et arsenaux de l'Océan et de la Méditerranée.

Après la démission du général Chanoine (25 octobre 1895) M. Edouard Lockroy, fut nommé ministre de la guerre par intérim.

Il a conservé le portefeuille de la marine dans le cabinet Dupuy (1er novembre 1898).

M. Edouard Lockroy, qui fut un des amis personnels de Victor Hugo, a épousé Mme Charles Hugo, veuve de l'un des fils du grand poète, et mère de Georges et Jeanne Hugo.

M. Edouard Lockroy a collaboré à de nombreux journaux républicains et notamment au *Rappel*, et écrit plusieurs ouvrages : *l'Ile révoltée* (histoire de l'expédition de Garibaldi en Sicile); *Ahmed le boucher ; Histoire de l'Egypte et de la Syrie à la fin du* XVIIIe *siècle ; M. de Moltke et la Guerre future*, etc.

---

## 448

*XIe arrondissement de Paris.* — 3e *circonscription*

### LEVRAUD (Léonce-Adam)

M. Levraud est né à Paris, le 27 avril 1843.

Il est docteur en médecine.

Il prit une part très active et très militante à la lutte contre l'Empire.

En 1867, il fut condamné à un an d'emprisonnement pour l'affaire dite de la Renaissance. Pendant le siège de Paris il fut chirurgien du 6e bataillon de la garde mobile de la Seine.

De 1876 à 1896, il a été huit fois élu conseiller municipal du quartier Saint-Ambroise.

En 1891 et 1892 il fut président du Conseil municipal de Paris.

On lui doit de nombreux rapports, au Conseil municipal, sur les questions d'enseignement, d'assistance publique, d'hygiène et de beaux-arts.

Il est, depuis 18 ans, membre du conseil d'hygiène du département de la Seine.

Il a été élu député au scrutin de ballottage, le 22 mai, par 6,530 voix, contre 6,293 à M. Toussaint, député sortant, collectiviste revisionniste.

M. Levraud est inscrit au groupe radical socialiste de la Chambre.

---

## 449

*XII^e arrondissement de Paris. — 1^re circonscription*

## MILLERAND (Alexandre)

M. Alexandre Millerand est né à Paris, le 10 février 1859.

Avocat à la cour d'appel de Paris, rédacteur à la *Justice*, M. Millerand fut élu une première fois député aux élections complémentaires du 27 décembre 1885, par le département de la Seine.

Orateur distingué, M. Millerand a pris une part importante aux débats parlementaires. Il est intervenu dans la discussion de nombreuses lois politiques ou d'affaires, et notamment dans la plupart des débats relatifs aux questions sociales. C'est à son initiative qu'est due la loi qui améliore la législation des faillites.

Peu de temps avant les élections de 1889, M. Millerand quitta la rédaction de la *Justice*. Il prit celle d'un nouvel organe républicain, *la Voix*, dans lequel il publia sous ce titre : *Ni l'un ni l'autre*, des articles où il se déclarait également hostile à la politique de M. Jules Ferry et à celle du général Boulanger.

En 1889, M. Millerand disait dans sa circulaire : « Partisan d'une Chambre unique, renouvelable partiellement, d'un pouvoir exécutif constitué sur le modèle que nous offre la Suisse, d'un pouvoir judiciaire électif, je voudrais donner pour base solide à la République les plus larges libertés locales.

« Avec un organisme constitutionnel simplifié, nous pourrons accomplir la séparation des Eglises et de l'Etat, la réforme de l'impôt, reviser la loi des patentes, poursuivre la disparition des monopoles et, par exemple, réorganiser la Banque de France, — modifier le régime des tarifs de transport, mener à bien l'étude et le vote des lois émancipatrices concernant les associations ouvrières, les accidents, la protection des femmes, des enfants et des vieillards ; la nomination de délégués ouvriers ; la création de juridictions professionnelles ; la fixation d'une législation internationale du travail. »

M. Millerand fut alors réélu, par 5,358 voix, contre 4,277 accordées à M. Elie May, boulangiste.

M. Millerand a pris souvent la parole pour exposer les revendications du parti socialiste, notamment lors des interpellations relatives aux grèves et aux conflits du capital et du travail. Il a réclamé l'amnistie, appuyé le vote de la loi Bovier-Lapierre, combattu le renouvellement du privilège de la Banque de France, interpellé le gouvernement sur l'attitude des compagnies de chemins de fer à l'égard de leurs agents, protesté contre la fermeture de la Bourse du travail.

Dans sa circulaire de 1893, M. Millerand, qui, en qualité de rédacteur en chef de la *Petite République française*, préconisait la politique d'alliance entre les radicaux et les socialistes s'exprimait ainsi :

« C'est contre la haute finance qu'il nous faut concentrer nos efforts. La nation doit reprendre sur les barons de cette nouvelle féodalité cosmopolite les forteresses qu'ils lui ont ravies pour la dominer : la Banque de France, les chemins de fer, les mines.

« En même temps que cette besogne nécessaire, la Chambre prochaine devra poursuivre une tâche parallèle : affranchir le travailleur de toutes les entraves dont la loi l'enchaîne, par la refonte de notre législation économique et de notre système fiscal.

« Mais toutes ces réformes sont condamnées à un avortement certain si la revision par une Constituante ne donne pas enfin à ce pays l'instrument nécessaire du progrès : une constitution démocratique où le gouvernement du peuple par le peuple devienne une vérité. »

M. Millerand fut réél 1, le 20 août 1893, au premier tour, par 6,446 voix, contre 1,195 à M. Ribanier, socialiste broussiste, 473 à M. Bertrand, socialiste indépendant, 220 à M. Marlot, socialiste.

Pendant la dernière législature, le rôle de M. Millerand, à la Chambre comme dans la presse, a été particulièrement actif. Après avoir été l'un des principaux collaborateurs de la *Petite République française*, il est devenu rédacteur en chef de la *Lanterne*. Au Congrès de Saint-Mandé, en 1897, M. Millerand s'est prononcé en faveur du collectivisme qu'il considère comme la conséquence nécessaire du socialisme.

M. Millerand a été réélu, le 8 mai 1898, par 8,791 voix, sans concurrent.

Il a été élu membre de la commission de l'armée (novembre 1898).

## 450

*XII° arrondissement de Paris. — 2° circonscription*

## GROUSSET (Paschal)

M. Paschal Grousset est né à Corte (Corse), le 7 avril 1845.

Il fit ses études classiques au lycée Charlemagne et étudia la médecine dans les hôpitaux de Paris et au laboratoire du professeur Sapey.

Dès 1867, il publia diverses brochures politiques dirigées contre l'Empire; en 1869, il devint l'un des principaux collaborateurs de la *Marseillaise* fondée par Henri Rochefort.

Le 10 janvier 1870, à la suite d'une polémique violente avec le prince Pierre Bonaparte, cousin de Napoléon III, M. Paschal Grousset lui envoyait deux témoins, avec une lettre de provocation. Un de ces témoins était Victor Noir; Pierre Bonaparte le tua dans son salon d'un coup de revolver.

A la suite de ce meurtre, qui eut un immense retentissement, M. Paschal Grousset redoubla d'ardeur dans ses attaques contre l'Empire; il se vit bientôt frappé de condamnations pour délits de presse, impliqué dans divers complots et incarcéré d'abord à Mazas, puis aux Madelonnettes et à Sainte-Pélagie.

C'est entre deux gendarmes, et en prisonnier, qu'il parut à Tours, comme témoin au procès de Pierre Bonaparte. Il se signala par la véhémence de sa déposition. Sur l'ordre du président de la Haute-Cour, la parole lui fut retirée et il fut reconduit dans sa prison.

Le 4 Septembre l'y trouva. Rochefort devenait membre du gouvernement. M. Paschal Grousset prit la rédaction en chef de la *Marseillaise*, mais peu après, ayant rompu avec les membres du gouvernement de la Défense nationale, il donna sa démission de rédacteur en chef et s'enróla comme simple soldat volontaire au 18e bataillon de chasseurs à pied.

Lors de l'insurrection du 18 mars 1871, M. Paschal Grousset fut un des premiers à entrer à l'Hôtel de ville. Elu, le 26 mars, membre de la Commune de Paris, il fut chargé, par ses collègues, du ministère des relations extérieures. Il occupa ce poste pendant toute la durée de la Commune.

Lors de l'entrée des troupes dans Paris, tombé un des premiers, le 23 mai, aux mains de l'armée d'opérations, Paschal Grousset réussit à s'évader, fut repris dix jours plus tard, écroué à Versailles et traduit en conseil de guerre; la peine de la déportation dans une enceinte fortifiée fut prononcée contre lui.

Il fut interné au fort Boyard, puis embarqué avec le premier convoi de déportés pour la Nouvelle-Calédonie.

M. Paschal Grousset y resta trois ans. En 1874, trouvant une occasion de s'évader avec Jourde, Rochefort, Olivier Pain et deux autres camarades, il en profita. L'évasion eut un plein succès; les six prisonniers arrivèrent en Australie, puis, à travers le Pacifique et les Etats-Unis, purent rentrer en Europe.

M. Paschal Grousset s'établit à Londres et recommença sa collaboration assidue aux journaux et revues de France et d'Angleterre.

Condamné par les dispositions de la loi sur la déportation à ne pas signer ses articles, il adopta le pseudonyme de *Philippe Daryl*, puis celui d'*André Laurie*, pour des ouvrages spéciaux d'éducation.

Ces ouvrages ont largement contribué au mouvement de rénovation des exercices corporels et de « renaissance physique », qui a eu pour effet la fondation de la Ligue nationale de l'éducation physique.

D'autre part, M. Paschal Grousset publiait de nombreuses études politiques et sociales : *la Vie publique en Angleterre ; le Monde chinois ; Lettres de Gordon à sa sœur ; les Anglais en Irlande*, etc.

M. Paschal Grousset rentra dans la politique militante dont il s'était tenu très longtemps à l'écart, par la publication d'un journal la *Bouche de fer*, qui a fait grand bruit lors de l'affaire Quiquerez-Segonzac.

Lors des élections de 1893, M. Paschal Grousset promit de défendre à la Chambre le programme des comités républicains radicaux socialistes et de siéger à l'extrême gauche socialiste. Il fut élu, le 3 septembre 1893, au scrutin de ballottage, par 4,000 voix, contre 3,548 à M. John Labusquière, socialiste broussiste.

Au cours de ces dernières années, il n'a cessé d'avoir, dans la presse et à la Chambre, notamment depuis l'affaire Dreyfus, un rôle des plus militants.

M. Paschal Grousset a été réélu, en mai 1898, par 6,217 voix, contre 1,940 à M. Morel, socialiste, 1,194 à M. Daly, socialiste, 1,069 à M. de Susini, radical.

## 451

*XIIIe arrondissement de Paris. — 1re circonscription*

### BERNARD (Paul)

M. Paul Bernard est né à Duperré (Algérie), le 31 mai 1862.

Il est avocat à la Cour d'appel de Paris.

Conseiller municipal depuis 1893, il a été élu, le 22 mai, par 3,276 voix, contre 3,109 à M. Gérault-Richard, député sortant, socialiste.

Au premier tour, M. Gérault-Richard avait obtenu 2,914 voix, M. Bernard, 2,308, M. Dupré, républicain, 1,362.

## 452

*XIII· arrondissement de Paris. — 2· circonscription*

### PAULIN MÉRY (César-Auguste)

M. Paulin Méry est né le 14 juin 1860, à Villeneuve-sur-Tholon (Yonne). Il est docteur en médecine.

Il collabora à divers journaux médicaux, puis dirigea plusieurs feuilles politiques hebdomadaires: le *Réveil du XIII<sup>e</sup> arrondissement, la Rive gauche, la France revisionniste, le Patriote de l Yonne*, etc.

En 1887, il prit une part active à l'organisation du mouvement dirigé contre l'élection de M. Jules Ferry à la présidence de la République.

Président de la section de la Ligue des Patriotes du XIII· arrondissement et fondateur de la Fédération républicaine revisionniste, il ne cessa de préconiser, dans le parti boulangiste, la politique d'action. Dans sa circulaire, de 1889, il résumait ainsi son programme: « Sus au Sénat! Revision, Constituante, Referendum, mandat impératif: voilà le but! voilà le salut! »

En 1889, M. Paulin Méry fut élu, au scrutin de ballottage, le 6 octobre, par 5,806 voix, contre 5,784 obtenues par M. Basly, républicain, député sortant.

Il fut l'un des derniers fidèles du général Boulanger; il appartient actuellement au groupe nationaliste.

Il a été réélu le 8 mai 1898, par 8,940 voix, contre 3,408 à M. Givort, socialiste, 1,321 à M. Cyvoct, inéligible, socialiste, 862 à M. Schuppe, socialiste.

## 453

*XIV· arrondissement de Paris. — 1<sup>r</sup> circonscription*

### GIROU (Georges)

M. Georges Girou est né à Paris, le 15 septembre 1860. Il exerce la profession de comptable. Il fut élu conseiller municipal de Paris en mai 1890 et réélu en mai 1890 et avril 1893.

Il a été membre du Comité Louis Blanc (V° arrondissement), de la Ligue de la revision fondée par Clémenceau et Laurent-Pichat, secrétaire de la Fédération des groupes républicains socialistes de la Seine et du Comité central électoral, de 1885, des groupes radicaux et socialistes de la Seine.

En 1889, il fut candidat aux élections législatives, mais M. Jacques l'emporta sur lui avec 60 voix de majorité.

En 1898, il a été candidat de l'Union des républicains socialistes, avec un programme comportant notamment : la revision intégrale de la Constitution par une Constituante, la suppression du Sénat, l'assimilation du mandat électif au mandat civil, l'élection des juges, la réforme des codes et la simplification de la procédure, l'instruction intégrale et gratuite pour tous à raison des aptitudes constatées, le service militaire obligatoire et égal pour tous, réduit à son maximum de durée, la transformation en services publics des monopoles de droit et des monopoles de fait, l'impôt progressif, l'assistance sociale effective.

M. Girou a été élu par 7.335 voix.

---

## 454

*XIV° arrondissement de Paris. — 2° circonscription*

### DUBOIS (Emile)

M. Emile Dubois est né le 28 décembre 1853, à Saint-Léonard (Haute-Vienne).

Professeur, docteur en médecine, il a publié de nombreux travaux scientifiques et littéraires. Il est membre de la Commission supérieure de l'Exposition universelle de 1900 et président de la 54° classe d'admission.

Depuis 1887, il a été sans interruption conseiller municipal de Paris. Il fut président du Conseil général de la Seine, du 3 avril 1897 au 15 juin 1898.

Il est républicain socialiste.

Il a été élu pour la première fois député le 22 mai 1898

par 3,743 voix, contre 2,689 à M. Michelin, député sortant, revisionniste.

Au premier tour, M. Dubois avait obtenu 2,358, M. Michelin 2,044, M. Champoudry, socialiste. 1,203 voix, M. Jeannin, républicain, 749.

---

## 455

*XVe arrondissement de Paris. — 1re circonscription*

### HUMBERT (Alphonse)

M. Alphonse Humbert est né à Paris en 1846.

Il fut d'abord employé à la pharmacie Raspail, puis débuta dans le journalisme. Il attaqua violemment l'Empire et fut plusieurs fois condamné pour délit de presse et d'opinion. Il resta à Paris pendant le siège et fut un des défenseurs de la Commune durant laquelle il collabora au *Père Duchesne*, d'Eugène Vermesch. Traduit devant le troisième conseil de guerre, il fut condamné aux travaux forcés à perpétuité. Après l'amnistie, il fut élu par le quartier de Javel (XVe arrondissement) « candidat de l'amnistie plénière » en octobre 1879; son élection fut annulée par le Conseil de préfecture de la Seine, M. Humbert n'ayant pas les six mois de résidence exigés par la loi. Peu de temps après, M. Humbert fut condamné par le tribunal correctionnel pour avoir, dans des réunions publiques, fait l'apologie de faits qualifiés crimes par la loi.

En 1881, M. Humbert se présenta deux fois à la députation à Paris et à Lyon sans être élu.

En 1886, il fut nommé conseiller municipal du quartier de Grenelle avec un programme radical socialiste.

Il prit une part très importante aux délibérations du Conseil municipal de Paris dont il fut, en 1893, élu président. En cette qualité, il présida à la magnifique réception qui fut faite par la ville de Paris aux officiers de l'escadre russe (octobre 1893).

M. Alphonse Humbert a collaboré ou collabore à plusieurs organes de la presse républicaine, le *Petit Parisien*, l'*Action*, l'*Eclair*, etc.

Il fut élu député par la première circonscription du XIV° arrondissement, le 20 août 1893, au premier tour de scrutin, par 5,488 voix, en qualité de radical socialiste, contre 2,976 à M. Farcy, député sortant, 1,376 à M. Pelluet, socialiste allemaniste, et 1,065 à M. Verdin ou Warin, antifranc-maçon.

En 1898, M. Alphonse Humbert a été réélu, le 22 mai, par 7.653 voix, contre 5,038 à M. Bagnol, socialiste.

Au premier tour, M. Humbert avait obtenu 6,881 voix, M. Bagnol, 2,664, le général Lespiau, conservateur, 2,283, M. Léon Martin, socialiste, 1,031.

---

## 456

*XV° arrondissement de Paris. — 2° circonscription*

### CHAUVIÈRE (Emmanuel-Jean-Jules)

M. Chauvière est né à Gand, le 13 août 1850, de parents français. Il est correcteur d'imprimerie. Républicain socialiste, disciple et admirateur de Blanqui, il fut mêlé à tous les mouvements populaires de la fin de l'Empire.

Sergent-major des francs-tireurs de la guérilla de l'Ile de France pendant le siège de Paris, il fut, après l'armistice, garde national au 82° bataillon. Secrétaire du général de la Commune, Duval, qui fut pris les armes à la main, le 4 avril 1871, au plateau de Châtillon, il fut condamné à cinq ans de prison de surveillance et parvint à l'expiration de sa peine, subie à Belle-Ile, Embrun, Sainte-Ménehould et Landerneau, à passer en Belgique. Il fonda alors à Bruxelles, le journal les *Droits du Peuple* et y organisa l'association des Cercles réunis. Après l'amnistie, il revint en France et, depuis lors, collabora au *Cri du Peuple*, à l'*Homme libre*, à *la Lanterne*, etc. Il est aussi l'auteur d'un ouvrage intitulé: *l'Histoire devant la Raison et la Vérité*.

Étant retourné en Belgique « pour combattre l'influence allemande » et propager les idées socialistes, M. Chauvière en fut deux fois expulsé.

Son programme se résume ainsi: Triomphe de la République en Europe avec ses conséquences; décentralisation

administrative, autonomie de la Commune, sauf pour tout
ce qui peut nuire à l'unité nationale; intervention de
l'État en faveur des essais d'émancipation des socialistes. — États-Unis d'Europe; armement général du
peuple, bataillons d'adultes, suppression des armées permanentes; organisations régionales et communales des
milices; permanence des cadres utilisés à des opérations
administratives ou à des travaux publics. — Liberté absolue
d'association. — Laïcisation absolue. — Le droit commun
pour tous. — Suppression des juridictions spéciales. —
— Mandat impératif inscrit dans la loi. — Toute-puissance
des assemblées primaires, légalement organisées. — Utili-
sation du privilège financier de la Chambre pour réduire
le Sénat, en cas où sa suppression ne pourrait être obtenue, ou application du *referendum* libre pour connaître le
sentiment des citoyens électeurs. — Service de deux ans.
— Retraite pour tous les vieillards.

Il a été réélu, au scrutin de ballottage, le 22 mai 1898,
par 4,653 voix, contre 4,152 à M. Chérioup, conseiller municipal, socialiste.

---

## 457

*XVIᵉ arrondissement de Paris. — 1ʳᵉ circonscription*

### BEAUREGARD (Paul)

M. Paul Beauregard est né au Havre en 1853.

Docteur en droit, agrégé, il est professeur à la Faculté
de droit de Paris.

Il est républicain.

Il a été élu, pour la première fois, député, le 22 mai
1898, par 2,850 voix, contre 2,836 à M. Vaquez, républicain
et 1,961 à M. Charnay, socialiste.

Au premier tour, M. Vaquez avait obtenu 1,611 voix,
M. Beauregard, 1,518, M. Charnay, 1,392, M. Caplain,
rallié, 1,213, M. Laffitte, républicain, 1,041.

---

## 458

*XVI° arrondissement de Paris. — 2° circonscription*

### MILLEVOYE (Lucien)

M. Lucien Millevoye est né à Grenoble, le 1er août 1850.

Petit-fils du poète Millevoye, fils de l'ancien premier président de la Cour de Lyon, ancien magistrat lui-même, M. Millevoye a été un des promoteurs du mouvement boulangiste. Il prit part aux élections de la Dordogne, de l'Ardèche, de la Somme, et accompagna le général Boulanger, dont il resta l'ami jusqu'à la fin, dans la plupart de ses voyages. Il se présenta avec le programme du parti national; *Revision, Constituante, Referendum*, à Amiens.

En 1889, il fut élu, au premier tour, contre M. René Goblet, député sortant, par 12,520 voix, contre 11.564. Il ne fut pas candidat en 1893.

Depuis cette époque, M. Louis Millevoye a continué de lutter en faveur de la revision de la Constitution, dans la presse et dans les réunions.

Actuellement rédacteur en chef de la *Patrie*, il s'est présenté, comme républicain nationaliste dans la 2° circonscription, récemment créée du XVI° arrondissement.

Il a pris récemment une part très active aux manifestations dirigées contre la revision du procès Dreyfus.

Il a été élu, au second tour, le 22 mai, par 3,178 voix, contre 2,802 à M. Paul Leroy-Beaulieu, républicain, et 823 à M. Daly, revisionniste.

Au premier tour, M. Millevoye avait eu 2,441, M. Leroy-Beaulieu, 1,378. M. Isabey, socialiste, 1,074.

---

## 459

*XVII° arrondissement de Paris. — 1re circonscription*

### BOMPARD (Raoul-Henri)

M. Raoul Bompard est né à Gênes (Italie), de père et mère français, le 17 décembre 1860.

Il est docteur en droit, lauréat de la Faculté de Paris.

Elu au Conseil municipal de Paris en 1887, 1890, 1893, 1896, M. Raoul Bompard fut candidat aux élections législatives de 1893 contre M. Le Senne, mais il ne fut pas nommé.

Ancien vice-président du Conseil municipal de Paris, membre du Conseil supérieur de l'assistance publique, secrétaire général et fondateur de la Société d'assistance par le travail des 8e et 15e arrondissements, M. Raoul Bompard dit dans sa circulaire qu'il entend défendre « les idées de concorde, d'apaisement, d'union des républicains pour le progrès et les réformes ». Il veut « des Chambres qui travaillent et un gouvernement qui gouverne ». Il demande notamment la diminution du nombre des fonctionnaires, la décentralisation administrative, la réduction du service militaire, la création d'une armée coloniale, le vote très prompt de toutes les lois d'assistance, etc.

M. Raoul Bompard a été élu député, en mai 1898, par 4,888 voix, contre MM. Journet, Le Senne, député sortant, Gaudinot.

---

## 460

*XVIIe arrondissement de Paris. — 2e circonscription*

### ROCHE (Ernest)

M. Ernest Roche est né à Bordeaux, le 29 octobre 1850.

Ouvrier graveur, il participa très activement à l'organisation et aux travaux des associations syndicales ouvrières; il fut un de leurs délégués au Congrès de Marseille; il prit l'initiative de l'élection de Blanqui à Bordeaux, qui amena la mise en liberté du célèbre révolutionnaire.

L'un des principaux collaborateurs d'Henri Rochefort à l'*Intransigeant*, il a surtout traité dans ce journal les questions ouvrières. Il a participé à l'organisation des grandes grèves des mineurs d'Anzin, de Decazeville, etc. A la suite de ces dernières, il fut condamné à quinze mois de prison, sur lesquels il subit six mois d'emprisonnement à Villefranche, à Montpellier et à Clairvaux.

Il fut élu pour la première fois député en 1889. Il s'était présenté antérieurement à plusieurs élections municipales et législatives, mais n'avait pas réussi.

Républicain socialiste révolutionnaire, il appartient à la fraction du groupe blanquiste qui se rallia au programme du général Boulanger : Revision, Constituante, Referendum.

M. Ernest Roche fut élu, le 6 octobre 1889, au scrutin de ballottage, par 8,653 voix, contre M. Edmond Lepelletier, républicain, qui en obtint 7,758.

Depuis cette époque M. E. Roche continua à être très activement mêlé au mouvement socialiste révolutionnaire, dont il prit plus d'une fois la défense à la Chambre, notamment lors de la discussion du projet de loi qui fut présenté pour modifier divers articles de la loi sur la presse, à la suite des attentats anarchistes.

En 1893, M. Ernest Roche fut réélu au premier tour, le 20 août, par 7,530 voix, contre 4,369 à M. Edmond Lepelletier, républicain indépendant, 1,368 à M. André Gély, socialiste broussiste, 1,224 à M. Léo Biron, républicain progressiste, 336 à M. Pacotti, socialiste allemaniste, 145 à M. Boudet, socialiste indépendant.

Il a été réélu, en 1898, par 9,598 voix, contre 5,877 à M. Roger Ballu, républicain, 2,251 à M. Saint-Martin, radical socialiste, 676 à M. Neveu, socialiste revisionniste, etc.

---

## 461

*XVIIIe arrondissement de Paris.* — *1re circonscription*

### SEMBAT (Marcel)

M. Marcel Sembat est né le 19 octobre 1852.

Il se signala par la violence de ses polémiques contre M. Constans. Il a été le directeur politique de la *Petite République française*, devenue l'un des principaux organes du parti socialiste. Il préconisa une tactique nouvelle et s'appliqua à établir entre les diverses fractions de ce parti une entente sur le terrain électoral. D'après M. Sembat,

« la distinction qu'on a tenté d'établir entre les ouvriers, les travailleurs manuels, d'une part, et de l'autre, ceux que le hasard de la naissance a placés dans la bourgeoisie, est en opposition formelle avec le principe de l'égalité. »

S'il est vrai, comme l'affirment les socialistes scientifiques, que l'évolution est le résultat de nécessités économiques, « est-il possible de laisser en dehors du nouvel ordre de choses les classes qui ont le plus à souffrir des transformations sociales et qui peu à peu viennent se fondre dans le prolétariat? La concentration croissante des capitaux est une cause de misère pour les ouvriers de l'industrie et de l'agriculture, par l'augmentation du chômage et la diminution du salaire ; mais elle n'est pas moins funeste aux petits commerçants, aux petits propriétaires, à tous les détenteurs d'un capital insuffisant. Les intérêts, les besoins, les aspirations sont identiques; c'est donc en commun qu'ils doivent travailler à l'œuvre commune de reconstitution. »

M. Sembat fut élu, le 3 septembre 1893, au scrutin de ballottage, par 2,631 voix, contre 1,369 à M. Lanquet, républicain, 1,210 à M. Dalle, socialiste, et 877 à M. Montprofit, radical.

M. Sembat a été réélu, le 22 mai 1898, par 5,208 voix, contre 1,568 à M. Levasseur, républicain.

Au premier tour, M. Sembat avait obtenu 4,503 voix, M. Werwoort, directeur du *Jour*, 2,320, M. Dereure, ancien membre de la Commune, 1,250, M. Levasseur, 1,007.

---

## 462

*XVIII⁰ arrondissement de Paris. — 2ᵉ circonscription*

### ROUANET (Gustave)

M. Gustave Rouanet est né à Oupia (Hérault), le 14 août 1855. Il est le fils d'un ancien proscrit de décembre 1851.

Engagé volontaire, il fut envoyé au bataillon d'Afrique pour avoir, pendant la période du 16 mai 1877, tenu des propos révolutionnaires.

Libéré, il devint, à Narbonne, rédacteur de l'*Emancipa-*

*tion sociale*. Il fut condamné à trois mois de prison lors de la grève de Bessèges. Il collabora ensuite au *Cri du peuple* et fonda avec Benoît Malon la *Revue socialiste*. Il fut un des premiers qui réclamèrent l'organisation internationale du travail sur laquelle il publia de nombreuses études.

En 1890, il fut élu conseiller municipal de Paris par le quartier Clignancourt et réélu en 1893.

Lors des élections législatives de 1893, il se présenta comme socialiste et fut élu, le 3 septembre, par 7,089 voix, contre 4,385 à M. l'abbé Garnier, socialiste chrétien, et 1,605 à M. Lelorrain, socialiste.

Pendant la dernière législature, M. Rouanet a été rapporteur de la commission d'enquête sur l'affaire du Panama.

Il a été réélu, en mai 1898, par 9,858 voix, contre 5,299 à M. Legué, socialiste revisionniste.

---

## 463

*XVIII<sup>e</sup> arrondissement de Paris. — 3<sup>e</sup> circonscription*

### HOLTZ (Armand)

M. Armand Holtz est né à Paris, le 21 février 1867.

Il a été chef du cabinet du Gouverneur général de l'Indo-Chine (M. Doumer).

Il s'est présenté avec le programme politique de M. Léon Bourgeois.

Il a été élu par 5,945 voix, contre 5.765 à M. Aimé Lavy, chef du parti possibiliste.

---

## 464

*XIX<sup>e</sup> arrondissement de Paris. — 1<sup>re</sup> circonscription*

### BOS (Charles)

M. Charles Bos est né le 1<sup>er</sup> janvier 1862, à Saint-Flour (Cantal).

Publiciste, chef de la rédaction du *Rappel*, M. Charles

Bos a collaboré à ce journal de la manière la plus active. Il y a fait notamment de nombreuses campagnes en faveur des syndicats ouvriers.

Il est chevalier de la Légion d'honneur. Conseiller municipal de Paris (quartier d'Amérique, 19ᵉ arrondissement, depuis juin 1896), M. Charles Bos a été élu, comme radical socialiste, au scrutin de ballottage, le 22 mai 1898, par 3,335 voix, contre 2,889 à M. Arthur Rozier, socialiste révolutionnaire.

Au premier tour, M. Charles Bos avait obtenu 2,986 voix, M. Rozier, 1,440, M. Brard, socialiste, 1,276.

Il est membre de la commission des colonies.

---

## 465

*XIXᵉ arrondissement de Paris. — 1ʳᵉ circonscription*

### HUGUES (Clovis-Hubert)

M. Clovis Hugues est né à Ménerbes (Vaucluse), le 3 novembre 1851. Il est homme de lettres, journaliste et poète.

Après avoir fait ses études dans un établissement religieux où avait été élevé un demi-siècle auparavant, François-Vincent Raspail, Clovis Hugues débuta à Marseille, en qualité de petit employé chez un courtier. Peu après, il entra au *Peuple* de Marseille, dont le rédacteur en chef était Gustave Naquet. Il prit part à tous les mouvements qui marquèrent à Marseille la fin de l'Empire et la période de la guerre et de la Commune. Clovis Hugues fut conduit au fort Saint-Nicolas et jugé par un conseil de guerre qui le condamna, pour délit de presse, à trois ans de prison et 6,000 francs d'amende, avec deux ans de contrainte par corps. Il resta quatre ans en prison. Il écrivit alors dans l'*Égalité* et fonda, peu après la levée de l'état de siège à Marseille, la *Jeune République*.

C'est alors qu'ayant tué en duel un journaliste bonapartiste, il se réfugia en Italie, revint se constituer prisonnier et fut acquitté par le jury des Bouches-du-Rhône.

Il vint à Paris et, dans la *Lune rousse*, le journal qu'illustrait André Gill, il publia des satires politiques et collabora à de nombreux journaux, en même temps qu'il prenait la parole dans les réunions publiques.

En 1881, il fut nommé député par l'une des circonscriptions de Marseille et siégea à l'extrême gauche. Il intervint souvent à la Chambre soit pour interpeller, soit pour défendre les idées socialistes.

En 1885, il fut réélu député, au scrutin de liste, par le département des Bouches-du-Rhône. Il ne fit pas partie de la Chambre de 1889 et, depuis lors, s'occupa surtout de littérature, publiant dans de nombreux journaux des romans, des poésies, des chroniques; il a écrit aussi plusieurs pièces de théâtre.

Dans la circulaire qu'il adressa en 1893 aux électeurs du XIXᵉ arrondissement (Combat-Villette), il promit de consacrer, comme par le passé, tout son dévouement à la défense du programme socialiste ; il demandait que le socialisme ne se préoccupât point seulement de la classe ouvrière, mais aussi de l'employé, du commerçant, du petit industriel.

« On nous crie, ajoutait-il : « Plus de frontières ! Vive l'internationale ! » Je ne demande pas mieux, la grande industrie et la haute banque ne se gênant pas pour effacer les frontières économiques, au détriment de l'épargne et du travail nationaux ; mais je demande aussi que les étrangers commencent ou qu'ils restent chez eux. Nous savons trop ce que deviennent les belles protestations de fraternité des délégués allemands quand ils sont retournés dans leur Allemagne, avec la poussière de notre pays à leurs souliers ! »

M. Clovis Hugues, qui avait, au premier tour, obtenu 3,771 voix, a été élu, le 3 septembre, au scrutin de ballottage par 4,566 voix.

Il a été réélu, le 22 mai 1898, au scrutin de ballottage, par 9,716 voix, contre 4,166 au comte de Sabran-Pontevès, royaliste.

Au premier tour, M. Clovis Hugues avait obtenu 6,159 voix, M. de Sabran-Pontavès, 3,225, M. Girardin, radical, 2,889, M. Lacour, socialiste revisionniste, 2,251.

## 466

*XX^e arrondissement de Paris. — 1^re circonscription*

### DEJEANTE (Victor-Léon)

M. Victor Dejeante est né à Charonne, le 28 décembre 1850.

M. Dejeante est ouvrier chapelier.

Il a été candidat depuis 1885 aux diverses élections législatives et municipales. Il a été délégué de la Chambre syndicale de la chapellerie dans toutes les grèves de sa corporation et a été secrétaire général de la Chapellerie de France. Délégué à l'Exposition d'Amsterdam, il fit un rapport remarqué sur les salaires, le travail des femmes et des enfants, l'hygiène, etc. Il est délégué au Secrétariat national du travail.

Socialiste révolutionnaire, il fut présenté, aux élections législatives de 1893, par le Parti ouvrier qui estime « que les travailleurs n'obtiendront rien pour eux, qu'avec eux et par eux-mêmes ».

M. Dejeante fut élu, au scrutin de ballottage par 4,414 voix, contre 4,129 à M. Camélinat, ancien député socialiste.

En 1896, le 24 mars, le Parti allemaniste voulut lui imposer une retenue de 5,000 francs sur ses émoluments; il refusa et remit sa démission.

Il fut réélu le 5 juin, par 5,867 suffrages, contre 1,800 donnés à ses deux adversaires, MM. Joindy et Claudius Nourry.

La *Revue Politique et Parlementaire* le signale comme un des 20 députés qui ont déposé le plus grand nombre de propositions à la Chambre pendant la dernière législature.

Il proposa notamment l'ouverture de crédits en faveur des victimes des grèves et du chômage, l'abolition de la peine de mort, l'abolition des armées permanentes, une conférence internationale en faveur du désarmement général, l'amnistie générale, etc.

Il intervint très souvent à la tribune, notamment dans

la discussion des questions ouvrières, sociales et d'assistance publique. Il protesta contre « le crédit accordé pour glorifier la tyrannie du peuple russe avec l'argent de la République ».

Il a été réélu, le 8 mai 1898, comme candidat du Parti ouvrier révolutionnaire (alliance communiste), par 7,081 voix, contre 2,021 à M. Caron, 514 à M. Nourry, radical, 504 à M. Bruant, chansonnier, etc.

---

## 467

*XXᵉ arrondissement de Paris. — 2ᵉ circonscription*

### VAILLANT (Marie-Édouard)

M. Edouard Vaillant est né à Vierzon (Cher), le 29 janvier 1840.

Ancien élève de l'Ecole centrale des arts et manufactures, il a été ingénieur, puis médecin, membre du Collège royal des chirurgiens d'Angleterre.

Il fut membre de la Commune en 1871. Il est conseiller municipal de Paris depuis 1871. Il appartient au groupe socialiste révolutionnaire.

Il estime qu'il faut « avant tout précipiter du pouvoir opportunistes, radicaux, ralliés et complices. C'est le point de départ nécessaire qui mènera, par la conquête socialiste au pouvoir politique, à la révolution libératrice, à l'anéantissement du régime capitaliste, à l'émancipation de la classe ouvrière, à la liberté, à l'égalité de fait, au bien-être de l'homme et du citoyen dans la solidarité de la République sociale ».

M. Vaillant demande le remplacement du parlementarisme par le gouvernement direct du peuple par le peuple, la fin du militarisme et la création de milices nationales et sédentaires, l'amnistie, la suppression du budget des cultes et la reprise des biens du clergé, l'impôt progressif, la municipalisation et la nationalisation des services de crédit, d'approvisionnement, d'alimentation, de travaux, la reconstitution de la Commune de Paris; etc.

M. Edouard Vaillant, qui avait obtenu, au premier tour,

5,600 voix fut élu, le 3 septembre 1893, au scrutin de ballottage, par 7,360 voix contre 4.519 obtenues par M. Patenne, radical.

Il a été réélu, le 22 mai 1898, par 7,612 voix, contre 7,030 à M. Patenne, conseiller municipal, radical socialiste.

Au premier tour, M. Vaillant avait obtenu 6,790 voix, M. Patenne, 4,173, M. Edmond Turquet, ancien député, révisionniste chrétien, 2,265, M. Ernest Masson, radical socialiste, 2,163.

---

## 468

*Arrondissement de Saint-Denis. -- 1ʳᵉ circonscription*

### GOUSSOT (Marie-Emile)

M. Goussot est né à Thiancourt (Meurthe-et-Moselle), le 2 décembre 1862.

Après avoir été quelque temps attaché à la préfecture de la Seine, il a collaboré à divers journaux.

M. Goussot se signala comme l'un des plus actifs promoteurs du mouvement boulangiste. Il a été l'un des organisateurs de la Ligue des patriotes.

En 1889, il disait dans sa profession de foi : « Je voterai la revision par une Constituante et je m'élèverai contre toutes les lois d'arbitraire et d'exception. — Je soutiendrai tous les projets de lois utiles au pays sans me préoccuper s'ils sont présentés par mes adversaires. Il faut organiser la République sur des bases plus démocratiques en laissant plus de libertés et de droits au suffrage universel, établir le contrôle par le *referendum* sur les projets de loi, et surtout montrer un respect absolu envers les décisions du suffrage universel. »

M. Goussot fut alors élu au scrutin de ballottage par 4,710 voix, contre 4,214 à M. Péan, radical. Son élection ayant été invalidée, il fut réélu, le 5 février 1890, par 4,500 voix.

En 1893, M. Goussot se présenta comme socialiste. Il fut élu, au scrutin de ballottage, par 5,845 voix, contre 3,349 obtenues par M. Gelez, socialiste allemaniste.

Il a été réélu, le 22 mai 1898, au scrutin de ballottage par 6,419 voix, contre 4,356 à M. Joindy, socialiste allemaniste et 1,542 à M. Tetard, radical.

Au premier tour, M. Goussot avait obtenu 5,349 voix, M. Joindy, 2,973, M. Tetard, 2,402, M. Estien, radical socialiste, 1,722.

Il est membre de la commission de l'armée.

---

## 469

*Arrondissement de Saint-Denis. — 2ᵉ circonscription*

### WALTER (Albert-Joseph)

M. Walter est né à Saint-Denis, le 20 juin 1852.

Dessinateur-mécanicien, il est conseiller municipal depuis le 4 mai 1884 et maire de Saint-Denis depuis le 15 mai 1892. Il faisait partie du conseil municipal dissous en 1886 par décret du président de la République.

Maire de Saint-Denis, il se signala par l'interdiction de toutes les manifestations extérieures du culte « et par la neutralisation du lieu de sépulture en supprimant la croix surmontant le caveau provisoire où peuvent être enterrées des personnes pratiquant un culte autre que le catholique ».

Il fut présenté, en 1893, comme socialiste révolutionnaire et « comme candidat de la protestation contre le vol du Panama, les assommades policières et la fermeture de la Bourse du travail ». Il demandait notamment : la revision socialiste de la Constitution ; la suppression du Sénat et de la présidence de la République ; le droit législatif et direct du peuple ; la reconnaissance du mandat impératif et son assimilation au mandat civil ; l'abolition des lois sur la presse, les réunions, les associations, les syndicats, etc. ; la suppression des armées permanentes et l'armement du peuple ; la suppression de la dette dite publique ; le droit de coalition des communes ; la remise en vigueur de plusieurs décrets de la Commune de Paris ; la suppression de tous les contrats ayant assimilé la propriété publique (chemins de fer, mines, canaux, etc.), l'exploitation de ces propriétés devant revenir à ceux qui travaillent.

M. Walter fut élu le 30 septembre, au scrutin de ballot-tage, par 6,606 voix, contre 4,983 accordées à M. Lour-delet, républicain progressiste, et, 4,529 à M. Revest, député sortant, boulangiste.

En 1898, M. Walter qui se représenta avec le même pro-gramme qu'en 1893, fut réélu le 22 mai, au scrutin de ballottage, par 12,865 voix, contre 7,204 à M. le général Lambert, républicain.

---

## 470

*Arrondissement de Saint-Denis. — 3e circonscription*

### RENOU (Victor)

M. Victor Renou est né à Batignolles (Seine), le 30 décembre 1845.

Il est ouvrier tailleur de pierres.

Conseiller général de la Seine depuis 1893, il fut élu député le 23 février 1896 en remplacement de M. Avez, décédé, par 5,127 voix, contre 4,339 à M. Trébois.

Il s'était présenté comme candidat du Parti socialiste révolutionnaire dont « le programme seul, dit-il dans sa circulaire, comporte les réformes urgentes qui peuvent faire que les principes de Liberté, de Fraternité et d'Égalité deviennent enfin des réalités ».

M. Renou a été réélu le 22 mai 1898, au scrutin de ballottage, par 6,277 suffrages, contre 4,458 à M. Verbeckmoes et 2,622 à M. Marquez.

---

## 471

*Arrondissement de Saint-Denis. — 4e circonscription*

### LALOGE (Philippe)

M. Laloge est né à Paris, le 21 décembre 1869.

Ancien instituteur, négociant en vins en gros, il fut, à 26 ans, élu conseiller municipal et adjoint au maire de Boulogne-sur-Seine.

Il a été élu député, comme républicain socialiste, mais il n'est ni révolutionnaire, ni collectiviste.

Il obtint 5,876 voix, contre M. Rigaud, député sortant.

---

## 472

*Arrondissement de Saint-Denis.* — 5e *circonscription*

### FERRAND (Stanislas)

M. Stanislas Ferrand est né à Jussey (Haute-Saône), le 10 mai 1844.

Il est architecte ingénieur, directeur-propriétaire du journal le *Bâtiment*. Il a fait un nombre très considérable de constructions (châteaux, écoles, maisons, transformation de quartiers, etc.).

Conseiller général du canton de Courbevoie, il s'est présenté comme radical socialiste.

Il a été élu au deuxième tour de scrutin, le 22 mai 1898, par 9,696 voix, contre 9,296, à M. Chauvin, député sortant, socialiste guesdiste.

Au premier tour, M. Chauvin avait eu 8,323 voix, M. Ferrand 6,841, M. Coignet, radical, 3,443, M. Féron, socialiste, 1,346.

---

## 473

*Arrondissement de Sceaux.* — 1re *circonscription*

(Montreuil-Vincennes).

### RICHARD (Pierre-Marie)

M. Pierre Richard est né au Mans, le 18 avril 1864. Après avoir fait ses études au collège Rollin et son service militaire, il entra à la Ligue des patriotes sous les auspices d'Henri Martin et devint bientôt secrétaire de l'Association. En 1886, il travailla, aux archives du ministère de la guerre, à la rédaction d'historiques du régiment.

Nommé chef du secrétariat au ministère de l'agriculture

en 1887, il démissionna pour des motifs politiques, et devint presque aussitôt secrétaire général de la Ligue des patriotes, fonctions qu'il occupa jusqu'au procès célèbre dans lequel il fut impliqué (mars et avril 1889). Il fut arrêté, puis emprisonné à Angoulême, le 8 juin 1889, avec MM. Déroulède, Laguerre, Laisant, à l'occasion d'une manifestation en faveur de la politique revisionniste.

A la suite de ces incidents, il fut élu député en 1889, au scrutin de ballottage, contre M. Alexandre Lefèvre, alors conseiller général, aujourd'hui sénateur.

Étant le plus jeune membre de la Chambre, il fut, en cette qualité, secrétaire d'âge de l'Assemblée durant toute la législature. Réélu en 1893, il a été de nouveau secrétaire d'âge. En 1894, M. Pierre Richard fut élu secrétaire définitif de la Chambre.

M. Pierre Richard s'est surtout occupé des questions sociologiques. Il déposa des propositions, dont plusieurs furent adoptées, relativement à l'assurance obligatoire contre les accidents et la maladie, à la fixation d'un minimum de salaire et à l'établissement d'une taxe sur les patrons employant des ouvriers étrangers, à la retraite proportionnelle des officiers, à la revision des lois constitutionnelles, à la suppression de la peine de mort en temps de paix pour les soldats en activité sauf le cas de haute trahison, à la réorganisation du corps disciplinaire et les pénitenciers militaires et à l'application de la loi Béranger aux condamnés des conseils de guerre, etc.

Dans sa circulaire de 1898, M. Pierre Richard demande la revision de la Constitution par une Constituante, la suppression du Sénat, la séparation des Églises et de l'État, la suppression du budget des cultes, la protection du petit commerce et de la petite industrie, la protection de la main-d'œuvre nationale, l'impôt progressif sur le revenu.

M. Pierre Richard a fait de nombreux voyages d'étude en Europe, en Asie et en Afrique.

M. Pierre Richard a été élu, au premier tour, le 8 mai 1898, par 7,323 voix, contre 2,937, à M. Gibert, conseiller général, radical, et 1,702 à M. Combet du Parti ouvrier.

Il appartient au groupe nationaliste.

Il a été élu membre de la commission de l'armée (novembre 1898).

**474**

*Arrondissement de Sceaux.* — *2e circonscription*

(Cantons de Charenton-Saint-Maur-Nogent)

## BAULARD (Jules-Ferdinand)

M. Ferdinand Baulard est né le 11 février 1827.

Ancien ouvrier verrier, ancien industriel, il s'est, très jeune, occupé de la politique.

Il fut mêlé au mouvement réformiste à la fin du règne de Louis-Philippe, puis à la révolution de 1848, à l'envahissement de la Chambre le 15 mai, aux journées de juin, etc. Il fut de ceux qui résistèrent, les armes à la main, au coup d'État du 2 décembre 1851.

Il fut membre des comités qui organisèrent la lutte contre l'Empire. Pendant le siège de Paris, il fit partie du 54e bataillon de la garde nationale. En 1871, il fut, au 18 mars, membre du Comité central, mais bientôt s'en sépara.

En 1872, il fut l'un des principaux fondateurs des écoles laïques libres du IIIe arrondissement.

Retiré des affaires en 1880, — il avait un important établissement de miroiterie, — il se fixa à Joinville-le-Pont, dont il devint, en 1884, conseiller municipal ; en 1885, il fut élu conseiller général du canton de Charenton.

En 1889, aux élections générales, M. Baulard fut le candidat de l'union des radicaux socialistes antiplébiscitaires ; il accepta le programme de ce comité qui comprenait : la gratuité de la justice, la magistrature élue et amovible, le jury à toutes les juridictions ; l'assimilation du mandat politique au mandat civil ; l'abolition du Concordat, la suppression du budget des cultes ; l'organisation des bataillons d'adolescents de 14 à 20 ans ; l'instruction intégrale gratuite à tous les degrés ; l'interdiction du cumul des fonctions publiques et mandats électifs ; l'impôt sur le capital et le revenu ; la revision des traités de commerce, des tarifs de douanes ; l'émancipation économique des travailleurs ; des caisses de retraites pour la vieillesse et les invalides du travail ; des assurances générales par l'État; la décentralisation administrative; la revision du cadastre; le retour du département de la Seine au droit commun.

Il fut alors élu, au scrutin de ballottage, par 6,839 voix, contre 6,008 à M. Silvy, boulangiste.

En 1893, M. Baulard a été réélu, avec un programme analogue à celui qui est résumé plus haut, au second tour de scrutin, par 6,130 voix, contre 4,282 à M. Grosse, radical, et 1,609 à M. Renier, socialiste.

Il a été réélu en 1898, au premier tour de scrutin, par 9,121 voix, contre 4,678 voix à M. Biès, opportuniste, et ,916 à M. Renier, socialiste révolutionnaire.

---

## 475

*Arrondissement de Sceaux.* — 3ᵉ *circonscription*

### COUTANT (Jules)

M. Jules Coutant est né à Troyes (Aube), le 20 mai 1854. Il est ouvrier mécanicien.

Il a été deux fois candidat socialiste au Conseil municipal d'Ivry. Il est le fondateur de plusieurs groupes ouvriers et « a été souvent chassé des ateliers où il travaillait pour sa propagande franchement socialiste. Il est père de neuf enfants. Sa ligne politique à la Chambre des députés sera celle d'un socialiste; il combattra toujours les monopoles et sera le défenseur des revendications prolétariennes. On peut compter sur son entier dévouement pour établir la République sociale depuis si longtemps promise par le législateur au prolétariat. »

M. Jules Coutant a été élu au second tour de scrutin, le 3 septembre 1893, par 10,135 voix, contre 6,479 à M. Lévêque, conseiller général, radical, et 4,771 à M. Lambert, revisionniste socialiste.

Il a été réélu, le 8 mai 1898, par 9,935 voix, contre 3,306 à M. Levêque, radical, 1,547 à M. Imbert, radical, etc.

---

## 476

*Arrondissement de Sceaux. — 4ᵉ circonscription*

### GERVAIS (Auguste-Louis)

M. Auguste Gervais est né à Paris, le 2 décembre 1857. Il est publiciste.

Ancien officier, chevalier de la Légion d'honneur, conseiller général de la Seine depuis 1893, ancien président du Conseil général, M. Gervais s'est présenté comme républicain démocrate.

Il a été élu par 8,287 voix, contre 4,651 à M. Dubreuilh, socialiste.

Il est membre de la commission de l'armée.

# SEINE-INFÉRIEURE

—

## 12 DÉPUTÉS

—

ar,
113,

1893 : MM. Louis Ricard, Leteurtre, Julien Goujon, Maurice Lebon, Breton, Jules Legras (décédé, remplacé par *M. de Folleville*), Jules Siegfried (élu sénateur, remplacé par *M. Rispal*), Félix Faure (élu président de la République, remplacé par *M. Brindeau*), Desgenétais (décédé, remplacé, par *M. Delaunay*), Gervais, Lechevallier, vicomte de Monfort.

1898 : MM. Louis Ricard, *comte de Pomereu*, Goujon, *Quilbeuf*, Breton, *Rouland*, Rispal, Brindeau, *Suchetet*, *Bouctot*, Lechevallier, vicomte de Montfort.

## 477

### *Première circonscription de Rouen*

### RICARD (Louis-Pierre-Hippolyte)

M. Louis Ricard est né à Caen, le 17 mars 1839.

Avocat à la Cour d'appel de Rouen depuis 1861, maire de Rouen en 1881, conseiller général en 1882, M. Louis Ricard fut, pour la première fois, élu député en 1885. Élu le 4 octobre, au premier tour, sur la liste républicaine progressiste il siégea à gauche.

En 1889, M. Ricard ne se présenta pas lors des élections générales ; mais le député de la première circonscription de Rouen, M. Duvivier, étant décédé dès le début de la législature, M. Ricard le remplaça le 1er décembre 1889.

M. Ricard prit part à de nombreuses discussions et fut rapporteur de plusieurs commissions.

Lors de la constitution du cabinet Loubet, il fut appelé à en faire partie en qualité de garde des sceaux et conserva ces fonctions jusqu'à la formation du cabinet Ribot, époque à laquelle il fut remplacé à la justice par M. Léon Bourgeois (7 décembre 1893).

Le passage de M. Ricard aux affaires fut marqué par de nombreux incidents dont les derniers et les plus graves eurent pour origine l'initiative prise par le garde des sceaux relativement aux poursuites à diriger contre les administeurs de la Compagnie de Panama. Alors commença la crise politique et judiciaire qui allait durer plusieurs mois et abonder en complications de toute sorte.

M. Ricard fut élu, au premier tour, le 20 août 1893, par 6,688 voix, contre 1,111 à M. Lucas, socialiste.

Il a été de nouveau garde des sceaux dans le cabinet Léon Bourgeois (1er novembre 1895 — 23 avril 1896).

Il a été réélu, le 8 mai 1898, par 7,674 voix, contre 2,619 à M. Kneider, républicain.

---

## 478

*Deuxième circonscription de Rouen*

### POMEREU (Michel-Marie-Robert, comte de)

M. le comte de Pomereu est né Paris, le 6 février 1860.

Conseiller général pour le canton d'Argueil depuis 1887, réélu en 1889 et 1893 sans concurrent, maire du Héron, M. le comte de Pomereu s'est présenté comme conservateur.

Dans sa circulaire électorale, il demande que la nouvelle Chambre poursuive avant tout un programme de rigoureuses économies. « La suppression des sinécures, dit-il, l'ordre rétabli dans les finances de l'État permettront de diminuer les frais de justice et d'obtenir les dégrèvements depuis longtemps attendus, de réaliser la réforme de l'impôt foncier et d'améliorer le sort de l'ouvrier par la protection de la vieillesse et l'encouragement aux institutions de prévoyance. »

Il estime que « l'union de tous les éléments modérés, plus indispensable que jamais, peut seule conjurer les dangers de plus en plus menaçants, du socialisme collectiviste. »

Il ajoute qu' « adversaire résolu de toute opposition aveugle et systématiquement, indépendant, — ne consultant que sa conscience, il soutiendra tout ministère qui, se déclarant partisan de progrès raisonnés et respectueux des convictions de chacun, n'hésitera pas aussi à prendre des mesures énergiques contre les spéculateurs cosmopolites et les attaques audacieuses dirigées contre la Patrie. »

M. le comte de Pomereu a été élu, au second tour de scrutin, le 22 mai 1898, par 8,659 voix, contre 7,009 à M. Orange, conseiller général socialiste. Au premier tour, M. de Pomereu avait obtenu 6,779 voix, M. Orange, 5,013, M. Leteurtre, député sortant, 4,222.

---

## 479

*Troisième circonscription de Rouen*

## GOUJON (Joseph-Jules-Julien)

M. Julien Goujon est né à Épinal (Vosges), le 22 mai 1854.

Il est avocat à la Cour d'appel de Rouen.

Il a été conseiller général des Vosges pour le canton de Xantigny. Il fut élu, pour la première fois, député de la Seine-Inférieure lors d'une élection partielle, en 1892.

Il a écrit pour le théâtre : *La Fortune d'un autre*, joué à Paris en 1879 ; *Eros*, opéra créé à Rouen, *le Jour de marche* ; *Hermann et Dorothée* ; *Marie Stuart*, etc. ; — une traduction en vers de *Juvénal*.

Il a écrit aussi, en collaboration avec Benjamin Pifteau, une *Histoire du théâtre en France, des origines au Cid,* 2 volumes, 1879.

Il a fait paraître plusieurs ouvrages de droit et de jurisprudence, notamment : *le Code annoté des limonadiers, cabaretiers, cafetiers*, etc. ; *l'Engagement théâtral*, code manuel à l'usage des directeurs, entrepreneurs de spectacles, artistes, etc ; en collaboration avec Henri Dubosc ; *le Code rural* : Des animaux employés à l'exploitation des propriétés rurales (loi du 4 avril 1889) ; *le Code maritime portugais,* traduit, annoté et mis en concordauce avec les législations française et italienne.

M. Julien Goujon est républicain.

A la Chambre, il s'occupe surtout des questions judiciaires et de législation industrielle et ouvrière. Il a pris la parole dans la discussion du tarif général des douanes, dans la discussion générale du budget de la guerre, et dans la discussion des lois ouvrières (sécurité des travailleurs, réduction des heures de travail, travail des enfants et des femmes dans les manufactures, etc.).

Dans sa profession de foi, M. Julien Goujon se déclarait partisan d'une politique de paix, de concorde et de travail; il veut le maintien du Concordat, et admet la revision de la Constitution dans un sens exclusivement républicain.

M. Goujon fut réélu, le 3 septembre 1893, au second tour de scrutin, par 5,839 voix, contre 5,229 obtenues par M. David Dautresme, radical.

Il a été réélu, le 22 mai 1898, au scrutin de ballottage, par 6,484 voix, contre 6,470 accordées à M. David Dautresme, déjà son concurrent en 1893.

Au premier tour, M. Goujon avait eu 5,628 voix, M. Dautresme, 3.610, M. Maille, radical, 2,390, M. Martin, socialiste, 1,133.

## 480

### *Quatrième circonscription de Rouen*

### QUILBEUF (Gustave)

M. Quilbeuf est né à Houlme (Seine-Inférieure), le 15 avril 1844.

Il est propriétaire.

Maire de Houlme, il a été, pour la *première fois*, élu député, le 8 mai 1898, par 6,894 voix, contre 3,367 à M. Théophile Laurent, maire de Rouen, républicain, et 2,733 à M. Cornillard, socialiste.

Il est républicain.

Il remplace M. Maurice Lebon, député sortant, républicain, qui ne s'est pas représenté.

## 481

*Première circonscription de Dieppe*

## BRETON (Ernest-Joseph)

M. Breton est né à Envermeu (Seine-Inférieure), le 19 avril 1841. Agriculteur, membre de la Société d'agriculture de l'arrondissement de Dieppe, il a été successivement élu conseiller d'arrondissement, maire d'Envermeu, conseiller général du canton, et, le 22 septembre 1889, député.

Il s'est présenté plutôt en agriculteur qu'en homme politique, tout en se déclarant « sincèrement partisan de la République et du maintien des institutions qui nous assurent l'ordre et la liberté ». Il s'est prononcé pour la diminution de l'impôt foncier, la défense des intérêts maritimes, l'allégement des charges financières, la pratique d'une politique d'économie, et le respect absolu de la liberté de conscience.

En 1889, M. Breton fut élu, au premier tour, par 5,455 voix, contre 5,382 accordées à M. de Laborde-Noguez, candidat conservateur.

En 1893, il fut réélu, au premier tour de scrutin, le 20 août, sans concurrent, par 6,585 voix.

Il a été réélu, le 22 mai 1898, au scrutin de ballottage, par 6,433 voix, contre 5,307 à M. de Laborde-Noguez, rallié.

Au premier tour, M. Breton avait eu 5,018 voix, M. de Laborde-Noguez, 4,302, M. Zubault, 211.

---

## 482

## ROULAND (Julien-André-Gustave)

*Deuxième circonscription de Dieppe*

M. Julien Rouland est né à Paris, le 27 juin 1860. Il est petit-fils du ministre du second empire et fils du sénateur de la Seine-Inférieure récemment décédé.

Avocat, propriétaire, conseiller général depuis 1892,

maire de Bertreville-Saint-Ouen, M. Julien Rouland s'est spécialement occupé, au Conseil général, des questions relatives aux chemins de fer.

M. Julien Rouland fut candidat à la députation en mai 1896 au siège de député rendu vacant par le décès de M. Jules Legras. Il échoua contre M. de Folleville, mais seulement avec 68 voix de minorité.

En mai 1898, il s'est de nouveau présenté comme républicain progressiste.

Il souhaite que la Chambre des députés fasse moins de politique et s'occupe davantage des lois d'affaires.

Il se prononce pour la formation d'une forte majorité de gouvernement, pour le respect des croyances de chacun, contre l'impôt global et progressif sur le revenu, pour une répartition plus équitable des impôts notamment en ce qui concerne la propriété rurale, pour l'allégement des charges qui pèsent sur l'agriculture, le développement de l'Assistance publique, etc.

M. Julien Rouland a été élu député, au premier tour de scrutin, le 8 mai 1898, par 5,648 voix, contre M. de Folleville, député sortant, qui obtint 5,359 voix en se présentant avec un programme analogue.

---

## 483

*Première circonscription du Havre*

### RISPAL (Auguste)

M. Auguste Rispal est né à Reilhac (Cantal), le 25 mai 1836.

Il est négociant en métaux.

Conseiller municipal du Havre depuis 1870, engagé volontaire à cette époque, conseiller général depuis 1876, membre de la Chambre de commerce du Havre, M. Rispal a été pour la première fois élu député, le 14 novembre 1897, en remplacement de M. Siegfried élu sénateur. M. Rispal, qui se présenta comme candidat républicain progressiste, fut nommé par 5,518 voix, sur 9,236 votants.

Dans sa circulaire électorale, M. Rispal disait notamment que le pays, « fatigué des agitations bruyantes et stériles, réclame des réformes pratiques, l'amélioration et non le bouleversement de notre système administratif, judiciaire et financier. » Il repoussera toujours les théories socialistes collectivistes et l'impôt global sur le revenu. Il réclame la prompte adoption de la loi sur la réforme des patentes, de la loi sur la marine marchande, de l'abaissement des tarifs de chemins de fer et de toutes les mesures pouvant mettre le port du Havre en état de lutter contre les ports voisins.

M. Auguste Rispal a été réélu, le 8 mai 1898, au premier tour, par 5,320 voix, contre 5,054 à M. Denis Guillot.

## 484

*Deuxième circonscription du Havre*

### BRINDEAU (Louis-Henri-Eugène)

M. Brindeau est né au Havre, le 21 décembre 1856.

Ancien avocat, ancien juge suppléant au tribunal civil, ancien maire du Havre (1890-1896), il est chevalier de la Légion d'honneur, officier de l'Ordre du Sauveur de Grèce.

Il fut élu, pour la première fois, député le 10 mars 1895 par 9,290 voix, sans concurrent, lors de l'élection partielle qui eut lieu pour le remplacement de M. Félix Faure, élu président de la République.

M. Brindeau est républicain progressiste.

Il a été réélu, le 8 mai 1898, par 10,767 voix, contre 1,638 à M. Laville, socialiste.

## 485

*Troisième circonscription du Havre*

### SUCHETET (Luc-André)

M. Suchetet est né à Elbeuf, en mars 1849.
Il est propriétaire.

Ancien conseiller d'arrondissement du canton de Goderville, maire de Bréauté, président de la Société d'agriculture pratique de l'arrondissement du Havre, président de la société de secours mutuels du canton de Goderville, membre de l'Académie des sciences, arts et belles lettres de Rouen, ancien membre du Conseil de la Société zoologique de France, etc.

M. Suchetet est pour la *première fois* député.

Il est conservateur.

Il a été élu, le 8 mai 1898, par 7,987 voix, contre 7,917 à M. Delaunay, député sortant, républicain, et 32 à M. Bredel, socialiste.

---

## 486

### *Arrondissement de Neufchâtel*

### BOUCTOT (Georges)

M. Georges Bouctot est né à Rouen, le 29 juin 1855.

Il est propriétaire rural à Saint-Martin-Osmonville.

En 1895, il fut élu conseiller général du canton de Saint-Saens en remplacement de son père qui depuis 1857 n'avait cessé de siéger sans interruption à l'assemblée départementale.

Il s'est présenté comme « indépendant, rural, républicain, progressiste », appartenant à la même nuance que MM. Deschanel et Poincaré.

Il se prononce pour « l'acheminement graduel de notre législation fiscale vers l'établissement d'un système nouveau d'impôts réels sur les revenus à l'abri de toute déclaration inquisitoriale et de toute taxation arbitraire, seul moyen pratique de pourvoir aux défauts que creuseraient d'abord une refonte méthodique des contributions directes, prélude et gage de plus importantes réformes, un dégrèvement appréciable des mutations à titre onéreux et enfin la création d'un budget des invalides du travail.

M. Bouctot se prononce aussi pour la réduction à deux ans du service militaire en temps de paix, la création définitive d'une armée coloniale, la création de chambres consultatives d'agriculture et d'assurances départementales contre les épizooties et autres fléaux, etc.

M. Georges Bouctot a été élu, au deuxième tour, le 22 mai 1898, contre MM. Jules Gervais, député sortant, Jules Thiessé, ancien député, et Petit.

---

## 487

*Première circonscription d'Yvetot*

# LECHEVALLIER (Ferdinand-Edmond)

M. Lechevallier est né à Bolbec (Seine-Inférieure), en 1840.

Maire d'Yvetot, président fondateur de la Société de prévoyance mutuelle, il a doté la ville d'Yvetot d'un service d'eaux vives ; sous son administration, des écoles ont été construites, le marché rebâti à neuf, l'église paroissiale entièrement restaurée.

Député depuis 1881, il a pris une part très active à la Chambre, à la discussion des lois agricoles. Républicain modéré, opposé à la revision de la Constitution, il s'est associé à toutes les mesures qui ont eu pour but de consolider les institutions républicaines. Dans sa circulaire de 1889, il s'engageait à combattre tout projet de renouvellement des traités de commerce, à réclamer le vote des lois protectrices de l'enfance et de la vieillesse, l'organisation de l'assistance publique dans les campagnes, la diminution des frais de transport de tous les produits destinés à l'amélioration du sol ; un contrôle sévère des finances ; le maintien du budget des cultes, etc.

Président de la commission de comptabilité et rapporteur du budget de la Chambre pendant plusieurs années, M. Lechevallier a, dans ces fonctions, pris l'initiative de plusieurs mesures heureuses.

Réélu en 1898. pour la cinquième fois, par les électeurs de la première circonscription d'Yvetot à une très grande majorité.

M. Lechevallier a été nommé questeur de la Chambre des députés en juin 1898 et réélu en janvier 1899.

---

## 488

*Deuxième circonscription d'Yvetot*

## MONTFORT (Louis-Philogène, vicomte de)

M. le vicomte de Monfort est né le 3 février 1840, à Paris. A 18 ans il s'engagea, puis entra à Saint-Cyr et passa deux ans après à l'école d'état-major en qualité de lieutenant. Il fit la campagne du Mexique ; grièvement blessé et cité deux fois à l'ordre du jour de l'armée, il fut nommé capitaine le 13 août 1865.

Rentré en France, il prit part à la campagne de 1870, et il fut proposé pour la croix à la bataille de Borny. Quelques jours plus tard, grièvement blessé, il fut décoré sur le champ de bataille de Saint-Privat.

Après la guerre, il occupa le poste de capitaine à l'état-major de la 1re division de cavalerie.

En 1873, M. de Montfort se retira de l'armée active et fut nommé officier supérieur au 3e territorial de cavalerie. Il vint alors s'établir à Crasville-la-Roquefort, où il fut bientôt élu conseiller municipal, puis maire.

Conseiller général en 1883, M. de Montfort fut élu député, en 1889, par 5,888 voix, contre 5,397 obtenues par M. Lesouëf, député sortant, républicain. M. de Montfort s'était présenté « comme libéral indépendant, acceptant loyalement la République ».

A la Chambre, M. de Montfort s'est occupé tout spécialement des questions militaires et agricoles sur lesquelles il a souvent pris la parole. Il a été membre des deux grandes commissions de la marine et de l'armée.

M. de Montfort, qui s'était nettement prononcé, dès 1888, contre l'alliance du parti monarchiste avec le boulangisme, a été, dans la dernière Chambre, l'un des fondateurs du groupe de la droite républicaine dont il a défendu la politique dans le *Figaro* et dans plusieurs autres journaux. Il a également dans la dernière Chambre soutenu le ministère présidé par M. Méline.

M. de Montfort fut réélu, le 20 août 1893, au premier tour, par 5,931 voix, contre 4,354 obtenues par M. Berthelot, républicain.

Il a de nouveau été réélu, le 8 mai 1898, au premier tour, par 6,216 voix, sans concurrent.

# SEINE-ET-MARNE

---

## 6 DÉPUTÉS

---

1893 : MM. Balandreau, Delbet, Ouvré, Derveloy, Montaut.
1898 : MM. Balandreau, Delbet, Ouvré, *Gaston Menier, Emile Chauvin*, Montaut.

En 1898, le département de Seine-et-Marne a eu 6 députés au lieu de 5, l'arrondissement de Meaux, par suite de l'augmentation du chiffre de la population, formant deux circonscriptions.

### 489

*Arrondissement de Melun*

### BALANDREAU (Marc-François)

M. Balandreau est né à Nevers en septembre 1843.

Il écrivit, sous l'Empire, dans plusieurs journaux républicains.

En 1871, il fut élu vice-président du comité républicain, à Nevers.

En 1874, il vint se fixer à Melun.

Conseiller municipal de Melun en janvier 1878, adjoint en juin 1881, maire en 1891, M. Balandreau prit part à toutes les luttes électorales, notamment lors des élections législatives de 1885, de 1889, et lors des élections sénatoriales de 1891.

Il se présenta, en 1893, comme républicain radical.

Il fut élu le 20 août 1893, au premier tour de scrutin, par 8,165 voix, contre 5,217 à M. le comte Horace de Choiseul, député sortant de la Corse, républicain, et 541 à M. Bouchard, revisionniste.

---

## 490

*Arrondissement de Coulommiers*

### DELBET (Ernest-Pierre-Julien)

M. Delbet est né le 9 novembre 1831 à Barbonne-Fayel. Il est docteur médecin.

Maire de Laferté-Gaucher et conseiller général de Seine-et-Marne, il s'est présenté comme républicain radical.

Il fut élu pour la première fois député au scrutin de ballottage, le 3 septembre, par 6,131 voix, contre 4,112 obtenues par M. Gastellier, député sortant, radical.

Il a été réélu, le 8 mai 1898 par 6,470 voix, contre 5,021 à M. Prouharam, républicain.

## 491

*Arrondissement de Fontainebleau*

### OUVRÉ (André)

M. André Ouvré est né à Paris, le 23 mai 1852.

Propriétaire d'un vaste domaine agricole et forestier, possesseur d'importantes fabriques de sucre et distilleries, négociant en bois, M. André Ouvré est conseiller général de Château-Landon où il habite à Chancepoix.

Président de la Chambre syndicale des bois à brûler de Paris, ancien membre de la Chambre de commerce de Paris, membre du jury de l'Exposition de 1889 et rapporteur de la classe 42, il fut élu pour la première fois député en 1889, avec une circulaire dans laquelle il disait : « Je veux la vraie liberté assurée à tous par un gouvernement respectueux de la liberté de conscience de l'indépendance de chacun ; l'agriculture largement protégée; le travail équitablement rémunéré et les finances de l'Etat sagement administrées. Quant aux traités de commerce s'ils sont renouvelés, les produits étrangers amenés sur nos marchés devront, en bonne justice, supporter au moins les mêmes charges que les produits nationaux. »

En 1889, M. Ouvré fut élu au scrutin de ballottage par

11,347 voix, contre 2,21" à M. Renoult, radical, et 172 au baron Tristan Lambert, monarchiste.

Pendant les dernières législatures, M. Ouvré a fait partie de plusieurs commissions importantes ; il a été rapporteur du projet de loi adopté par la Chambre et par le Sénat, autorisant le Mont-de-Piété de Paris à prêter sur dépôt de valeurs mobilières.

Dans sa circulaire de 1889, M. Ouvré dit notamment :

« Je me suis toujours refusé une politique de coterie ou de coalition.

« Autant que personne, je suis partisan des réformes qui doivent améliorer le sort des travailleurs ; les humbles sont, à mon avis, les plus dignes de toutes les sollicitudes, je serai avec eux et pour eux, dans l'avenir, ce que j'ai été dans le passé.

« Sincèrement républicain, j'estime que la République est assez forte pour être libérale, et je veux pour tous les citoyens la liberté de conscience. »

M. Ouvré a été réélu en 1898 par 10,399 voix contre 8,827 données à M. Hubbard (Gustave-Adolphe), député sortant de Pontoise, radical socialiste, et 439 à M. Tristan Lambert, ancien député, conservateur monarchiste.

Par la circulaire qu'il a adressée à ses concitoyens à l'occasion des élections du 8 mai 1898, M. Ouvré réprouve hautement la campagne de diffamation et de suspicion menée contre l'armée ; il promet de s'attacher à la réalisation des réformes sérieuses et utiles ; il se prononce pour la suppression de l'impôt des portes et fenêtres ; il estime qu'il y a lieu de reviser notre système fiscal dans le but d'atteindre toutes les sources de revenus dans la proportion de la richesse acquise, mais sans mesures inquisitoriales et vexatoires et sans imposer le travail et les salaires.

---

## 492

### Première circonscription de Meaux

### MENIER (Gaston-Emile-Henri)

M. Gaston Menier est né le 22 mai 1855.

Il est manufacturier (chocolats et sucre), ingénieur civil

officier de la Légion d'honneur, président du comité d'admission de la classe d'alimentation à l'Exposition universelle de 1900.

Il est républicain.

Maire de Bussy-Saint-Martin, conseiller général, a été élu pour la première fois, le 22 mai 1898, au scrutin de ballottage par 6,635 voix, contre 6,406 à M. Derveloy, député sortant, radical.

Au premier tour. M. Menier avait obtenu 5,853 voix, M. Derveloy 5,615, M. Demars, républicain, 1,490.

---

## 493

*Deuxième circonscription de Meaux*

### CHAUVIN (Emile)

M. Emile Chauvin est né à Provins (Seine-et-Marne), le 27 août 1870.

Il est professeur agrégé des Facultés de droit, avocat à la Cour d'appel de Paris.

Licencié ès lettres, licencié ès sciences mathématiques, docteur en droit, agrégé de droit, il était, depuis 1896 maître de conférence à la Faculté de droit de Paris lorsqu'il fut révoqué par M. Rambaud, ministre de l'Instruction publique pour avoir exposé, en réunion publique, à Nanteuil-les-Meaux (Seine-et-Marne), des doctrines socialistes (mars 1897). En octobre 1897, M. Emile Chauvin, reçu le premier au concours d'agrégation des Facultés de droit (section des sciences sociales) fut envoyé, en disgrâce, à la Faculté de de droit de Montpellier.

Aux élections législatives de 1898, M. Chauvin, précédemment élu conseiller général du canton de Nangis, est présenté comme radical socialiste, dans la première circonscription de Meaux (récemment créée). Il a été élu, au deuxième tour de scrutin par 5,264 voix contre 4,721 à M. Droz, républicain progressiste.

Au premier tour, M. Chauvin avait obtenu 4,298 voix, M. Droz, 4,238, M. Nicolas, chef du cabinet de M. Doumer, 960, M. Fiston, radical, 235.

---

**494**

## MONTAUT (Louis-Bernard)

M. Montaut est né à Paris, le 25 août 1823.

Il entra à l'Ecole polytechnique en 1843, en sortit dans les ponts et chaussées, fut d'abord chargé du service hydraulique des Hautes-Pyrénées, puis des travaux de drainage dans l'Yonne, à Avallon et à Joigny. Il prit part aux travaux du canal de Suez et fut vice-consul de France à Damiette de 1859 à 1861.

De retour en France, il fut successivement envoyé comme ingénieur des ponts et chaussées dans les départements du Lot, de l'Eure et de Seine-et-Marne.

Nommé commandant de la garde nationale de Coulommiers en 1870, envoyé avec son détachement à Paris, il prit part à la défense de la capitale en qualité d'officier d'ordonnance du général Tamisier ; après le 31 octobre, il fit partie du 9e régiment de Paris.

Ingénieur en chef de l'Allier en 1874, il fut ingénieur en chef à Melun de 1879 à 1883, à Paris de 1883 à 1885, date de sa retraite.

Il a été élu une première fois, au scrutin de liste, député le 4 octobre 1885 par 41,972 suffrages au premier tour de scrutin ; il prit place à la gauche radicale dont il a été le vice-président.

Il remplit les fonctions de délégué cantonal de la Seine, d'administrateur des hospices, etc. Il est chevalier de la Légion d'honneur, officier d'Académie, etc., etc.

Dans sa circulaire aux électeurs de Seine-et-Marne en 1889, M. Montaut s'exprimait ainsi : « La révolution de 1789 a proclamé l'égalité civile ; le suffrage universel conquis en 1848, a assuré l'égalité politique ; mais il nous reste à obtenir l'égalité sociale. Pour y parvenir il y a des réformes qui s'imposent. En première ligne se placent la réforme constitutionnelle et la réforme de l'impôt. Il faut reviser le cadastre, diminuer les frais de justice, obtenir l'égalité absolue du service militaire et réaliser enfin toutes ces réformes auxquelles se sont impitoyablement opposés ceux qui profitent de toutes les inégalités sociales et qui, à ce titre, s'intitulent avec raison conservateurs. »

M. Montaut fut réélu, en 1889, au premier tour de scrutin par 6,574 voix, contre 5,821 à M. d'Haussonville, conservateur ; en 1893, les électeurs ont renouvelé son mandat, et l'ont élu, au premier tour de scrutin, par 6,328 voix contre 5,159 obtenues par M. Le Bailly conservateur, et 637 par M. Canas.

M. Montaut a été réélu, le 8 mai 1898, par 7,564 voix, contre 5,088 à M. Le Bailly.

# SEINE-ET-OISE

—

## 10 DÉPUTÉS

——

1893 : MM. Berteaux, Gauthier (de Clagny), Paul Rameau, Argeliès, Amodru, Paul Lebaudy, Hubbard, Brincard, Marcel-Habert.

1898 : MM. Berteaux, Gauthier (de Clagny), *Haussmann*, Argeliès, *Périllier*, Amodru, Lebaudy, *vicomte Cornudet*, *Aimond*, Marcel-Habert.

En 1898, le département de Seine-et-Oise compte dix députés au lieu de neuf en 1893, l'arrondissement de Corbeil formant deux circonscriptions.

### 495

*Première circonscription de Versailles*

### BERTEAUX (Henry-Maurice)

M. Maurice Berteaux est né à Saint-Maur-des-Fossés (Seine), le 3 juin 1852.

Elève du lycée Charlemagne, il eut de nombreux succès universitaires.

Il est agent de change près la Bourse de Paris depuis 1879 ; il a été pendant sept années membre de la Chambre syndicale, sur la demande de laquelle il fut nommé chevalier de la Légion d'honneur, en raison de ses services exceptionnels comme rapporteur de la commission extraparlementaire chargée de préparer le règlement d'administration publique rendu en exécution de l'article 85 du code de commerce et de la loi de 1885.

Il est maire de Chatou (Seine-et-Oise) où il est fixé

depuis 1877, délégué cantonal et capitaine au groupe territorial du 33e régiment d'artillerie.

Elu député de la première circonscription de Versailles, au second tour de scrutin, le 3 septembre 1893, par 9,045 voix, contre 4,035 obtenues par M. Fautier, M. Berteaux s'était présenté comme républicain radical. Il disait notamment, dans sa circulaire, que l'union de tous les Français, pour être durable, doit se faire, dans la République, pour les réformes et par les réformes. Il demandait la revision de la Constitution, par les républicains au profit de la République; la nomination des délégués sénatoriaux par le suffrage universel; la séparation des Eglises et de l'Etat afin d'assurer à la fois la liberté des consciences et l'indépendance de l'Etat. Il se prononçait également pour la réforme de l'impôt basée sur ce principe que chacun paye non suivant ses besoins, mais suivant ses ressources et pour toutes les mesures ayant pour objet d'améliorer la condition des travailleurs des villes et des campagnes.

Durant la législature de 1893, M. Berteaux a fait partie de plusieurs commissions importantes, en particulier de la commission des phosphates, de la commission du Panama et de la commission du budget.

Président du groupe parlementaire de défense des ouvriers et employés des chemins de fer, il a pris, à différentes reprises, la défense de leurs intérêts à la tribune de la Chambre et déposé une proposition de loi relative à la situation des mécaniciens, chauffeurs et agents des trains.

Il est également l'auteur d'une proposition de loi ayant pour objet l'établissement d'un impôt général et progressif sur le revenu.

M. Berteaux a pris notamment la parole sur les questions budgétaires, sur la question de l'assainissement de la Seine, dans la discussion de la loi relative aux sociétés de secours mutuels, etc.

Aux élections du 8 mai 1898, M. Maurice Berteaux a été réélu au premier tour, par 15,006 voix, contre 6,777 à M. Georges Deloison, avocat à la Cour d'appel de Paris, membre du Conseil de l'ordre.

Il a été élu membre de la commission du budget (novembre 1898) ; il est rapporteur du budget des postes et télégraphes.

---

### 496

*Deuxième circonscription de Versailles*

## GAUTHIER (DE CLAGNY), (Albert)

M. Gauthier (de Clagny) est né à Versailles, le 14 septembre 1853. Il est le fils d'un propriétaire qui a créé un quartier nouveau et important sur l'ancien parc de Clagny.

Docteur en droit, avocat au Conseil d'Etat et à la Cour de Cassation, directeur du *Journal du droit administratif*, il fut élu en 1886 conseiller général du canton de Sèvres.

Partisan de l'Appel au peuple, M. Gauthier de Clagny se prononçait dès 1885, contre le parlementarisme, pour la revision de la Constitution de 1875 par une *Constituante* et pour le *referendum*.

Il se présenta aux élections du 22 septembre 1889, avec le patronage du parti national et comme candidat de la fédération révisionniste, avec ce même programme. « Ne me demandez pas, dit-il notamment dans sa lettre aux électeurs, un programme chargé de promesses. Avant toute réforme, la *révision*. Donnez à votre élu le *mandat exclusif* d'arracher le pouvoir aux hommes qui le détiennent et de préparer l'élection d'une Constituante. »

M. Gauthier fut élu, au premier tour, par 5,677 voix, contre 2,361 accordées à M. Ferdinand Dreyfus, ancien député de Seine-et-Oise, républicain, et 1,003 à M. Gaulier, député sortant de la Seine, radical.

M. Gauthier (de Clagny) a pris au cours des deux dernières législatures une part active aux travaux parlementaires. Il a déposé plusieurs propositions de loi relatives à la revision de la Constitution de 1875. Il a fait notamment partie de la commission d'enquête sur le Panama.

Lors de la revision du procès de Pierre Vaux, M. Gauthier (de Clagny) a plaidé au nom de la famille Vaux, en faveur de sa réhabilitation qui fut prononcée par la Cour de cassation.

Il fut réélu le 20 août 1893, au premier tour, par 5,788

voix, contre 2,607 obtenues par M. Lenoir, républicain, 553 à M. Cazalis, radical, et 358 à M. Lucas, socialiste.

Il a été réélu, le 8 mai 1898, par 8,644 voix sans concurrent.

Il est vice-président du Comité directeur de la Ligue des Patriotes récemment reconstituée par M. Paul Déroulède.

---

## 497

*Troisième circonscription de Versailles*

## HAUSSMANN (Georges)

M. Georges Haussmann est né à Versailles le 13 juillet 1847. Il descend d'une famille de manufacturiers alsaciens, dont une branche était venue, à la fin du siècle dernier, s'établir à Versailles; son bisaïeul représenta le département de Seine-et-Oise à la Convention nationale; un de ses oncles fut maire de Versailles.

Après avoir fait ses études au lycée de Versailles et à l'Ecole de droit, M. Georges Haussmann fut attaché au cabinet du baron Haussmann, préfet de la Seine, son cousin. Il fut officier de mobiles pendant la guerre.

S'étant fait inscrire au barreau de Versailles, M. Haussmann y conquit une place importante. Il en a été le bâtonnier.

De 1886 à 1898 M. Haussmann a été conseiller général du canton ouest de Versailles. En 1885, il s'était présenté à la députation; il faisait partie de la liste conservatrice qui ne fut pas élue. M. Haussmann au début de sa carrière, a défendu avec ardeur la cause bonapartiste; en 1889, il appuya le programme du général Boulanger.

Il se déclara partisan de la revision de la Constitution et de la ratification d'une nouvelle Constitution par le suffrage populaire, de la protection agricole commerciale et industrielle, de l'abolition des tarifs dits de pénétration, de la réforme des lois sur les patentes et de l'abrogation de la loi de 1816 sur les boissons.

Il fut élu en 1889 au premier tour de scrutin, par

6,734 voix, contre 3,076 à M. Fernand Maurice, radical et 2,891 à M. Paul Laffite, républicain.

M. Haussmann vota pour l'urgence de la proposition relative à la revision, présentée par M. Maujan.

Non réélu en 1893, M. Haussmann, qui s'est présenté comme républicain aux élections de 1898, a été élu au scrutin de ballottage, le 22 mai, par 5,204 voix, contre 3,932 à M. Paul Rameau, député sortant, radical, et 3,700 à M. l'abbé Georges « candidat des ouvriers. »

Au premier tour, M. Haussmann avait obtenu 4,673 voix, M. Georges 3,284, M. Rameau, 3,108, M. Favrais socialiste, 2,032, M. Nicoullaud, antisémite 685.

---

## 498

*Première circonscription de Corbeil*

### PÉRILLIER (Jules)

M. Jules Périllier est né à Nîmes (Gard), le 29 novembre 1841.

Il est avocat à la Cour d'appel de Paris.

Il prit, sous l'Empire, une part active au réveil de l'opinion républicaine.

Pendant la guerre il fut capitaine adjudant major à l'armée de la Loire, attaché à l'état major du général Saussier, et chargé, lors de l'armistice, de réorganiser les cours martiales et les conseils d'enquête. Ses états de service constatent « le zèle, le dévouement, la grande » habileté dont il fit preuve dans ces différentes fonc- » tions. »

S'étant fixé dans Seine-et-Oise, il fut nommé conseiller municipal, puis maire de Varennes, membre, puis président du Conseil d'arrondissement de Corbeil.

Il fut l'un des organisateurs et le président du comité radical de Seine-et-Oise.

Au scrutin du 4 octobre 1885, M. Périllier porté sur la liste des républicains radicaux de Seine-et-Oise, fut élu député, au second tour, par 55,654 voix. Il siégea à la gauche radicale.

En 1889, après le rétablissement du scrutin uninominal, il se présenta dans la deuxième circonscription de Pontoise ; il ne fut pas élu. Il obtint 5,576 voix, contre 6,933 à M. Brincard, boulangiste.

En 1893, il fut candidat de l'Alliance républicaine contre M. Argeliès dans l'arrondissement de Corbeil. Il ne fut pas élu, mais obtint 8,172 voix, contre 9,019.

En 1898, il s'est présenté comme radical socialiste, dans la deuxième circonscription de Corbeil, l'arrondissement de Corbeil formant désormais deux circonscriptions.

Il fut élu au second tour, le 22 mai par 5,563 voix, contre 4,438 à M. le comte Treilhard, monarchiste, et 113 à M. Nourry, socialiste.

Au premier tour M. Treilhard avait eu 3,053 voix, Perillier 3,029, Jean Bertrand, radical socialiste 1,608, Pailliot, républicain, 1,285, le docteur Vignes, socialiste, 1,189.

------

### 499

*Deuxième circonscription de Corbeil*

## ARGELIÈS (Jean-Baptiste-Justin-Joseph)

M. Argeliès est né à Paris, le 28 août 1862.

Issu d'une vieille famille des Pyrénées, il est docteur en droit, ancien élève de l'Ecole des chartes, de l'Ecole des hautes-études et de l'Ecole des langues orientales. Il a fondé en Seine-et-Oise plusieurs sociétés coopératives, dont l'une à Juvisy-sur-Orge, où il est conseiller municipal.

Candidat, en 1889, des comités boulangistes, partisan de la revision de la Constitution, il promit de s'occuper surtout des lois d'affaires et de l'amélioration du sort des classes laborieuses.

Il fut élu au scrutin de ballottage par 9,797 voix, contre 7,372 à M. Remoiville, député sortant, républicain radical.

En 1893, M. Argeliès, qui se présenta comme radical revisionniste, fut réélu au scrutin de ballottage, le 3 septembre, par 9,019 voix, contre M. Périllier, candidat de l'Alliance républicaine, qui en obtint 8,172.

M. Argeliès a été réélu, le 8 mai 1898, par 5,999 voix,
contre 2,067 à M. Robelin, maire de Longjumeau, radical,
1,842 à M. Delamare, socialiste, et 1,267 à M. Savary,
républicain.

## 500

*Arrondissement d'Etampes*

### AMODRU (Laurent)

M. Amodru est né à Saint-Vallier (Drôme), le 9 octobre 1849.

Il est docteur en médecine.

Il fut reçu l'un des premiers au concours d'internat des
hôpitaux de Paris et obtint la médaille d'argent pour sa
thèse de doctorat. Il s'adonna alors spécialement à l'étude
des questions de législation médicale.

En 1883, il fut élu conseiller municipal, puis en 1888
maire de Chamarande, dont il possède le château.

En octobre 1886. il fut élu conseiller général par le
canton de la Ferté-Alais et réélu en 1892. Il se signala au
Conseil général de Seine-et-Oise par « son projet d'hospitalisation des malades et des blessés nécessiteux des communes dépourvues d'hôpitaux. »

M. Amodru, dans sa circulaire de 1893, déclarait être
républicain et n'a jamais été autre chose ; il veut que la
République soit à la fois ferme, libérale, juste et tolérante
envers tous. Il considère les lois militaire et scolaire comme
définitivement acquises et voit dans le Concordat la meilleure sauvegarde de la paix religieuse, la meilleure
garantie de l'indépendance et de l'autorité de l'Etat.

Il est protectionniste et partisan de toutes les mesures
favorables à l'agriculture.

Il est désireux de voir aboutir promptement les réformes
ayant pour but d'améliorer le sort des travailleurs, mais il
est résolu à repousser toute atteinte à la propriété individuelle et a la liberté du travail. Il demande l'organisation
de l'assistance à domicile et de l'hospitalisation, la création
de caisses des retraites pour les vieillards et les invalides
du travail.

Il réclame l'unification budgétaire et toutes les économies compatibles avec le bon fonctionnement des services publics.

En 1893, M. Amodru fut élu, au scrutin de ballottage, le 3 septembre, par 5,085 voix, contre 4,437 à M. Amédée Dufaure, député sortant, conservateur.

Il a été réélu, le 8 mai 1898, par 5.775 voix, contre 3,069 à M. Amédée Dufaure et 991 à M. Giot, radical socialiste.

----

## 501

*Arrondissement de Mantes*

### LEBAUDY (Paul)

M. Paul Lebaudy est né à Enghien, le 4 juillet 1858. Il a été élu pour la première fois député en février 1890, en remplacement de son père, M. Gustave Lebaudy, décédé.

Il est raffineur de sucre. Il habite dans Seine-et-Oise le château de Rosny-sur-Seine et il est membre du Conseil général pour le canton de Bonnères puis 1884. Il est républicain modéré.

M. Paul Lebaudy a voté les tarifs de protection et a repoussé toutes les propositions tendant à les réduire. Il réclamera des économies dans les services publics, une réduction des impôts qui pèsent sur l'agriculture, l'établissement du Crédit agricole et la création d'une caisse des retraites pour les classes travailleuses.

M. Paul Lebaudy a été réélu, au premier tour, par 8,659 voix, contre 3,987 obtenues par M. Albert Maréchaux radical.

Il a été réélu, le 8 mai 1898, par 8.786 voix, contre 3,855 à M. Lhomer, républicain.

----

## 502

*Première circonscription de Pontoise*

## CORNUDET (Jules vicomte)

M. le vicomte Cornudet est né à Paris, le 21 mars 1861. Il est propriétaire, licencié en droit.

Maire de Neuville (Seine-et-Oise) depuis 1888, il fut élu le 19 janvier 1890 conseiller général par le canton de Pontoise contre M. Hubbard, député radical, et réélu en 1895.

Il s'est présenté aux élections législatives comme républicain progressiste. Il eut pour concurrent M. le docteur Peyron, directeur de l'Assistance publique de Paris, conseiller général de Seine-et-Oise.

M. le vicomte Cornudet a été élu, en mai 1898, par 7.594 voix.

## 503

*Deuxième circonscription de Pontoise*

## AIMOND (Emile)

M. Aimond est né à Varenne-en-Argonne (Meuse), le 3 novembre 1850.

Ancien élève de l'Ecole polytechnique, M. Aimond est ingénieur.

Il est pour la première fois député. Il appartient à la gauche radicale.

Maire de Saint-Leu-Taverny, M. Aimond se présenta aux élections de 1893; il obtint 6,521 voix, contre 7,179 à M. Brincard, rallié, qui fut élu.

Il l'a emporté cette fois, le 8 mai 1898, au premier tour de scrutin avec 8,521 voix, contre 7,789 à M. Brincard, député sortant, et 720 à M. Capjuzan, socialiste.

## 504

*Arrondissement de Rambouillet*

### HABERT (Henri-Ernest-Marcel)

M. Marcel Habert est né à Montfort-l'Amaury (Seine-et-Oise), le 20 septembre 1862.

Il est avocat à la Cour d'appel de Paris ; il a été secrétaire de la Conférence. Il représente au Conseil général le canton de Montfort-l'Amaury. Il a défendu la politique boulangiste. Il se présenta aux élections générales de 1893, comme candidat revisionniste rallié.

Il fut élu, au second tour de scrutin, le 3 septembre, par 5,744 voix, contre 4,702 à M. Vian, député sortant, radical, et 4,577 à M. Henri Janin, républicain.

Pendant la dernière législature, M. Marcel Habert est souvent intervenu dans les débats parlementaires. Il a pris une part très active à la campagne entreprise par M. Paul Déroulède contre la revision du procès Dreyfus.

En 1898, M. Marcel Habert a été réélu, le 8 mai, par 8,739 voix, contre 4,352 à M. Henri Janin, républicain, et 1,732 à M. Concha radical.

Il est l'un des principaux membres de la Ligue des patriotes reconstituée.

# DEUX-SÈVRES

—

## 5 DÉPUTÉS

---

1893 : MM. Disleau, de La Porte, Goirand, le marquis de La Rochejacquelein (décédé, remplacé par *M. Savary de Beauregard*), André Lebon.

1898 : MM. Disleau, de La Porte, *Aymé baron de la Chevrelière*, Savary de Beauregard, *le marquis de Maussabré*.

## 505

### *Première circonscription de Niort*

### DISLEAU (Charles)

M. Disleau est né à Saint-Ouen (Deux-Sèvres), en 1853. Il est avocat, docteur en droit.

Il fut élu, pour la première fois, député le 20 août 1893, par 7,456 voix, contre 7,241 obtenues par M. Richard, ancien député, radical.

Il a été réélu, le 22 mai 1898, au scrutin de ballottage, par 7,864 voix, contre 7,861 à M. Richard, son concurrent de 1893.

Au premier tour, M. Disleau avait obtenu 6,720 voix, M. Richard, 6,349, M. Mounier, socialiste, 2,150.

---

## 506

### *Deuxième circonscription de Niort*

### LA PORTE (Jean-Roger-Amédée de)

M. Amédée de La Porte est né à Niort (Deux-Sèvres), le 20 juin 1848. Après de brillantes études au lycée de cette ville, il suivit les cours de l'Ecole de droit de Paris et fut avocat stagiaire à Paris, de 1869 à 1873.

En 1870-71, il fit la campagne des Vosges, de la Loire et de l'armée de l'Est, comme lieutenant, puis comme capitaine de la garde mobile des Deux-Sèvres.

Reçu l'un des premiers au concours de l'auditorat au Conseil d'Etat, M. de La Porte appartint successivement aux sections de l'intérieur, des travaux publics et du contentieux.

De mars 1876 au 16 mai 1877, il fut le chef de cabinet de M. Christophle, alors ministre des travaux publics.

Elu député au scrutin du 14 octobre 1877, M. de La Porte fit partie à la fois de la gauche républicaine et de l'Union républicaine. Réélu le 21 août 1881, M. de La Porte était secrétaire de ce dernier groupe, lorsqu'il s'en sépara pour combattre les conventions conclues avec les grandes compagnies de chemins de fer. Il donna également, à cette époque, sa démission d'administrateur des chemins de fer de l'Etat.

Réélu le 4 octobre 1885 au scrutin de liste, au premier tour, en tête de la liste républicaine des Deux-Sèvres, M. de La Porte fut sous-secrétaire d'Etat des colonies à deux reprises : du 16 janvier 1886 au 7 juin 1887, sous les ministères de Freycinet et Goblet, du 20 février 1888 au 22 février 1889 (premier ministère Tirard et ministère Floquet).

Battu, le 6 octobre 1889, au premier tour de scrutin, par le candidat boulangiste, M. Pontois, qui obtint environ 1,200 voix de majorité, M. de La Porte a demandé, en 1893 comme en 1889, l'élection du Sénat par le suffrage universel, une politique résolument réformatrice, particulièrement en matière de finances, « en résumé, l'application des principes démocratiques, au lieu de l'orientation vers la droite préconisée par les ralliés ».

Conseiller municipal de Saint-Symphorien, près Niort, sans interruption depuis 1874, M. de La Porte est maire de cette commune depuis mai 1892.

Il a été conseiller général des Deux-Sèvres depuis le 30 juillet 1876 jusqu'au renouvellement de 1889 ; il avait remplacé M. Ricard, ancien ministre de l'intérieur, décédé, qui représentait avant lui le deuxième canton de Niort. De 1886 à 1889, M. de La Porte fut élu président du Conseil général des Deux-Sèvres.

Il est le président du Comice agricole de Frontenay Rohan-Rohan depuis sa fondation en 1888; il a été président du Comité démocratique des deux cantons de Niort, de février 1891 à juillet 1893.

M. de La Porte est gendre de M. Allain-Targé, ancien ministre des finances, puis de l'intérieur.

M. de La Porte a été élu, le 20 août 1893, au premier tour, par 6,137 voix, contre 3,805 à M. de Vallée, revisionniste, et 2,222 à M. Pontois, député sortant, boulangiste.

---

## 507

*Arrondissement de Bressuire*

### SAVARY DE BEAUREGARD (Henri)

M. Savary de Beauregard est né à Châtillon-sur-Sèvre, le 11 octobre 1862.

Il est agriculteur, propriétaire.

Maire de Châtillon-sur-Sèvre depuis 1890, conseiller d'arrondissement de Bressuire depuis 1888.

Il fut élu pour la première fois député, le 10 octobre 1897, en remplacement du marquis de la Rochejacquelein, décédé.

Il s'est présenté comme libéral, indépendant, antisémite.

Dans sa circulaire il dit « que nous devons énergiquement secouer le joug de la Franc-Maçonnerie et de la Haute Banque cosmopolite. »

Il inscrit en tête de ses *desiderata* : la limitation du pouvoir des Chambres et de la durée des sessions; pas d'impôts nouveaux, pas d'emprunts; une égale contribution de tous aux charges publiques en proportion de leur revenu mais sans accepter le principe de la progressivité; des économies par la suppression du personnel public; la décentralisation; la liberté d'association et d'enseignement; le *referendum* communal sur la question du rétablissement de l'instruction religieuse dans les écoles publiques.

M. Savary de Beauregard a été réélu, le 8 mai 1898, au premier tour, par 12,356 voix, contre MM. Ménard, radical et Quillet, socialiste.

## 508

*Arrondissement de Melle*

### AYMÉ baron de LA CHEVRELIÈRE (Jean-Marie-Charles)

M. Aymé, baron de la Chevrelière est né, à Poitiers, le 9 mars 1858.

Son père et son oncle furent députés des Deux-Sèvres.

Ancien capitaine de cavalerie, capitaine de réserve d'état-major, conseiller général, maire de Gournay, il a été élu le 8 mai 1898, par 10,817 voix, contre 9,450 à M. Léopold Goirand, député sortant, républicain.

Il est conservateur.

---

## 509

*Arrondissement de Parthenay*

### MAUSSABRÉ (Gilbert, marquis de)

M. le marquis de Maussabré est né à Soulièvres, le 4 novembre 1865.

Il est officier de cavalerie, démissionnaire.

Il est conservateur.

Il a été élu, pour la première fois, député, le 22 mai 1898, au scrutin de ballottage, par 11,652 voix, contre 10,348 à M. André Lebon, ministre des colonies, député sortant, républicain.

Au premier tour, M. Lebon avait obtenu 10,754 voix, M. de Maussabré, 10,491, M. Hubelin, radical, 523.

---

# SOMME

—

## 9 DÉPUTÉS

—

1893 : MM. Fiquet, Levecque, Froment (élu sénateur, remplacé par *M. Coache*), le comte de Douville-Maillefeu (décédé, remplacé par *M. Gellé*), Ernest Leroy (décédé, remplacé par *M. Hennard*), Trannoy, François, Dusevel (décédé, remplacé par *M. Charles Saint*).

1898 : MM. Fiquet, *Cauvin*, Olive, Coache, Gellé, Klotz, Trannoy, François, Charles Saint.

En 1898, le département de la Somme a 9 députés au lieu de 8, l'arrondissement d'Amiens, ayant été par suite de l'augmentation du chiffre de la population, divisé en trois circonscriptions.

## 510

### *Première circonscription d'Amiens*

### FIQUET (Alphonse-Frédéric)

M. Alphonse Fiquet est né à Amiens, le 8 avril 1841.

Après avoir fait ses études au lycée d'Amiens, il entra dans l'industrie.

En 1860, il fonda un des premiers établissements de tissage mécanique de velours de coton qu'il dirigea jusqu'en 1888. Il prêta aussi son concours à l'établissement d'une usine de teinture et d'apprêt pour les velours lisses et contribua ainsi à ramener à Amiens une industrie dont la disparition avait livré le marché français aux Anglais et aux Allemands.

En 1870, il prit une part active à l'organisation de la défense nationale dans la Somme.

Conseiller municipal, président du Conseil d'arrondissement, il remplit plusieurs fois les fonctions de maire ou d'adjoint, notamment sous M. Goblet qui fit voter par le Conseil municipal, à l'unanimité, une adresse de félicitations « pour le dévouement et le zèle avec lesquels M. Fiquet avait pourvu à l'expédition des affaires ».

C'est sous son administration que l'hôtel des postes et le lycée de filles d'Amiens furent construits.

M. Fiquet est républicain de vieille date. En 1870, il combattit le plébiscite et, sous le ministère de M. de Broglie, il fut révoqué comme adjoint.

Il est président d'honneur du syndicat, à Amiens, de l'Association fraternelle des employés et ouvriers des chemins de fer français.

Dans sa circulaire électorale de 1893, M. Fiquet insistait sur l'urgence de la réforme de l'impôt qui doit être réparti d'après les revenus de chaque citoyen, sur la solution immédiate de la question de la caisse des retraites, sur la protection de l'agriculture et de l'industrie.

« Républicain progressiste et démocrate sincère, disait M. Fiquet, j'aurai à cœur de faire mon devoir et de m'inspirer toujours des idées d'union qui, seules, peuvent faire un pays libre et prospère. »

M. Fiquet succéda, dans la première circonscription d'Amiens, à M. Lucien Millevoye, boulangiste, qui l'avait emporté en 1889 sur M. René Goblet et qui donna sa démission lors de l'incident Norton (juin 1893).

M. Fiquet fut élu, au premier tour, le 20 août 1893, par 12,722 voix, contre 3,878 à M. Edouard Drumont, directeur de la *Libre Parole*, qui s'était présenté comme républicain socialiste, 3,279 à M. Emile Boucher, socialiste, 1,114 à M. Alphonse Lefebvre, socialiste, et 716 à M. Aimé Tarlé, socialiste.

M. Fiquet a été réélu, le 20 mai 1898, par 11,261 voix, contre 4,493 à M. Levasseur, républicain, et 1,096 à M. Faglin, conservateur.

## 511

*Deuxième circonscription d'Amiens*

### CAUVIN (Ernest)

M. Ernest Cauvin est né à Rouen, le 24 juillet 1843.
Il est industriel.

Maire de Saleux, conseiller général du canton de Boves, officier de la Légion d'honneur, il a été élu, pour *la première fois*, député, le 22 août 1898, au scrutin de ballottage, par 6,467 voix, contre 4,929 à M. Drouard, radical, et 2,433 à M. Jourdain Chabaud, conservateur.

M. Cauvin succède à M. Levecque, député sortant, républicain, qui ne s'était pas représenté.

Il est républicain.

## 512

*Troisième circonscription d'Amiens*

### OLIVE (Amédée-François)

M. Olive est né à Andainville (Somme), le 10 octobre 1835.

Il est propriétaire.

Maire d'Andainville, ancien conseiller d'arrondissement, il a été élu, pour *la première fois*, député, le 22 mai 1898, au scrutin de ballottage, par 7,764 voix, contre 6,764 à M. le comte de Forceville, conservateur.

Il est républicain progressiste.

Au premier tour, M. Olive avait obtenu 6,462 voix, M. Beaucamp, radical, 4,044, de M. Forceville, 3,762.

## 513

*Première circonscription de l'arrondissement d'Abbeville*

### COACHE (Émile-Charles-Alfred)

M. Émile Coache est né à Gennes-Ivergny (Pas-de-Calais), le 8 mai 1857.

Il est propriétaire et industriel.

Conseiller municipal à Crécy-en-Ponthieu (Somme), M. Émile Coache est conseiller général du canton de Crécy depuis le 28 juillet 1895.

Il est entré à la Chambre lors d'une élection partielle, le 24 novembre 1895, pour le remplacement de M. Froment, élu sénateur. M. Coache, qui se présenta comme républicain de gouvernement, fut alors élu, par 8,685 voix, contre 5,001 à M. Albert Carette, ancien député, radical.

A la Chambre des députés, M. Coache a tout particulièrement défendu les intérêts de l'agriculture ; il est intervenu à la tribune en faveur des cultivateurs de betteraves gravement lésés par les insuffisances du matériel des chemins de fer et pour le dégrèvement de 25 millions sur la contribution foncière des propriétés non bâties.

M. Coache se prononce contre l'impôt personnel et progressif sur le revenu global et pour l'établissement « d'un impôt de redressement et de correction » basé sur tous les signes extérieurs de la richesse.

Il est favorable à l'extension des Conseils généraux et des Conseils municipaux, à la protection du commerce de province contre les grands magasins, à la réduction du service militaire à deux ans. Dans cette pensée, il a déposé un projet tendant à l'organisation légale du Tir, pris en considération par la commission de l'armée.

Il demande que l'œuvre des réformes sociales, notamment en ce qui concerne la constitution des retraites ouvrières, soit poursuivie avec le concours financier de l'État. Il réclame également la réglementation du droit d'initiative en matière d'interpellations et d'amendements.

M. Coache a été réélu sans concurrent, le 8 mai 1898, par 12,727 voix sur 13,981 votants.

---

## 514

*Deuxième circonscription d'Abbeville*

### GELLÉ (Ernest)

M. Ernest Gellé est né à Paris, le 25 octobre 1845.
Ancien notaire à Saint-Valery-sur-Somme, ancien prési-

dent de la Chambre des notaires de l'arrondissement d'Abbeville, il fut élu, pour *la première fois*, député, lors d'une élection partielle pour le remplacement du comte de Douville-Maillefeu, décédé. Il obtint alors 8,002 voix, contre 6,563 à M. Gavelle, radical.

Il veut une République sagement progressiste.

Il signale parmi les réformes qui lui paraissent les plus urgentes: « Une répartition meilleure des charges publiques; la réforme du régime des boissons; la réduction de la durée du service militaire ; la décentralisation administrative; les réformes financières ; la diminution des frais de justice ; l'organisation des œuvres d'assistance et en premier lieu la création d'une caisse de retraites; les mesures de protection à prendre en faveur de notre agriculture et de notre industrie, etc. »

M. Gellé a déposé au cours de la dernière session une proposition tendant à la modification du règlement en ce qui concerne les interpellations. Il est hostile à l'impôt sur le revenu.

Il a été réélu, le 8 mai 1898, par 10,557 voix, contre 3,824 à M. Langlois, socialiste.

---

## 515

*Arrondissement de Doullens*

### SAINT (Charles)

M. Charles Saint est né à Beauval en septembre 1826.

Filateur et tisseur du jute, du lin et du chanvre, M. Charles Saint est membre de la Commission des valeurs en douanes, président de la classe 81 des comités d'admission de l'Exposition universelle de 1900, vice-président de la Chambre de commerce d'Amiens, officier de la Légion d'honneur.

Il fut élu, le 18 mars 1894, comme candidat républicain modéré, en remplacement de M. Dusevel, décédé.

Il a été réélu, le 8 mai 1898, par 8,374 voix, sans concurrent.

## 516

*Arrondissement de Montdidier*

### KLOTZ (Louis-Lucien)

M. Klotz est né à Paris, le 11 janvier 1868.

Avocat à la Cour d'appel, ancien directeur politique du *Voltaire*, M. Klotz obtint, à l'élection partielle qui eut lieu le 2 février 1896 dans l'arrondissement de Montdidier pour le remplacement de M. Ernest Leroy, décédé, 7,178 voix, contre 8,039 à M. Hennard, radical qui fut alors élu.

Le 23 février 1895, M. Klotz fut élu conseiller général par le canton de Rosières (Somme).

La politique défendue par M. Klotz est celle de M. Léon Bourgeois. Il s'est présenté aux élections du 8 mai 1898, de même qu'aux précédentes, comme candidat de la République démocratique. « Également éloigné, dit-il dans sa circulaire, de ceux qui veulent entraîner la France aux pires désastres en s'efforçant de ruiner la propriété individuelle et de ceux qui, hier encore, farouches ennemis de la République, ont fait mine de s'y rallier pour vaincre par la ruse alors qu'ils avaient échoué par la violence, je suis pour l'ordre et le progrès contre la révolution et la réaction. »

M. Klotz place au premier rang, dans son programme la liberté de conscience, le triomphe des idées de solidarité sociale, la protection efficace des intérêts de l'agriculture et de l'industrie nationale, la réduction des frais de justice, la diminution des impôts, la revision de la Constitution.

« Je voterai, dit M. Klotz, l'impôt progressif sur le revenu aux conditions suivantes : il remplacera les quatre contributions directes ; il dégrèvera les contribuables dont les revenus sont inférieurs à 10,000 francs ; il dégrèvera largement les revenus du travail ; il tiendra compte des charges de famille. Je demanderai qu'une retraite de 500 francs par an soit assurée aux travailleurs des villes et des campagnes âgés de plus de 60 ans. »

M. Klotz a été élu, le 8 mai 1898, au premier tour, par

8,123 voix, contre 4,748 à M. Jametel, libéral, 2,718 à
M. Hennard, député sortant, radical, 429 à M. Monniot,
antisémite, etc.

---

## 517

*Première circonscription de Péronne*

### TRANNOY (Gustave)

M. Trannoy est né à Paris, le 6 février 1837.
Il est avocat, ancien adjoint au maire de Péronne.
Il est républicain.
Il fut élu, le 20 août 1893, au premier tour, par 6,192
voix, contre 4,455 à M. Cadot, ancien député, républicain.
Il a été réélu, le 8 mai 1898, par 6,179 voix, contre 4,561
à M. Nattier, radical.

---

## 518

*Deuxième circonscription de Péronne*

### FRANÇOIS (Eugène)

M. Eugène François est né à Bray-sur-Somme, le
1er juillet 1842.
Il est propriétaire-cultivateur à Bray et conseiller
général.
En 1889, il se présenta, comme candidat républicain,
contre M. le marquis d'Estourmel, député sortant, conservateur. Il ne fut pas élu, mais obtint une très forte minorité.
En 1893, il fut élu, le 22 août, au premier tour, par 7,377
voix, contre 5,385 à M. d'Estourmel.
Il a été réélu, le 8 mai 1898, par 6,783 voix, contre 3,705
à M. Hennequez, socialiste, et 1,568 à M. Siomboing, conservateur.

---

# TARN

—

## 6 DÉPUTÉS

—

1893 : MM. de Berne-Lagarde ; Jean Jaurès ; Abrial (décédé, remplacé par M. *André Reille*, décédé, et non remplacé) ; le baron Reille ; Dupuis-Dutemps ; Emile Compayré.

1898 : MM. *Andrieu*, le *marquis de Solages*, *Xavier Reille*, le baron Reille (décédé en novembre 1898), *Gouzy*, Compayré.

———

## 519

*Deuxième circonscription d'Albi*

### ANDRIEU (Edouard)

M. Edouard Andrieu est né à Albi, le 20 décembre 1862.

Il est avocat, maire d'Albi.

Aux élections législatives de 1893, il obtint 4.618 voix, mais ne fut pas élu.

Il a été élu député, le 8 mai 1898, au premier tour de scrutin, par 7.006 voix contre 6.689 à M. Boularan, conseiller général républicain.

Il est républicain radical socialiste.

Il remplace M. de Berne-Lagarde, député sortant, qui ne s'est pas représenté.

———

## 520

*Deuxième circonscription d'Albi*

### SOLAGES (Jérome-Ludovic-Marie, marquis de)

M. le marquis de Solages est né à Carmaux, le 22 juillet 1862. Il est le gendre du baron Reille, député de la deuxième circonscription de Castres.

Il est propriétaire, ancien conseiller général.

Il est conservateur.

Il fut précédemment élu député lors des élections générales de 1889. Démissionnaire en 1892, il fut remplacé par M. Jaurès.

Il s'est représenté en 1898 et a été élu le 8 mai, au premier tour, par 6.702 voix contre 5.115 à M. Jaurès, député sortant, socialiste.

## 521

*Première circonscription de Castres*

### REILLE (baron Xavier)

M. le baron Xavier Reille est né à Saint-Amans-Soult, le 26 décembre 1871. Il est le fils du baron Reille, député de la deuxième circonscription de Castres.

Ancien élève de l'Ecole polytechnique (promotion de 1871), ancien officier d'artillerie, il est conseiller général du Tarn, maire de Saint-Amans-Soult; il a été élu le 8 mai 1898, comme républicain libéral, par 9.429 voix contre 8.457 à M. Milhau, radical.

Au premier tour, M. Reille avait obtenu 8.316 voix, M. Milhau 4.488, M. Caraguel, socialiste 3.899.

Il succède à M. André Reille, son frère, décédé, qui lui-même avait remplacé, au cours de la dernière législature, M. Abrial élu en 1893, décédé.

## 522

*Deuxième circonscription de Castres*

### REILLE (René-Charles-François, baron) [1]

·M. le baron Reille est le fils du maréchal comte Reille, l'un des plus glorieux soldats du premier Empire ; il est le petit-fils du maréchal Masséna et il a épousé la petite-fille du maréchal Soult, duc de Dalmatie. Il est né à Paris le 4 février 1835. Entré à Saint-Cyr, M. Reille passa ensuite à l'Ecole d'état-major. Capitaine en 1858, il fut aide de camp des maréchaux Randon et Niel.

Ayant donné sa démission, il se présenta en 1869 à la députation avec l'appui du gouvernement impérial.

Ayant été élu, il siégea au centre gauche, vota l'interpellation des 116 (en faveur d'un régime plus libéral) et pour la guerre de 1870.

Colonel des mobiles du Tarn, il prit une part importante à la défense de Paris et commanda une brigade de l'armée Ducrot. Cette brigade fut mise à l'ordre du jour et M. Reille nommé commandeur de la Légion d'honneur.

Conseiller général de Tarn depuis 1867, M. Reille fut élu député du Tarn le 20 février 1876.

Après le 16 mai 1877, M. le baron Reille devint sous-secrétaire d'Etat au ministère de l'intérieur dont le titulaire était M. de Fourtou.

Réélu le 14 octobre, il fut invalidé, mais réélu en février 1877. Il fut également réélu en 1881. En 1885, il fut le seul candidat élu de la liste conservatrice.

M. le baron Reille a pris souvent la parole à la Chambre, notamment dans la discussion des questions militaires où il a fait preuve d'une rare compétence.

En 1889, il fut élu au premier tour, par 9,935 voix, contre 7,463 accordées à M. Emile Level, maire du xvii° arrondissement de Paris, républicain.

1. M. le baron Reille est décédé en novembre 1898. Il a été remplacé (29 janvier 1899) par son fils, le baron Amédée Reille, conservateur, qui a été élu, le 29 janvier 1899, par 8,551 voix contre 7,465 obtenues par M. Galibert-Ferret, rép.

Pendant la dernière législature, son nom fut souven prononcé, lors de la grève prolongée qui éclata aux mines de Carmaux dont M. le baron Reille préside le conseil d'administration; c'est contre lui que fut dirigé par les anarchistes l'attentat de l'avenue de l'Opéra, qui fit d'autres victimes, mais auquel il échappa.

M. le baron Reille fut réélu, le 20 août 1893, au premier tour, par 9,389 voix, contre 3.136 à M. Calvignac, maire de Carmaux, républicain.

Il a été réélu, le 8 mai 1898, par 9.069 voix contre 5.400 à M. Galibera, radical.

## 523

*Arrondissement de Gaillac*

### GOUZY (Jules-Paul)

M. Gouzy est né à Rabastens (Tarn), le 18 mars 1833.

Ancien élève de l'Ecole polytechnique, ancien officier d'artillerie démissionnaire, puis ingénieur civil, il a publié plusieurs ouvrages de vulgarisation scientifique: *Voyage d'une fillette au pays des étoiles. — Promenade d'une fillette autour d'un laboratoire* (chez Hetzel).

M. Gouzy est chevalier de la Légion d'honneur.

Il a été élu au second tour de scrutin par 8.313 voix contre 8.027 à M. Mercadier, républicain.

Au premier tour, M. Mercadier avait obtenu 7.548 voix, M. Gouzy 5.276; M. Quilici socialiste 2.957.

Il succède à M. Dupuy-Dutemps, qui ne s'est pas représenté.

Il est inscrit au groupe radical socialiste.

Il est membre de la commission de l'armée.

## 524

*Arrondissement de Lavaur*

### COMPAYRÉ (Emile)

M. Emile Compayré est né à Albi, le 21 mars 1851.

Il est avocat, conseiller général, maire de Ceyssode.

Il s'est présenté comme candidat radical.

Il fut élu, au scrutin de ballottage, le 3 septembre 1893, par 6.790 voix, contre 6.560 à M. Poulhié, député sortant, conservateur.

Il a été réélu, le 22 mai 1898, au scrutin de ballottage, par 7.180 voix contre 6.139 à M. Poulhié, ancien député, conservateur.

Au premier tour, M. Compayré avait obtenu 5.056 voix, M. Poulhié 2.839, M. Terson, radical 2.499, M. Daguilhon-Pujol, conservateur 2.090; M. de Belcastel 1.284.

# TARN-ET-GARONNE

—

## 3 DÉPUTÉS

—

1893 : MM, **Prax-Paris**, Maurice Lasserre, Adrien Chabrié.
1898 : Les mêmes.

## 525

*Arrondissement de Montauban*

### PRAX-PARIS (Joseph-Marie-Adrien)

M. Prax-Paris est né le 2 octobre 1829 à Montauban.
Maire de cette ville, il fut candidat officiel de l'Empire en
1869 et fit partie de la majorité du Corps législatif.

Elu député à l'Assemblée nationale en 1871, M. Prax-
Paris fut un des fondateurs du groupe de l'Appel au peuple
et l'un des plus persévérants adversaires du gouvernement
républicain.

Il prit une part très active aux débats parlementaires.
Après la mort de Napoléon III, il écrivit au prince impérial
une lettre dans laquelle il disait : « La France vous aime,
espère et attend. »

Il n'a cessé d'être revisionniste et il a toujours voté avec
la droite.

Réélu en 1876, 1877, 1881, il fut invalidé après les élections de 1885, mais il fut réélu.

En 1889, il fut nommé par 7,824 voix, contre 7,243 accordées à M. Garrisson fils républicain.

En 1893, l'arrondissement de Montauban ne formant
plus qu'une seule circonscription au lieu de deux comme
en 1889, M. Prax-Paris fut réélu, au premier tour, par

12,835 voix, contre 11,625 à M. **Cambe**, député sortant de la deuxième circonscription supprimée, républicain, et 451 à M. J. **Barthélemy**, socialiste.

Il a été réélu, le 8 mai 1898 par 13,871 voix contre 9,414 à M. **Cauvin**, radical.

---

## 526

*Arrondissement de Castelsarrazin*

### LASSERRE (Maurice)

M. Maurice Lasserre est né à Saint-Nicolas-de-la-Grave (Tarn-et-Garonne), le 6 septembre 1862. Il est avocat inscrit au barreau de Paris.

Il fut élu pour la première fois député le 16 février 1890, en remplacement de M. Joseph Lasserre, son père, décédé le 28 décembre 1889 et qui avait été réélu sans interruption depuis 1876.

Ancien élève diplômé de l'Ecole des sciences politiques, et ancien chef du cabinet de M. Thévenet, ministre de la justice, M. Maurice Lasserre adressa au ministre de la guerre, M. de Freycinet, une interpellation sur l'affaire de la mélinite (Turpin et Triponé).

Il fit partie de nombreuses commissions et fut notamment le rapporteur du projet de loi relatif aux modifications à apporter à la loi sur la presse.

Il fut deux fois élu secrétaire de la Chambre des députés en 1892 et en 1893; membre de la commission du budget, il fut rapporteur du budget des cultes.

Dans sa circulaire électorale de 1893, il se prononçait pour la constitution d'une « majorité forte, homogène et nettement républicaine, composée d'hommes ayant en politique des vues nettes et précises, un programme arrêté et défini, un but vers lequel, par étapes successives, ils s'acheminent sûrement et méthodiquement. »

Il demandait, en outre, une répartition plus équitable des charges publiques, de larges économies dans les services publics et le rejet de toute augmentation de dépenses qui ne serait pas compensée par une plus-value dans les recettes.

Il n'admet ni le socia.isme d'Etat ni le collectivisme et pense que le gouvernement républicain doit encore avoir à cœur de favoriser et d'assurer par sa législation : l'association, la coopération, la participation aux bénéfices, la protection de l'enfance et de la femme, l'assurance, les retraites ouvrières, l'arbitrage, gage certain de la bonne entente entre le capital et le travail, etc.

M. Maurice Lasserre fut réélu, au premier tour, le 20 août 1893, par 10,436 voix, contre 6,343 obtenues par M. Ernest Mauvoisin, radical socialiste.

Pendant la dernière législature M. Maurice Lasserre a été rapporteur du projet de loi tendant à réprimer les menées anarchistes, du projet de loi portant rachat des canaux du Midi, du projet portant prorogation de la concession des eaux de Vichy, etc. Il a pris la parole dans des discussions importantes et notamment a prononcé un discours en réponse à M. Ribot pour soutenir l'impôt sur la rente. Membre de la commission du budget, il a été rapporteur en 1896 et en 1897 du budget du Ministère de l'Intérieur, ce qui lui a permis de faire un exposé complet de toutes les lois d'assistance et de prévoyance sociales.

Pendant la dernière législature il a fait partie du Comité directeur des républicains de gouvernement.

Elu sur le programme du cabinet Méline, M. Lasserre s'est nettement prononcé contre l'impôt général et progressif sur le revenu global.

Il a été réélu le 8 mai 1898, par 8.878 voix, contre 8.765 à M. Sénac, radical.

Il a été élu membre de la commission du budget (novembre 1898).

---

## 527

*Arrondissement de Moissac*

### CHABRIÉ (Adrien)

M. Adrien Chabrié est né à Moissac le 3 août 1855. Il appartient à une vieille famille républicaine ; son père, M. Pierre Chabrié, auquel il a succédé à la Chambre, était depuis vingt ans député, conseiller général et maire de

Moissac ; son grand-père fut déporté pour ses opinions politiques.

Licencié en droit, M. Adrien Chabrié a été attaché à la présidence du conseil sous le ministère Freycinet. Il est consul en disponibilité.

Dans sa circulaire de 1893 M. Chabrié déclarait que sa candidature a un caractère nettement progressiste. Il formulait les vœux suivants :

« Revision de la Constitution pour nous permettre d'accomplir les réformes que réclame avec instance l'opinion publique. Nomination du Sénat par le suffrage universel direct ;

« Réduction du service militaire à deux ans si, comme je le crois, l'état de la défense nationale ne doit pas en souffrir ;

« Refonte de l'impôt sur des bases plus équitables ;

« Suppression du principal de l'impôt foncier sur les propriétés non bâties ;

« Etablissement de droits pour permettre à nos denrées d'atteindre un prix rémunérateur pour le producteur, sans sacrifier toutefois les intérêts du consommateur ;

« Création d'une banque de prêts à 2 1/2 ou 3 p. 100, destinée à venir en aide à l'agriculture et au commerce ;

« Création d'une caisse de retraites pour les vieillards et de secours pour les invalides du travail. »

M. Adrien Chabrié fut élu, le 3 septembre 1893, au scrutin de ballottage par 6,893 voix, contre 5,029 à M. Bergougnan, radical socialiste.

Au premier tour, M. Chabrié avait obtenu 5,503 voix ; M. Bergougnan, 1,982 ; M. Bourgeat, républicain 4,815 ; M. Mispoulet, 192.

Il a été réélu, le 8 mai 1898, par 7,289 voix contre 4,072 à M. Bergougnan républicain et 253 à M. Lechiné socialiste.

# VAR

—

## 4 DÉPUTÉS

—

1893 : MM. Jourdan, Rousse, Abel, Cluseret.
1898 : *MM. Maurice Allard*, Rousse, *Ferrero*, Cluseret.

## 528

*Arrondissement de Draguignan*

### ALLARD (Maurice)

M. Maurice Allard est né à Amboise (Indre-et-Loire), le 1er mai 1860. Il a fait ses études de droit à Paris et fut mêlé de bonne heure à tous les mouvements socialistes qui agitèrent la jeunesse des écoles. Il fonda des groupes et des journaux au Quartier latin.

Après être resté inscrit pendant cinq ans au barreau de Paris, il collabora à différents journaux de Paris ou de province. Pendant la période boulangiste, il fit une vigoureuse campagne contre cette tentative de dictature.

En 1890, il prit la direction du *Républicain d'Indre-et-Loire* et reçut, dans un duel avec un confrère monarchiste, une balle qui lui perfora les intestins et le condamna à six mois de lit et de souffrances. Malgré deux graves opérations on ne put parvenir à extraire le projectile.

Entré en 1892 au journal *La Lanterne*, M. Maurice Allard en est aujourd'hui un des principaux rédacteurs.

Il appartient à l'opinion nettement socialiste et siège à l'extrême gauche.

« Que les électeurs choisissent, disait-il dans sa profes-

« sion de foi, des mandataires convaincus, énergiques,
« décidés à faire une guerre sans merci à des dirigeants
« sans pudeur qui, non contents d'opprimer les conscien-
« ces, veulent perpétuer l'état de servage économique dans
« lequel végètent si misérablement les ouvriers des villes,
« les paysans, les petits commerçants, les petits indus-
« triels, tous ceux en un mot qui travaillent réellement et
« constituent les forces vives de la nation. »

Le programme minimum de M. Maurice Allard, comporte :

La révision intégrale de la Constitution. — Suppression
du Sénat. — Etablissement des grandes commissions et
transformation des ministres en simples agents exécutifs
et simples directeurs administratifs. — Liberté complète
de la presse et des réunions.

Suppression du budget des Cultes et retour à la Nation
des biens immenses accaparés par les congrégations religieuses.

Abrogation de la loi contre l'*Internationale* et amnistie
générale pour faits de grève ou politiques.

Gratuité de la Justice. — Le Jury étendu à toutes les
juridictions correctionnelles ou civiles. — Election des
magistrats chargés de diriger les débats.

Banque de France transformée en Banque d'Etat. —
Crédit agricole et ouvrier. — Création de colonies agricoles
par l'initiative de l'Etat et au moyen du crédit de l'Etat.

Machines et engrais mis par l'Etat ou les communes à la
disposition des agriculteurs moyennant très faible rétribution. — Encouragement et crédit aux associations
ouvrières et agricoles avec privilège, pour elles, à l'obten-
tion des travaux et entreprises des communes, département et Etat.

Création d'un ministère du travail. — Limitation légale
de la journée de travail. — Minimum de salaire.

Reprise par la nation des mines, chemins de fer, canaux,
assurances, grandes usines métallurgiques, hauts-four-
neaux, ardoisières, carrières, pétroles, raffineries, etc.

Impôt progressif sur le capital et le revenu (dépassant
trois mille francs). — Impôt progressif sur les successions.

Mise à la charge de la société de l'entretien et de l'instruction intégrale de l'enfance. — Mise à la charge de la société des vieillards et invalides du travail.

Suppression des octrois.

Organisation des services publics en dehors de tout monopole et de toute spéculation. — Socialisation des monopoles.

Service militaire de deux ans.

M. Maurice Allard terminait ainsi sa profession de foi : « Vous aurez à cœur, vous républicains si ardents et si convaincus, d'affirmer votre volonté, d'en finir avec tous les exploiteurs et tous les traîtres, et de marcher toujours en avant à la conquête du Bonheur et de la Justice. »

M. Maurice Allard a été élu, au second tour, le 22 mai 1898, par 9,068 voix, contre 8,292 à M. Joseph Jourdan, député sortant, radical.

Au premier tour, M. Jourdan avait obtenu 5,792 voix, M. Allard, 4,653, M. Inguimbert, radical, 3,984, M. Engelfred, socialiste, 643.

---

## 529

*Première circonscription de Toulon*

### FERRERO (Prosper)

M. Ferrero est né à Marseille, le 25 décembre 1859.

Ancien conseiller général, ancien maire de Toulon, il reçut en cette qualité, en 1893, l'escadre russe, commandée par l'amiral Avellane.

Il est républicain socialiste.

Il a été élu, pour la première fois député, le 22 mai 1898, au scrutin de ballottage, par 7,521 voix, contre 6,546 à M. Abel, député sortant, radical.

Au premier tour, M. Ferrero avait obtenu 5,600 voix, M. Abel, 4,369, M. Champagnac, socialiste, 1,814, M. Jaubert, rallié, 507.

## 530

*Deuxième circonscription de Toulon*

### CLUSERET (Gustave-Paul)

M. Cluseret est né à Paris, en 1823. Il est fils d'un colonel d'infanterie. Contrairement à ce qui a été à diverses reprises raconté, il ne fut jamais enfant de troupe mais fut élevé dans sa famille par un instituteur laïque et un directeur ecclésiastique.

En 1841, il entra à Saint-Cyr, en sortit en 1843 comme sous-lieutenant et fut promu lieutenant en 1848. Lors de la formation de la garde mobile, il entra dans ce corps comme commandant du 23ᵉ bataillon, abandonnant momentanément l'armée régulière. Il prit part à la répression de l'insurrection de Juin et se fit remarquer par sa bravoure à l'attaque des barricades de la rue Saint-Jacques et de la rue des Mathurins (22 juin). Dans une lettre qu'il adressa au lendemain de la lutte au *Constitutionnel*, il rappelait qu'il avait enlevé onze barricades et trois drapeaux. Il fut décoré à cette occasion.

En 1850, la garde mobile ayant été licenciée, il rentra à son régiment comme lieutenant. En 1851, lors de la préparation du Coup d'Etat, il fut mis en non activité avec 1,200 officiers entachés de républicanisme.

En 1852, il reprit du service au 4ᵉ bataillon de chasseurs à pied à Tlemcen et peu après entra aux affaires indigènes comme adjoint de Chanzy, alors capitaine et chef d'un des bureaux arabes. En 1855, il partit pour la Crimée, où il fut blessé deux fois et nommé capitaine pour faits de guerre. Rentré en France, il permuta avec un capitaine du 8ᵉ chasseurs avec lequel il fit la campagne de Kabylie. Proposé pour le grade d'officier de la Légion d'honneur « il fut, dit-il, nommé par le ministre, mais rayé par l'Empereur. » Il donna alors sa démission.

Après s'être pendant quelque temps occupé d'agriculture, il partit pour rejoindre Garibaldi qui venait d'entreprendre l'expédition des Deux-Siciles. Blessé au siège de Capoue et versé en qualité de lieutenant-colonel, à l'état-major général de l'armée italienne, il donna sa démission et partit pour les Etats-Unis où il prit part à la guerre de sécession. Il y débuta comme colonel d'état-major, attaché à l'état-major général de Mac-Clellan. Après la bataille de Cross-Keyss qu'il gagna, après qu'elle eût été perdue par le général en chef, Lincoln le nomma général ; il n'était jusqu'alors qu'*acting* (faisant fonctions).

Jusqu'en 1867, il resta à New-York où il fonda un journal, la *New-Nation*.

En 1867, ayant été élu chef militaire des Fenians, il passa en Irlande. Condamné à mort en Angleterre, il revint en France. Il s'y mêla activement à la lutte alors engagée contre l'Empire. « Mais ayant, dit-il, dénoncé les escro- « queries *Memphis and el peso* qui privaient les Tuileries « de 22 millions, » il fut expulsé et retourna en Amérique d'où il revint pour la guerre franco-allemande. Son concours ayant été refusé par le gouvernement impérial, M. Cluseret suivit la campagne en amateur. Après la révolution du 4 septembre, rentré à Paris il collabora à la *Marseillaise* où il publia contre le gouvernement de la Défense nationale un article qui fut désavoué par M. Henri Rochefort, alors membre de ce gouvernement. Peu après, il partit pour Lyon « où il était appelé par le Conseil municipal pour organiser et commander les volontaires ». A la suite de l'échauffourée du 18 septembre, il se rendit à Marseille, où il tenta de s'emparer du pouvoir que se disputaient alors MM. Gent et Esquiros, se proclama chef militaire des forces du sud de la France, mais dut bientôt abandonner ce titre et quitter Marseille.

Candidat à la députation, le 8 février 1871 à Paris, il n'obtint que peu de voix. Il ne fut pas élu le 26 mars aux élections faites par la Commune, mais peu après, le 3 avril, il fut nommé délégué à la guerre par les membres de la Commune. Aux élections complémentaires du 16 avril, il fut élu dans le Ier et dans le XVIIIe arrondissements membre de la Commune. Arrêté par les fédérés à la suite de l'abandon momentané du fort d'Issy et révoqué de ses fonctions de délégué à la guerre, il fut incarcéré le 1er mai à Mazas et y resta jusqu'au 24 mai, jour de l'entrée des troupes de Mac-Mahon dans Paris. Il parvint alors à s'échapper, gagna l'Angleterre et de là partit pour l'Amérique. Le troisième conseil de guerre, séant à Versailles, le condamna, le 30 août 1871, par contumace, à la peine de mort.

M. Cluseret, une fois échappé, chercha un asile en Suisse au bord du lac de Genève, non loin de son ami Gustave Courbet, le célèbre peintre, lui aussi réfugié, avec lequel il se mit à apprendre la peinture. Il écrivit alors dans divers journaux anglais. Il quitta la Suisse en 1878 pour se rendre en Turquie où il prit part à la guerre des Balkans. Il resta en Orient jusqu'en 1880.

Après l'amnistie, il rentra en France en 1881 et collabora aux journaux *la Commune* et *la Marseillaise*; mais, ayant encouru de graves condamnations pour des articles qu'il y avait publiés, il quitta de nouveau la France.

En 1884, il exposa à la galerie Vivienne 120 tableaux, pastels ou dessins.

En 1887, il publia de très curieux *Mémoires* en deux volumes. Il y juge et apprécie sévèrement la plupart des hommes de la Commune, tout en faisant l'apologie du mouvement insurrectionnel du 18 Mars.

En 1888, M. Cluseret fut élu député du Var, au scrutin de liste. Il siégea à l'extrême gauche.

En 1889, il fut réélu, dans la deuxième circonscription de Toulon.

Pendant les dernières législatures, M. Cluseret a déposé plusieurs propositions, notamment une qui avait trait à la réorganisation des halles et marchés de Paris.

En 1893, il fut réélu, comme candidat socialiste révolutionnaire, par 5,458 voix, contre 5,288 à M. Alfred Vivien, radical socialiste.

Il a été réélu, le 22 mai 1898, par 6,320 voix, contre 4,891 à M. Strobant, socialiste.

Au premier tour, M. Cluseret avait obtenu 3,706 voix, M. Stroobant, 3,484, M. Marguery, républicain, 3,178.

## 531

*Arrondissement de Brignoles*

## ROUSSE (Charles-Martial-Raphaël)

M. Charles Rousse est né à Brignoles, le 26 janvier 1860.

Ancien négociant, publiciste, ancien directeur de la *Ligue démocratique*, il a fondé plusieurs journaux politiques : le *Brignoles républicain*, la *Concentration*.

Il fut professeur délégué au collège d'Embrun, maître répétiteur au lycée de Tournon, puis au lycée d'Alger ; il remplit ensuite les fonctions de directeur de la caisse d'épargne et du mont-de-piété, de président de la caisse du Sou des écoles laïques à Brignoles ; enfin, en 1889, il fut nommé inspecteur des enfants assistés dans les Hautes-Alpes. Il donna sa démission de cet emploi pour se présenter dans l'arrondissement de Brignoles où il l'emporta, avec 7,809 voix, contre 4,597 à M. Alfred Tesseire, conservateur.

Dans son programme républicain radical socialiste antiboulangiste, M. Rousse demandait la revision de la Constitution sur des bases nettement démocratiques, le dégrèvement des impôts qui pèsent sur l'ouvrier et sur l'agriculture.

En 1893, il fut réélu, le 3 septembre, au scrutin de ballottage, contre M. Cademartori-Pommerol, socialiste.

Il a été réélu, le 22 mai 1898, au scrutin de ballottage, par 7,588 voix, contre 3,579 à M. de Castellane, conservateur.

Au premier tour, M. Rousse avait obtenu 2,813 voix, M. Vigne, radical socialiste, 2,757, M. L. Martin, radical socaliste, 2,379, M. de Castellane, 2,139, M, Ambard, socialiste, 1,235.

# VAUCLUSE

—

## 4 DÉPUTÉS

—

1893 : MM. Pourquery de Boisserin, Reboulin, Alfred Naquet, Ducos.

1898 : MM. Pourquery de Boisserin, *Abel Bernard, Delestrac, Paul Faure.*

—

## 532

*Arrondissement d'Avignon*

## POURQUERY DE BOISSERIN (Joseph-Gaston)

M. Pourquery de Boisserin est né à Largentière (Ardèche) le 8 juin 1851.

Il fit ses études au lycée d'Avignon. Secrétaire du préfet de Vaucluse après le 4 septembre 1870, il s'engagea volontairement au 11e chasseurs pour la durée de la guerre. Il se fit inscrire ensuite au barreau d'Avignon et plaida un grand nombre de procès politiques en faveur des républicains.

En 1883, il se présenta à Avignon dans le canton nord, comme candidat républicain radical au Conseil général.

En 1888, il fut porté sur la liste républicaine unique, nommé conseiller municipal d'Avignon, dont il est le maire depuis cette époque.

Dans sa circulaire électorale de 1889, M. Pourquery de Boisserin, qui se présentait comme candidat républicain radical anti-boulangiste, disait:

« Les élus de 1889 auront à vaincre les menées de la

triple alliance intérieure du comte de Paris, Napoléon et Boulanger ; à déjouer les sinistres projets de la triple alliance extérieure de l'Allemagne, l'Italie et l'Autriche.

» La première veut le renversement de la République, la seconde la ruine de la France.

» La France a pour jamais repoussé tout gouvernement personnel. Fière de sa liberté, elle veut avant tout la stabilité ministérielle, la sécurité du lendemain, base de la prospérité des affaires et de la richesse nationale. »

Il réclamait la formation d'une majorité compacte ; la revision de la Constitution dans un sens républicain ; le renouvellement partiel de la Chambre des députés ; le maintien de la liberté de discussion, non de la licence de l'injure et de la calomnie.

En 1889, M. Pourquery de Boisserin fut élu, le 6 octobre, au scrutin de ballottage, par 10,608 voix, contre 1,224 accordées à M. Antchiski, boulangiste.

Pendant la dernière législature, le rôle de M. Pourquery de Boisserin a été très actif. Il a pris part à de nombreuses discussions (interpellations sur le Dahomey, liberté de la presse, réforme de la loi des cadres, loi sur les erreurs judiciaires, etc.) Il a été deux fois élu secrétaire de la Chambre des députés ; membre de la commission du budget, il a été chargé du rapport concernant l'Algérie ; en sa qualité de membre de la commission d'enquête sur les affaires du Panama, il soutint une proposition qui ne fut pas adoptée tendant à donner à cette commission les pouvoirs les plus étendus.

Dans sa circulaire électorale de 1893, M. Pourquery de Boisserin reproduisit, en le confirmant, son programme de 1889. Il insistait notamment sur la refonte générale des impôts, la suppression des octrois et des impôts de consommation, le rachat des grandes compagnies.

M. Pourquery de Boisserin fut réélu, le 20 août 1893, au premier tour, par 8,500 voix, contre 3,539 à M. le colonel de l'Eglise, conservateur ; 1,343 à M. de Saint-Martin, député sortant de la Seine, boulangiste, etc.

Il a été réélu le 22 mai 1898, au scrutin de ballottage par par 10221 voix contre 8.139 à M. Valayer, rép.

Au premier tour, M. Pourquery de Boisserin avait

obtenu 8.261 voix, M. Valayer 5.846, M. Aymé Florent, rad. soc. 2.675.

Il a été réélu membre de la commission du budget (novembre 1898).

---

## 533

### Arrondissement d'Apt

## ABEL-BERNARD (Emile-Eugène)

M. Abel-Bernard est né à Arles, le 29 novembre 1861.

Il est propriétaire, avocat à la Cour d'appel de Paris. Maire de Cadenet et conseiller général, il a été élu pour la première fois, le 22 mai 1898, au scrutin de ballottage par 6.409 voix contre 5.457 à M. Reboulin, député sortant, rép.

Au premier tour, M. Reboulin avait obtenu 4.160 voix, M. Bernard 2.551, M. Jouve, radical, 2.284, M. Laguerre, ancien député, 1.525.

---

## 534

### Arrondissement de Carpentras

## DELESTRAC (Gustave)

M. Gustave Delestrac est né à Cucuron (Vaucluse), le 7 mai 1844.

Il appartient à une famille républicaine du département de Vaucluse. Après avoir fait ses études au lycée d'Avignon et son droit à la Faculté d'Aix-en-Provence, il fut avoué, puis avocat à Apt. Etant conseiller municipal à Apt, il contribua à la laïcisation des écoles et y fonda une loge maçonnique. Dès 1869, il avait soutenu contre le candidat officiel de l'Empire la candidature de Taxile Delord.

Entré dans la magistrature, il fut successivement juge d'instruction à Carpentras pendant 9 ans et juge au tribunal civil d'Avignon pendant 5 ans.

Il s'est présenté à l'élection législative en mai 1898 et a été élu par 6.904 voix contre M. Georges Thiébaud, nationaliste.

---

# 535

*Arrondissement d'Orange*

## FAURE (Paul)

M. Paul Faure est né à Sorgues (Vaucluse), le 16 janvier 1852.

Il est avocat à la Cour d'appel de Paris.

Il est républicain radical.

Il a été élu pour la première fois député, le 22 mai 1898, par 9,028 voix contre 8.382 à M. Ducos, député sortant, rallié et 141 à M. Loque, rad. soc.

Au premier tour, M. Ducos avait obtenu 7.310 voix, M. Paul Faure 3273, M. Loque 2979, M. Gent, rad. soc. 2036, etc.

# VENDÉE

## 6 DÉPUTÉS

1893 : MM. Aristide Batiot (décédé, remplacé par *M. Marchegay*), Paul Bourgeois, Guillemet, Deshayes, Georges Batiot, de Baudry-d'Asson.

1898 : MM. *le marquis de l'Espinay*, Paul Bourgeois, Guillemet, Deshayes, *Gautret*, de Baudry-d'Asson.

## 536

*Première circonscription de La Roche-sur-Yon*

### LESPINAY (Zénobe-Alexis, marquis de)

M. le marquis de Lespinay est né à Chantonnay (Vendée) le 10 janvier 1854.

Il est propriétaire agriculteur.

Membre du Jockey-Club, de la Société hippique française, de la Société des Agriculteurs de France, M. de Lespinay s'est particulièrement occupé de travaux agricoles, de questions ouvrières, etc.

Monarchiste très libéral, il dit dans sa circulaire « qu'on ne le trouvera jamais dans les rangs de ceux qui chercheraient à faire une opposition de parti pris au gouvernement de la République, dès lors qu'il s'inspirera des vrais intérêts de la nation ».

Il promet son concours à toutes les lois pouvant favoriser le développement de l'agriculture, du commerce et de l'industrie, à toutes les œuvres de mutualité et d'assistance de nature à améliorer le sort des malheureux et des travailleurs.

Il voudrait, dans la mesure du possible, la diminution des charges militaires.

M. le marquis de Lespinay a été élu, au premier tour de scrutin, le 8 mai 1898, par 9,747 voix, contre M. Marchegay, député sortant, qui avait remplacé, au cours de la dernière législature, M. Aristide Batiot, décédé.

## 537

*Deuxième circonscription de la Roche-sur-Yon*

### BOURGEOIS (Paul)

M. Paul Bourgeois est né le 6 mars 1827 à la Verrie (Vendée). Il est docteur en médecine.

Il fut élu député à l'Assemblée nationale le 8 février 1871, par 69,408 voix. Il fit partie de la droite légitimiste.

Il est maire de la Verrie depuis trente ans, et conseiller général du canton de Mortagne depuis 1864.

M. Bourgeois fut réélu député en 1876, 1877, 1881 et 1885, et ne cessa de voter avec la droite.

En 1889, il fut nommé, au premier tour, par 12,727 voix, sans concurrent.

En 1893, il fut réélu le 20 août, au premier tour, par 11,730 voix, contre 6,366 à M. Valory le Ricolars, républicain.

En 1898, M. Bourgeois a été réélu par 13,614 voix sans concurrent.

## 538

*Première circonscription de Fontenay-le-Comte.*

### GUILLEMET (Marie-Gaston)

M. Gaston Guillemet est né à Fontenay-le-Comte, le 25 mai 1851.

Ancien commerçant, ancien maire de Fontenay-le-Comte, conseiller général, président de la Société de secours mutuels, M. Guillemet fut élu député en 1890 après l'invalidation de l'élection de M. Sabouraud. Il fut réélu le 20 août 1893. Il est républicain.

Il est chevalier de la Légion d'honneur et officier d'Académie.

Au cours des dernières législatures, M. Guillemet a pris une part active aux travaux parlementaires. Il a déposé et défendu diverses propositions sur la participation aux bénéfices dans les entreprises et concessions de l'État, sur la réforme générale de l'impôt, sur la suppression des octrois, sur le monopole de la rectification de l'alcool, sur la suppression de la taxe militaire, sur l'élection des chambres de commerce, sur l'élection des sénateurs, sur la suppression de la censure, sur la réorganisation du service du contrôle de l'exploitation des chemins de fer, sur les droits de douane, etc.

M. Guillemet a été réélu, le 8 mai 1898, au premier tour, contre M. de Fontaines, officier en retraite, conservateur.

Questeur de la Chambre des députés pendant la dernière législature, M. Guillemet a été réélu, en cette qualité, lors de la constitution du bureau de la nouvelle Chambre et réélu en janvier 1899.

------------

## 539

*Deuxième circonscription de Fontenay-le-Comte*

### DESHAYES (Prosper-Eugène)

M. Deshayes est né à Mareuil-sur-Lay (Vendée), le 15 janvier 1833.

Il est propriétaire, ancien notaire et ancien président de la Chambre des notaires de l'arrondissement de Fontenay.

Conseiller général de la Vendée, ancien président du Conseil général, maire de Luçon, officier d'Académie, M. Deshayes est républicain.

Il fut élu, pour la première fois, député en 1893 par 9,932 voix contre 8,549 à M. Paul Le Roux, bonapartiste.

Il a été réélu, le 8 mai 1898, au premier tour, par 10,548 voix, contre 7,896 à M. Anatole Biré, royaliste.

## 540

*Première circonscription des Sables-d'Olonnes*

### GAUTRET (Jean-Fernand)

M. Fernand Gautret est né à Saint-Genis-de-Saintonge (Charente-Inférieure).

Propriétaire, maire des Sables-d'Olonnes depuis 1896, officier d'académie, M. Gautret s'est présenté comme républicain indépendant.

Dans sa circulaire électorale, il se prononce pour une plus grande liberté d'action des conseils municipaux, pour une politique de dégrèvements et d'économies, contre l'impôt sur le revenu qu'il considère comme inquisitorial, pour la réforme des frais de justice, la protection de l'agriculture et de l'industrie contre la concurrence étrangère et contre la spéculation, l'organisation des sociétés de Crédit agricole, la répression du vagabondage, etc.

M. Fernand Gautret a été élu, au premier tour de scrutin, par 7,710 voix, contre M. Georges Batiot, député sortant, républicain.

---

## 541

*Deuxième circonscription des Sables-d'Olonne.*

### BAUDRY-D'ASSON (Léon-Charles-Armand de)

M. de Baudry-d'Asson est né le 15 juin 1836 à Rocheserrière (Vendée).

Il fut élu pour la première fois député le 20 février 1876. Il écrivait à cette époque : « Je suis un de ces rares et sincères légitimistes dont la Chambre des députés a bien voulu valider l'élection, et je resterai toujours fidèle aux grands principes de la légitimité, convaincu que la France ne pourra être sauvée dans l'avenir que par le Roi avec l'aide de Dieu. »

Réélu en 1877, M. de Baudry-d'Asson a toujours voté

avec la droite. Il a été souvent, par suite de ses interruptions, l'objet de mesures de rigueur de la part des présidents qui se sont succédé au fauteuil. C'est ainsi que, le 10 novembre 1880, ayant été frappé d'expulsion temporaire, il refusa de se soumettre à .l'autorité du président, alors M. Gambetta, et vint, le lendemain, reprendre séance, malgré la consigne donnée. Le commandant du Palais-Bourbon pénétra avec une escouade de soldats dans la salle des séances et, malgré les protestations de la droite, enleva *manu militari* M. de Baudry-d'Asson à son banc et le conduisit au *petit local* réservé aux députés qui résistent aux injonctions du président.

M. de Baudry-d'Asson a été réélu en 1881, en 1885 et en 1889 comme monarchiste et revisionniste. Il saisit toutes les circonstances d'affirmer son dévouement à la monarchie et à la papauté.

Sportsman passionné, il s'est beaucoup occupé d'élevage et de questions hippiques ; il a possédé la plus belle meute de France.

Il est commandeur de l'ordre pontifical de Saint-Grégoire-le-Grand.

En 1889, il fut élu, sans concurrent, par 10,550 voix.

En 1893, il fut réélu par 8,112 voix, contre 3,694 à M. Voisin, conseiller général, républicain, et 2,140 à M. Palvadeau, rallié.

En 1898, M. de Baudry-d'Asson a été réélu au premier tour, le 8 mai, par 8,995 voix, contre 7,127 à M. Dodin, républicain.

# VIENNE

—

## 6 DÉPUTÉS

——

1893 : MM. Bazille, Dupuytrem, Nivert (démissionnaire, remplacé par *M. Duvau*), Guzman Serph, Thonnard-Dutemple, le baron Demarçay.

1898 : MM. Bazille, Dupuytrem, Duvau, *Maurice Pain*, *Ridouard*, Demarçay.

### 542

*Première circonscription de Poitiers*

### BAZILLE (Camille)

M. Camille Bazille est né à Poitiers, le 1er mai 1854.

Reçu docteur en droit, inscrit d'abord au barreau de Poitiers, puis à celui de Paris, il devint, en 1882, titulaire d'une charge d'avocat au Conseil d'Etat et à la Cour de cassation, qu'il remplit pendant dix ans. Il rentra ensuite comme avocat à la Cour d'appel. Il est capitaine d'artillerie de la territoriale et chevalier de la Légion d'honneur.

En 1883, il fut envoyé par le canton de Monts au Conseil général de la Vienne dont il fait partie depuis cette époque.

Un siège étant devenu vacant dans la première circonscription, par suite de la mort de M. de Touchimbert, M. Bazille fut élu député, lors de l'élection partielle du 25 septembre 1892.

A la Chambre, M. Bazille fait partie du groupe radical.

M. Bazille fut réélu, le 20 août 1893, au premier tour, par 6,602 voix, contre 5,656 à M. Mousset, conservateur.

Pendant les deux dernières législatures, M. Bazille prit une part active aux travaux parlementaires. Il a fait trois fois partie de la commission du budget. Il a été membre des commissions de la prévoyance sociale, de l'armée, de la Banque de France et du Conseil d'Etat. Il est l'auteur d'une proposition de la loi relative à l'inégibilité des fonctionnaires.

Il a déposé de nombreuses propositions sur l'armée dont plusieurs, défendues par lui à la tribune, ont été adoptées. Il a été rapporteur de la loi sur les sous-officiers rengagés. Il est aussi l'auteur de plusieurs propositions ayant trait aux colonies. Il est intervenu plusieurs fois, à ce sujet, à la tribune, pendant la discussion du budget.

Aux élections de mai 1898, M. Bazille a été réélu, au second tour de scrutin, par 7,160 voix, contre 6,235 à M. de Coursac, monarchiste.

Au premier tour, M. Bazille avait obtenu 6,802 voix, M. de Coursac, 3,878, M. Servant, maire de Poitiers, républicain, 3,575.

---

## 543

*Deuxième circonscription de Poitiers*

### DUPUYTREM (Raymond)

M. Raymond Dupuytrem est né le 9 septembre 1863. Il possède dans la Vienne d'importantes propriétés.

Il fut pour la première fois nommé député en 1889, lors des élections générales, par 8,679 voix, contre 7,514 à M. Bazille, républicain, et 625 à M. Pret. Son élection ayant été invalidée, il fut réélu, le 12 janvier 1890, par 8,367 voix, contre 8,008.

Constitutionnel indépendant, « le titre de rallié ne saurait lui convenir, car, même en 1889, il ne s'est pas présenté comme un adversaire des institutions actuelles ».

En 1893, M. Dupuytrem fut réélu, au premier tour, par 8,214 voix, contre 7,239 obtenues par M. Guillon, républicain.

En 1898, il a été réélu par 8,531 voix, contre 7,948 à
M. Cleiftie, ancien préfet, républicain.

---

## 544

*Arrondissement de Châtellerault*

### DUVAU (Jules)

M. Jules Duvau est né à Châtellerault, le 5 mars 1855.
Il est banquier.

Licencié en droit, conseiller général de la Vienne, ancien
maire de Châtellerault, M. Jules Duvau est républicain.

Il fut élu, pour la première fois, député, le 9 février 1896,
en remplacement de M. Nivert, démissionnaire, par 8,727
voix, contre 4,508 à M. Victor Dalle et 1,538 à M. Artaud.

Dans sa dernière circulaire électorale, M. Duvau dit
notamment :

« Ce que je vous disais il y a deux ans, je le répète
aujourd'hui.

« Mes opinions ne se sont modifiées sur aucun point.

« Je suis resté ce que j'étais : un républicain convaincu.

« Désireux de ne laisser dans l'ombre aucune partie de
mon programme, je tiens à déclarer bien haut que je suis
l'ennemi résolu de toutes les idées collectivistes.

« Je ne veux ni de la revision de la Constitution, ni de la
séparation de l'Eglise et de l'Etat, ni de l'impôt global sur
le revenu.

« Je veux le maintien intégral des lois scolaires et militaires, une répartition plus équitable des charges de l'impôt, la simplification des rouages administratifs, plus de
sacrifices pour l'agriculture, le commerce et l'industrie,
plus de prévoyance pour les infortunes et les derniers jours
des travailleurs des villes et des champs.

« Tout par le Progrès, rien par la Révolution : voilà
mon programme. »

M. Jules Duvau a été réélu, le 8 mai 1898, au premier
tour, par 9,447 voix, contre 6,105 à M. Victor Dalle, socialiste.

## 545

*Arrondissement de Civray*

### PAIN (Maurice)

M. Maurice Pain est né à Poitiers, le 21 septembre 1866. Il est avocat.

Conseiller général de la Vienne, il s'est présenté comme candidat indépendant. Il remplace, à la Chambre des députés, M. Gusman Serph, appartenant à la droite, qui avait été constamment réélu depuis 1871 et qui ne s'est pas représenté.

M. Maurice Pain a été élu, au deuxième tour de scrutin, le 22 mai 1898, contre M. Brouillet, républicain.

---

## 546

*Arrondissement de Loudun*

### RIDOUARD (Maxime)

M. Maxime Ridouard est né à Messais (Vienne), le 9 février 1865.

Il est artiste peintre et graveur, ancien élève de l'Ecole des Beaux-Arts, et de MM. J. Lefebvre et Boulanger, Chauvel et Boilvig.

Depuis 1892, il est maire de Montcontour et conseiller général de la Vienne.

Il est républicain progressiste.

Dans sa circulaire électorale il se déclare acquis « aux réformes pratiques et aux progrès réfléchis » et demande notamment : la réforme de l'impôt foncier, le dégrèvement de la propriété immobilière, la revision du cadastre et de la loi des patentes, la suppression des octrois et de l'impôt des boissons, le service militaire de deux ans, la décentralisation administrative, la revision de la Constitution, etc.

M. Ridouard a été élu, le 8 mai 1898, au premier tour de scrutin, par 5,289 voix, contre 3,839 à M. Thonnard-Dutemple, député sortant.

---

**547**

# DEMARÇAY (Marc-Auguste-Maurice, baron)

M. le baron Demarçay est né à Paris, le 26 octobre 1847.

Il est le petit-fils du général Demarçay qui fut député de 1819 à 1839 et le fils de M. Horace Demarçay, député des Deux-Sèvres de 1839 à 1849.

Il est propriétaire, maire de Saint-Savin, ancien conseiller général, membre du Conseil supérieur des haras.

Ancien officier de mobiles pendant la guerre, M. Demarçay a été au ministère de l'intérieur chef du cabinet de M. Ricard, puis de M. de Marcère.

En 1881, il fut élu, pour la première fois, député par l'arrondissement de Montmorillon. Il siégea à gauche et vota avec le parti républicain. Il prit part à la discussion des questions économiques et financières. En 1885, la liste conservatrice l'ayant emporté dans la Vienne, il ne fut pas réélu.

En 1889, sa candidature fut posée par le Comité républicain de Montmorillon, M. Demarçay ne fit pas de profession de foi.

Il fut élu, au premier tour, par 8,782 voix, contre M. de Beauchamps, sénateur, conservateur, qui en obtint 8,116.

En 1893, M. Demarçay fut réélu, au premier tour, le 20 août, par 9,526 voix, contre 7,623 obtenues par M. de Monplanet, conservateur.

Il a été réélu, le 8 mai 1898, par 8,206 voix, contre 6,449 à M. Contancin, radical.

Il a été élu membre de la commission de l'armée (novembre 1898).

# HAUTE-VIENNE

—

## 5 DÉPUTÉS

—

1893 : MM. Labussière, Gotteron, Vacherie, Codet, Henri Lavertujon.

1898 : MM. Labussière, *Tourgnol*, *Gabiat*, Codet, Boutard.

## 548

*Première circonscription de Limoges*

### LABUSSIÈRE (Louis-Emile)

M. Labussière est né à Bénévent l'Abbaye (Creuse), le 2 mai 1853.

Il est entrepreneur.

Il est conseiller général, maire de Limoges.

Il est radical socialiste.

Il fut élu, au scrutin de ballottage, le 3 septembre 1893, par 9,189 voix, contre 6,541 à M. Félix Roussel, républicain libéral.

Au premier tour, M. Labussière avait obtenu 9,189 voix, M. Roussel 6,541, M. Vervoort, publiciste, socialiste, 2,837.

En 1898, M. Labussière a été réélu, le 8 mai, par 12,390 voix contre 8,132 à M. Chénieux, ancien maire de Limoges, républicain.

## 549

*Deuxième circonscription de Limoges*

### TOURGNOL (Gaucher-Jules)

M. Tourgnol est né à Saint-Léonard (Haute-Vienne), le 18 juin 1833.

Il est ancien professeur d'histoire et de philosophie, principal honoraire.

Conseiller municipal de Saint-Léonard, fondateur et rédacteur en chef de la *France du Centre*, il est pour la première fois député.

Il appartient à l'opinion radicale socialiste.

Il a été élu, au scrutin de ballottage, le 22 mai 1898, par 11,233 voix contre 6,289 à M. Gotteron, député sortant, républicain,

Au premier tour M. Gotteron avait obtenu 5,794 voix ; M. Tourgnol 5,016 ; M. Patry, radical 4,729 ; M. Treich, socialiste 2,365.

Il a été élu membre de la commission du budget (novembre 1898).

---

## 550

*Arrondissement de Bellac*

### GABIAT (Camille)

M. Gabiat est né à Paris, le 16 décembre 1861.

Il est docteur en droit, maire de Saint-Sulpice-les-Feuilles, conseiller général.

Il est républicain progressiste, « ne voulant ni réaction, ni révolution. »

En août 1893 M. Gabiat obtint 7,563 voix contre 8,437 à M. Vacherie, républicain radical, qui fut alors élu.

Le 8 mai 1898, M. Gabiat a été élu par 9,151 voix, contre 5,886 à M. Vacherie, député sortant.

---

## 551

*Arrondissement de Rochechouart*

## CODET (Jean-Julien-Augustin)

M. Jean Codet est né à Saint-Junien (Haute-Vienne) le 24 juillet 1852.

Licencié en droit, ancien sous-préfet, industriel, il est président honoraire de l'union des fabricants de papier de France.

Nommé sous-préfet de Saint-Yrieix en 1879, sous le ministère Lepère, M. J. Codet dut abandonner en 1880 la carrière administrative pour remplacer dans la direction de l'importante fabrique de papier du moulin Pelgros, située à Saint-Junien, M. Louis Codet, son père, qui venait de mourir député de l'arrondissement de Rochechouart. M. J. Codet étant inéligible en sa qualité d'ancien sous-préfet du département de la Haute-Vienne, M. Louis Codet fut remplacé dans une élection partielle par M. le docteur Pouliot.

Aux élections générales de 1881, M. Jean Codet battit le député sortant et fut un des plus jeunes membres de la nouvelle Chambre. Son élection ayant été contestée, il accepta de se représenter devant le corps électoral, mais ne fut pas réélu.

M. Pouliot étant mort en 1882, M. Jean Codet fut élu sans concurrent. Il se fit inscrire à la gauche radicale.

En 1885, M. Jean Codet figurait à l'aile gauche sur la liste progressiste avec M. Labuze, sous-secrétaire d'Etat au ministère des finances. Cette liste n'ayant pas obtenu la majorité au premier tour de scrutin, les candidats progressistes se retirèrent devant les candidats radicaux qui avaient à leur tête M. Georges Périn.

En 1889, au moment de la période boulangiste, M. Jean Codet fut le candidat des républicains contre le candidat du général Boulanger, M. Léouzon-Leduc. Il fut battu, et, après l'invalidation du candidat boulangiste, il soutint la candidature de son ami, M. Puyboyer. Ce dernier étant mort, M. Jean Codet fut élu contre M. Léouzon-Leduc avec 2,736 voix de majorité, le 23 avril 1893.

Aux élections générales du 20 août 1893, il fut réélu sans concurrent par 6.954 voix.

Au mois d'octobre 1892, M. Jean Codet, qui avait 40 ans à peine, a été candidat au siège sénatorial laissé vacant par la mort de M. Teisserenc de Bort, ancien ministre de l'agriculture et du commerce. M. Le Play ne fut élu qu'au troisième tour de scrutin, par 316 voix, contre 312 accordées à M. Jean Codet.

Très indépendant de caractère, M. Jean Codet « n'est inféodé à aucun groupe politique et il donnera son appui à tout gouvernement désireux d'accomplir des réformes et de faire œuvre utile au pays ».

M. Codet a été secrétaire de la Chambre en 1896, 1897, 1898.

Il a été réélu député, le 8 mai 1898, par 8,387 voix, contre 4,043 au général Muzac, républicain.

Pendant la dernière législature, M. Jean Codet a été secrétaire de la Chambre des députés et trois fois réélu en cette qualité, en 1896, 1897 et 1898.

L'un des fondateurs du groupe de l'Union progressiste, dit groupe Isambert, il en a été longtemps le secrétaire ; il en est actuellement vice-président. Membre de plusieurs grandes commissions, telles que celles des Chemins de fer, du Monopole de l'alcool, de la Banque de France, il a été le rapporteur des deux lois votées par le Parlement sur le Crédit agricole.

Aux élections générales de 1898, il a été réélu par 8,337 voix, comme républicain radical, contre 4,043 voix, obtenues par le général Muzac, républicain modéré.

---

## 552

### *Arrondissement de Saint-Yrieix*

### BOUTARD (Baptiste)

M. Boutard est né à Saint-Yrieix, le 23 juin 1862. Il est docteur en médecine.

Il est pour la première fois député. Il appartient à l'opinion républicaine radicale.

Il a été élu, le 8 mai 1898, par 5,983 voix, contre 4,971 à M. Henri Lavertujon, député sortant, républicain.

———

# VOSGES

— 

## 7 DÉPUTÉS

—

1893 : MM. Camille Krantz, Henry Boucher, Mougin, Frogier de Ponlevoy (élu sénateur, remplacé par *M. le comte d'Alsace, prince d'Hénin*), Jules Méline, Charles Ferry, Marcillat.

1898 : MM. Camille Krantz, Henry Boucher, Mougin, le comte d'Alsace, Méline, Charles Ferry, *Kelsch*.

## 553

*Première circonscription d'Epinal*

### KRANTZ (Charles-Camille-Julien)

M. Camille Krantz est né à Dinozé, près Epinal (Vosges), le 24 août 1848. Il a été pour la première fois élu député lors d'une élection partielle le 22 février 1891.

Elève de l'Ecole polytechnique (1868-1870), il a servi comme lieutenant d'artillerie auxiliaire pendant la guerre de 1870-1871. Il est ingénieur des manufactures de l'Etat. Il a été chef du cabinet du commissaire général de l'Exposition universelle de 1878 et, de 1879 à 1891, maître des requêtes au Conseil d'Etat. Il est professeur de droit administratif à l'Ecole nationale des ponts et chaussées. Il est commissaire général de la section française à l'Exposition de Chicago.

Il s'est présenté avec un programme fermement républicain et nettement libéral.

M. Camille Krantz fut réélu, le 20 août 1893, au premier tour, par 6,936 voix, contre 458 à M. Jean Parisot, candidat agricole.

Il a été d'une manière ininterrompue membre de la commission du budget dont il a été le rapporteur général.

Il a été réélu, le 8 mai 1898, par 8,809 voix, contre 933 à M. Parisot, candidat agricole.

Elu vice-président de la Chambre des députés en juin 1898, M. Camille Krantz a été appelé à faire partie du cabinet Dupuy (1er novembre 1898) en qualité de ministre des travaux publics.

---

## 554

*Deuxième circonscription d'Épinal*

### BOUCHER (Henry)

M. Henry Boucher est né à Bruyères (Vosges), le 19 septembre 1847.

Licencié en droit, il a écrit de nombreux articles politiques et économiques sous divers pseudonymes. M. Henry Boucher est, en outre, manufacturier depuis 1872 ; il a plusieurs fabriques de papier et de cellulose.

M. Henry Boucher fut, en 1869, membre du comité républicain des VIe et VIIe arrondissements de Paris. Pendant la guerre de 1870 il fut sergent, lieutenant, puis capitaine au 58e régiment de mobiles ; il prit part aux campagnes des Vosges, de la Loire, et de l'Est ; il fut interné en Suisse.

Conseiller général du canton de Bruyères de 1880 à 1887 et conseiller municipal de Gérardmer, il a été élu pour la première fois député en 1889.

Il disait dans sa profession de foi :

« Nous voulons marcher ensemble sans violences, mais sans faiblesses, vers le progrès social, but commun de tous les hommes de cœur.

« Rompant avec la politique de coteries, avec les discussions de personnes, nous voulons que nos représentants se consacrent surtout à la protection du travail national, aux réformes économiques et administratives.

« Nous voulons améliorer pacifiquement nos institutions républicaines. »

M. Henry Boucher fut élu par 6,124 voix, contre M. de Ravinel, conservateur, ancien député.

En 1893, il fut réélu, le 20 août, au premier tour, par 7,793 voix, contre 260 à M. Joseph Bouché.

M. Henry Boucher a fait partie du cabinet Méline, en qualité de ministre du commerce, de l'industrie, des postes et des télégraphes, du 29 avril 1896 au 28 juin 1898.

Il a été réélu, le 8 mai 1898, sans concurrent, par 8,030 suffrages.

Il a été élu membre de la commission de l'armée.

Il est vice-président du groupe des républicains progressistes.

---

## 555

### *Arrondissement de Mirecourt*

### MOUGIN (André-François-Xavier)

M. Xavier Mougin est né le 14 juin 1837 à Pont-à-Mousson.

Il est fabricant de verre, chevalier de la Légion d'honneur, administrateur du chemin de fer de Charmes à Rambervilliers, vice-président de la chambre syndicale des fabricants de verre, conseiller général depuis 1877.

Républicain de vieille date, il déclarait, dans sa circulaire de 1889, qu'il resterait républicain, qu'il a horreur des divisions de partis. Il considère qu'il est impossible de gouverner avec les extrêmes. « Dans un grand pays, possédant comme le nôtre trois ou quatre prétendants au trône, la République seule, dit-il, est possible ; seule, la République peut assurer la paix, la marche normale d'un gouvernement fort, stable, pouvant donner à tous la sécurité du lendemain. »

Il ajoutait : « Le grand problème de notre époque c'est la question sociale. Quoi qu'il arrive, il faudra chercher à la résoudre ; elle domine tout et il est sage de ne pas en méconnaître la portée. On ne la tranchera pas en cherchant à réaliser des utopies qui, dans le but d'exploiter l'ouvrier, ont été trop souvent répandues à profusion dans les centres industriels.

« On la tranchera avec de bonnes lois d'affaires, en s'attachant avec ardeur à la solution de toutes les questions qui touchent de près ou de loin au travail national. »

Dans sa circulaire de 1893, M. Mougin exprime les mêmes idées et déclare qu'à cette heure le temps des politiciens de profession est passé et qu'il faut surtout s'occuper de lois d'affaires. Il rappelle qu'il a voté le relèvement des tarifs de douanes.

M. Mougin fut réélu, sans concurrent, le 20 août 1893, par 10,330 voix.

Il a été réélu, le 8 mai 1898, au premier tour, par 9,746 voix, contre 4,600 à M. Léon Merklen, conservateur.

## 556

*Arrondissement de Neufchâteau*

### ALSACE, prince d'HÉNIN (Thierry-Arno-Baudoin comte d')

M. le comte d'Alsace est né à La Haye (Pays-Bas), le 5 août 1853.

Il est propriétaire, ancien officier de cavalerie, maire de Frébécourt, conseiller général.

Aux élections législatives de 1893, M. le comte d'Alsace obtint 5,627 voix, mais ne fut pas élu.

Après l'élection de M. Frogier de Ponlevoy au Sénat, M. le comte d'Alsace se présenta de nouveau, comme candidat républicain, et fut élu, le 20 mai 1894, par 7,359 voix, contre 6,009 à M. Boussu.

Il a été réélu, en 1898, par 10,336 voix sans concurrent.

Il a été élu membre de la commission de l'armée (novembre 1898).

## 557

*Arrondissement de Remiremont*

### MÉLINE (Félix-Jules)

M. Jules Méline est né à Remiremont (Vosges), le 20 mai 1838.

Il fit son droit à Paris et collabora, sous l'Empire, à plusieurs des journaux d'opposition qui se publiaient au quartier Latin.

Avocat à la Cour d'appel, il fut nommé, après le 4 septembre 1870, adjoint au maire du 1er arrondissement de Paris.

Elu membre de la Commune après le 18 mars, il donna sa démission aussitôt.

Le 20 octobre 1872, M. Méline fut nommé député des Vosges à l'Assemblée nationale, en remplacement de M. Steinheil, démissionnaire.

« Je ne veux pas, disait-il, comme les monarchistes, faire l'essai loyal de la République, en la trahissant ; je veux avec vous, avec M. Thiers, la fonder, la défendre. »

Il se fit inscrire à la gauche républicaine.

Nommé de nouveau en 1876, M. Méline fut appelé aux fonctions de sous-secrétaire d'Etat au ministère de la justice, dont M. Martel était titulaire dans le cabinet Jules Simon (12 décembre 1876). Démissionnaire après le 16 mai 1877, il fut l'un des 363 ; il fut réélu le 14 octobre 1877. A partir de cette époque il se consacra tout particulièrement aux questions agricoles et douanières et devint membre, rapporteur, puis président de la commission des tarifs de douane, où il ne cessa de réclamer en faveur de l'agriculture nationale des droits protecteurs élevés.

Réélu député des Vosges, le 21 août 1881, il fut appelé à faire partie, en qualité de ministre de l'agriculture, du cabinet du 21 février 1883 présidé par M. Jules Ferry. Il garda ces fonctions jusqu'à la formation du ministère Brisson (6 avril 1885). Il fonda l'ordre du Mérite agricole pour la récompense des services rendus à l'agriculture.

Il fut élu, en 1885, député des Vosges en tête de la liste républicaine et continua à s'occuper de questions économiques.

Il est l'un des fondateurs et le président du groupe agricole.

A l'arrivée aux affaires de M. Floquet (avril 1888), la Chambre ayant à nommer un président, M. Méline fut, au bénéfice de l'âge, élu, au troisième tour de scrutin, contre M. Clémenceau.

M. Méline, qui eut à remplir une tâche difficile par suite

des incidents nombreux soulevés durant cette période par le général Boulanger et ses amis, fut réélu président de la Chambre à l'ouverture de la session de 1889. Il conserva ces hautes fonctions jusqu'à la fin de cette législature.

M. Méline fut réélu député le 22 septembre 1889, au premier tour, par 8,238 voix, contre 4,956 obtenues par M. Flagelle, conservateur.

Président et rapporteur général de la commission des tarifs de douane, M. Méline a vu presque toutes ses propositions économiques adoptées par le Parlement.

M. Méline fut réélu, lors des élections législatives du 20 août 1893, au premier tour de scrutin, sans concurrent, par 11,291 voix.

Le 29 avril 1896, après la chute du cabinet Léon Bourgeois, M. Méline fut appelé à la présidence du conseil, qu'il conserva, ainsi que le portefeuille de l'agriculture, jusqu'au 29 juin 1898.

C'est sous son ministère que s'accomplit le voyage des souverains russes à Paris, que fut proclamée à Cronstadt l'alliance franco-russe, qu'eurent lieu les procès Esterhazy et Zola qui rouvrirent l'affaire Dreyfus et qu'il fut procédé à l'élection de la Chambre des députés nommée les 8 et et 22 mai 1898.

M. Méline fut réélu député, le 8 mai, au premier tour, sans concurrent, par 13,767 voix.

---

## 558

*Première circonscription de Saint-Dié*

### FERRY (Charles)

M. Charles Ferry est né à Saint-Dié (Vosges), le 28 mai 1834. Il est le frère de M. Jules Ferry, ancien président du Conseil, président du Sénat, décédé en mars 1893.

Licencié en droit, ancien chef de cabinet de M. Gambetta, au ministère de l'intérieur, au 4 septembre 1870, M. Charles Ferry a été préfet de Saône-et-Loire en 1871, commissaire extraordinaire de la République en Corse, préfet de la Haute-Garonne de 1871 au 24 mai 1873.

Il fut député de 1881 à 1885, sénateur des Vosges de 1888 à 1891. A cette époque, il déclina la candidature pour permettre à son frère Jules Ferry, qui fut alors nommé, de se faire élire au Sénat.

Après la mort de son frère, M. Charles Ferry se représenta devant les électeurs sénatoriaux mais il se vit préférer M. Albert Ferry.

M. Charles Ferry a été élu député, au premier tour de scrutin, le 20 août 1893, par 7,743 voix, contre 4,027 à M. Claudel, conseiller général, rallié.

Il a été réélu, le 8 mai 1898, par 6,933 voix, contre 5,169 à M. Bouvier, radical.

---

## 559

### Deuxième circonscription de Saint-Dié

## KELSCH (Maximilien)

M. Kelsch est né à Gerardmer, le 3 décembre 1844. Il est industriel.

Maire de Gerardmer, conseiller général, M. Kelsch s'était présenté aux élections législatives de 1893, mais n'avait pas été élu.

« Franchement républicain, ancien ami et disciple de Jules Ferry » il a adopté dans son entier le programme de la députation vosgienne, caractérisé par les noms de MM. Méline et Boucher.

M. Kelsch, qui est pour la première fois député, a été élu, le 8 mai 1898, par 5,598 voix, contre 4,395 à M. Marcillat, député sortant, républicain.

---

# YONNE

—

## 6 DÉPUTÉS

—

1893 : MM. Paul Doumer, (démissionnaire, remplacé par *M. Bienvenu Martin*), Merlou, Flandin, Henri Loup, Bézine (élu sénateur et remplacé par *M. Cornet*), Rathier (décédé, remplacé par M. Villejean).

1898 : MM. Bienvenu Martin, Merlou, Gallot, Henri Loup, Cornet, Villejean.

---

### 560

*Première circonscription d'Auxerre*

### MARTIN (Bienvenu)

M. Bienvenu Martin, est né le 22 juillet 1847 à Saint-Bris (Yonne).

Il est maître des requêtes honoraire au Conseil d'Etat, chevalier de la Légion d'honneur, docteur en droit.

Il fut élu pour la première fois député, comme candidat républicain radical, le 14 mars 1897 en remplacement de M. Paul Doumer, démissionnaire, à la suite de la nomination de celui-ci au gouvernement général de l'Indo-Chine.

Il a été réélu le 8 mai 1898, au premier tour par 9.087 voix contre 2.616 à M. Dujon, républicain.

---

## 561

*Deuxième circonscription d'Auxerre*

## MERLOU (Pierre)

M. Merlou, docteur en médecine, est né à Denguin (Basses-Pyrénées), le 18 février 1849. Il est maire de Saint-Sauveur (Yonne) et conseiller général depuis 1880. Il a fondé à Saint-Sauveur une boulangerie coopérative et des écoles primaires supérieures agricoles pour les filles et les garçons.

En 1889, il se présenta pour la première fois à la députation avec une profession de foi radicale et fut élu, au second tour de scrutin, par 7,926 voix, contre 5,257 obtenues par M. Albert Gigot, ancien préfet de police, conservateur libéral.

Pendant la dernière législature, M. Merlou a pris une part active aux travaux parlementaires ; membre de la commission du budget, il a été en 1891, rapporteur du budget de la Légion d'honneur ; en 1892, rapporteur du du projet de loi tendant à l'établissement d'un impôt mixte et dégressif sur le capital et sur le revenu ; en 1893, rapporteur du budget des Beaux-Arts ; en 1894, rapporteur du budget des Protectorats ; en 1896 et 1897, président de la Commission de réforme générale de l'impôt.

En 1893, il fut réélu par 7.328 voix, contre 3.027 à M. Chambon, conservateur.

En 1898, il a été réélu par 8.457 voix contre 3.431 à M. Chambon, conservateur.

---

## 562

*Arrondissement d'Avallon*

## GALLOT (Albert)

M. Albert Gallot est né à Sens, le 3 janvier 1845.

Il est journaliste, imprimeur éditeur du journal l'*Yonne*, conseiller général.

Il est l'un des chefs du parti républicain radical dans le département de l'Yonne. Il s'est signalé par une lutte constante contre les abus du fonctionnarisme.

Il a été le premier, en France, l'auteur, au Conseil général de l'Yonne, d'un vœu en faveur de la gratuité des billets de chemins de fer pour les soldats.

Candidat à la députation en 1893, il obtint 4.509 voix contre 5.700 à M. Flandin, ancien procureur général à Alger, qui fut alors élu.

En 1898, M. Gallot a été élu, pour la première fois, par 5.502 voix contre 5.307 à M. Flandin, député sortant, républicain déjà son concurrent en 1893.

## 563

*Arrondissement de Joigny*

### LOUP (Henri-Léon)

M. Henri Loup est né à Villeneuve-sur-Yonne, le 21 juin 1846.

Il est propriétaire agriculteur, maire de Bussy-en-Othe depuis vingt ans et conseiller général de l'Yonne depuis 1883.

Il a été élu pour la première fois député, le 10 juillet 1892, en remplacement de M. Dethou, élu sénateur.

Il s'est présenté avec le programme de la démocratie radicale.

En 1893, M. Loup fut réélu, le 20 août, au premier tour, par 11.121 voix, contre 336 à M. Leloup, socialiste.

Il a été réélu le 8 mai 1898 par 12.557 voix contre 4.168 à M. Valtat, rép. et 1.554 à M. Vincent, républicain.

## 564

*Arrondissement de Sens*

### CORNET (Lucien-Gaston)

M. Lucien Cornet est né à Paris, le 1er mars 1865.
Ancien négociant. Publiciste.

Fondateur et président du Syndicat agricole du département de l'Yonne, chevalier du Mérite agricole, élu maire de Sens, à 28 ans, en 1893, M. Lucien Cornet a été élu pour *la première fois*, député, le 20 décembre 1896, comme radical socialiste, par 7.384 voix contre 7.255 à M. Emile Javal, ancien député, républicain. Il a remplacé à la Chambre, dont il fut un des secrétaires d'âge en 1897, M. Bézine, élu sénateur.

Dans ses circulaires, M. L. Cornet s'est prononcé notamment pour la revision de la Constitution dans le sens le plus démocratique, la suppression du Sénat, l'élection des ministres par la Chambre des députés, l'assimilation du contrat politique au contrat civil, la séparation des Eglises et de l'Etat, le retour à la Nation des biens de main-morte des associations religieuses, la rétribution des fonctions électives afin de les rendre accessibles à tous, la justice gratuite, la politique de paix, le rejet de toutes nouvelles aventures coloniales, la diminution des charges militaires, la suppression des monopoles, le remplacement de tous les impôts actuels par un impôt fortement progressif sur le revenu, la protection de l'agriculture, le vote de lois contre les spéculateurs et les accapareurs, etc.

M. Lucien Cornet, qui a pris une part active aux travaux de la dernière législature, a été réélu le 8 mai 1898 par 7.964 voix contre 6.100 à M. Jean Javal et 878 à M. Rellief, conservateur.

## 565

### *Arrondissement de Tonnerre*

### VILLEJEAN (Eugène-Gabriel)

M. Villejean est né Ancy-le-Franc, le 22 janvier 1850.

Docteur en médecine, professeur agrégé à la Faculté de médecine de Paris, lauréat de l'Institut (Académie des sciences) et de l'Académie de médecine, il est pharmacien en chef de l'Hôtel-Dieu de Paris.

Il est conseiller général du canton de Tonnerre.

Il est républicain radical.

Il a été élu pour la première fois député, le 3 mars 1895, en remplacement de M. Rathier, décédé, par 5.563 voix contre 5.410 à M. Edmond Archdeacon, rallié.

Il a été réélu, le 8 mai 1898, par 6.096 voix contre 4.920 à M. Archdeacon.

# ALGER

---

## 2 DÉPUTÉS

---

1893 : MM. Samary, Bourlier.
1898 : MM. *Edouard Drumont, Marchal.*

## 566

*Première circonscription d'Alger*

### DRUMONT (Edouard-Adolphe)

M. Edouard Drumont est né, le 3 mai 1844, à Paris.

D'abord employé dans les bureaux de la préfecture de la Seine, il les quitta pour entrer dans le journalisme, il collabora à l'*Univers*, au *Nain jaune*, au *Monde*, à la *Liberté*, à la *Revue du Monde catholique*, à la *Revue de France*, etc. Sa collaboration à ces journaux fut surtout littéraire. En 1874, il donna au Gymnase une petite pièce écrite en collaboration avec M. Edmond Dolffus et intitulée « *Je déjeune à midi* ». Auteur des *Fêtes nationales* de la France (1879), de *Mon vieux Paris : Hommes et choses* (1879), couronné par l'Académie française, d'un roman *Le dernier des Trémolin* (1879, il publia des *Papiers du duc de Saint-Simon* (1880) extraits du dépôt récemment ouvert des affaires étrangères, et la *Mort de Louis XIV*, récit d'un garçon de la Chambre du roi, d'après un manuscrit appartenant à M. Victorien Sardou.

Jusqu'alors, historien et littérateur, M. Edouard Drumont, en 1886, se révéla comme polémiste, en lançant la *France juive* (1886, 2 vol. in-12).

On sait quel fut le retentissement immense de ce livre,
les polémiques et les duels auxquels il donna lieu. M. Drumont, poursuivant avec une ardeur toujours croissante sa
polémique contre les israélites, représentés par lui comme
un danger national, publia successivement la *France juive
devant l'opinion* (1886), la *Fin d'un monde*, le *Testament
d'un antisémite*, etc., etc. Enfin, en 1692, il fonda la *Libre
Parole* qui depuis lors n'a cessé de se livrer aux plus
ardentes polémiques contre tout ce qui est juif ou tout ce
qui est soupçonné de l'être ou de servir, directement ou
indirectement, la cause juive. Enumérer ces polémiques
particulièrement vives, et les divers procès et incidents
qu'elles soulevèrent au sujet du Panama et de l'affaire
Dreyfus, ce serait presque tracer l'histoire du journalisme
lui-même au cours de ces huit dernières années.

En 1893, M. Edouard Drumont fut candidat dans la
première circonscription d'Amiens. Il obtint 3,870 voix,
contre 12,722 accordées à M. Fiquet, républicain.

Il a été élu dans l'arrondissement d'Alger, le 8 mai 1898,
par 11,732 voix, contre 2,328 à M. Samary, député sortant radical.

M. Edouard Drumont est à la Chambre des députés, le
chef du groupe anti-juif.

---

## 567

*Deuxième circonscription d'Alger*

## MARCHAL (Charles-François)

M. Marchal est né à Coléa (Algérie), le 13 novembre 1849.
Il est publiciste, licencié en droit.

Il a fondé la *Jeune République* en 1871, le *Petit Colon*
en 1878, et collaboré à divers journaux.

Il est conseiller général depuis 1879 et délégué au Conseil
supérieur de l'Algérie. Il est pour la *première fois* député.

Il s'est présenté aux élections législatives comme radical
*antijuif*.

Il a été élu, le 8 mai, par 7,000 voix, contre 4,351 à
M. Mauguin, ancien sénateur, ancien député, républicain,
et 1.324 à M. Gueirouard, radical.

# CONSTANTINE

—

## 2 DÉPUTÉS

—

1893 : MM. Thomson, Forcioli.
1898 : MM. *Morinaud*, Thomson.

### 568

*Première circonscription de Constantine*

## MORINAUD (Jean-Emile)

M. Morinaud est né à Philippeville, le 17 février 1865.

Il est publiciste, licencié en droit, lauréat de la Faculté de Paris. Il a été, pendant dix ans, rédacteur en chef du *Républicain de Constantine.*

Conseiller municipal de Constantine, conseiller général de Strasbourg (Algérie) il a été élu, pour la *première fois,* député le 8 mai 1898, par 5,724 voix à M. Cuttoli, républicain.

M. Morinaud est radical antijuif et défend en Algérie les mêmes idées que M. Edouard Drumont. Il en a fait l'exposé dans un discours prononcé à la Chambre, le 8 novembre 1898.

———

### 569

*Deuxième circonscription de Constantine*

## THOMSON (Gaston-Arnould-Marie)

M. Gaston Thomson est né à Oran en janvier 1848.

Il appartient à la presse républicaine et a été l'un des

principaux collaborateurs de la *République française*.

Il est député de Constantine depuis 1877 et a toujours été réélu. Il a été membre et rapporteur de commissions importantes, notamment de la loi sur le scrutin d'arrondissement. Il a été souvent membre de la commission du budget.

En 1889, il fut élu député de la première circonscription de Constantine par 4,723 voix.

En 1893, il fut réélu, le 20 août, au premier tour, par 4,042 voix, contre 3,831 obtenues par M. Cor, républicain.

Il a été réélu le 8 mai 1898, par 5,130 voix, contre 4,885 à M. Forcioli, député sortant, radical.

La Chambre a ordonné une enquête concernant son élection.

# ORAN

—

## 2 DÉPUTÉS

—

1893 : MM. Saint-Germain, Etienne.
1898 : MM. *Firmin Faure*, Etienne.

## 570

*Première circonscription d'Oran*

### FAURE (Firmin)

M. Firmin Faure est né à Mostaganem, le 28 juillet 1864.
Il est publiciste.

Il a été élu, pour la *première fois*, député, comme revisionniste antijuif, au scrutin de ballottage, le 22 mai 1898, par 5,119 voix, contre 4,514 à M. Saint-Germain, député sortant, républicain.

Il a été élu membre de la commission de la marine (novembre 1898).

———

## 571

*Deuxième circonscription d'Oran*

### ÉTIENNE (Eugène)

M. Eugène Étienne est né à Oran, le 15 décembre 1844.

D'abord attaché à une grande compagnie maritime de Marseille, inspecteur général de l'exploitation des chemins de fer de l'Etat, M. Eugène Etienne fut élu pour la première fois député, en août 1881, sous les auspices de M. Gambetta.

Il siégea à l'Union républicaine. Il fut réélu en 1885. Il a fait partie de commissions importantes, notamment de celles des chemins de fer, des ports, des voies navigables. A plusieurs reprises, membre de la commission du budget, il a été rapporteur des budgets de l'Algérie, des colonies et de la guerre qu'il a défendus à la tribune.

De 1882 à 1887, il a été secrétaire de la Chambre des députés. En juin 1887, il fut nommé, dans le cabinet Rouvier, sous-secrétaire d'Etat des colonies. Il conserva ces fonctions jusqu'au 3 décembre 1887. Il fut de nouveau appelé à les remplir dans le second ministère Tirard, le 15 mars 1889, et les occupa jusqu'à la chute du cabinet Freycinet qui avait succédé au cabinet Tirard en 1890 et qui fut renversé en février 1892.

Aux élections du mois de septembre 1889, M. Etienne fut réélu, au premier tour de scrutin, par 6,000 voix, contre 600 données à son concurrent boulangiste.

M. Etienne fit partie, dès sa sortie du ministère, de la commission du budget où pendant deux années, en 1892 et en 1893, il fut rapporteur du budget des travaux publics. Elu vice-président de la Chambre en octobre 1892, en remplacement de M. Burdeau, appelé au ministère de la marine, il fut réélu en 1893, 1894, 1895.

Aux élections du 20 août 1893, il fut réélu député sans concurrent, au premier tour, par l'unanimité des suffrages exprimés, 7,000 voix.

Durant la législature de 1893 à 1898, M. Etienne a fait partie de toutes les grandes commissions de la Chambre ; commissions du budget, de la guerre, des colonies, des chemins de fer dont il a été le président de 1893 à 1898. Il fut de nouveau élu vice-président de la Chambre des députés en 1894 et 1895.

Aux élections, du 8 mai 1898, M. Etienne a été réélu, au premier tour, par 7,155 voix, contre 4,040 données à son concurrent, le docteur Maurand, radical antisémite.

M. Etienne est président du groupe de politique extérieure et coloniale depuis sa création, en 1893. Il en a été réélu président, en juin 1898, à l'unanimité des voix.

Il a été élu membre, puis président de la commission des colonies (novembre 1898).

# COCHINCHINE

---

## 1 DÉPUTÉ

---

## 572

### LE MYRE DE VILERS (Charles-Marie)

M. Le Myre de Vilers est né à Vendôme (Loir-et-Cher), le 17 février 1833.

Reçu à l'Ecole navale en 1849, il devint enseigne de vaisseau. Il donna sa démission en 1861. Il entra dans l'administration préfectorale et fut successivement sous-préfet de Joigny, puis de Bergerac, et préfet d'Alger en 1869.

Pendant la guerre il reprit du service et fut nommé officier d'ordonnance de l'amiral commandant en chef les marins pendant le siège de Paris. Il fut alors promu lieutenant de vaisseau et officier de la Légion d'honneur.

Après la guerre, M. Le Myre de Vilers rentra dans l'administration ; il fut nommé préfet de la Haute-Vienne, puis directeur des affaires civiles et financières de l'Algérie et conseiller d'Etat.

En 1879, il devint gouverneur de la Cochinchine et ministre plénipotentiaire près la cour d'Annam, puis, en 1886, résident général à Madagascar. Il fut alors élevé à la dignité de grand officier de la Légion d'honneur.

En 1889, il fut élu député de la Cochinchine. A la Chambre il s'est particulièrement occupé des questions coloniales et maritimes auxquelles il a précédemment consacré de nombreux articles dans diverses *Revues* et dans la presse quotidienne.

Il fut, à la suite des incidents du Siam, chargé d'une importante mission à Bangkok et conclut le traité du 3 octobre 1893.

Envoyé, l'année suivante, à Tananarive, il dut procéder à l'évacuation de nos colons qu'il ramena sains et saufs à la côte. A la suite de cette campagne le titre d'ambassadeur honoraire lui fut conféré.

Aux élections du 20 août 1893, il fut réélu député de la Cochinchine, au premier tour.

Il a été réélu, le 8 mai 1898, par 936 voix, contre 162 à M. Henrion, républicain.

Il a été élu membre de la commission du budget et vice-président de la commission des colonies (novembre 1898).

Il est vice-président du groupe des républicains progressistes.

# GUADELOUPE

—

## 2 DÉPUTÉS

—

### 573

*Première circonscription de la Guadeloupe.*

## GERVILLE-RÉACHE (Gaston-Marie-Sidoine-Théonile)

M. Gerville-Réache est né à la Pointe-à-Pître (Guadeloupe), le 23 août 1854.

Il fit ses études et son droit à Paris, puis occupa pendant quelque temps à Haïti une double chaire de philosophie et de rhétorique.

Il est avocat à la Cour d'appel de Paris. Homme de couleur, appartenant à une famille républicaine, il entra très jeune dans la politique.

Elu pour la première fois député en 1881, puis réélu en 1885, en 1889, en 1893 et 1898. Il a été membre rapporteur et président d'un grand nombre de commissions.

Il a été l'auteur et le rapporteur de la loi sur les enfants abandonnés, délaissés ou maltraités, et le rapporteur de la loi sur les récidivistes.

Il a été à plusieurs reprises membre de la commission du budget et, comme tel, rapporteur du budget de la marine des exercices 1886, 1889, 1890 et du budget des invalides de la marine. Il a été également rapporteur de la loi des cadres des officiers de marine et des mécaniciens de la marine ; rapporteur du budget des affaires étrangères de l'exercice 1898 ; président du comité consultatif des pêches de la marine dont les nombreux rapports ont été publiés au *Journal officiel* ; président de la commission qui a fait aboutir la réforme de la comptabilité des magasins et des arsenaux de la marine ; président du comité d'installation et du jury de la classe 77 à l'Exposition universelle. Il est membre des commissions permanentes des archives et des invalides de la marine. Il préside le comité d'examen des comptes des travaux de la marine.

Au Congrès de 1884, M. Gerville-Réache fut le rapporteur de la commission de revision des lois constitutionnelles.

En 1887, M. Gerville-Réache interpella le ministère Goblet lors de l'incident Tisza. On se souvient que M. Tisza, président du conseil des ministres en Hongrie, avait dit, à la tribune du Parlement de Pesth, que les biens et les personnes de ses compatriotes ne seraient pas en sûreté en France pendant l'Exposition universelle de 1889, qui donna à ces prédictions un si éclatant démenti. C'est aussi un ordre du jour, déposé par M. Gerville-Réache qui mit fin à l'interpellation relative à l'incident de Sagallo. Cet ordre du jour, qui donnait à la fois satisfaction à la France et à la Russie, fut voté à l'unanimité par la Chambre.

Entré dans la politique sous les auspices de M. Schœlcher, l'auteur de la loi sur l'abolition de l'esclavage aux colonies, M. Gerville-Réache appartenait d'abord à l'extrême gauche ; il quitta ce groupe parce qu'il estime que son programme est actuellement irréalisable. Il s'est défini « un radical qui soumet ses vues personnelles aux volontés nationales ».

Pendant les deux dernières législatures, M. Gerville-Réache a été réélu membre de la commission du budget pour les exercices 1891, 1892, 1893 et 1894. Il est resté membre, vice-président et président des commissions permanentes de la marine. Il a été appelé à faire partie du conseil supérieur des prisons. Il est membre de la commission chargée de préparer la revision de la législation pénale. Il a été élu membre et vice-président de la com-

mission des 33 membres chargée d'étudier les propositions
et projets de loi relatifs à la marine.

Quand survint la crise à laquelle donnèrent lieu les
affaires du Panama, les républicains de la Chambre
chargèrent six de leurs collègues de dresser une liste de
33 membres appelés à faire partie de la commission d'enquête dont la nomination avait été décidée par l'assemblée. Il fut des six avec MM. Brisson, Casimir-Perier,
Cavaignac, Lockroy et Mathé. Les six ne s'étaient pas portés sur la liste, mais les républicains exigèrent qu'ils y
fussent, et c'est ainsi que MM. Brisson, Mathé et Gerville-
Réache furent élus membres de la commission d'enquête,
les autres membres n'ayant pas accepté ce mandat.

On doit à M. Gerville-Réache d'avoir fait appliquer le
tarif douanier français aux colonies françaises. C'est lui
qui a provoqué la création de l'École des beaux-arts pour
les femmes. Il a fait repousser par la Chambre le rattachement des colonies à la marine comme également nuisible
aux deux grands services.

Il a été membre et vice-président de la commission du
budget de l'exercice 1896.

M. Gerville Réache fut élu, en 1893, par 5,909 voix. Il a
été réélu, en 1898, par 6,003 voix.

Il a été élu membre, puis vice-président de la commission de la marine (novembre 1896).

---

## 574

*Deuxième circonscription de la Guadeloupe*

### LÉGITIMUS (Hégésippe)

M. Légitimus est pour la première fois député.

Il est républicain socialiste.

Il a été élu, le 22 mai 1898, au deuxième tour de scrutin,
par 5,835 voix, contre 388 à M. Isaac, député sortant radical, 57 à M. Marcary, 13 à M. Guillain.

Au premier tour M. Légitimus avait obtenu 5,129 voix,
M. Isaac, 3,580, M. Guillain, 1,589, M. Maury, 5.

# GUYANE

## 1 DÉPUTÉ

1893 : M. Franconie.
1898 : M. *Ursleur*.

## 575

### URSLEUR (Henri-Louis-Hippolyte)

M. Ursleur est né à Cayenne (Guyane), le 2 mai 1857.
Il est avocat.

Ancien président du Conseil général de la Guyane, ancien maire de Cayenne (1890-1898), ancien direct-ur de l'école préparatoire de droit à Cayenne, officier d'Académie, M. Ursleur est pour la première fois député.

Il est partisan de la décentralisation qu'il considère comme le seul moyen d'assurer la prospérité des colonies. Il appartient au parti radical.

Il a été élu par 1,393 voix, contre 1,163 à M. Franconie, député sortant, républicain radical.

# INDE FRANÇAISE

—

## 1 DÉPUTÉ

—

1893 : M. Pierre Alype.
1898 : M. *Louis Henrique.*

### 576

### HENRIQUE-DULUC (Louis) dit Louis Henrique.

M. Louis Henrique est né à Vico (Corse), le 30 septembre 1852.

Il est publiciste, directeur de la *Politique coloniale.*

Il est républicain.

Engagé volontaire pendant la guerre (siège de Belfort), ancien officier d'infanterie, il est sous-intendant militaire du cadre de réserve.

Elu en 1883, délégué de la colonie de Saint-Pierre-Miquelon au Conseil supérieur des colonies, il appartient à ce Conseil, comme délégué de la Société française de colonisation depuis 1890.

Il a organisé l'Exposition coloniale en 1889 et celle de Chicago en 1893. Il a publié à cette occasion les *Colonies françaises illustrées* en 6 volumes (1890) et un rapport sur les Colonies, l'Algérie et la Tunisie à Chicago (1894).

Il a aussi publié divers autres ouvrages, notamment *Nos contemporains* (galerie coloniale et diplomatique), 3 volumes.

Chevalier de la Légion d'honneur en 1885, il fut promu officier en 1890, à la suite de l'Exposition universelle de 1889.

Il a créé, en 1882, l'*Avenir des Colonies* et dirige depuis 1894 la *Politique coloniale*.

M. Louis Henrique a été élu, le 8 mai 1898, par 31.975 voix, contre 17.485 à M. Paul Bluysen, républicain, et 9 à M. Pierre Alype, **député sortant,** radical.

# MARTINIQUE

—

## 2 DÉPUTÉS

—

1893 : MM. Deproge, César Lainé (décédé).
1898 : *MM. Duquesnay, Denis Guibert.*

## 577

*Première circonscription de la Martinique*

### DUQUESNAY (Osman-Philippe)

M. Duquesnay est né au Marin (Martinique), le 7 janvier 1846.

Il est docteur en médecine.

Il appartient de longue date à l'opinion républicaine. Ancien membre du comité central républicain de l'Hérault et ami d'Ernest Picard, il combattait dès 1868 la candidature de M. Pagézy, candidat bonapartiste et maire de Montpellier. Engagé volontaire en 1870, il fit la campagne de l'Est.

Depuis 1876, il est membre du Conseil général de la Martinique ; il en est actuellement le président. De 1888 à 1896, il a été maire de Fort-de-France. Après le cyclone qui ravagea la colonie en 1891, il fut délégué auprès des pouvoirs publics métropolitains.

M. Duquesnay fut le fondateur et le rédacteur en chef du journal la *Petite France*, publié à la Martinique et qui a cessé de paraître.

Il a été élu, pour la première fois, député, le 22 mai 1898, au scrutin de ballottage, par 6,498 voix contre 5,158 à M. Deproge, député sortant républicain.

Au premier tour, M. Duquesnay avait obtenu 4,728 voix et M. Deproge, 4,392.

Il a été élu membre de la commission des colonies (novembre 1898).

---

## 578

*Deuxième circonscription de la Martinique*

### GUIBERT (Denis)

M. Guibert est né à la Martinique, le 8 janvier 1843.

Il est républicain.

Il a été élu, pour la première fois, député, le 8 mai 1898, par 5,329 voix, contre 2,862 à M. Clavius Marius.

Il remplace M. César Lainé, radical, décédé le 21 janvier 1898.

---

# RÉUNION

—

## 2 DÉPUTÉS

—

1893 : MM. Louis Brunet, de Mahy.
1898 : *Les mêmes.*

## 579

*Première circonscription de la Réunion*

### BRUNET (Louis)

M. Louis Brunet est né à Saint-Denis (Réunion), le 23 juillet 1847.

Il est publiciste.

Maire de Saint-Benoît (Réunion), président du Conseil de la Réunion (1882-1893), dont il n'a cessé de faire partie, M. Louis Brunet fut élu, pour la première fois, député en 1893, comme républicain radical progressiste.

Il a été réélu, le 8 mai 1898, par 5,464 voix, contre 3,923 à M. Garros, républicain.

Il a été élu membre, puis vice-président de la commission des colonies (novembre 1898).

—

## 580

*Deuxième circonscription de la Réunion*

### MAHY (François-Césaire de)

M. de Mahy est né à Saint-Pierre (Réunion), le 22 juillet 1830. Il vint en France terminer ses études, s'y fit recevoir docteur, puis retourna à la Réunion exercer la médecine.

Il défendit dans la presse coloniale les opinions républicaines et fut élu, avec M. Laserve, député de la Réunion en 1871 à l'Assemblée nationale. Il y fit partie des commissions de permanence, vota constamment avec la gauche et se distingua dans la discussion des questions coloniales.

Il fut réélu député en 1876, 1877, 1881. Il fut l'un des 363. Le 31 janvier 1882, il fut appelé à faire partie du deuxième cabinet Freycinet en qualité de ministre de l'agriculture. Il conserva ce portefeuille dans les ministères Duclerc et Fallières, puis fut dans ce dernier cabinet nommé ministre de la marine et des colonies. Il se retira avec ses collègues, le 17 février 1883, lors de la formation du cabinet Ferry.

Réélu député en 1885, M. de Mahy fut nommé questeur de la Chambre des députés. Il redevint ministre de la marine et des colonies, le 12 décembre 1887, dans le premier cabinet Tirard, mais n'ayant pu se mettre d'accord avec ses collègues sur la question des colonies, il donna presque aussitôt sa démission.

Réélu questeur de la Chambre, il quitta ses fonctions par suite d'un dissentiment avec ses collègues au sujet de la circulation des journalistes dans les couloirs du Palais-Bourbon. Il fut presque aussitôt élu vice-président de la Chambre des députés et réélu en 1889. Dans cette session il fut rapporteur de la commission des travaux à effectuer pour la défense des côtes.

. Il fut l'un des principaux promoteurs de la conquête et de l'annexion de Madagascar.

Nommé de nouveau député en 1889, M. de Mahy a été jusqu'en 1896, constamment réélu vice-président de la Chambre.

En 1893, il fut réélu député au premier tour. Il l'a de nouveau été en 1898.

Il a été élu membre, puis président de la commission de la marine (novembre 1898).

# SÉNÉGAL

—

## 1 DÉPUTÉ

—

## 581

### AGOULT (Hector-Hugues-Alphonse, comte d')

M. le comte d'Agoult est né à Paris, le 9 mai 1860.

Ancien officier de marine (1877-1897), lieutenant de vaisseau démissionnaire, chevalier de la Légion d'honneur, M. d'Agoult a fait les campagnes de Tunisie, du Tonkin, de Chine.

Il est républicain progressiste.

Dans sa profession de foi imprimée à la fois en français, et en arabe, il dit notamment « Le député de la colonie doit rester l'homme de l'intérêt général, en dehors des divisions et des intérêts particuliers... C'est du Sénégal, notre première possession africaine que l'expansion nationale s'est propagée jusqu'au Bas-Niger et au lac Tchad. Le Sénégal doit demeurer le centre de l'impulsion directrice dans l'Afrique occidentale française ».

M. d'Agoult qui est pour la *première fois* député, a été élu par 2,895 voix, contre 2,511 à M. Carpot, maire de Saint-Louis du Sénégal, républicain.

Il remplace M. Couchard, député sortant, républicain, qui ne s'est pas représenté.

Il a été élu membre et secrétaire de la commission de la marine (novembre 1898).

# APPENDICE

---

## LISTE DES MINISTÈRES

### QUI SE SONT SUCCÉDÉ DEPUIS LES ÉLECTIONS D'AOUT 1893 JUSQU'A CE JOUR [1]

---

### PRÉSIDENCE DE M. CARNOT

#### PREMIER CABINET DUPUY (5 avril 1893)

*Intérieur et présidence du Conseil:* Dupuy; — *Affaires étrangères:* Develle; — *Justice:* Guérin; — *Guerre:* général Loizillon; — *Marine et Colonies:* vice-amiral Rieunier (Delcassé, sous-secrétaire d'Etat des Colonies); — *Finances:* Peytral; — *Instruction publique, Cultes et Beaux-Arts:* Poincaré; — *Agriculture:* Viger; — *Commerce et Industrie:* Terrier; — *Travaux publics:* Viette.

#### CABINET CASIMIR-PERIER (3 décembre 1893)

*Intérieur:* Raynal; — *Affaires étrangères et présidence du Conseil:* Casimir-Perier; — *Justice:* Antonin Dubost; — *Guerre:* général Mercier; — *Marine:* vice-amiral Lefèvre; — *Finances:* Burdeau; — *Instruction publique, Cultes et Beaux-Arts:* Spuller; — *Agriculture:* Viger; — *Commerce, Industrie et Colonies:* Marty (Maurice Lebon, sous-secrétaire d'Etat des Colonies); — *Travaux publics:* Jonnart.

A la fin de mars 1894, M. Maurice Lebon ayant donné sa démission de sous-secrétaire d'Etat des Colonies, un ministère spécial des Colonies fut créé. M. Ernest Boulanger, sénateur, fut alors nommé ministre des Colonies.

---

1. Pour la liste complète des ministères qui se sont succédé depuis le 8 février 1871 jusqu'au 5 avril 1893, voir la *Chambre de 1893*.

### Deuxième Cabinet Dupuy [1] (31 mai 1894)

*Intérieur, Cultes et Présidence du Conseil*: Dupuy ; — *Affaires étrangères*: Hanotaux ; — *Justice*: Guérin ; — *Guerre*: général Mercier ; — *Marine*: Félix Faure ; — *Finances*: Poincaré ; — *Instruction publique et Beaux-Arts*: Georges Leygues ; — *Agriculture*: Viger ; — *Commerce, Industrie, Postes et Télégraphes*: Lourties ; — *Travaux publics*: Barthou ; — *Colonies*: Delcassé.

---

## PRÉSIDENCE DE M. CASIMIR PERIER

### CONTINUATION DU DEUXIÈME CABINET DUPUY

---

## PRÉSIDENCE DE M. FÉLIX FAURE

### Troisième Cabinet Ribot (26 janvier 1895)

*Intérieur et Cultes*: Georges Leygues. — *Affaires étrangères*: Hanotaux ; — *Justice*: Trarieux ; — *Guerre*: général Zurlinden ; — *Marine*: Amiral Besnard ; — *Finances et présidence du Conseil*: Ribot ; — *Instruction publique et Beaux-Arts*: Poincaré ; — *Agriculture*: Gadaud ; — *Commerce, Industrie, Postes et Télégraphes*: André Lebon ; — *Travaux publics*: Dupuy-Dutemps ; — *Colonies*: Chautemps.

### Cabinet Léon Bourgeois (1er novembre 1895)

*Intérieur et présidence du Conseil*: Léon Bourgeois (remplacé en mars 1896 par Sarrien à l'Intérieur) ; — *Affaires étrangères*: Berthelot (démissionnaire, remplacé par Léon Bourgeois) ; — *Justice*: Louis Ricard ; — *Guerre*: Cavaignac ; — *Marine*: Edouard Lockroy ; — *Finances*: Doumer ; — *Instruction publique, Cultes et Beaux-Arts*: Combes ; — *Agriculture*: Viger ; — *Commerce, Industrie, Postes et Télégraphes*: Mesureur ; — *Travaux publics*: Guyot-Dessaigne ; — *Colonies*: Guieysse.

1. Ce ministère était aux affaires, lorsque M. Carnot fut assassiné à Lyon le 24 juin 1894. Il fut maintenu par le nouveau président, M. Casimir Perier, jusqu'au jour de sa démission (15 janvier 1895).

## Cabinet Méline (29 avril 1896)

*Intérieur*: Barthou; — *Affaires étrangères*: Hanotaux; — *Justice*: Darlan, puis Milliard; — *Guerre*: général Billot; — *Marine*: amiral Besnard; — *Finances*: Georges Cochery; — *Instruction publique et Beaux-Arts*: Alfred Rambaud; — *Cultes* d'abord à l'Instruction publique, puis à la Justice; — *Agriculture et présidence du Conseil*: Méline; — *Commerce, Industrie, Postes et Télégraphes*: Henry Boucher; *Sous-secrétaire d'Etat des Postes et Télégraphes*: Delpeuch; — *Travaux publics*: Turrel; — *Colonies*: André Lebon.

### Deuxième Cabinet Brisson

*Intérieur et présidence du Conseil*: Henri Brisson; — *Affaires étrangères*: Delcassé; — *Justice et Cultes*: Sarrien; — *Guerre*: Cavaignac, puis le général Zurlinden, puis le général Chanoine: — *Marine*: Edouard Lockroy; — *Finances*: Peytral; *Instruction publique et Beaux-Arts*: Léon Bourgeois; *Agriculture*: Viger; — *Commerce, Industrie, Postes et Télégraphes*: Maruéjouls; *Sous-secrétaire d'Etat aux Postes et Télégraphes*: Mougeot; — *Travaux publics*: Tillaye, puis Jules Godin; — *Colonies*: Trouillot.

### Troisième Cabinet Dupuy (1ᵉʳ novembre 1898)

*Intérieur, Cultes et présidence du Conseil*: Charles Dupuy; (sous-secrétaire d'Etat: Legrand); — *Affaires étrangères*: Delcassé; — *Justice*: Lebret; — *Guerre*: de Freycinet; — *Marine*: Lockroy; — *Finances*: Peytral; — *Instruction publique et Beaux-Arts*: Georges Leygues; — *Agriculture*: Viger; — *Commerce, Industrie, Postes et Télégraphes*: Delombre; (Sous-secrétaire d'Etat aux Postes et Télégraphes: Mougeot); — *Travaux publics*: Camille Krantz; — *Colonies*: Guillain.

# TABLE ALPHABÉTIQUE

## DES DÉPUTÉS

---

## A

# B

## C

## D

## M

## Q

## R

# S

# T

# TABLE DES MATIÈRES

---

Châteauroux. — Imprim. et Stéréot. A. Majesté et L. Bouchardeau

www.ingramcontent.com/pod-product-compliance
Lightning Source LLC
Chambersburg PA
CBHW071143270326
41929CB00012B/1867